THE THEORY AND PRACTICE OF COMMERCIAL MORTAR

商品砂浆的理论与实践

■ 王培铭 李东旭 主编 ■ 孙振平 副主编

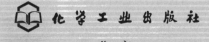
·北京·

本书为第五届全国商品砂浆学术交流会论文集，主要介绍商品砂浆的发展现状、政策导向、基本性能和原材料应用、固体废弃物资源化利用、特种砂浆、产品与应用、标准解读等方面内容，可作为商品砂浆的研究、生产和应用人员的学习参考书。

图书在版编目（CIP）数据

商品砂浆的理论与实践/王培铭，李东旭主编．—北京：化学工业出版社，2013.12
ISBN 978-7-122-18788-8

Ⅰ．①商⋯　Ⅱ．①王⋯ ②李⋯　Ⅲ．①砂浆-商品-研究-中国　Ⅳ．①F767.3

中国版本图书馆CIP数据核字（2013）第252275号

责任编辑：吕佳丽　　　　　　　　　　　　装帧设计：韩　飞
责任校对：宋　夏

出版发行：化学工业出版社（北京市东城区青年湖南街13号　邮政编码100011）
印　　装：北京云浩印刷有限责任公司
787mm×1092mm　1/16　印张25½　字数638千字　2014年1月北京第1版第1次印刷

购书咨询：010-64518888（传真：010-64519686）　售后服务：010-64518899
网　　址：http://www.cip.com.cn
凡购买本书，如有缺损质量问题，本社销售中心负责调换。

定　　价：88.00元　　　　　　　　　　　　　　　　　　　　　版权所有　违者必究
京化广临字2013—25号

第五届全国商品砂浆学术交流会（5ᵗʰ NCCM）

南京，2013 年 11 月 6～9 日

主办单位　中国硅酸盐学会房材分会
　　　　　　中国建筑学会建筑材料分会
　　　　　　中国硅酸盐学会水泥分会

承办单位　南京工业大学
　　　　　　同济大学
　　　　　　中国硅酸盐学会房材分会干混砂浆专业委员会
　　　　　　中国建筑学会建筑材料分会预拌砂浆专业委员会

协办单位　南京市硅酸盐学会
　　　　　　江苏博特新材料有限公司
　　　　　　瓦克化学（中国）有限公司
　　　　　　南京天印科技有限公司
　　　　　　山东圆友重工科技有限公司
　　　　　　山东方达康工业纤维素醚有限公司
　　　　　　江苏省一夫新材料科技有限公司
　　　　　　江苏尼高科技有限公司
　　　　　　无锡江加建设机械有限公司

顾问委员会（按姓氏笔画排序）
　　　　　J. Plank　丁建一　王肇嘉　许仲梓　郑　权　陶有生　谢尧生
　　　　　谢　泽　缪昌文

指导委员会
　　　　　姚　燕　张仁瑜　崔　琪

组织委员会
主　任　沈晓冬
副主任　杨正宏　刘加平
委　员（按姓氏笔画排序）　万建东　冯文利　张菁燕　张　毅　谢俊德
　　　　　　　　　　　　　潘志刚　薛国龙

学术委员会
主　任　王培铭
副主任　李东旭　李清海　张增寿
委　员（按姓氏笔画排序）　马保国　王子明　王　茹　王　莹　王　瑾　王爱勤
　　　　　　　　　　　　王新民　卢都友　孙振平　李永鑫　李玉海　沈春林　肖　慧　张承志
　　　　　　　　　　　　张　杰　张明良　余其俊　陈振荣　杨江金　张　量　朋改非　金爱华
　　　　　　　　　　　　赵立群　钟世云　奚飞达　钱晓倩　徐　强　崔素萍　麻秀星　康　明
　　　　　　　　　　　　阎培渝　鲁统卫　彭家惠　樊　钧　潘钢华

会议秘书处
　　　　南京工业大学：张　毅　潘志刚
　　　　同济大学：孙振平　张永明　张国防

前　言

第五届全国商品砂浆学术交流会于 2013 年 11 月 6~9 日在南京举行，这是继 2005 年上海、2007 年开封、2009 年武汉、2011 年上海之后国内商品砂浆学术交流的又一次盛会。

自第四届全国商品砂浆学术交流会以来的两年内，商品砂浆的研究范围不断扩大，深度不断加深，产品门类和种类不断增加，政策和法规不断加强，标准和规范不断完善，成果喜人。

第五届全国商品砂浆学术交流会旨在总结交流近两年来的研究成果，为商品砂浆的研究、生产和全面应用提供参考。

本次会议由中国硅酸盐学会房材分会、中国建筑学会建筑材料分会、中国硅酸盐学会水泥分会主办，南京工业大学、同济大学、中国硅酸盐学会房材分会干混砂浆专业委员会、中国建筑学会建筑材料分会预拌砂浆专业委员会承办，本次会议的协办单位有南京市硅酸盐学会、江苏博特新材料有限公司、瓦克化学（中国）有限公司、南京天印科技有限公司、山东圆友重工科技有限公司、山东方达康工业纤维素醚有限公司、江苏省一夫新材料科技有限公司、江苏尼高科技有限公司、无锡江加建设机械有限公司。

本次会议共收到 70 余篇论文，经学术委员会审阅，遴选出 60 篇论文集结出版。论文涉及商品砂浆发展现状、政策导向、基本性能和原材料应用、固体废弃物资源化利用、特种砂浆、产品与应用、标准解读等方面内容。

在论文征集、整理和编辑过程中，得到国内外同行的大力支持，论文集的出版得到协办单位的友情资助，同济大学材料科学与工程学院张永明、张国防等老师，南京工业大学材料科学与工程学院张毅博士，伊海赫和陆建兵等研究生，以及同济大学材料科学与工程学院徐玲琳博士、陈明、张丽华、李奇、董耀武、张涛、李楠和赵建斌等研究生也为此付出辛勤劳动，在此一并表示深深的谢意！

由于编者水平有限，加之时间仓促，论文集中错误之处和不当之处在所难免，敬请广大读者批评指正。

编者

2013 年 11 月

目 录

第一部分 综 述

中国商品砂浆市场现状与发展趋势简析…………………宋婕 吴晓茜 孙李鑫 岳海飞 白岩（3）
预拌砂浆及其发展趋势………董超颖 孙振平 陈明 张丽华 董耀武 杨旭 杨海静（12）
石膏基自流平材料的研究进展………………………………李东旭 张树鹏 张毅 陆建兵（21）
利用石膏改性技术生产高性能干混砂浆的研究进展……………………………马振义（28）
中国瓷砖胶现状及解决方案……………………………………………………江洪申（33）
水泥基饰面砂浆泛碱抑制剂的研究进展………………………………杨彦春 孙振平（39）
水泥基电磁屏蔽材料的研究进展………………………………………陆建兵 李东旭（45）
磷酸镁水泥研究进展……………………………………………………伊海赫 李东旭（50）

第二部分 基本性能与原材料

干混砂浆各组分优化配伍研究……………………………………顾彩勇 张永娟 张雄（59）
干混普通砂浆关键技术研究
………………………肖群芳 李岩凌 苟洪珊 章银详 徐海锋 王栋亮 刘亚菲（68）
抹灰砂浆增塑剂对砂浆性能的影响………………………………肖斐 崔洪涛 鲁统卫（75）
苯丙和丁苯乳液对水泥早期水化的影响对比………………………王茹 施小鑫 王培铭（81）
丁苯乳液对硅酸二钙水化的影响……………………………………………王茹 乐绪波（89）
羟丙基甲基纤维素醚对热干混砂浆工作时间的改善研究…………………谢玲丽 孔祥明（96）
NK保水稠化剂在预拌砂浆中的应用研究………………………………郭锋 张菁燕（103）
湿度对粉体聚羧酸类减水剂应用性能的影响……伍艳峰 张明良 李雄英 田润竹 徐涛（108）
缓凝剂对脱硫建筑石膏性能的影响………………………………冯春花 陈苗苗 李东旭（114）
防水剂对膨胀珍珠岩轻骨料混凝土防水性能的影响………………史朋 赵清偲 钟世云（118）
建筑保温泡沫混凝土发泡剂稳定性研究……………………………马保国 王智 朱艳超（124）
基于掺入引气剂的砂浆和混凝土的孔结构的调控…………………………张雄 郇坤 高辉（132）
干湿循环和冻融循环对预拌抹灰砂浆力学性能的影响………………宣金琦 赵立群 陈宁（141）
水泥砂浆表面碱浸出率表征泛白程度的研究………………………王培铭 朱绘美 张国防（148）
集料含水率对普通干混砂浆性能的影响……………………………章银祥 徐海锋 刘亚菲（154）
不同岩性机制砂用于配制抗裂砂浆的实验研究………………………………梁德兴 赵青林（159）
浅谈预拌砂浆用机制砂的制备………………………………………薛国龙 黄文兴 恽细海（165）

第三部分 废弃物利用

复合矿物掺合料活性激发对砂浆力学性能的影响
………………………………… 马保国 田振 李相国 朱艳超 李玉博 王允栋 (171)
矿物掺合料对三种聚合物改性砂浆性能的影响 ………………………… 王茹 张亮 (177)
掺磷渣粉抹灰砂浆的性能研究 …………………… 陈明 孙振平 杨旭 刘建山 (184)
钢渣粉在瓷砖填缝剂中的应用 ……………………………………………… 李明利 (191)
废混凝土再生混合砂砂浆性能正交试验研究 ………… 刘凤利 刘俊华 张承志 (195)
脱硫石膏基轻质保温材料的制备和性能研究 ……… 陈勇 蒋青青 张毅 李东旭 (204)
发泡剂和水膏比对石膏基泡沫混凝土性能的影响 … 雷东移 黄斌 张毅 李东旭 (213)
乳胶粉和纤维素醚对稻壳砂浆性能的影响 ……………… 杨海静 张丽华 孙振平 (219)
脱硫灰对矿粉性能的影响及其改性试验研究 …… 万利 赵青林 甘万贵 唐岚 王迪 (224)

第四部分 特种砂浆

可再分散乳胶粉对自流平地坪砂浆的性能影响及机理研究 ……… 施展 刘加平 (231)
建筑磷石膏基粉刷石膏的研究与制备 …………… 马保国 李玉博 郅真真 卢斯文 (239)
半水石膏对硅酸盐水泥-铝酸盐水泥饰面砂浆泛白的影响
………………………………………………… 王培铭 薛伶俐 朱绘美 张国防 (246)
改性淀粉醚对柔性瓷砖胶相关性能的影响 ……………… 黄莉红 孙振平 张茂新 (251)
外加剂对水泥基注浆材料流变性能的调控作用
………………………………………… 张欢 邓最亮 王伟山 傅乐蜂 郑柏存 (257)
UEA膨胀剂对水泥基灌浆料性能的影响及机理分析 ……… 张毅 李伟 张菁燕 李东旭 (265)
聚羧酸超分散剂对压浆料特性影响的研究 ……… 李雄英 田润竹 徐涛 张明良 (272)
聚氨酯保温板系统中水泥玻纤界面黏结砂浆的性能研究 ……… 邱建华 蒋俊辉 刘小泉 (280)
早强型聚羧酸减水剂在硅酸盐水泥修补砂浆中的应用 …………………… 毛永琳 (285)
KLJ渗透结晶型防水涂料的研制 ………………… 陆富 崔巩 刘建忠 周华新 (290)
利用硫铝酸盐水泥和硅灰制备超早强自密实砂浆 ………… 马保国 胡迪 朱艳超 (295)
蒸压加气混凝土用砌筑胶浆在其表面失水规律的研究 ……… 马保国 周浩 朱艳超 (304)
轻质泡沫混凝土的制备及其压缩力学性能研究 ………………… 刘斌武 钟世云 (308)
玻化微珠无机保温砂浆的制备和性能研究 ……………………… 贺志冬 徐玲玲 (315)
低密度无机保温砂浆与防护层的黏结强度 ……………… 李杰 王培铭 张国防 (320)
玻化微珠的颗粒级配对无机保温砂浆性能的影响 ……… 成燕燕 王培铭 张国防 (327)
羟乙基甲基纤维素对无机保温砂浆干燥收缩和质量损失的影响 …… 范树景 王培铭 (333)
脱硫石膏基EPS保温砂浆的试验研究 ……………… 张涛 王培铭 张国防 (340)
加气块专用砂浆的研制 …………………… 徐红英 万建东 刘丽娟 王彦梅 (346)

第五部分 应　用

以装饰砂浆为外饰面的外墙外保温系统的耐候性研究 ………… 段瑜芳　李永鑫　康　韡（355）
水泥基超早强聚合物快速修补砂浆研制及应用 ………… 张伟男　周华新　洪锦祥（361）
聚丙烯短切纤维在超早强快速修补砂浆中的应用 ………… 吴海林　周华新　阳知乾（367）
水泥基自流平砂浆的研究及应用 ………… 张树鹏　伊海赫　费爱艳　李东旭（372）
水泥基耐磨地坪材料在地坪修复加固工程中的应用
　………… 孙振平　董耀武　李奇　陈明　张丽华　谢慧东（380）

第六部分 标　准

建筑用砌筑砂浆技术指标探讨 ………… 肖群芳　高连玉　苟洪珊　夏旺（389）
浅谈水泥砂浆防冻剂建材行业标准 ………… 王谦　鲁统卫（395）

第一部分

综 述

中国商品砂浆市场现状与发展趋势简析

宋婕 吴晓茜 孙李鑫 岳海飞 白岩

(中国砂浆网,北京,100073)

摘要:通过5个月的调研,整理了2012~2013年不同种类商品砂浆市场现状、行业特点及存在的问题,探讨了2013~2018年行业发展的可能趋势,提出了商品砂浆市场推广的思路,并根据调研作出了前景预测。

关键词:商品砂浆;市场;现状;趋势

目前,我国经济发展面临多年未有的错综复杂局面。在"稳中求进"的政策指导下,各省市、各部门将节能减排作为调结构、转方式、惠民生的重要手段,推动节能减排工作取得了较大进展。商品砂浆,作为实施节能减排的重要技术措施,保持了高速增长的势头,整体上已经过了推广阶段,进入到发展时期。

1 市场总体现状

2013年4月起,中国砂浆网有针对性地开展了一系列砂浆产品的市场调研,通过走访、填表、电话咨询等方式,咨询政府主管部门、土建与装修单位、砂浆生产企业、添加剂企业及建材市场砂浆代理商等,得出了初步的市场摸底结果。

1.1 2012年国内不同商品砂浆产量及百分比(见表1)

表1 2012年国内不同商品砂浆产量及百分比

品 种	产量/万吨	占总用量百分比	占特种砂浆百分比
腻子	980	21.3	41.6
保温用砂浆	483	10.5	20.5
粉刷石膏	260	5.7	11
瓷砖黏结与填缝砂浆	210	4.6	8.9
防水砂浆	137	3	5.8
界面剂	135	2.9	5.7
灌浆修补加固砂浆	65	1.4	2.8
压浆料	46	1	2
自流平砂浆	35	0.8	1.5
饰面砂浆	5	0.1	0.2
特种砂浆小计	2356	51.3	—
普通砂浆	2237	48.7	—
合计	4593	100	100

商务部流通业发展司全国散装水泥办公室的统计数据表明:"2012年全国24个省、自治区、直辖市(内蒙古、吉林、海南、云南、甘肃、宁夏除外)有普通预拌干混砂浆生产企业546家,比上年末增加87家,增长18.95%;从业人员1.09万人,增加0.17万人;年设计生产能力16324.8万吨,新增产能3530万吨,增长27.59%。全年生产普通预拌干混砂浆2236.69万吨,同比增加690.72万吨,增长44.68%。产能利用率为13.7%,比上年

12.08%提高 1.62%。"

截止到 2012 年底，全国商品砂浆生产企业总数超过 4000 家，总产能 1.9 亿吨。总产量 4593 万吨。其中，普通砂浆为 2236.69 万吨，特种砂浆为 2356 万吨，行业整体的产能利用率为 24%。排除以普通砂浆为主的企业 13.7% 的产能利用率，以特种砂浆为主的砂浆企业产能利用率在 30%～40% 之间。按照砂浆厂标准的盈亏分析，只生产普通砂浆的企业多数处于亏损状态，而以特种砂浆为主的企业整体上保本或略有盈利。

1.2　2013 年概述

根据国家统计局公布的数据显示，2012 年全年全国房地产开发投资 71804 亿元，实际增长 14.9%；全国房地产开发企业房屋施工面积 57.34 亿平方米，比 2011 年增长 13.2%；房屋竣工面积 99425 万平方米，增长 7.3%，其中，住宅竣工面积 7.9 亿平方米，增长 6.4%；全国商品房销售面积 11.1304 亿平方米，比 2011 年增长 1.8%。2012 年，砂浆总用量为 3.4 亿吨，商品砂浆与现场搅拌砂浆的比例为 13.5∶86.5，商品砂浆同比增长 3.8% 的市场占有率。各类特种砂浆市场比例图见图 1。

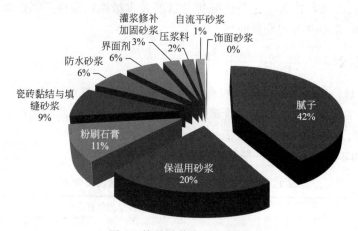

图 1　特种砂浆市场比例图

2013 年，由于年初大面积、长时间的雾霾事件，引起了政府的高度重视，从国务院到各省市政府纷纷出台大气污染防治政策。建筑扬尘成为众矢之的，禁止现场搅拌砂浆的力度提升到前所未有的高度。普通砂浆因此取得了市场上突破性的进展，如上半年北京市普通砂浆移动筒仓供不应求，多数砂浆厂加班加点生产；特种砂浆方面，保温用砂浆市场回归，粉刷石膏、瓷砖胶、自流平、饰面砂浆厂家多数达到了 200% 的销售增幅，表明这四类特种砂浆的市场认知度得到了极大的提升；防水砂浆、压浆料以及灌浆加固修补砂浆也处于稳定的两位数增长阶段。

1.3　营销现状

防水砂浆、瓷砖胶、勾缝剂、饰面砂浆多采用经销的方式，销售市场在全国范围内迅速扩张，有实力的生产厂家在各地布点、扩张；普通砂浆以直销为主；保温用砂浆、灌浆料等以代理为主；腻子、粉刷石膏、界面剂等市场已经成熟，渠道竞争激烈。

品牌含金量的高低，与设置大区总代理的比例成反比。自有施工队伍的经销商是最有意愿，也是最受欢迎的经销商。按照已经从事的领域（如防水、瓷砖等）或较为齐全的辅材供应商，在增加代理品种或扩大业务时会选择做相关砂浆产品的代理。发达地区已在县市级设置总代理或经销商。

建材超市由于入门和日常费用较高，日趋不受国内企业欢迎；建材批发市场成为厂家和代理争夺的热点；网购处于上升阶段，日渐引起重视。

由于砂浆行业集合度不高、行业自律弱、市场规范程度低，砂浆的拖欠款一般在20%～35%。功能性的特种砂浆能够与开发商直接签订合同，回笼资金的比例一年内在80%～90%之间，而与建筑商签订合同，回笼资金比例多在70%～80%。特种砂浆中的保温、防水拖欠款较为严重，其他品种的砂浆非正常拖欠较少；普通砂浆的拖欠款最为严重，当年回笼资金比例在55%～65%。同业之间的恶性竞争是产生拖欠款的直接因素。

2 增长较快的砂浆产品简述

2.1 普通砂浆

普通砂浆包括砌筑砂浆、抹灰砂浆、地坪砂浆，市场销售比例平均为46%、49%、5%。2012年增长幅度为44.68%。M10抹灰砂浆的价格在230～320元内浮动，全国平均单价为260元/吨。

普通砂浆在全国各地发展不平衡的现象比较突出。成都市是目前发展最好的城市，2012年普通商品砂浆市场占有率为42%，2013年有望达到90%，总产量将达到380万吨。南京天云新型建材是以普通砂浆为主的单厂产量最大的砂浆企业，现有职工400人、砂浆罐车30辆、平板车6辆、背罐车1辆、砂浆筒仓500余个，2012年实际产销量52万吨，2013年产量有望突破80万吨。

普通砂浆主要依赖于政策的执行力度。2013年上半年，仅江苏省辖市散办检查了750个工地，责令整改150起，立案33起，结案19起，处罚68.79万元。2013上半年该省累计生产使用商品砂浆205万吨。浙江省2012年共检查禁现区域范围内的建设工地700多个（约建筑面积4000万平方米），发出责令改正通知书30多份、处罚决定书10多份，行政处罚金额20多万元。2013年一季度浙江省商品砂浆供应量达到73.33万吨，同比增长77.68%，执法效果显著。2012年8月，合肥市城乡建委批准合肥市散装水泥办公室成立了"合肥市公用事业监察第一中队"，将执法中队与散装水泥办公室业务科合署办公。2012年底，合肥市商品砂浆合同签订量比专项执法检查前增长了110多倍。2013年上半年，仅合肥市普通商品砂浆合同签订量已超过120万吨，生产砂浆43.24万吨，同比增幅为108.79%。此外，禁现城市利用各自的优势从多种角度强化了商品砂浆的推广工作，如北京的标准规程、上海的市场监管、广州的干湿并举、成都的闭环体系、西安的立法先行、济南的联合执法、郑州的市场准入，等等。

2.2 粉刷石膏

随着人们生活水平的提高及日益重视的家居环保要求，脱硫石膏固废利用带来的成本下降，2012年石膏基砂浆取得了快速发展，尤其是底层粉刷石膏，增长率超过了100%。目前，北京、上海、江苏等地已普遍使用粉刷石膏代替水泥抹灰砂浆找平，南京市装饰装修办公室提供的数据显示仅南京市找平石膏用量已达10万吨。底层粉刷石膏的售价在350～500元之间，在建材市场随处可见。同腻子一样，粉刷石膏目前已产生区域性品牌，但还没有覆盖全国的品牌。

在应用技术领域，粉刷石膏的机械化施工体系较为成熟，机施面积达到100万平方米以上。

2.3 瓷砖胶

通过十多年的培育，尤其是中国陶瓷工业协会瓷砖镶贴技术专业委员会系统性地活动推广，瓷砖胶的社会认知大大提高，华东、华南及北京市瓷砖胶市场占有率已达到20%～

30%，并且该领域品牌意识相对较强。从2013年3月开始，北京1039交通台频繁播出希凯、圣邦、东方雨虹、美巢等企业的瓷砖胶产品广告，以此为主打产品的企业已开始在全国布局。目前的平均售价在1500元/吨。

2013年2月18日，工信部原材料司发布的数据显示：2012年全年陶瓷砖92亿平方米，天然花岗岩石材4.1亿平方米，出口陶瓷砖10.86亿平方米。按照2012年国内建筑陶瓷市场销量80亿平方米计算，瓷砖黏结市场砂浆总需求量为1728万吨，瓷砖胶市场占有率首次超过10%，达到11.6%，发展迅速，具体市场分析见表2。

表2 瓷砖胶市场分析表

年份	2005	2008	2012
瓷砖胶	1%	1.2%	2.7%
现场搅拌	99%	98.8%	97.3%
整体	100%	100%	100%
年份	2005	2008	2012
粉态瓷砖胶	92%	94%	97%
液态瓷砖胶	8%	6%	3%
整体	100%	100%	100%
区域市场金额(人民币:百万元)	2005	2008	2012
一线城市	119.7	136.5	1071
二线城市	126	152.1	1354.5
三线城市	59.9	78	630
农村	9.4	23.4	94.5
	315	390	3150
不同建筑瓷砖胶占有率 / 年份	2005	2008	2012
一线城市			
社会住房(工装)	2	3	3.5
高档住宅(>1.8万人民币/平方米)	23	35	45
中档住宅(1~1.8万人民币/平方米)	10	15	20
低档住宅(<1万人民币/平方米)	0.5	1	1.5
二线城市			
社会住房(工装)	1	2	3
高档住宅(>1.8万人民币/平方米)	10	20	30
中档住宅(1~1.8万人民币/平方米)	5	7	12
低档住宅(<1万人民币/平方米)	0.2	0.5	1
三线城市			
社会住房(工装)	0.5	1	2
高档住宅(>1.8万人民币/平方米)	8	15	25
中档住宅(1~1.8万人民币/平方米)	2	5	8
低档住宅(<1万人民币/平方米)	0.1	0.2	0.5
农村			
社会住房(工装)	0.05	0.1	0.3
高档住宅(>1.8万人民币/平方米)	5	10	20
中档住宅(1~1.8万人民币/平方米)	1	2	4
低档住宅(<1万人民币/平方米)	0.01	0.05	0.1

2.4 流动性砂浆

流动性砂浆包括自流平砂浆、灌浆料、压浆料、修补砂浆、加固砂浆在内，属于砂浆中相对利润较高的产品，生产厂家也不断增加。2012年平均每类产品有200个生产厂家，产品售价呈现下降趋势。部分底层自流平砂浆成交价已降到1100元/吨。流动性砂浆基本以10%~20%的增长率稳定发展，但其中加固砂浆增长较为迅速，2012年增长率达到80%。灌浆料早期由各行业内部企业及部分国外企业所控制，但民营企业进入这个市场后势头强劲。

3 行业特点

2003~2012年商品砂浆发展趋势表见表3。

表3　2003~2012年商品砂浆发展趋势表

年份	大中型企业数	普通砂浆产量/万吨	特种砂浆产量/万吨	总产量/万吨	总产能/万吨	产能发挥率/%
2003	12	44	180	224	560	40
2004	21	141	260	401	1100	36
2005	31	291	350	641	1855	34
2006	70	350	430	780	2300	33
2007	95	471	540	1011	2900	35
2008	139	590	862	1452	4600	32
2009	225	820	1050	1870	7200	26
2010	323	1172	1239	2411	9500	25
2011	475	1546	1760	3306	14500	23
2012	603	2237	2356	4593	19000	24

注：大中型企业指产能在15万吨以上的干混商品砂浆企业。

尽管中国商品砂浆行业取得了长足的进步，特别是自2010年开始步入健康的轨道，但仍然存在不少发展中的问题。砂浆行业有不少于5000亿元的市场，目前的产值仅占总产值的9%。2012年还有3亿吨仍然是现场水泥、砂子配置的传统现拌砂浆。

发展商品砂浆的制约因素主要是价格及施工习惯。与国外商品砂浆的市场化发展不同，国内的推广主要是依赖政策的强制执行，在政府领导下发展，使得在一定程度上丧失了市场化发展的土壤。综合表现为商品砂浆市场竞争不规范、市场集中度不高、进入壁垒较低、产品差异化程度低等问题，以及创新能力不强、人才短缺等深层次矛盾也较为突出。行业同时面临着经营成本增加、管理费用加大、用工成本提高、生产要素价格上涨、融资难等诸多压力。就全国而言，整体存在"三多三少"的格局，即"产能多、产量少"、"小厂多、大厂少"、"产品多、品牌少"，具体体现在以下几方面。

3.1 产能多、产量少

2008年以来，全国普通商品砂浆企业设计生产能力平均以68.9%的速度增长，而这一阶段产量的平均年增长率为61.93%，现有的产能已经到达建筑砂浆总用量的59%，实际产量只占到13%，两者相差高达46%，设备闲置严重。

3.2 小厂多、大厂少

截止到2012年底，产能15万吨以上的干混商品砂浆企业只有603家，占砂浆总数的15%。特种砂浆企业为数众多，其中有一半是以保温砂浆为主的小企业。2010年前，全国产能5万吨以下的小型砂浆厂总数约80%，平均投资不超过200万元。尤其在中部、西部地区的小企业大多投资在100万以内，产量在5000吨以内，产值在500万元以内。据新疆节能办估算，全疆大大小小的砂浆企业近400家，年产量只有100多万吨，平均每家产量只有2500多吨。

在2009年的央视大火，尤其是2010年"11·15"上海火灾之后，保温行业遭到重大打击，不少小砂浆厂转行或关闭，砂浆生产企业的平均规模从而得到了一定的提升，整体素质也得到了一定提高。这是行业发展的一道分水岭。现在新投资的砂浆厂多在千万元以上，小作坊式的企业比例在逐年下降，行业平均投资估计翻番达到400万元。

3.3 产品多、品牌少

行业的成熟很大水平上可以通过市场的细分水平体现出来。砂浆本身的品种丰富，但目前中国砂浆行业同质化现象却非常严重，其主要原因有三点：一是国人惯有的经营思路导致多数厂家扎堆于量大而成熟的产品，如特种中的保温用砂浆，该类产品不存在市场推广，只要销售得力就可以；二是厂家技术力量普遍较弱，不具备新产品研发能力，30%的小厂甚至没有专职的技术人员，只依靠供货商提供的配方生产，产品差异化很低；三是砂浆门槛不高，企业的业务骨干在有机会时多愿意自己当老板，在同一领域、甚至同一区域内用基本相同的产品与原来的老板竞争。

据估算，全国不少于2000家在生产腻子、保温、防水、瓷砖胶，但落实到全国性的国产品牌，包括较有影响力的区域品牌，每一类都不会超过20个。普通砂浆主要靠规模，单厂年产量达到100万吨以上的企业还没有一家。

值得注意的是：2006年前创立的企业，发展到现在的基本上都有了自己明确的产品定位和发展战略，并且开始了品牌建设。这是行业走向成熟的标志。越来越多的砂浆广告和招牌竖立在上海九星、北京玉泉营等建材市场，这一切都彰显着商品砂浆逐步为社会所接受，并开始进入到百姓家庭，揭开了行业步入品牌时代的序幕。2003~2012年商品砂浆行业发展趋势图见图2。

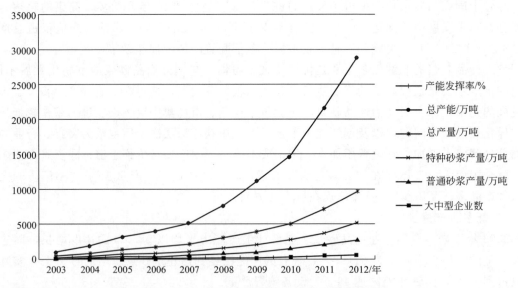

图2 2003~2012年商品砂浆行业发展趋势图

目前国内商品砂浆的投资者，绝大部分来自于混凝土搅拌站、水泥厂、砂石厂、小型建材企业及施工单位，投资者普遍都带着各自的经验及经营理念，对商品砂浆还停留在"砂子水泥混合"以及"和混凝土差不多"等认识阶段，对产品质量、对机械化施工、对商品砂浆的本质含义缺乏基本的认识,从规模、投资水平、经营理念、经营方式、产品战略、产品价格、产品性能上各企业之间没有多大差别,导致价格竞争和无序竞争。

4 2013~2018年行业发展趋势

从国外同行的发展历程可以看到:商品砂浆的发展必然从分散的、个体的小企业发展为集团型、综合型的大企业。欧洲多数的砂浆企业都具有类似的特点:集团化、规模化、跨地区、国际化。推广商品砂浆,是建筑建材业节能降耗、提高效率、创新升级的有效手段,符合政策导向,政府在未来几年无疑将加大扶持力度,相关政策重点是扶大扶强,推动产业成熟、行业稳定发展。

从政府到企业,决策人员目前以60后为最多,70后次之,80后也渐渐成为骨干力量。这批人思维更为活跃、更为务实,重视合作与共赢,行业已显露或将要显露如下发展趋势。

(1) 大企业通过兼并迈向规模化、集团化。

2013年1月22日,工信部、发展改革委、财政部等12个部门联合印发了《关于加快推进重点行业企业兼并重组的指导意见》(工信部联产业〔2013〕16号)。《意见》第二款第三条第三段明确要求"在做强做大主业的基础上兼并重组上下游关联企业,优化物流配送,整合发展预拌砂浆、商品混凝土及建筑预制构件产业。鼓励具有科技研发优势的建材企业集团,以并购、产业联盟等多种方式整合资源,融合咨询、测试、科研、技术开发、工程设计、安装调试、工程承包等业务,促进运营服务及生产一体化发展。"可以预计在未来的5年内,业内将上演一系列兼并重组的好戏,2018年有望见到商品砂浆各个领域的初步格局。

巨大的发展潜力、广阔的市场空间、宏大的社会效益吸引了大型企业和实力雄厚的投资商的关注,尤其是大型国有集团的目光。这些集团的加入,将通过不断兼并、收购提高行业集中度,促进行业向着规模化、现代化方向发展,彻底改变目前商品砂浆企业"小而多,多而乱"的局面。

(2) 中小企业通过细分市场迈向专业化。

砂浆关联的市场包括了工民建、装修装饰、市政园艺、铁路公路、机场码头、桥梁涵洞、冶金能源、矿山水利、通讯电力乃至工业产品、包装饰品等众多行业,中小企业想在多个领域齐头并进是不现实的。迫于规模型对手的压力,中小企业会根据自身的情况,集中人力、物力、财力,选择单一产品做深做专,走精细化、服务至上的发展战略。

(3) 房地产行业集中度提高与集采模式、家装市场共同推动品牌创建步伐。

房地产行业集中度的日渐提高将会使小型的地产开发商退出市场,大型地产开发商及大型建筑集团已逐步采用集采模式管理供应商,更加注重供应商的品牌效应,尤其是精装房所购材料对其地产的附加值,同时也规避购房者投诉、索赔。我国在售住宅的精装比例仅有8%,而发达国家几乎达100%。在这种大趋势下,地方型、无品牌的中小型企业及假冒伪劣砂浆将逐步退出市场,品牌砂浆企业或将受益于此。

(4) 依法推动的力度加强。

依托于《循环经济法》及大气污染防治条例,至2013年9月,全国已有18个省市人大代表委员会出台了专项推广的地方条例,还有3个省的条例正处在审批阶段。在未来5年内,将有更多的省市出台相关条例,为依法推广商品砂浆提供法律依据。

(5) 监管手段信息化。

大部分禁现城市已基本建立推广和监管商品砂浆的政策体系,需要加强的是在执行环节。如果监管方不能实时、真实了解到需方是否购买商品砂浆、购买的是不是备案的砂浆产品、已购买数量的多少,就很难建立起有效的监管体系。为此,天津、上海、北京、哈尔滨、成都、广州、西安等先后建立了"商品砂浆动态监控管理平台",运用信息化手段对生产企业和工程项目进行动态监控管理。在未来5年内,将有越来越多的政府主管部门利用信息化来推动商品砂浆的有序发展,确保相关各项措施落到实处。

(6) 复合型的高素质人才受到青睐,材料与机械搭配成为营销手段。

商品砂浆施工技术的完善是行业发展的临门一脚。施工基础条件、施工方法、施工机具、施工环境以及可能出现的问题和补救办法将得到深一步的研究,会出现同一强度等级但不同手感的砂浆供工人选用。机械化施工体系将在2014年基本成熟并开始大面积推广,输送机械将最早普及,随后是喷涂与收光机械,施工流程更加人性化。初期模式将是砂浆厂购买并随材料提供给专业工队免费使用。地坪砂浆、石膏基砂浆、灌浆加固、压浆料、抹灰砂浆都将逐步过渡到机械化施工。专业化施工的职业技能培训得到重视,精通"人、机、材"的复合型人才将受到青睐,并产生第三方的专业施工队伍与多家砂浆生产企业配套合作。

(7) 固废利用进一步产业化。

为有效降低材料成本和税务负担,提升市场竞争优势,增值经济效益,固体废弃物掺量技术如利用脱硫、脱磷石膏生产粉刷石膏,利用炉底渣替代部分河砂、钢渣磨细粉作为掺合料、建筑垃圾粉碎作为骨料,还可利用水泥、钢铁工业的石灰石矿,玻璃、陶瓷工业的石英砂矿,耐火材料工业的铝矾土矿、尖晶石矿,煤炭工业的煤矸石,有色金属工业的原料(铅锌)矿、硅藻土余矿、火山渣、浮石等等。

(8) 普通砂浆企业加快进军特种砂浆市场。

基于产品延伸和市场竞争,越来越多的普通砂浆生产企业将进入特种砂浆市场。基本上是新建产能15万吨以下的特种生产线,并对原有市场形成价格冲击。

(9) 网络零售发力。

成立较早的砂浆厂多是通过固有渠道销售,而大量运用互联网进行交易的则是新入行的中小企业,已有个别企业没有一个传统渠道,100%通过互联网营销开展业务,这是一个值得关注的趋势。

电子商务完全可以开辟出一个新的领域,弥补企业可能的短板。传统的经营方式虽然已有丰富的销售资源,但是在成本方面,与电子商务相比却存在一定的差距,而且电子商务避免了经销商的回款或者其他的账目问题。同时,网络可以提供一个多元化的展示平台。在提升品牌方面,互联网不受时间、地点的影响。在渠道方面,电子商务是一片新蓝海,如果运用得当,将能够更大范围地吸引用户。降低成本是企业未来管理的发展趋势,这也是电子商务的一个重要优势。

(10) 家装市场领域取得较大突破。

据调研,家装工地现拌的砂子15kg一包为5元,折合每吨333元,325水泥50kg一包为18元,折合360元。现场搅拌的抹灰砂浆成本高于商品抹灰砂浆。同时,商品砂浆具有的施工简单、易用、干净、环保等优势,普及家装市场将是行业发展的必然趋势。适合于家居装修的小包装、简便适于自己动手的施工机具、通俗详细的施工图册、体验式的专卖店会应运而生。

5　2018年市场预测

未来3~5年，中国经济将缓慢回落，但这不会影响商品砂浆的推广。无论建筑市场如何波动，商品砂浆都将保持两位数的增长。

2011年9月13日，商务部发布《关于"十二五"期间加快散装水泥发展的指导意见》（商流通发［2011］322号）指出：到2015年，全国预拌砂浆使用量达到4800万吨。2020年地区生产总值和城乡居民人均收入翻番，城市人均住宅将达到35平方米，农村将达到40平方米，需新建近200亿平方米的住宅。同时，2015年全国工业化率上升到65%，城镇化率上升到60%，未来5年将有4亿人进城居住。2015年全国新型墙体材料产量所占比重达65%以上，建筑应用比例达75%以上；建筑构配件（住宅产业化）的发展也将取得长足的发展；二次装修、DIY装修将会在今后几年内发展起来；20世纪80、90年代的公租房、公建房及当时修建的混凝土建筑物的修补加固，也是重要的存量市场；2012年开建的1000万套保障房、2013年开工的500万套保障房，以及这两年积累的庞大的在施工面积，都为商品砂浆行业的发展提供了巨大的市场基础。

从宏观经济、建筑业市场、政策导向、材料与工艺技术及相关产业发展趋势来看，未来5年期内，我国商品砂浆市场将有一个较快幅度的稳定增长。

在与企业沟通过程中，了解到企业希望组织一个专业团队分析未来的重点领域，这也是中国砂浆网作为第三方信息平台努力的方向。经汇总专家、顾问意见，采用类比法、德菲尔法等综合测算，现将2018年各类砂浆预测结果（表4）刊登如下，仅供读者参考。

表4　2018年主要增长的商品砂浆市场需求预测

砂浆种类	产量预测/万吨	产值预测/亿元
普通砂浆	8000±500	200（单价250元/吨计算）
瓷砖胶	450±50	67.5（单价1500元/吨计算）
石膏基砂浆	500±50	20（单价400元/吨计算）
灌浆修补加固砂浆	200±20	24（单价1200元/吨计算）
自流平砂浆	500±50	70（单价1400元/吨计算）
压浆料	80±20	16（单价2000元/吨计算）
饰面砂浆	15±5	9（单价6000元/吨计算）

参考文献

[1]　2012年全国散装水泥行业发展报告.商务部流通业发展司，2012.
[2]　中国共产党第十八次全国代表大会会议报告，2012.
[3]　2020年中国居民居住目标预测研究报告.住建部政策研究中心，2005.
[4]　国务院.中华人民共和国国民经济和社会发展第十二个五年（2011—2015年）规划纲要，2011.
[5]　国家发改委."十二五"墙体材料革新指导意见，2011.

预拌砂浆及其发展趋势

董超颖　孙振平　陈明　张丽华　董耀武　杨旭　杨海静

(同济大学先进土木工程材料教育部重点实验室，上海，201804)

摘要：分析了预拌砂浆自身的技术经济优势及其在我国发展的政策优势和良好空间，阐述了预拌砂浆的定义及其分类，国内外预拌砂浆发展的概况，并对预拌砂浆的特点进行了总结。对保水增稠材料的定义、分类及其在预拌砂浆中的应用和对预拌砂浆性能的影响方面进行了总结和分析，并对保水增稠材料在建筑砂浆中的发展方向进行了探讨。文章内容可为研究者准确把握建筑砂浆的研究方向提供参考。最后笔者对建筑砂浆性能改进方面提出了自己的建议。

关键词：预拌砂浆；发展政策；发展趋势；保水增稠材料

Ready-mixed mortar and its development trend

Dong Chaoying　Sun Zhenping　Chen Ming　Zhang Lihua
Dong Yaowu　Yang Xu　Yang Haijing

(The education ministry key laboratory of advanced civil engineering materials, TongjiUniversity, Shanghai, 201804, China)

Abstract: The paper analyzes ready-mixed mortar own technical, economic advantages and its development policy advantages and good space in China. Describe the definition and classification of ready-mixed mortar, an overview of the development at home and abroad about ready-mixed mortar and summarize the mortar characteristics. While summarize water thickening material definition and classification, analyze application and impact of water thickening material in ready-mixed mortar and discuss the development direction of water thickening material in building mortar. Article content can offer reference to researchers for accurately grasping the research direction of building mortar. Finally, the author puts forward their own proposals about the performance improvements of building mortar.

Keywords: Ready-mixed Mortar; Development Policy; Development Trend; Water-thickening Material

1 预拌砂浆

建筑上用的砂浆是由无机胶凝材料、细集料、掺合料、水，以及根据性能确定的其他组分按适当比例配合、拌制并经硬化而成的建筑工程材料，在建筑工程中主要起黏结、衬垫及传递应力等作用。根据砂浆的生产特点分为施工现场配制的普通砂浆和由专业生产厂生产的预拌砂浆（曾用名为商品砂浆）。

1.1 预拌砂浆的定义及其分类

预拌砂浆是工厂从专业生产角度出发，将所有原料按配比混合好的作为商品出售的砂浆。按拌合用水的有无可分为干混砂浆（或称干砂浆、干拌砂浆、干粉砂浆）和湿拌砂浆（或称湿砂浆）两大类型。

基金项目："十二五"国家科技支撑计划项目(2012BAJ20B02)；国家自然科学基金项目(51178339)。

作者简介：董超颖，(1989—)，女，山东省文登人，同济大学材料科学与工程学院研究生，主要研究方向：保水增稠剂。E-mail: dong.chao.ying@163.com，电话：18818203870。

干混砂浆是由胶凝材料（水泥、粉煤灰和矿渣粉等），一定要求级配的细骨料（种类视情况选择，常用的有石英砂、金刚砂，细骨料可选择陶粒、膨胀珍珠岩、玻化微珠、膨胀聚苯颗粒等），外加剂（聚合物乳胶粉、纤维素醚保水剂、调凝剂等），添加剂（颜料、纤维等）和填料等固体材料按照一定配合比混合均匀制成的砂浆半成品，不含拌合用水。干混砂浆在使用时只要在施工现场用一定量的水拌合即成为用于砌筑、抹面或其他用途的砂浆。而湿拌砂浆则是指在工厂将砂浆各种原材料混合并加水搅拌成的具有一定施工性的最终产品。将完成拌合的砂浆通过专业运输设备运送至施工现场，直接使用。干混砂浆和湿拌砂浆的生产流程分别如图1和图2所示。

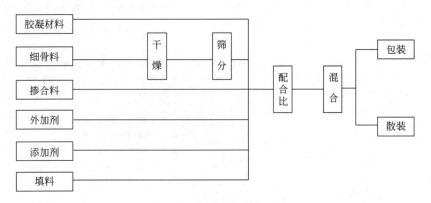

图 1　干混砂浆生产示意图

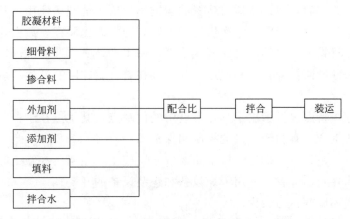

图 2　湿拌砂浆生产示意图

湿拌砂浆包括湿拌砌筑砂浆、湿拌抹灰砂浆、湿拌地面砂浆和湿拌防水砂浆等；干混砂浆包括干混砌筑砂浆、干混抹灰砂浆、干混地面砂浆、干混普通防水砂浆等普通干混砂浆，以及干混陶瓷砖黏结砂浆、干混界面砂浆、保温板黏结砂浆、保温板抹面砂浆、自流平砂浆、贴面砂浆、耐磨地坪砂浆和装饰砂浆等特种干混砂浆。

1.2　预拌砂浆的特点

预拌砂浆与传统自拌砂浆不同，预拌砂浆的使用给建筑业带来了科技进步和技术革新。它技术含量高，产品也在不断地向多品种、多功能方向发展，无需现场拌制，降低了施工用地的面积及原料的损耗，有利于环保及文明施工，符合国家节能减排政策。总之，预拌砂浆的发展不仅可以大幅度提升建筑质量，而且还可以节能利废，产生间接经济效应。表1从七个方面具体阐述了传统砂浆和预拌砂浆的利弊。

表1 传统砂浆与预拌砂浆的对比

项目	传统砂浆	预拌砂浆
质量	由于受设备、技术和管理条件限制,质量很难得到保证	专业技术人员的设计和管理下,用专用设备进行配料和混合,质量均匀可靠
效率	胶凝材料、骨料和外加剂需分别购买、存放、计算用量,需要大量的人力物力和空间,效率低,进度慢	可随时购买符合要求的砂浆,预拌砂浆可随到随用,即使预干粉砂浆只要加水搅拌就可使用,工作效率高
材料消耗	配料很难按配料方案执行,所以会造成原材料的不合理使用	工厂直接配料,可以避免原材料的不合理使用
原料占地	现场拌制砂浆时原材料占用场地大,大城市里这个问题更加突出	可大幅度地减少材料堆放场地
环境保护	现场拌制砂浆粉尘量大,污染环境	占地少,无粉尘,可减少环境污染,改善市容,文明生产
经济	分散的搅拌机需要一定的费用,原材料浪费造成的损失,现场拌制的砂浆若质量不符合要求重新返工要花费更多的费用	建立一个商品砂浆厂需要一定的投资,机器运转和维修的费用,支付经营、管理及机器操作和维修人员的工资
特殊要求	现场配制的砂浆通常只有水泥的质量是受控制的,无法精确加入现代砂浆中重要的功能性成分——外加剂。简单地说,它只是起到了把墙体材块黏结在一起的作用,没有赋予墙材必需的使用功能	为了符合工程上的要求必须用特种砂浆或专用砂浆,这些砂浆都可以精确的加入一定量的外加剂,保证工程要求

1.2.1 湿拌砂浆的优缺点

湿拌砂浆是将水泥、细骨料、矿物掺合料、外加剂、添加剂、填料和水等原料按一定比例在搅拌站计量、拌制后,通过带搅拌装置的运输车运到工地现场使用,并要求在规定时间内用完的预拌砂浆。其质量稳定,一次供货量大,到现场后先储存,后由建筑工人手工操作将砂浆敷设在基层材料上。湿拌砂浆在混凝土搅拌站生产,具有计量准确、生产速度快的特点。湿拌砂浆是一种砂浆拌合物,其使用时间就存在着一定的限制,生产后必须在规定时间内用完。

湿拌砂浆的这些特点也显示出了其在发展中的优缺点。其优点在于:

(1) 工业化的生产,有利于质量的控制和保证;

(2) 一次性供货量大,特别适于桥梁路面找平层施工,屋面防水施工等工程;

(3) 无需现场拌制,节省了专用干燥设备和包装设备的开支;

(4) 施工现场环境好,污染少;

(5) 原材料选择的余地较大,集料可采取干料,也可采用湿料,且不用烘干,降低了成本;

(6) 可掺入大量粉煤灰等工业废渣,既可节约资源,又可降低砂浆成本。

当然它在生产使用中也存在不少的缺点:

(1) 由于在专业的生产厂家搅拌好,到现场还需要在密闭的容器中储存,且一次的运输量较多,必须在有限的时间内用完,所以不可能按照施工进度来灵活掌握使用量;

(2) 一次的运输量较多,故难免要在现场封闭容器储存,时间久了会对砂浆的和易性、凝结时间及工作性能的稳定性要求很高;

(3) 运输的时间受到交通条件的制约。

1.2.2 干混砂浆的优缺点

干混砂浆是以干燥状态的各种原料按一定比例,经工厂精确配制拌合均匀后,以袋装或散装方式运到工地，在使用地点按规定比例加水或配套组分拌和使用的一种预拌砂浆。故与湿拌砂浆相比，它不受使用时间及数量的限制，因此它是预拌砂浆发展的主导方向。

干混砂浆的优点有很多：

（1）生产效率高，由于它是在筒仓中运输，自动搅拌、泵送以及机械化施用砂浆，其生产效率达到了传统生产效率的 500%～600%；

（2）施工效率机械化的搅拌可以保证砂浆的正确处理和施工，克服了掺水量过多或过少以及配方出错的现象发生；

（3）砂浆的品种多，质量优良，性能稳定，施用方便；

（4）经济效益　干混砂浆的砂子级配好、粒径小，在保证质量的前提下，砂浆的厚度可以减薄，减少施工用料；

（5）社会效益　干混砂浆实现了生产、流通、供应一体化的管理体制，代表着新型建筑胶凝材料的工业化生产方向。此外，其加水即用，操作机械化，改善工人劳作条件，提高劳动生产率，但干混砂浆也存在着一些缺点：

（1）其生产线的投资较大，且散装罐和运输车辆的投入也很大；

（2）由于生产原料都是由干态原料混合而成，对材料的含水率有较高的要求，故对原材料的选择有一定的限制；

（3）施工时需要现场拌水，故对拌料人员的专业技术有较高要求；

（4）在储存及气力运输过程中，容易产生物料分离，导致砂浆不均匀。

目前，上海、北京、江苏等省市主要发展干混砂浆，而广东、浙江等省市在一段时期内还要坚持干混及湿拌砂浆并重，用价位相对较低的湿拌砂浆为先导，以高质量的干混砂浆为最终市场推动目标。就目前而言，推广工作很有成果。以广东为例分析一下预拌砂浆的发展导向。广东省雨季长，台风较多，所以有利于防止外墙渗水的防水砂浆发展。广东地区建筑外立面多采用瓷质外墙砖，对于楼层较高和密集型的建筑而言，外墙砖是存在安全隐患的，所以瓷砖黏结砂浆的质量就显得尤为重要。由于气候原因，南方地区的墙体多采用单层墙体，所以墙体的保温性能也是一个很大的议题，目前就预拌砂浆的发展而言，应用保温砂浆是解决外墙保温问题一个有效途径。根据分析，上述提到的防水砂浆、瓷砖黏结砂浆及保温砂浆将是广东市场上非常有发展潜力的类型，此三类砂浆均归类在干混预拌砂浆的范畴内，所以南方地区的干混砂浆也将以最终市场推动目标进行发展。

1.3　我国有关预拌砂浆的相关发展规范及政策

早在 20 世纪 90 年代，原国家建材局为引导新型建材及制品行业有序、健康地发展，解决目前新型建材及制品发展中存在的技术水平和产品档次低、规模小及盲目发展等问题，颁布了《新型建材及制品发展导向目录》，各省区市建材行业主管部门也都根据各地实际情况，以市场为导向，严格遵照执行了该文件。

根据党的十六大提出的走新型工业化道路的要求和《国务院对进一步加快发展散装水泥意见的批复》，商务部、公安部、建设部、交通部于 2003 年 10 月发布了《关于限期禁止在城市城区现场搅拌混凝土的通知》。该通知中指出："发展预拌混凝土和干混砂浆是发展散装水泥的重要途径"、"鼓励发展预拌混凝土和干混砂浆"、"采取有效措施，扶持预拌混凝土和干混砂浆的发展"。

2004 年 4 月，商务部商务部、财政部、建设部等五部二局根据《中华人民共和国清洁生产促进法》制定了《散装水泥管理办法》。该办法中规定："县级以上地方人民政府有关部门应当鼓励发展预拌混凝土和预拌砂浆，根据实际情况限期禁止城市市区现场搅拌混凝土。"

为贯彻落实 2005 年国家发布的《国务院关于做好建设节约型社会近期重点工作的通知》中关于"从使用环节入手，进一步加大散装水泥推广力度"的要求，根据《散装水泥管理办法》，各省、自治区、直辖市散装水泥行政主管部门，公安厅（局），建设厅（委），交通厅（局），质检局，环保局，散装水泥办公室 2007 年 6 月联合发出《关于在部分城市限期禁止现场配制砂浆工作的通知》后，相关城市相继制定了符合本地发展的全面推广商品砂浆的时间表和相关政策。

2008 年 8 月 29 日正式颁布的中华人民共和国《循环经济促进法》明确指出："鼓励利用无毒无害的固体废物生产建筑材料，鼓励使用散装水泥，推广使用预拌混凝土和预拌砂浆。"2009 年 7 月，商务部、住房和城乡建设部又联合下发了暨《关于限期禁止在城市城区现场搅拌混凝土的通知》的新通知——《关于进一步做好城市禁止现场配制)砂浆工作的通知》，对城市建设工程中推广使用商品砂浆工作提出了新要求。

2010 年发布的国家标准《预拌砂浆》和《预拌砂浆运用技术规程》对预拌砂浆从概念、分类到应用、施工都做了严格统一的行业标准，有利于预拌砂浆的发展。2010 年 6 月国务院办公厅下发的《关于推进大气污染联防联控工作改善区域空气质量的指导意见》中有规定：强化施工工地环境管理，禁止使用袋装水泥和现场搅拌混凝土、砂浆，在施工场地应采取围挡、遮盖等防尘措施。

2011 年扬州市人民政府办公室发布了《扬州中心城区与拌混凝土及预拌砂浆"十二五"发展规划》。该通知指出了预拌砂浆发展存在的问题，并对本市预拌砂浆规划的必要性及目标任务进行了陈述。根据上海市城乡建设和交通委员会《2010 年上海市工程建设规范和标准设计编制计划（第二批）》，建筑科学研究院有限公司于 2012 年对《商品砂浆生产与应用技术规程》进行修订，将"商品砂浆"修改为"预拌砂浆"，"预拌砂浆"修改为"湿拌砂浆"，故名称修改为《预拌砂浆应用技术规程》。

近年来，新余市预拌砂浆推广工作得到了市委、市政府的大力支持，市政府相继出台了《新余市预拌砂浆管理办法》和《新余市预拌砂浆推广应用方案》。2012 年 5 月人民政府又发布了《关于我市中心城区内禁止现场搅拌砂浆的通告》，6 月工信委、市住建委联合下发了《关于做好全市预拌砂浆推广应用有关工作的通知》。

以上这些都为预拌砂浆在全国各地的发展提供了有力的法律依据和行政执法保证，为预拌砂浆的发展提供了新的契机和动力，对商品砂浆进一步发展和推广起到极为重要的积极作用。

2　国内外预拌砂浆的现状及发展趋势

预拌砂浆最早起源于欧洲，早在 19 世纪，奥地利就发明了建筑干混砂浆，二次大战后，干混砂浆得到了迅速发展。20 世纪七八十年代，机械化设施及预干混砂浆的使用，提高了生产效率，使得预拌砂浆在欧美地区形成了一个新兴的产业。20 世纪末期，预拌砂浆出现在了中国。与欧洲相比，预拌砂浆在中国提出概念到形成一定的生产规模用的时间很短，大约只用了十几年的时间。而在欧洲这个过程走了 50 多年的历史。干混砂浆已占商品砂浆的 80% 以上，2004 年全球干混砂浆产量约 1.8 亿吨，其中欧洲为 9000 万吨，并且产品已经达到几百种。所以与欧洲国家相比，我国无论是从装备水平还是施工工艺上，预拌商品砂浆的现状都远远落后于国外发达国家。虽然我国的水泥量是世界总产量的 40% 左右，但是预拌砂浆的含量还不足世界产量的 1%。此外，建筑施工方面的仍然多以手工作业为主，现代化的机械施工还未广泛普及，效率仍然很低，施工质量稳定性差。

鉴于预拌砂浆目前的发展状况，必须对目前的发展状况做一个深层次的分析，及时发现其发展存在的问题，这样才能有效地寻找改进措施。

（1）预拌砂浆的造价高。由于批量出厂，无法做到随用随拌，故在施工时若没有成套泵送、抹灰机械，则会使降低功耗的能力严重受损，但如果使用了成套的设备，那就意味着要有很大的一笔机械开支。所以降低机械的造价及运输费用对预拌砂浆的普及有很大的帮助。

（2）如何充分利用工业固体废物生产商品砂浆。一直以来国家都倡导绿色生产、绿色工业，很多行业都在不同程度地以保护环境，节约自然资源，降低产品生产成本的生产模式在要求自己的产业。大量的研究和工程应用已经明确指出：电力、冶金、矿山和化工等工业生产过程中排放的废弃物，如粉煤灰、煤矸石、炉渣等都可以用于建筑砂浆中。所以应该充分利用预拌砂浆目前的发展势头，研发一种能把工业固体废弃物充分运用起来且性能优良的特种预拌砂浆。

（3）开发预拌砂浆的种类。目前，我国的预拌砂浆种类与欧洲国家相比仍有很大差距，所以要提升我国预拌砂浆在国际上的竞争力，应该努力研发高性能和特种预拌砂浆。如何提高预拌砂浆的性能，笔者认为在砂浆中掺入拥有某种特殊性能的材料做外加剂是很有发展的一个研究方向。

（4）研制预拌砂浆自动化施工工具。由于预拌砂浆都是在混凝土搅拌站批量搅拌均匀后出场，出厂量巨大，但是目前我国施工多以手工操作为主，施工进度与砂浆的供货量不成正比，只这一点就严重影响了预拌砂浆在建材市场的份额。所以为了能大跨步的发展商品砂浆，研制具有高技术水准的砂浆铺砌设备和抹面设备非常必要。

3 保水增稠材料在预拌砂浆中的应用

预拌砂浆主要的应用方向是做饰面和黏结材料，所以预拌砂浆施工时对工作性能的要求主要集中在保水性能好、黏聚性高和触变性能好等方面。为保证砂浆具有足够的保水能力，防止水分水化过程中过度蒸发、基层吸水严重导致开裂以及水化不完全影响砂浆强度，无论哪种砂浆在工作时都需要使用保水增稠材料，确保砂浆的保水、触变及黏聚性。

3.1 保水增稠材料的定义及分类

保水增稠材料就是指保持水分不流失的一种材料，其用于砂浆中可以改善砂浆可操作性，提高砂浆保持水分能力。保水增稠材料除了拥有保持水分的能力，另外一个作用是改善砂浆的可操作性，它既与提高砂浆保水性相关，又有区别。增稠作用主要是提高砂浆的黏性、润滑性、可铺展性、触变性等，使砂浆在外力作用下变形，外力小消失后保持不变形的能力。一般保水增稠材料既可以是单组分材料，又可以是多组分材料。

保水增稠材料在砂浆中主要表现为以下作用：改善砂浆的保水性和可操作性；增加黏附力；防止砂浆泌水和离析；使砂浆能在较长时间内保持一定的水分；提高砂浆抗渗性和抗冻性；易于砂浆薄层施工。保水增稠材料一般分为有机和无机两大类，传统的保水增稠材料为石灰膏，石灰膏是一种气硬性的胶凝材料，而水泥石一种水硬性的胶凝材料，石灰在水泥石灰混合体中所起的作用也局限于保水增稠材料，而砂浆硬化后，由于其耐水性性差、收缩大、耐久性差等原因，石灰产物将形成水泥石灰砂浆中的薄弱环节。它是水泥石灰混合砂浆易渗水和收缩大的主要因素。所以用于砂浆中的保水增稠材料一般都会选用非石灰类的产品。目前，通常掺入非石灰类的保水增稠材料，主要品种有砂浆塑化剂、淀粉醚、纤维素醚、砂浆稠化粉等。

预拌砂浆中应用最广泛的化学添加剂是纤维素醚类，纤维素醚类外加剂不仅可以控制砂浆的稠度、抗流挂性及保水性，而且具有用量小、保水性好、黏聚力高、耐久性好等特点。但其本身具有引气作用，掺量过大会带来降低砂浆的强度、增加干燥收缩和施工操作性不好等弊病。另外，纤维素醚类产品市场价格较高，这些都在一定程度上阻碍了预拌砂浆在国内的应用进展。

淀粉醚主要应用于建筑干粉砂浆中，能影响以石膏、水泥和石灰为基料的砂浆的稠度，改变砂浆的施工性和抗流挂性。淀粉醚作为增稠剂掺入砂浆中，可以提高砂浆的抗流挂性，降低湿砂浆的黏着性，延长开放时间等。淀粉醚经常与纤维素一起使用，使这两种产品性能与优势互补。由于淀粉醚产品比纤维素醚便宜许多，在砂浆中应用淀粉醚，会带来砂浆配方成本的明显降低。淀粉醚多用于水泥或石膏基手工或机喷的抹灰砂浆、瓷砖黏结剂和勾缝剂、砌筑砂浆。

3.2 保水增稠材料在预拌砂浆中的应用及影响

陈益兰等研究了保水增稠材料对砂浆稠度、分层度、强度的影响，并进一步分析了产生不同的机理。实验结果发现掺入保水增稠材料的商品砂浆能在较小水量的情况下使砂浆具有较高的稠度，同时，由于保水材料的加入降低了水灰比，减少了干燥收缩使得7d、28d 的抗压强度都要比不加保水增稠材料的传统砂浆要高。在7d 龄期的 SEM 图谱上可以看到掺了保水增稠材料的砂浆中生成了很多纤维状、针状、棱柱状的水化产物（如图3和图4所示）。

图3 掺有保水增稠材料砂浆的 SEM 图

图4 传统水泥砂浆的 SEM 图

对于一些强度要求较低的建筑砂浆，通常胶砂比很低就可以满足强度的要求，这样虽然表面上满足了工程要求，但是这样的建筑砂浆往往和易性、保水性和施工性能相对较差，施工后容易产生开裂甚至剥落等严重的工程质量问题。

过去，为了改善建筑砂浆施工时的和易性，普遍采用添加石灰膏的措施，但由于对砂浆的耐水性等的不利影响，已经基本是被取缔。掺入微沫剂也是改善砂浆和易性的一个选择，但其对砂浆强度和抗渗性都有不利影响。为了预拌砂浆更广泛地推广，应该研究出一种新的保水增稠材料，既能使砂浆满足施工时的和易性又能对砂浆的强度等性能不产生不利影响。孙振平采用各种微结构疏松的天然矿物和工业尾矿，并结合减水、增稠和调凝等作用的助剂，通过干燥、计量、粉磨，开发出一种价廉的增稠材料 MAS-1。该保水增稠材料对砂浆抗压强度的影响较小，但对提高砂浆保水率有很大影响，当其掺量为 8%，保水率可达

93%。此外，随着 MAS-1 掺量的增加，硬化后砂浆的黏结抗拉强度大幅增加，收缩率有一定程度的降低。研制的 MAS-1 在商品砂浆中的掺量由技术标准（规范）及其用途来决定，不同的标准对砂浆的保水率、分层度及抗压强度都有不同的要求，不同用途的砂浆（砌筑砂浆、抹灰砂浆、地面砂浆等）对以上技术指标也有不同的要求，所以保水增稠材料的掺量需要依据这些指标通过大量实验决定。

陈益兰等选取保水增稠材料中高度分散材料、保水材料和增黏性能的材料作为保水增稠材料性能的影响因素，每个因素取四个水平，设计 L_{16}（4^3）正交试验（试验过程中调节用水量，确保砂浆的稠度保持在 80～90mm 范围内），确定了试验优化配比。将此优化配方掺入砂浆中，实验结果表明添加保水增稠材料的环保干混砂浆，相同稠度条件下，用水量低，和易性好，强度高。从对比组砂浆的 SEM 图中发现，掺保水增稠材料的砂浆硬化基体颗粒分布比较均匀，而且堆积较紧密。显然，保水增稠材料起到了很好的均化浆体颗粒的作用，有利于砂浆强度的发挥以及水化反应的进一步发展。

王培铭研究了一种纤维素醚和一种乳胶粉及其二者的复掺物对预拌砂浆的作用，研究发现纤维素醚和乳胶粉复掺时，新拌砂浆的保水率优于单掺纤维素醚或乳胶粉的砂浆保水率。但对于强度，纤维素醚的掺入会降低砂浆的抗折强度，乳胶粉的掺入却能提高砂浆的抗折强度，若二者复掺，改性砂浆的抗折强度变化幅度不大。纤维素醚不仅对抗压强度有很大影响，对弹性模量影响也很大，该文中研究的结果发现，单掺纤维素醚会降低砂浆的动弹模量，且随纤维素醚掺量的增大，砂浆的动弹模量逐渐减小，单掺乳胶粉时，随乳胶粉掺量的增大，改性砂浆的动弹模量会呈现出先减小又略有增大，之后又逐渐减小的趋势。乳胶粉与纤维素醚复掺，随乳胶粉掺量的增大，砂浆动弹模量呈现出略有降低的趋势，但变化幅度不大。所以研究结果表明外加剂复掺对改善砂浆的性能有很大的帮助。在预拌砂浆的开拓方面，外加剂复掺是很好的发展方向。

当然在发展复掺工艺的同时应该对原材料不断地进行筛选和改造。纤维素醚与乳胶粉复掺可以对砂浆性能的改善起到很好的效果，但纤维素醚和乳胶粉都是合成物质，其价格都不低，并且合成物质对环境还存在着威胁。稠化粉也是一种能对砂浆起到保水增稠作用的外加剂，其主要成分是膨润土。膨润土是一种天然的含水黏土矿，具有的阳离子交换性、膨胀性、吸附性、分散性、流变性、可塑性、黏结性、胶体性、触变性、耐火性、润滑性等多种特性。膨润土在我国储量巨大，价格低廉，并且其开发应用仍停留在初级阶段。此外，有研究表明膨润土不仅对砂浆有保水增稠的作用，而且对提高砂浆的抗渗性能、黏结性能、触变性能、改善砂浆分层度也有帮助。笔者也做过一些这方面的试验，试验结果表明在砂浆中掺入适量的膨润土，同时取代同等分量的水泥，对砂浆的抗压强度及抗折强度影响不是很明显。

4 展望

综合考虑纤维素醚、淀粉醚及膨润土在保水增稠及砂浆综合性能方面的影响，笔者认为将纤维素醚、淀粉醚及膨润土等不同种类的保水增稠材料进行复掺，使这些材料的使用性能优势互补，研究一种以这些保水增稠材料为原料新型的保水增稠材料是一个非常好的设想及发展方向。同时，考虑到淀粉醚在机喷水泥砂浆中的应用，所以将复掺保水增稠剂引入机喷水泥的发展和研究中也将是一个很好的课题。

参考文献

[1] 张秀芳,赵立群,王甲春. 建筑砂浆技术解读 470 问 [M]. 北京:中国建材工业出版社,2009,1-2.
[2] 孙振平,蒋正武,王培铭. 普通商品砂浆在中国的起步及发展策略 [J]. 商品混凝土,2005(5):1-5,14.
[3] 王培铭,吴科如. 商品砂浆 [J]. 中国建材,1995:27-28,41.
[4] 黄国晖,严焊东. 浅谈商品砂浆及其发展趋势 [J]. 山西建筑,2006,32(11):137-138.
[5] 桂苗苗. 浅谈商品砂浆使用现状及发展趋势 [J]. 福建建材,2005(4):10-11.
[6] 王培铭. 商品砂浆 [M]. 北京:化学工业出版社,2008,4-6.
[7] 乔征宇,王纯宇. 商品砂浆在工程中的应用 [J]. 山西建筑,2008,34(14):161-162.
[8] 陈寒斌,陈普法. 商品砂浆分类及其主要原材料 [J]. 重庆建筑,2006,(11):65-67.
[9] 夏艺. 干粉砂浆外加剂的研究 [D]. 南京:东南大学,2005.
[10] 吴村,富恩久. 商品砂浆的现状与未来 [J]. 混凝土,2005,(1):61-63.
[11] 王栋民,张琳. 干混砂浆原理与配方指南 [M]. 北京:化学工业出版社,2010,5-7.
[12] 马宝联. 商品砂浆及其发展趋势 [J]. 山西建筑,2008,34(1):176-177.
[13] 蒋颖,刘永. 重庆市推广预拌商品砂浆的可行性研究 [J]. 重庆建筑,2005(9):37-39.
[14] 王培铭,张国防等. 国内商品砂浆的发展和研究近况 [J]. 商品砂浆的科学与技术,2011:3-12.
[15] 刘红宇,洪彩霞. 商品砂浆的发展应用和研究开发 [J]. 电力学报,2008,23(1):57-59.
[16] 赵立群,樊钧,沈瑞德等. 商品砂浆在上海地区的推广应用 [C].2007 年全国砌体结构与墙体材料基本理论及其工程应用学术会议论文集,2007:353-355.
[17] 王子明. 商品砂浆用化学外加剂 [C]. 商品砂浆的研究与应用. 北京:化学工业出版社,2011,88-96.
[18] 陈益兰,李毅,尤卫玲等. 商品砂浆中保水增稠材料的研究 [C]. 商品砂浆的研究与应用. 北京:化学工业出版社,2011,256-260.
[19] 刘江平,孙振平,蒋正武. 干粉砂浆的研制及机理 [J]. 混凝土与水泥制品,2003(4):14-17.
[20] 孙振平,于龙,庞敏等. 商品砂浆增稠保水材料的研制及其应用性能 [J]. 商品砂浆,2009(4):15-19.
[21] 孙振平,庞敏,于龙等. 商品砂浆用增稠保水剂 TJ-S 及其性能研究 [C].//第三届全国商品砂浆学术会议论文集,2009:158-164.
[22] 陈益兰,纪涛,丰霞等. 砂浆保水增稠材料的研究及机理探讨 [J]. 广东建材,2007(3):19-20.
[23] 鞠丽艳,张雄. 建筑砂浆保水增稠剂的性能及作用机理 [J]. 建筑材料学报,2003(3):25-29.
[24] 王培铭. 纤维素醚和乳胶粉在商品砂浆中的作用 [J]. 商品混凝土,2005(2):46-50.
[25] 樊益棠. 膨润土对于建筑砂浆性能的影响及机理探讨 [J]. 武汉理工大学学报,2005,27(10):116-118.
[26] 李方贤,龙世宗,陈友治. 膨润土对砂浆性能的调控作用 [J]. 第三届全国商品砂浆学术交流会论文集,2009,121-125.
[27] 兰明章,李雪莲. 干粉砂浆组成及选择分析 [C].2006 第二届中国国际建筑干混砂浆生产应用技术研讨会论文集,2006,115-118.

石膏基自流平材料的研究进展

李东旭　张树鹏　张毅　陆建兵

（南京工业大学材料科学与工程学院，江苏，南京，210009）

摘要：石膏基自流平材料是以经预处理后的天然石膏或者化学石膏为胶凝材料，加入适量的减水剂、缓凝剂等其他化学添加剂及骨料填料复合成能自我找平的地面铺筑材料。本文详细介绍了几种用于制备石膏基自流平材料的石膏种类及其各自的预处理方法，同时也详细探讨了各种化学添加剂对材料流动度、凝结时间、力学性能等的影响，最后根据石膏的特点及研究现状分析了制备石膏基自流平材料存在的问题，展望了这种材料的研究应用前景。

关键词：石膏基；自流平材料；化学添加剂；研究进展

Research and progress of gypsum-based self-leveling materials

Li Dongxu　Zhang Shupeng　Zhang Yi　Lu Jianbing

（College of Materials Science and Engineering，Nanjing University of technology，Nanjing，210009，China）

Abstract：Gypsum-based self-leveling material was pretreated natural gypsum or chemical gypsum cementations material, adding the right amount of water reducer, retarder and other chemical additives and fillers combined into aggregates self-leveling floor paving material. This paper described several methods for preparing gypsum gypsum-based self-leveling material types and their respective pretreatment method also discussed in detail the various chemical additives on the material fluidity, setting time, mechanical properties and other effects, and finally under gypsum research analyzed the characteristics and preparation of gypsum-based self-leveling material problems, prospects of such materials research applications.

Keywords：gypsum-based；self-leveling material；chemical additives；research and progress

1 引言

自流平材料也称为功能型地面装饰材料，是能够快速、经济和有效地得到平整、牢固或者具有装饰性地面的一类材料。自流平材料通常分为有机和无机两大类。有机类自流平材料是自流平地坪涂料，主要是指环氧自流平材料，其独特的化学结构和双组分有机化合物使有机系自流平具有良好的物理机械性能和耐酸、油脂等化学品性能，已成为应用最普遍的自流平材料。无机类自流平材料通常是由无机胶凝材料、超塑化剂、缓凝剂、消泡剂等添加剂和细砂混合而成的粉状单组分（或者粉料与液料复合的双组分）地面建筑材料，是功能性建筑砂浆的一种。这类材料在使用时按照规定的比例加水拌合或者将粉料和液料拌合均匀，经机械泵送或者人工施工后，无需人工摊铺、振捣平整，而是靠浆体的高度流动性而自动流动形成平整表面。

基金项目："十二五"国家科技支撑计划课题（课题编号：2011BAE14B06）、江苏省新型环保重点实验室开放课题（课题编号：AE201007）。

作者简介：李东旭，男，南京工业大学材料科学与工程学院教授，博士生导师，主要从事商品砂浆、新型石膏建材、环境协调性胶凝材料等方面的研究。E-mail：dongxuli@njut.edu.cn，电话：025-83587256。

水泥基自流平材料的强度高、流动度好，且耐水性能优异，在市场上得到广泛认可。石膏基自流平材料主要品种是底层自流平材料，即应用于装饰地面层的铺设支撑层，具有较好的保温隔热、隔声防火和耐久性等特点。与水泥基自流平材料相比，其优点在于石膏基材料在凝结硬化过程中能够产生微膨胀，不会产生收缩裂缝；主要性能缺陷在于石膏基材料凝结硬化体的耐水性差，强度比水泥类的低，以及呈中性或酸性，对铁件有腐蚀作用等。但是，一些经过改性措施的新型石膏基自流平材料能够克服这些缺陷，其应用范围也从铺设支撑层材料扩展到应用面层材料，具有较大的开发潜力和经济效益。

2 用于制备石膏基自流平材料的石膏种类

2.1 脱硫石膏

脱硫石膏又称为排烟脱硫石膏、脱硫石膏或 FGD 石膏（Flue Gas Desulphurization Gypsum），是对含硫燃料（煤、油等）燃烧后产生的烟气进行脱硫净化处理而得到的化学石膏。其定义如下：脱硫石膏是来自排烟脱硫工业，颗粒细小、品位高的湿态二水硫酸钙晶体。

燃煤电厂应用最广泛和最有效的二氧化硫控制技术为烟气脱硫（FGD），也是目前世界上唯一规模化、商业化应用的脱硫方式。烟气脱硫技术按工艺特点可分为湿法、半干法和干法三大类。湿法中占绝对统治地位的石灰/石灰石-石膏法，其脱硫机理与脱硫石膏的形成过程如下：通过除尘处理后的烟气导入吸收器中，细石灰或石灰石粉料浆通过喷淋的方式在吸收器中洗涤烟气，与烟气中的二氧化硫发生反应生成亚硫酸钙（$CaSO_3 \cdot 0.5H_2O$），然后通入大量空气强制将亚硫酸钙氧化成二水硫酸钙（$CaSO_4 \cdot 2H_2O$），其反应方程式为：

$$CaO + H_2O \longrightarrow Ca(OH)_2$$

$$Ca(OH)_2 + SO_2 \longrightarrow CaSO_3 \cdot 0.5H_2O + 0.5H_2O$$

$$CaSO_3 \cdot 0.5H_2O + 0.5O_2 + 1.5H_2O \longrightarrow CaSO_4 \cdot 2H_2O$$

$$CaCO_3 + SO_2 + 0.5H_2O \longrightarrow CaSO_3 \cdot 0.5H_2O + CO_2 \uparrow$$

我国每年火电厂排放的烟气脱硫石膏5000万吨以上，随着火电厂的扩建，脱硫石膏的排放量将继续增加。大量的脱硫石膏堆积不仅占用大量的土地，导致地表水及地下水污染。

利用脱硫石膏做自流平材料，不仅可以提高脱硫石膏的利用率，又能提供一种具有广阔应用前景的产品，因此，很多学者都在这方面做过研究。白杨等人研究了用脱硫石膏制备高强石膏粉的转晶剂；谢建海等人通过加入碱性激发剂来对脱硫石膏进行预处理，制备了一种流动度达170mm以上，绝干抗折和抗压强度分别达6.8MPa和29.2MPa的石膏基自流平材料；彭明强等人利用脱硫石膏通过水热法来制备α-半水石膏，在制备石膏基自流平材料方面取得初步研究成果。这些研究对脱硫石膏的综合利用提供了新的方法，但是这些应用都需要对脱硫石膏进行二次制备，增加了生产成本，不利于产品的推广和应用。针对于这些问题，张晓华等人利用普通炒制工艺来制备β-半水石膏，从而制备出石膏基自流平材料。

2.2 磷石膏

磷素肥料主要用天然磷矿加工制造。高浓度磷肥、复合肥料还涉及磷矿用硫酸提取出磷酸溶液，磷酸再加工成磷酸铵、重过磷酸钙和复合肥料的过程。磷矿的主要组分是氟磷酸钙 $[3Ca_3(PO_4)_2 \cdot CaF_2]$，它被硫酸分解时的反应式如下：

$$Ca_{10}F_2(PO_4)_6 + 10H_2SO_4 + 20H_2O \longrightarrow 6H_3PO_4 + 10CaSO_4 \cdot 2H_2O + 2HF$$

当磷矿含有少量方解石和白云石时，它们也与硫酸发生反应，生成二水硫酸钙：

$$CaCO_3 + H_2SO_4 + H_2O \longrightarrow CaSO_4 \cdot 2H_2O + CO_2$$
$$CaCO_3 \cdot MgCO_3 + 2H_2SO_4 \longrightarrow CaSO_4 \cdot 2H_2O + MgSO_4 + 2CO_2$$

由反应式可知，用磷矿和硫酸制取磷酸时生成的硫酸钙的分子数多于磷酸的分子数。用多数商品磷矿（P_2O_5 30%~40%，CaO 48%~52%）制磷酸时，得到每 $1tP_2O_5$ 的磷酸，消耗 2.6~2.8t 硫酸，生成 4.8~5t 主要成分为二水硫酸钙（$CaSO_4 \cdot 2H_2O$）的磷石膏。

磷石膏含有游离磷酸、磷酸盐、氟化合物、铁、铝、镁、硅等杂质。由于多数磷矿还含有少量的放射性元素，磷矿酸化时铀锑化合物溶解在酸中的比例较高；铀的自然衰变物镭，以硫酸镭的型态（$RaSO_4$）与硫酸一起沉淀，镭与氡一样有放射性。

利用磷石膏制备自流平材料时，往往需要对磷石膏进行预处理，包括加入转晶剂或者在一定温度下进行烘干从而得到半水石膏，以此来制备石膏基自流平材料。

2.3 氟石膏

氟石膏是生产氟化氢的副产品。HF 的主要生产方法是用硫酸分解萤石（CaF_2），其反应式如下：

$$CaF_2 + H_2SO_4 \longrightarrow CaSO_4 + 2HF$$

氟石膏从反应炉中排出时，料温为 180~230℃，燃气温度为 800~1000℃，排出的石膏为无水硫酸钙，在有充分水的条件下，堆放了三个月左右，可基本转化为二水硫酸钙。在排出的氟石膏中，常伴有没有反应的 CaF_2 和 H_2SO_4，有时 H_2SO_4 的含量较高，使排出的石膏呈强酸性，不能直接弃置，我国一般有以下两种处理方法。

第一种是石灰中和法，即将出炉的石膏加水打浆，投入石灰中和至 pH=7 左右时排放。加入的石灰中和硫酸，进一步生成硫酸钙。加石灰时，只引入少量的 MgO，因此，采用这种处理方法，氟石膏的纯度较高，可达到 80%~90%，称为石灰-氟石膏。

第二种是铝土矿中和法，即加入铝土矿中和剩余的硫酸可回收有用的产品硫酸铝，剩余在石膏中的硫酸铝水解，使其略呈酸性，再加石灰中和至 pH=7 左右，然后排出堆放。因铝土矿中含 40% 左右的 SiO_2 及其他杂质，使最后排出的氟石膏品位下降至 70%~80%，这种石膏称为铝土-氟石膏。

氟石膏水化活性差，硬化体强度小，使用前必须进行改性处理。目前，改性氟石膏的方法主要有粉磨、热处理和添加外加剂法。添加外加剂法是在氟石膏中加入适量的添加剂以改变 $CaSO_4$ 的溶解度或溶解速度，加快 $CaSO_4 \cdot 1/2H_2O$ 的生成速率，增加氟石膏水化硬化能力、缩短凝结时间。目前，通过添加外加剂法激发氟石膏主要有硫酸盐激发、碱性激发以及其他盐类的激发。

2.4 硬石膏

天然石膏主要由 $CaSO_4$ 组成，又称为天然硬石膏或硬石膏，是在自然界中经常与二水石膏及岩盐共生的石膏，因而是一种常含有杂质的硫酸盐。无水石膏的矿层一般位于二水石膏层下面。无水石膏通常在水的作用下变成二水石膏，因此在天然无水石膏中常含有 5%~10% 的二水石膏。

天然硬石膏本身的胶凝性很差，能够达到的强度有限，在很多情况下不能够满足使用要求，一般都要采用活性激发的方法来加速其水化硬化过程的反应速率。主要方法同氟石膏的处理方法类似，大致有机械力化学法、热处理及外加剂激发。机械力化学法主要是通过机械粉磨来增大物料比表面积，增加反应的可能性。热处理是通过适当温度煅烧硬石膏，使其晶格畸变，激发其水化活性，这两种方法均是不改变硬石膏原有反应自由焓低、反应驱动力弱的水化硬化模式。因此激发硬石膏活性效能较低，往往要在硬石膏中掺加激发剂进行化学活性激发。

外加剂激发法是通过改变硬石膏水化硬化模式达到激发其活性的目的。在硬石膏中加入某些无机物或有机物以改变其无水石膏相的溶解度或改变它的溶解速度。在这些外加剂的激发作用下，硬石膏水化硬化能力增加，凝结时间缩短。根据激发性能不同，激发剂可分为：硫酸盐激发剂、碱性激发剂及高炉矿渣和粉煤灰等复合化合物。

3 石膏基自流平材料中所用的外加剂

3.1 减水剂

减水剂对于石膏基自流平材料来说是非常重要的，可以说没有减水剂的应用，就无法得到性能合乎要求的自流平材料。目前，常用的减水剂有木质素磺酸钠、磺化三聚氰胺甲醛树脂缩合物和聚羧酸盐系列等减水剂。

石膏料浆中加入减水剂后，由于减水剂是一种高分子表面活性物质，很容易吸附在石膏固体颗粒表面。被吸附的减水剂分子在石膏粒子表面形成扩散双电层结构，粒子之间由于电性排斥而相互分散开。而由于吸附在固体颗粒表面的减水剂分子链较长，粒子之间相互靠近时表面吸附分子的构型熵减少，使粒子之间很难凝聚。因而，石膏浆料加入减水剂后，能有效拆散絮凝结构，使石膏粒子之间互相分散，从而释放出包裹在絮凝结构中的受阻游离水，增加了自由游离水的含量。由此，在达到相同的石膏浆料标准稠度时，用水量可以大幅度减少，产生较好的减水效果。

表1是固定水灰比时，不同减水剂对石膏浆体流动度及强度的影响。

表1 不同减水剂对石膏基自流平材料的影响

减水剂种类	初始流动度/mm	20min 流动度/mm	抗折强度/MPa		抗压强度/MPa	
			1d	28d	1d	28d
萘系	148	148	2.06	4.09	6.3	13.0
羧酸系	179	148	1.40	3.18	6.2	9.3
三聚氰胺	110	125	2.01	3.97	6.3	10.5

加入减水剂可显著改善石膏基自流平材料的力学性能。强度的提高是拌合用水量减少的结果。各种减水剂增强作用的顺序与其减水效果顺序基本一致，依次是萘系＞三聚氰胺＞羧酸系。

3.2 保水剂

目前，应用于砂浆中的保水剂即纤维素醚，主要包括甲基羟乙基纤维素醚（MHEC）、甲基羟丙基纤维素醚（MHPC）和甲基纤维素醚（MC）。砂浆的保水性随纤维素醚添加量、黏度和细度的增加而增加。纤维素醚的黏度越高，其分子量就越高，溶解性能会相应降低，这对材料的强度和施工性能产生负面影响。黏度越高，对材料的增稠效果越明显，但并不是正比关系。黏度越高，湿砂浆会越黏，在施工时，表现为黏刮刀和对基材黏着力高，但对砂浆的结构强度的增加不大。纤维素醚的细度对其溶解性能有较大的影响。较粗的纤维素醚通常为颗粒状，在水上很容易分散溶解而不结块，但溶解速度很慢。纤维素醚分散于骨料、细集料和胶凝材料中，只有足够细的粉末才能避免加水搅拌时出现纤维醚结团，当纤维醚加水溶解结块后，再分散溶解就很困难。

另外，低黏度纤维素（如低黏度甲基纤维素醚）能够在冷水中迅速溶解，具有表面活性，能够增加产品中粉状料遇水的分散性，即起到分散剂的功能，有助于砂浆的流平。

3.3 可再分散聚合物树脂粉末

可再分散聚合物树脂粉末也称为可再分散乳胶粉、聚合物胶粉、树脂粉末等，规范的名称应为可再分散聚合物树脂粉末，是在通过乳液聚合得到的聚合物乳液中加入防粘连剂而制成喷雾分散液，再在一定的工艺条件下进行喷雾干燥而制得的能够自由流动的固体粉末。这种粉末可在水中较好地分散，得到与原分散液性能基本相同的乳液。常用的有醋酸乙烯酯与乙烯共聚胶粉；乙烯与氯乙烯及月桂酸乙烯酯三元共聚物胶粉；醋酸乙烯酯与乙烯及高级脂肪酸乙烯酯三元共聚物胶粉。

可再分散性乳胶粉以粉末形式掺入石膏后，在搅拌过程中，干粉颗粒遇水形成乳液，均匀地分散到石膏砂浆体系中。乳液中的聚合物均匀地沉积在水化产物——二水石膏晶体表面。随着自由水的减少，聚合物颗粒相互融合连接在一起，形成聚合物膜。如果掺量足够多，最终聚合物膜将形成连续的聚合物网络结构，并与交错的石膏晶体互相交联，形成致密结构。在石膏本体受力时，起到桥梁作用，有效地吸收和传递能量，从而抑制裂纹的形成和扩展。由于聚合物膜弹性模量较低，可以提高抗拉强度和断裂韧性。

图 1 是 5044N 胶粉对自流平材料强度的影响。另外，折压比可以在一定程度上反应自流平材料的柔韧性。从图 2 中可见，随着胶粉掺量的增加，折压比增大，表明自流平材料的柔韧性不断提高。同时也发现，当胶粉掺量超过 2.5% 以后，折压比随之下降。

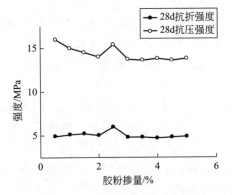 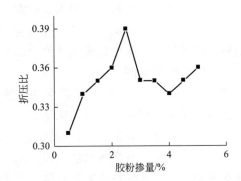

图 1　5044N 胶粉对石膏基自流平材料的影响　　图 2　5044N 胶粉对其压折比的影响

3.4 缓凝剂

缓凝剂可以改变二水石膏晶体形貌，使晶体普遍粗化，从而显著降低石膏硬化体的强度，影响石膏基自流平材料的强度。一般来讲，有机类缓凝剂大多对石膏颗粒及水化产物新相表面具有较强的活性作用，吸附于固体颗粒表面，延缓了石膏的水化和浆体结构的形成。无机类缓凝剂，往往是在石膏颗粒表面形成一层难溶的薄膜，对石膏颗粒的水化起屏障作用，阻碍了石膏的正常水化。这些作用会导致石膏的水化速度减慢，延长石膏的凝结时间。

常用的石膏缓凝剂有碱性磷酸盐和磷酸铵、有机酸及其可溶性盐、已破坏的蛋白质，或者是复合型的石膏缓凝剂。例如，酒石酸、硼砂、骨胶、柠檬酸、六偏磷酸钠、多聚磷酸钠和 SC 型缓凝剂等。

以下主要研究柠檬酸钠、酒石酸和柠檬酸及胶原蛋白系缓凝剂对石膏基自流平材料性能的影响，试验结果见表 2。

表 2 不同缓凝剂对石膏基自流平材料的影响

缓凝剂	掺量/%	流动度/mm	1d 抗折强度/MPa	1d 抗压强度/MPa
柠檬酸钠	0.1	135	1.52	7.2
酒石酸	0.1	140	1.46	6.1
柠檬酸	0.1	140	1.52	6.7
胶原蛋白	0.1	145	2.71	8.1

在石膏基自流平材料加入不同的缓凝剂对其性能有很大的影响。缓凝剂通过强烈抑制石膏晶体长轴方向的生长，改变了晶体各个晶面的相对生长速率来达到其缓凝的效果。缓凝剂的作用是延缓石膏凝结硬化时间，保证石膏基自流平材料具有足够的施工时间。在表2的数据中可以看出酒石酸的缓凝效果最好，但是对强度的损失最大。相比较而言，胶原蛋白系的缓凝剂对石膏基自流平材料流动型和力学性能影响都是最小的，因此胶原蛋白系的缓凝剂用于石膏基自流平材料是比较理想的。

3.5 消泡剂

可以释放拌合料中混合过程和施工过程中所夹带或产生的气泡，提高抗压强度，改善表面状态。目前，较常使用的消泡剂有多元醇和聚硅氧烷等。消泡剂是抑制或消除泡沫的表面活性剂，一般具有以下条件：表面张力要比被消泡介质低；与被消泡剂介质有一定的亲和性，分散性好；具良好的化学稳定性。常用消泡剂有 P_{803}、P_{823} 消泡剂等。

4 石膏基自流平材料目前存在的问题

（1）石膏基自流平材料的耐水、耐磨性较差，而且浆体呈中性或酸性，对铁件有锈蚀的危险。因此，石膏基自流平材料比较适合于无铁件露出的混凝土或砂浆地面的找平层，再铺设塑料或陶瓷地砖、木地板或地毯的地面，不宜作为地面终饰层，尤其不宜使用与经常有水浸泡或酸碱腐蚀严重的地面。

（2）化学成分较复杂，含杂质种类较多，含量虽少，但会严重影响其性能。因来源、生产工艺等差异，不同企业排放的化学石膏，甚至同一企业不同时间段排放的废渣成分也会存在较大差异，严重影响化学石膏的利用。

（3）目前，化学石膏预处理及添加剂、转晶剂成本较高，导致与生产水泥基自流平材料成本基本相等，严重制约化学石膏基自流平材料的应用推广。

（4）在我国，石膏系自流平尚无统一的应用技术规程，导致施工工艺、性能要求参差不齐，施工造价较高。

（5）国内经济不发达，国民一般选择成本较低的水泥砂浆直接铺筑地面。自流平材料还不太适合国情，加上施工工艺及设备较落后，还未进入国民的视野。

5 石膏基自流平材料发展前景

我国的自流平地坪材料仅在近几年才形成应用规模，且应用量不大。与发达国家相比，其品种、应用场合和施工质量等都有待发展和提高，特别是产品质量和质量稳定性与国外品牌差距较大。在原材料方面，可再分散乳胶粉过去一直依赖于进口，现在虽然有了国产品，但质量与多种进口品牌相比较，明显较差，因而在使用中还存在较多问题。随着应用的更加普及和应用数量的不断增大，其中一些问题将会逐步得到解决；随着施工技术的普及和施工的专业化，这类地坪材料的施工质量也将会不断提高。

随着石膏基自流平地面材料的应用，其性能优势将会被人们逐步认识而受到重视，应用范围和用量都将会在现有的基础上得到扩大。从节约能源和环境保护的角度，使用天然硬石膏、工业废渣磷石膏制备的自流平地面材料将会增多。同时，随着使用和施工中问题的出现，将在解决问题的基础上逐步出现新技术、新材料品种。由于石膏基材料的耐水性、耐磨性相对较差，限制了石膏基自流平砂浆作为面层自流平材料的应用。随着新技术和新材料的出现，人们将会致力于解决这类问题，扩展其应用。

参考文献

[1] 黎力，吴芳. 自流平材料的应用发展综述 [J]. 新型建筑材料，2006 (4)：7-11.
[2] 罗庚望. 石膏系自流平材料的研究应用进展 [J]. 硅酸盐建筑制品，1993 (1)：38-40.
[3] 黎良元，石宗利，艾水平. 石膏-矿渣胶凝材料的碱性激发作用 [J]. 硅酸盐学报，2008 (3)：405-410.
[4] Kyung Jun Chu, Kyung Seun Yoo, Kyong Tae Kim. Characteristics of gypsum crystal growth over calcium-based slurry in desulfurization reactions [J]. Materials Research Bulletin, 1997, 32 (2): 197-204.
[5] 王方群. 粉煤灰-脱硫石膏固结特性的实验研究 [D]. 华北电力大学，2003.
[6] 陈燕，岳文海，董若兰. 石膏建筑材料 [M]. 北京：中国建材工业出版社，2003：36-39.
[7] 白杨，李东旭. 用脱硫石膏制备高强石膏粉的转晶剂 [J]. 硅酸盐学报，2009 (7)：1142-1146.
[8] 谢建海，亢虎宁，石宗利等. 脱硫石膏自流平材料的研究 [J]. 新型建筑材料，2011 (4)：67-69.
[9] 彭明强，叶蓓红. 脱硫石膏用于自流平砂浆的研究 [J]. 建筑材料学报，2012 (6)：406-409.
[10] 张晓华，李渠江. 脱硫石膏在自流平材料中的应用 [J]. 四川建材，2013 (2)：95-97.
[11] 陈永松. 磷石膏的微结构特征及残磷、残氟的研究 [D]. 贵州：贵州工业大学，2004.
[12] 彭家惠，万体智，汤玲等. 磷石膏中的杂质组成、形态、颁布及其对性能的影响 [J]. 中国建材科技，2000 (6)：31-35.
[13] 权刘权，李东旭. 用磷石膏配制石膏基自流平材料研究 [J]. 非金属矿，2007 (3)：19-22.
[14] 徐迅，王连营，彭林山等. 磷石膏自流平材料的制备 [J]. 绿色建筑，2012 (4)：70-72.
[15] 徐锐，姚大虎. 化学石膏综合利用 [J]. 化工设计通讯，2005，31 (4)：54-57.
[16] Sievert T, Wolter A, Singh N B. Hydration of anhydrite of gypsum ($CaSO_4$. II) in a ball mill [J]. Cement and Concrete Research, 2005, 35: 623-630.
[17] 彭家惠，董军，张建新等. 煅烧硬石膏溶解水化性能及煅烧活化机制研究 [J]. 建筑材料学报，2010，13 (1)：111-115.
[18] 彭家惠，张桂红，白冷等. 硫酸盐激发与矿渣改性硬石膏胶结材 [J]. 硅酸盐学报，2008，27 (4)：837-842.
[19] 池永庆，刘惠青. 混凝土高效减水剂的研究及应用进展 [J]. 山西化工. 2003 (4)：36-38.
[20] Donald W. Kirk and Shitang Tong, Process For Production of α-Calcium Sulfate Hemihydrates from FGD Sludge, US Patent, Patent Number 5,562,892, date of Patent. Oct. 8, 1996.

利用石膏改性技术生产高性能干混砂浆的研究进展

马振义

(上海晋马新能源科技有限公司,上海,201804)

摘要:二水石膏、半水石膏的改性技术,是解决石膏领域共性关键性技术方法,使得石膏耐水、强度、可操作时间都有了明显的改观。石膏改性是化学反应的过程,是硅质、铝质活性物质与钙质材料的反应,生产一种全新的水化硅酸钙凝胶和水化硫铝酸钙物质晶体,属硅酸盐系列。由于自然养护的原因,水化反应的程度不同,属于气硬性与水硬性兼有的特性,且偏重于后者。

关键词:干混砂浆;石膏改性技术;化学反应;高性能

Research Progress of the Dry Mix Mortar Production with Gypsum Modification Technology

Ma Zhenyi

(Shanghai Jin Ma New Energy Technology Co. Ltd.,Shanghai,201804)

Abstract:The modification technology of dihydrate gypsum and Calcium sulfate hemihydrates is the key technology to solve the problems of gypsum, so as to improve the strength, water resistance and operation time of gypsum. The modification technology is a chemical reaction process to produce calcium silicate hydrate gels and calcium sulphoaluminate hydrate crystals. Due to the natural curing systems, Gypsum hydration degree is different.

Keywords:Dry mix mortar, Gypsum modification technology, Chemical reaction, High performance

1 石膏基干混砂浆

干混砂浆,又称干粉砂浆,或称商品砂浆,是 20 世纪末的舶来品,引进欧美的先进理念和工艺,淘汰了国内沿袭了数十年的工地现场拌合工艺,配方设计科学合理,保证了工程质量,减少材料浪费,减少了城市污染,建筑材料迈上了科学化、规模化的轨道,功能性的产品不断呈现,适应和满足了市场高端化、多元化的需求。

干粉砂浆分为普通干粉砂浆和特种干粉砂浆,本文所讲的是后者。产品功能性从防水、抗裂、黏结、砌筑、抹面、腻子系列,已延伸到保温、防火、泡沫、地坪砂浆系列产品。

特种干混砂浆,是由胶结料、掺合料、填料、外加剂等四大部分组成。水泥和石膏都是胶凝材料,而水泥基砂浆占有市场率为 95%,而石膏基仅有 5% 左右,悬殊很大。大家知道,水泥是高耗能、高污染、高原料消耗的材料,而石膏是低能耗、低碳排放、绿色、生态的材料,加上大量固废工业副产石膏的历年堆存和排放,造成资源的浪费、环境的污染、生态的破坏,因此当今固废工业副产石膏的研发、推广,成为目前大家关注的热点。2007 年

作者简介:马振义,男,高级工程师,上海晋马新能源科技有限公司。

初，我司开始研发，另辟蹊径，探索新的途径，提出免煅烧改性技术理念，即对二水副产石膏或半水副产石膏进行改性，对石膏不耐水、强度低的弱势进行了研发突破，取得了明显的效果，使石膏基替代部分水泥基进入干混砂浆领域成为现实。

2　石膏共性关键性技术的突破

二水石膏，没有自硬性、胶凝性，只有通过煅烧干燥空气脱水或压力下水介质或饱和蒸汽脱去3/2的水，分别蜕变成β或α半水石膏，才有胶凝性，才能使用。

这个脱去一个半结晶水的过程，是物理反应，生成物是二水石膏、半水石膏、无水石膏，并没有生成新的物质，只是结晶水发生了变化。然而这样的产品生产干混砂浆，首先强度低，不可能超过7MPa；其次，是不耐水，遇水软化，溶蚀；再次，是初凝时间很快，加缓凝剂也难控制，可操作时间短，施工人员不易接受。

二水石膏、半水石膏的改性技术，大胆创新，改变思路，通过化学反应使它生成一种新的物质，即在干混砂浆中，通过自然养护，生成了气硬性与水硬性兼有的一种物质，其石膏在其中起着激发剂和填料的作用，并被强度高、能耐水的胶凝性物质包裹着。它强度高、能耐水、可操作时间长，是一种能耐水的石膏，可用在外墙和潮湿部位的石膏。这样，石膏可与水泥齐名，不枉称是胶凝材料。目前，我国石膏替代水泥使用率只有3%，可以预见在不久的将来，一定会赶上并超过发达国家石膏替代36%水泥的水平。

我们认为，免煅烧石膏改性技术，或二水、半水石膏改性技术，突破了传统的工艺方法，解决了石膏本身固有的弱势，由弱变强，由内变外，应该是解决了石膏共性的关键性技术方法之一。

3　二水石膏和半水石膏改性的必要性

石膏建材具有很大的发展潜力，近年来以20%的速度增长。尤其是工业副产脱硫石膏、磷石膏利用，是目前研究、利用的热点。二水石膏的改性，即免煅烧改性技术，这是一种创新，省去煅烧工艺，直接改性使用，省能耗、减污染、零排放，并在改性的同时解决了石膏本身的弱点，即不耐水、强度低的问题，也满足了施工可操作时间的要求。

半水石膏制品遇水后，二水硫酸钙结晶易发生溶解，导致结晶结构破坏，从而强度急剧下降，直降70%，大大影响了它的推广、利用和更多空间的优势发挥，因此，市场需要能耐水、强度高的石膏建材制品的出现。石膏是气硬性材料，传统的防水做法，添加有机防水剂，如石蜡、有机硅、硬酯酸盐、聚乙烯醇等进行面层涂敷和内掺方法，形成有机网状薄膜，封堵毛细孔和裂缝，虽然有防水效果，但负作用明显，解决了防水问题，强度又下降了，且随时间延长而衰减，同时带来成本的提高。而传统解决石膏强度问题，采取添加水泥和外加剂，这样颜色受到影响，强度提高受限，易造成开裂、成本提高，达不到理想的程度。

本产品的改性，是无机改性，是一种化学反应过程，生成的是一种新的物质，既耐水，强度又高，成本又低，加工一次性、耐久性更好的一种新技术、新产品。

4　石膏改性机理特点

传统对石膏的改性是采取脱水的办法，不论是制取β石膏还是α石膏，只是由二水硫酸钙脱去 3/2 的水，变成半水硫酸钙，它们只是脱水的方法不同，前者干燥空气中煅烧脱水，后者是在压力的情况下通过水介质或饱和蒸汽脱水，分别生成普通建筑石膏粉（β）或高强石膏粉（α）。这两种石膏的生成都是一种物理反应的过程，并没有生成一种新的物质，只是由二水变成半水或无水石膏，或者更准确的说，通过温度、压力的变化，产生了五种形态、七个变种的石膏，充其量也只是石膏中的水分子多少的变化。

本技术产品是一种化学反应的过程，是利用火山灰状的矿物掺合料活性硅质、铝质与钙质材料，在水或温度、湿度、压力的掺与下进行水化反应，生成一种新的物质，即强度高的、耐水性好的水化硅酸钙凝胶（C-S-H）和水化硫铝酸钙（AFt）晶体物质或在温度为 180~190℃，压力 1.2~1.5MPa，蒸压时间 10~12h 下进一步水化，生成了强度更致密的托勃莫来石、水石榴子石和水化硅酸钙结晶物质。二水或半水石膏与硫铝酸钙形成骨架结构，而被水化硅酸钙凝胶穿插其间，紧紧将它们包裹，形成网状的结构致密的整体，抵御水对石膏的侵蚀。二水或半水石膏部分起着硫酸盐激发剂的作用，大部分起着填料作用。在干粉砂浆中，反应的过程是硅质、钙质的反应，生成物是水化硅酸钙凝胶和水化硫铝酸钙，称为硅酸盐制品或硅酸盐混凝土制品。

5 石膏的两种改性技术

二水石膏改性技术，又称为免煅烧石膏改性技术。它包括天然二水石膏、固废工业副产二水石膏，即脱硫石膏、磷石膏、钛石膏、硝基石膏、柠檬酸石膏及脱硫灰渣，而且以上都有产地实验案例。本技术不经煅烧脱水工艺，直接改性利用，省投资，省场地，无二次耗能、二次污染，环保节能，低碳绿色，性能升级，能耐水，强度好，操作时间长，不加缓凝剂。

半水石膏改性技术，对象是天然半水石膏和固废工业副产半水石膏，即半水硫、磷、钛、柠檬酸、硝基石膏。目前，市场上 98% 是半水石膏，即建筑石膏，因为它不耐水、强度低、生产干粉砂浆初凝快，用它制作的制品，也只能如此，影响了大面积的推广、使用，也影响了它对水泥的替代率，虽说是胶凝材料，也只能有水泥基干混砂浆独吞市场份额。时至今日，对改性技术认可、推广，迫在眉睫。

6 石膏改性技术工艺

二水石膏和半水石膏的改性技术工艺流程如图 1 和图 2 所示。

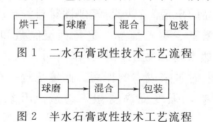

图 1 二水石膏改性技术工艺流程

图 2 半水石膏改性技术工艺流程

7 部分典型产品及其性能指标

利用石膏改性技术进行了一系列干混砂浆的生产，测试得到这些干混砂浆的性能结果如表 1~表 6 所示。可以看出这些干混砂浆的性能均明显达到或超过相关国家技术标准的要求。

表 1 利用二水石膏改性技术生产的抹灰砂浆性能测试结果（粉刷石膏底层）

用水量/%	绝干抗折强度/MPa		绝干抗压强度/MPa		软化系数	成本/(元/t)	凝结时间/h	抗冻融循环/MPa			
	3d	7d	3d	7d				冻前抗折	冻后抗折	冻前抗压	冻后抗压
24	2.4	3.2	6.8	10.7	0.89	170～200	6.5～7	1.75	1.58	6.45	7.9

表 2 利用半水石膏改性技术生产的地板粘接剂性能测试结果

用水量/%	初凝/h	3d 干抗折/MPa	3d 干抗压/MPa	软化系数	3d 黏结强度/MPa	成本/(元/t)
29	6	5.3	16.7	1.04	1.17	700

表 3 利用二水石膏脱硫灰改性技术生产的抹灰砂浆性能测试结果

用水量/%	初凝/h	3d 干抗折/MPa	3d 干抗压/MPa	3d 软化系数
24	7.5	3.3	12.8	0.86

表 4 利用半水石膏改性技术生产的石膏砌块性能测试结果

用水量/%	初凝/min	3d 干抗折/MPa	3d 干抗压/MPa	3d 软化系数	吸水率/%
70	7	3.8	13.2	0.91	18

表 5 利用二水石膏改性技术生产的自流平砂浆性能测试结果

用水量/%	初凝时间/h	流动度/mm		24h 强度/MPa		3d 强度/MPa		软化系数	成本/(元/t)
		初始	30min	折强	压强	折强	压强		
24	2.5～3	245	235	3.7	16.9	7.5	21.5	0.82	700

表 6 利用半水石膏改性技术生产的高强石膏粉性能测试结果

用水量/%	初凝/min	2h 抗折/MPa	2h 抗压/MPa	3d 干抗折/MPa	3d 干抗压/MPa	3d 软化系数	成本/(元/t)
45	5	2.7	8.0	8.6	24.2	0.81	450

8 结 语

（1）对二水、半水工业副产石膏的改性利用，解决了石膏共性的关键性技术，即石膏怕水，强度弱的问题，替代水泥率大大提高，拓宽了石膏的应用范围，同时，也拓宽资源的利用率，社会、经济、环境效益明显。

（2）通过改性机理来看，是硅质和钙质材料的反应，产品应该是硅酸盐混凝土制品，已不是石膏制品。但从蒸压或蒸养工艺来细分，蒸压水化产物反应充分完全，是反应很好的水化硅酸钙凝胶、托勃莫来石、水化石榴子石。自然养护和蒸养是水硬性与气硬性兼有的一种新材料，水化产物是水化硅酸钙凝胶，水化硫铝酸钙结晶体材料。

（3）石膏的改性利用是时代的需求，是当下资源、能源、环保的市场需要，在应用中会出现这样或那样不尽如人意的问题，但是创新、实践、利用是硬道理，它代表石膏发展、利用新课题、新方向，勇于大胆实践，不断提高石膏利用附加值。目前，不同的声音、不同的看法、学术争鸣，只会促进新技术的健康发展。

（4）免煅烧技术或石膏改性技术，势必推动石膏产业的大发展，会继水泥、粉煤灰之后，形成新的机遇市场、新的附加值市场，迅猛的发展趋势指日可待！

参考文献

[1] 李庆繁，邓竹林，杨步雷，等. 贵州省地方标准《蒸压磷渣硅酸盐砖》的编制 [J]. 砖瓦世界，2012，39（8）：21-29.
[2] 郎营，潘钢华，周可友，等. 免煅烧石膏制备空心砖的研究 [J]. 建筑砌块与砌块建筑，2011，29（2）：43-44.
[3] 万建东，丁大武，刘丽娟，等. 新型免煅烧磷石膏砖的制备和性能研究 [A]. 第八届全国石膏技术交流大会论文集 [C]，2013：41-46.
[4] 李庆繁. 关于粉煤灰等硅酸盐抗冻性强度评定指标的探讨及建议 [J]. 砖瓦，2009，39（5）：38-41.
[5] 李庆繁，梁嘉琪，杨步雷. 关于一种新型蒸压硅酸盐砖——石膏基蒸压磷渣硅酸盐砖探讨 [J]. 砖瓦，2010，40（11）：5-13.

中国瓷砖胶现状及解决方案

江洪申

[瓦克化学（中国）有限公司，上海，200233]

摘要：随着瓷砖的应用越来越普遍，随之而来的安全问题日益突出。本文根据瓦克化学近年来对中国瓷砖胶相关行业的研究与梳理，分析了瓷砖粘贴过程中容易出现的问题，认为首先应当对粘贴基面提出基本规定，对于难以达到要求的基面应进行处理；其次，通过采用国标规定瓷砖类型的瓷砖进行的针对性测试，认为对于大面积瓷砖应增加抗下垂及柔韧性的测试要求；同时，针对市场上大多采用厚层施工的现状，开展了厚层施工法与薄层施工法的性能对比测试研究。

关键词：瓷砖胶；抗下垂；柔韧性；厚层施工法；薄层施工法

China ceramic tile adhesive status and solution

Jason Jiang

[Jason Jiang Wacker Chemicals (China) Co., Ltd. Shanghai, 200233]

Abstract: With the increasing application of ceramic tiles, the attendant security issues have become increasingly prominent. The problems in process of tiling paste were analyzed based on the research of Chinese tile adhesive in recent years by WackerChemie. Firstly, the basic provisions about paste base surface should first be made and the base surface which is difficult to meet the requirements should be processed. Secondly, the sag resistance and flexibility testing requirements of large tile should be increased through targeted tests for tile by using the national standard types of ceramic tiles. Meanwhile, performance comparison test study between thick layer construction and thin layer construction was carried out.

Keywords: glue for tile; sag resistance; flexibility; thick layer construction; thin layer construction

瓷砖是一种被广泛使用的装饰性建筑材料，因其美观大方的外观而获得人们的青睐。采用传统方法粘贴瓷砖的安全问题已经屡见不鲜。在早期建设的商品住宅，特别是20世纪八九十年代建设的商品房，大量使用外墙瓷砖，在各地都出现过不少的老旧小区外墙瓷砖脱落下坠致人受伤的事故。而这些脱落的瓷砖大多数采用传统水泥砂浆进行铺贴。本文根据瓦克化学近年来对中国瓷砖胶相关行业的研究与梳理，希望能够找出如何安全地使用瓷砖的方案。

1 瓷砖的发展趋势——新型的瓷砖对瓷砖胶提出了更高的要求

中国瓷砖产销量位居全球第一，2000年以来，瓷砖产量持续增长。同时，中国的瓷砖也在不断的发展之中，如：（1）瓷砖种类越做越多，各种尺寸规格瓷砖均在市场盛行。除了传统的150mm×150mm规格瓷砖和200mm×300mm的瓷砖，600mm×600mm和800mm×800mm规格的瓷砖占大部分市场。（2）从质量上讲，防污效果好、渗透率低的瓷砖越来越

作者简介：江洪申，技术经理，于2001年在兰州大学取得理学硕士学位，主要研究方向为高吸水性树脂。在学习和工作期间，他曾参与并主持多个国家级科研项目，发表学术论文十余篇，获得国家发明专利两项。他2008年8月加入瓦克，现在瓦克上海技术中心担任技术经理一职，主要负责瓦克华东区域胶粉应用的技术支持工作，着重于瓷砖胶和无机保温两个应用领域。

多。除了大规格瓷砖需要瓷砖数量少，有效地解决了边缘渗水问题外，瓷砖新品种采用的都是不渗透，效果好的产品。(3) 瓷砖的吸水率越来越低，瓷砖表面（背面）越来越光滑，黏结起来更困难，也就是说目前市场上销售的瓷砖与过去的瓷砖发生了非常大的变化。

瓷砖的产量增加以及瓷砖的新品种（尺寸和吸水率）的出现，都对瓷砖粘贴材料提出了新的要求。但是，尽管瓷砖胶在中国市场推广已达数十年，目前大多数的瓷砖依旧采用传统水泥砂浆进行铺贴；瓷砖铺贴的质量问题层出不穷等，在一定程度上为瓷砖胶在中国市场的推动形成了一定的契机。

2 瓷砖胶的市场现状——产品质量参差不齐，难以满足安全黏结的要求

根据对瓦克的客户以及相关检测单位的调研，目前瓷砖胶能够通过国家标准 JG/T 547—2005 的比例很低（不到 10%）。瓦克技术中心在市场上收集了一些瓷砖胶产品进行测试，其结果如表1。

表 1 市场瓷砖胶产品的测试通过率（按 C1 的要求）

测试样品数目		标养通过率/%		水养通过率/%		热养通过率/%		冻融通过率/%		全性能通过率/%		开放时间通过率/%
欧标砖	国标砖	欧标砖	国标砖	欧标砖	国标砖	欧标砖	国标砖	欧标砖	国标砖	欧标砖	国标砖	
43.00	33.00	34.90	33.30	32.60	9.09	16.30	15.20	83.70	21.20	16.30	6.06	9.30

市场上大多数瓷砖胶不能满足国家标准 JG/T 547—2005 的最低要求 C1，而对于低吸水、大面积的瓷砖，如玻化砖或仿古砖，满足 C1 要求的瓷砖胶也不能真正达到安全粘贴。特别是在外墙，外墙的瓷砖暴露在室外，天气和季节的变化将导致瓷砖表面温度的变化，这种变化将在黏结剂中产生较大的剪应力，导致瓷砖与墙体黏结的破坏。

3 市场对瓷砖胶的认知度——比水泥砂浆更黏

虽然瓷砖胶在中国推广了近20年，但是，目前市场上大多数还是采用厚层法/背涂法施工。这对与 JG/T 547—2005 的执行带来一定的阻碍。

市场上对瓷砖胶的认识也存在一定的误区，如：认为强度越高越好；甚至于采用纯水泥铺贴；或者采用水泥和砂子加胶水，认为黏性更强。为此，瓦克化学技术中心对这些市场上

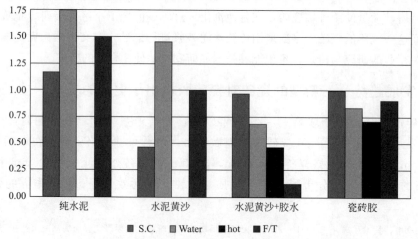

图 1 几种不同铺贴材料对比（采用背涂法，黏结层厚度 5mm）
注：水泥黄沙+胶水、瓷砖胶的有机物添加量均为 1%

的铺贴材料按照国家标准 JG/T 547—2005 进行检测，其结果如图 1 所示。

图 1 的测试结果表明：纯水泥及水泥黄沙的水养及冻融循环强度很高，但是抗热变形的能力非常差；而胶水对抗热形变能力的帮助很小，同时，胶水大幅度降低了冻融循环强度。瓷砖胶黏剂的黏结强度在四种条件的强度均表现较为优异。

4 大型瓷砖对瓷砖胶黏剂的抗下垂性能提出了更高的要求

目前，各种尺寸规格瓷砖均在市场盛行。除了传统的 150mm×150mm 规格瓷砖和 200mm×300mm 的瓷砖，600mm×600mm 和 800mm×800mm 规格的瓷砖占大部分市场。为实现个性化效果，甚至有些大尺寸的瓷砖尺寸达到 1.2m×1.8m。尺寸的变化对瓷砖胶黏剂的抗下垂性能提出了新的要求，而根据 JC/T 547—2005 的标准进行的抗下垂测试方法已经不能完全说明瓷砖胶的抗下垂性能。

如图 2 所示，在混凝土板上面测试黏结材料的抗下垂性能，瓷砖胶与水泥+砂子以及水泥+砂子+胶水没有非常明显的区别。但是，对于苛刻条件下，如粘贴大型瓷砖或在苛刻表面上粘贴瓷砖，水泥+砂子显然无法满足抗下垂的要求，同样的材料，按照 Wacker 的测试方法，对比就非常的明显，如图 3 所示。

图 2　不同黏结材料的抗下垂性能（按照 JC/T 547—2005）

图 3　不同黏结材料的抗下垂性能（按照 Wacker 方法）

Wacker 是采用 100mm×100mm 瓷质砖，用 PVC 板或玻化砖作为基材。按照 JC/T 547—2005 描述的方法成型，然后压重 5kg/30s。将系统竖立到垂直位置，如果没有下垂则间隔 60s 加承重装置（200g，如图 4 所示），再每隔 60s，加重 200g 砝码，直到瓷砖下垂。下垂发生前的最大重量则为所测试的瓷砖胶抗下垂性能。

对比了几种瓦克胶粉及抗下垂助剂的影响，其结果如图 5 所示。

对比几种胶粉及抗下垂助剂的影响，可以发现：5012T 具有优异的抗下垂性能，远远超

图 4 承重装置

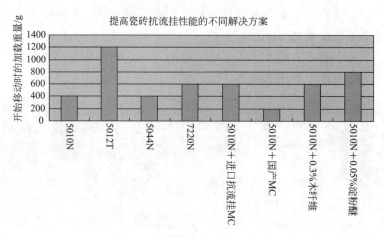

图 5 不同添加剂对瓷砖胶抗下垂的影响

注：基本配方为 42.5 水泥/40%，石英砂（30～60目）/28%，石英砂（60～120目）/30%，Vinnapas 胶粉/2%，MC/0.3%。

过抗流挂 MC 和淀粉醚。而根据国家标准规定的测试方法，以上样品均满足要求。但是，在实际粘贴大面积瓷砖时，这些区别所造成的下垂及调整，将会导致空鼓及影响铺贴的平整度。

5 大型瓷砖的粘贴对瓷砖胶的柔韧性提出了新的要求

现在由于人们追求装修的档次，人们往往选用面积更大且表面更为光滑的玻化砖或仿古砖。但是，进入 2012 年，各地均发生多起因瓷砖脱落砸伤人的事件，其主要原因为玻化砖或仿古砖尺寸更大、自重更重，下坠力量更大；同时，很多的墙体采用类似于防潮石膏板、水泥板、硅酸钙板等轻质隔墙，此类板材具有一定的湿膨胀性，在干湿变化下会发生板材的伸缩形变，也可能在外力的作用下发生侧向弯曲，所以在这种情况下，瓷砖脱落、开裂等事故就更容易发生。

其他导致瓷砖剥落破坏的因素有：

（1）新混凝土基面干缩变形。瓷砖的黏结工作一般在主体工程完成后就开始进行，而混凝土基面的干缩要在 1～3 年内才能完成。

（2）建筑物沉降及蠕变。建筑物结构的位移导致黏结剂的变形、开裂。

（3）温度的骤变。外墙的瓷砖暴露在室外，天气、季节的变化将导致瓷砖表面温度的变化，这种变化将在黏结剂中产生较大的剪应力，导致瓷砖与墙体黏结的破坏。

所以，对于大型瓷砖的粘贴不能仅仅考虑黏结强度，这是因为在瓷砖粘贴体系中，存在三个不同的材质：混凝土基材、瓷砖及瓷砖胶。在长期使用过程中，由于温度、湿度的变化，三种材料将发生不同的形变，当瓷砖的尺寸增大时，由于缝隙的相对面积减少，形变所产生的应力将随之增大，增大安全风险，如图6所示。

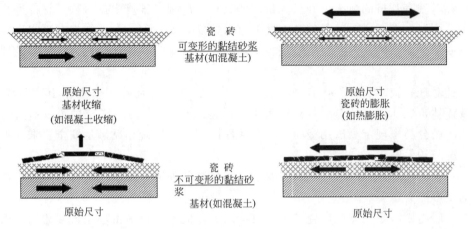

图6　环境变化对瓷砖粘贴的影响（示意图）

对于大型瓷砖而言，为避免或降低因温湿度形变产生的安全风险，有必要提高瓷砖胶的柔韧性，当形变产生时，瓷砖胶可以承受一定的变形，吸收形变应力，这样可以大大降低安全风险。

6　外墙外保温上贴砖问题频出

对于外保温墙面，涉及因素更多，其中最为重要的是外墙外保温系统本身的稳定性及不同外墙外保温系统的特性。图7所示为某工地出现的无机保温砂浆上贴砖的失败案例。

图7　无机保温砂浆上贴砖的失败案例

对于图 7 所示的案例，瓷砖胶几乎没有起到黏结的作用，原因就包括无机保温系统的吸水率没有达到要求，在黏结瓷砖时瓷砖胶的水分过多地被基层吸走，造成空鼓。这样的问题同样也会在室内轻质隔墙板上出现。

7 瓷砖安全黏结的解决方案

（1）针对现有基材的情况，并且大量新的基材的出现，很难根据每种基材都进行安全铺贴的研究，所以，有必要对基材的基本性能进行规定，如强度、变形能力、吸水率等，特别是对于保温层上面贴砖及内墙轻质隔墙板上贴转，需要规定其抹面/抗裂/找平层的性能进行强制规定。

（2）针对现有瓷砖的种类，有必要开发合适的瓷砖胶，而不仅仅根据 JC/T547 的分类来测试及评估，比如说，针对玻化砖和陶质砖，达到 C1 要求的瓷砖胶显然是不同的。按照国标中瓷砖的分类来规定测试用瓷砖，这样才能既可以使瓷砖粘贴满足安全要求，也可以根据实际情况节约粘贴成本。

（3）对于大面积瓷砖的推广，不仅要考虑瓷砖胶的强度，还应当考虑瓷砖胶的抗下垂性能及横向变形能力。

（4）薄层施工法是瓦克推广瓷砖胶的目标之一，但是在目前市场上大多数均采用厚层施工法，采用两种不同的施工方法必然带来不同的黏结效果，所以，有必要对两种不同的施工方法甚至于不同的施工厚度对黏结效果进行评估，并根据评估的结果制定相应的规范。

8 总　结

本文综述了目前中国市场上的瓷砖胶状况和瓷砖粘贴过程中出现的问题及因素分析，并提出初步的解决方案。即应当对粘贴基面提出基本要求的规定，对于难以达到要求的基面应进行处理，采用国标规定瓷砖类型的瓷砖进行有针对性的测试，对于大面积瓷砖，应增加抗下垂及柔韧性的测试要求，同时，针对市场上大多采用厚层施工的现状，开展厚层施工法与薄层施工法的性能对比测试研究。

水泥基饰面砂浆泛碱抑制剂的研究进展

杨彦春[1,2]　孙振平[2]

(1. 上海卡谱乐尔建材有限公司，上海，201801；
2. 同济大学先进土木工程材料教育部重点实验室，上海，201804)

摘要：介绍了水泥基饰面砂浆泛碱抑制剂的研究进展。对硅酸盐水泥基饰面砂浆中常用材料抑制泛碱的能力进行了总结，针对硅酸盐水泥水化的不同阶段特点，提出复配外加剂将是经济高效的泛碱抑制剂，且比较容易实现。同时为了考察不同体系泛碱抑制剂的性能，提出了一种定量表征泛碱抑制剂抑制泛碱能力的方法——印章法，利用该方法可以实现采用同一指标对不同作用机理的泛碱抑制剂的抑制泛碱能力进行评定。

关键词：硅酸盐水泥基饰面砂浆；泛碱抑制剂；复配外加剂；测试方法

Research Development of the Efflorescence Inhibitors for Cement-based Decorative Plasters

Yang Yanchun[1,2]　Sun Zhenping[2]

(1. Caparol (Shanghai) Co., Ltd, Shanghai, 201801; 2. Key Laboratory of Advaneed Civil Engineering Materials, Ministry of Edueation, Tongji University, Shanghai, 201804)

Abstract: The research development of the efflorescence inhibitors for cement-based decorative plasters was introduced. By summing up the efflorescence inhibiting ability of the materials used in portland cement-based decorative mortar and the hydration characteristics of portland cement in different stages, compounded admixtures are proposed to be the easy way to implement relatively. In order to examine the different systems of efflorescence inhibitors, "seal method" has been proposed as a method to quantitatively characterize the efflorescence inhibiting ability of efflorescence inhibitors. to assessing the efflorescence inhibiting ability of the different principles efflorescence inhibitor by the same indicators can be achieved.

Keywords: portland cement-based decorative mortar; efflorescence inhibitors; compounded admixtures; test methods

1 引言

作为建筑的最终装饰涂层，水泥基饰面砂浆以其独特的纹理装饰效果、经济性和对建筑物持久的保护作用而颇受人们的青睐。不过，由于易泛碱和易出现色差等问题，严重阻碍了其大规模推广应用。

泛碱是所有硅酸盐水泥基装饰产品遇到的瓶颈问题，其原因是：硅酸盐水泥的主要成分硅酸钙水化后生成的可溶性 Ca^{2+} 在毛细孔压力下渗透到表面，并与空气中的 CO_2 生成不溶于水的白色碳酸钙晶体，从而引起严重色差，影响建筑物的整体美观。

基金项目："十二五"国家科技支撑计划项目（2012BAJ20B02）；国家自然科学基金项目（51178339）。
作者简介：杨彦春，男，1984年生，在职研究生，主要从事建筑装饰及功能材料的应用研究．E-mail：spyyc03@126.com；Tel：15201778100。

近年来，针对水泥基装饰产品泛碱问题已经出现了很多研究成果，除了众多对泛碱产生原因及防治措施的研究外，最具代表性的是市场上陆续出现的泛碱抑制剂。泛碱抑制剂是根据硅酸盐水泥水化的特征及泛碱产生的条件等有针对性地开发的抑制泛碱的外加剂。饰面砂浆中具有抑制泛碱功能的常用外加剂按其主要成分分为有机功能类、无机活性矿物类和复合外加剂等。

2 具有抑制泛碱功能外加剂的基本性能

2.1 有机功能类

此类泛碱抑制剂主要依靠自身的物理性能来实现抑制水泥基饰面砂浆泛碱，按其在饰面砂浆中的功能特点可以分为高活性树脂粉末、有机憎水剂和纤维素醚等。

2.1.1 高活性树脂粉末

高活性树脂粉末是国内较早出现的水泥基饰面砂浆专用抑制泛碱外加剂产品。广讯报道了某公司成功开发出的抑制泛碱添加剂 ERA 系列产品。该 ERA 系列产品为高活性树脂基抗泛碱添加剂，是具有良好搅拌性能的可再分散粉末，适合于在浮雕涂层、腻子、填缝剂或饰面砂浆配方中使用，与其他添加剂具有良好的相容性。该 ERA 系列产品由于具有卓越的泛碱抑制能力而备受行业关注。

可再分散乳胶粉是由一种醋酸乙烯酯与叔碳酸乙烯酯或乙烯或丙烯酸酯等二元或三元的共聚物乳液，经过喷雾干燥得到的改性乳液粉末。它具有良好的可再分散性，与水接触时重新分散成乳液，并且其化学性能与初始乳液完全相同。可再分散乳胶粉对提高水泥基饰面砂浆黏结强度，改善其韧性、变形性、抗裂性和抗渗性等方面都具有其他外加剂所无可比拟的效果，同时还具有引气、减水和抑制泛碱的作用。

滕朝晖等以 14d 拉伸强度和泛碱性为考核指标，采用单因素分析法分别研究了可再分散乳胶粉（SWF-08）、羟丙基甲基纤维素醚（HPMC）、阻碱剂和憎水剂（SWR-100）等对水泥基饰面砂浆泛碱性的影响，结果表明：各种物料对装饰砂浆抑制泛碱作用的大小依次为阻碱剂＞HPMC＞乳胶粉＞憎水剂；当 w(阻碱剂)＝1.8%、w(HPMC)＝0.4%、w(乳胶粉)＝3.0% 和 w(憎水剂)＝0.2% 时，装饰砂浆的抑制泛碱作用最强，并且其拉伸强度较高。

高活性树脂粉末和可再分散乳胶粉抑制砂浆泛碱的原理是粉末再分散后能够络合部分游离钙离子，成膜后包裹部分游离钙离子，并较好地填充砂浆中的毛细孔，提高砂浆的抗渗性，来实现对水泥基饰面砂浆的一次泛碱和二次泛碱的抑制作用。

由于目前市场上泛碱抑制外加剂产品仍较少，ERA 系列产品价格相对昂贵，而可再分散乳胶粉若主要用于抑制砂浆的泛碱，需要大大提高其用量，增加产品成本，这些都极大限制了其在水泥基饰面砂浆中的推广应用。

2.1.2 有机憎水剂

水泥基饰面砂浆对抗吸水率的要求较高，因此有必要通过使用粉末憎水剂来满足其对抗吸水率的要求。憎水剂一般为高级饱和或不饱和有机酸及它们的碱金属水溶性盐，其中有硬脂酸、棕榈酸、油酸、环烷酸混合物、松香酸以及它们的盐。硅烷基粉末憎水剂在水泥基饰面砂浆中的应用较为常见，能显著提高砂浆的防水性和耐久性，并且能与水泥混凝土表面产生化学结合，形成牢固的憎水性表面层。

黄永茂等研究了硅烷憎水剂对砂浆泛碱的抑制效果及加入憎水剂对砂浆力学性能的影响。结果表明，憎水剂的加入可以有效地降低砂浆泛碱的程度，其泛碱抑制程度在一定范围内随硅烷加入量的增大而增加。硅烷掺加量为0.4%时，对泛碱的抑制效果较理想。同时硅烷憎水剂对砂浆的力学性能没有明显影响，说明硅烷憎水剂也可以是一种有效的泛碱抑制剂。张星通过对影响干粉砂浆表面产生泛碱的各种内部和外部因素的系统研究，也验证了硅烷防水剂可以显著降低砂浆表面泛碱程度，当掺量达到0.5%时，砂浆泛碱程度比未加防水剂的试样降低了78.9%。

硅烷类有机憎水剂均匀分散在饰面砂浆中，待饰面砂浆固化后通过自身的物理憎水性来实现砂浆本身的防水性，进一步达到抑制砂浆泛碱的作用。但在有水压存在的情况下其是否仍能实现同样的泛碱抑制效果有待进一步研究。

2.1.3 纤维素醚

纤维素醚是以木质纤维或精制短棉纤维作为主要原料，经化学处理后，通过氯化乙烯、氯化丙烯或氧化乙烯等醚化剂发生反应所生成的粉状纤维素醚，是碱纤维素与醚化剂在一定条件下反应生成一系列具有醚结构的高分子化合物的总称。常用的纤维素醚包括甲基纤维素醚（MC）、羟丙基甲基纤维素醚（HPMC）、羟乙基甲基纤维素醚（HEMC）、羟乙基纤维素醚（HEC）和羧甲基纤维素醚（CMC）等，黏度从5～200000mPa·s。纤维素醚对水泥基饰面砂浆具有很好的保水、增稠、黏聚性和抗流挂作用。

朱绘美等研究了三种不同黏度的羟乙基甲基纤维素醚对硅酸盐水泥饰面砂浆沾污与早期泛白的影响。结果表明，羟乙基甲基纤维素醚的黏度和掺量对水泥饰面砂浆的沾污与泛白具有显著影响。羟乙基甲基纤维素醚黏度低且掺量适当时，对砂浆早期抗泛白无不利影响，中、高黏度羟乙基甲基纤维素醚则使砂浆抗泛白性降低。

纤维素醚对水泥基饰面砂浆良好的保水、增稠和黏聚作用，使得饰面砂浆内部游离Ca^{2+}离子的自由扩散收到阻碍，同时砂浆表面水分蒸发快于砂浆内部，也使得砂浆干燥过程中游离Ca^{2+}离子朝砂浆内部扩散，起到饰面砂浆早期抑制泛碱的作用。低黏度的纤维素醚由于更容易溶胀分散，在水化早期对砂浆具有更好的增稠和黏聚作用，因此较中高黏度纤维素醚具有更好的泛碱抑制作用。

2.2 无机活性矿物类

无机活性矿物类泛碱抑制剂主要依靠自身的水化活性或多孔吸附性能来实现对水泥水化产生的游离Ca^{2+}离子的吸收或吸附，同时提高水泥基饰面砂浆终凝后的密实度，实现其抑制泛碱的作用。用于硅酸盐水泥基饰面砂浆中，具有这种功能的矿物外加剂有：偏高岭土、矿渣、硅灰、粉煤灰、沸石粉、铝酸盐水泥、石膏和纳米二氧化硅等。

张灵等通过将矿渣粉及偏高领土分别等量取代水泥，研究了两种矿物掺合料掺量对水泥基饰面砂浆表面吸水率、耐沾污及耐泛碱性能的影响。得出如下结论：当矿渣粉和偏高岭土掺量小于10%时，两种矿物掺合料的加入均能降低饰面砂浆的表面吸水率，提高耐沾污性和耐泛碱性；两者掺量更大时，对砂浆的耐沾污性仍有一定的改善作用，而对砂浆耐泛碱性能的改善甚至达到无泛碱的程度。邢李进分别研究了青藏地区内在因素和外在因素对混凝土泛碱的抑制效果，证实了活性矿物掺合料均能较显著地抑制混凝土泛碱，并指出硅粉抑制泛碱的效果最好，其次是沸石粉，最后是矿渣粉和粉煤灰；张星通过对影响干粉砂浆产生表面泛碱的各种内部和外部因素的系统研究，也验证了粉煤灰可以有效地降低干粉砂浆表面泛碱的程度。当粉煤灰替代水泥比例达到30%后，砂浆泛碱程度降低了80%，但砂浆的力学性能有所下降。

王培铭等系统介绍了不同胶凝材料提体系影响水泥基饰面砂浆泛碱性能的研究进展，从胶凝材料的水化机理方面阐述了铝酸盐水泥与硅酸盐水泥混合后在水化过程中会生成水化钙黄长石，进而实现减少砂浆泛碱，并随着铝酸盐水泥用量的提高，砂浆泛碱减少得越明显，甚至理论上可以避免砂浆泛碱的发生。同时指出水泥基饰面砂浆抗泛碱的两条途径分别是控制水化是氢氧化钙的产生和提高砂浆的密实度。此外，王培铭等还对纳米 SiO_2 改性水泥饰面砂浆的性能进行了系统的研究，指出纳米 SiO_2 能细化砂浆的孔结构和水化产物 $Ca(OH)_2$ 晶体尺寸，使砂浆更致密，且掺量为 1.0%～3.0%时，饰面砂浆的抗泛碱性明显改善。而研究同样表明，不论掺量如何变化，纳米 SiO_2 针对饰面砂浆初期（1d 养护）泛碱的抑制作用较弱。

活性矿物外加剂虽然能够大大改善水泥基饰面砂浆的泛碱抑制性能，但限于矿物中有效的活性物质浓度普遍偏低或高纯度的纳米材料价格较高，要达到避免泛碱的效果往往要求活性矿物或纳米活性材料较高的掺量，客观上提高了饰面砂浆在应用中的成本；此外有些活性矿物外加剂随着掺量的进一步提高，对饰面砂浆的强度或吸水率等会产生不利影响，这些都间接阻碍了活性矿物在饰面砂浆中的更多应用。

2.3 复合外加剂

硅酸盐水泥水化过程的长期性和复杂性决定了泛碱抑制剂需要满足其不同水化阶段时的抑制泛碱要求，同时鉴于纳米 SiO_2 针对饰面砂浆较弱的初期泛碱抑制作用及较高的价格，这些都客观促进了泛碱抑制剂向低成本复合外加剂的方向发展。

刘黎关于混凝土抗渗防水剂与抗"泛碱"剂的最新技术的文章中介绍了一种集防水与抗"泛碱"作用于一体的混凝土外加剂—Rheopel® Plus，其作用原理是把毛细孔和混凝土表面"粘"起来，主要能降低水分进、出混凝土砌块的速度，从而延缓盐分向制品表面的"富集"过程，最终达到控制"泛碱"现象。吴开胜等申请了水泥砂浆抑制泛碱添加剂专利，该添加剂包括高活性矿物填料 75%～90%，络合树脂 3%～5%，添加剂 10%～15%。其作用原理是通过采用高活性矿物填料与水泥水化产物中多余的氢氧化钙反应，提高砂浆密实度，消耗游离钙离子；通过添加络合树脂，束缚早期钙离子的迁移；通过添加憎水剂、消泡剂、超塑化剂等降低砂浆吸水量，减少钙离子迁移载体，有效抑制泛碱形成条件，达到抑制水泥砂浆泛碱的效果。邢李进的研究表明，水泥基渗透结晶型复合外加剂能较显著地降低混凝土的泛碱程度。

随着市场对水泥基饰面砂浆需求量的增加，高效低成本泛碱抑制剂的研究也逐渐得到更多的重视，但要同时能满足硅酸盐水泥不同水化阶段的抑制泛碱要求，配制泛碱抑制复合外加剂将是比较易于实现的途径。

3 泛碱抑制剂抑制泛碱能力的检测

饰面砂浆泛碱性的检测通常采用《墙体饰面砂浆》（JC/T 1024—2007）规定的淋水法，但在实际应用中，淋水法检测结果的重复性较差，对砂浆泛碱情况的评价也过于主观，不能满足精确评价相同条件下不同机理泛碱抑制剂及不同掺量时外加剂对砂浆泛碱抑制效果和变化趋势的要求。王培铭等系统研究了影响饰面砂浆早期泛白的测试方法及环境条件，提出以滴水法为主的测试饰面砂浆泛白程度的有效方法，该方法操作简便，重复性好，但评价饰面砂浆泛白程度仍以定性为主，不能满足外加剂抑制泛碱能力的定量检测要求。张星采用图像分析软件 Image-ProPlus6.0 作为砂浆表面泛碱程度检测的方法，能很好地实现对砂浆泛碱的定量检测。

为了实现对砂浆中外加剂抑制泛碱能力的定量检测，在配方上有必要使用由水泥、标准砂和惰性黑颜料组成的基准砂浆作为参照样本。在检测方法上，笔者建议采用"印章法"。主要操作步骤如下：①把拌制好的饰面砂浆在密封过的样板上抹平，厚度控制在 3～5mm；②使用由聚四氟乙烯板或不锈钢制成的"印章"在抹平的砂浆表面上压制尺寸为 160mm×160mm 的正方形凹槽，根据泛碱的易辨识度选择选择 0.5～2.0mm 深度的印章（印章的模型如图 1 所示）；③在规定的养护期后，水平放置饰面砂浆待测样板，向凹槽内注满水后放置在标准养护室内，待凹槽内的水分吸收蒸发干后观察饰面砂浆的泛碱程度；④相同条件下使用高像素数码相机拍摄基准砂浆和样本砂浆凹槽内的泛碱图像；⑤修剪基准砂浆和样本砂浆的泛碱图像，并只保留图像中 160mm×160mm 的矩形部分；⑥使用图像分析软件 Image-ProPlus6.0 定量分析砂浆的泛碱程度；⑦各样本的泛碱面积与基准砂浆泛碱面积的比值作为该泛碱抑制剂样本的抑制泛碱能力指标。此方法不但能实现"滴水法"的砂浆泛碱效果，也易于操作，同时大大减少了检测过程中的各种不确定的干扰因素，为后续的泛碱定量分析提供了有效的试验基础。

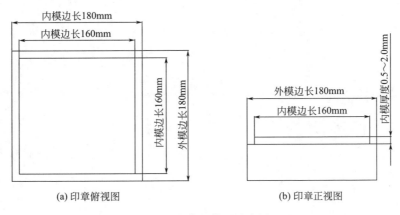

图 1 "印章"模型示意图

4 结 语

硅酸盐水泥基饰面砂浆往往通过添加泛碱抑制剂来抑制泛碱，而针对硅酸盐水泥水化的不同阶段特点，复配外加剂将是经济高效泛碱抑制剂比较易于实现的途径。

为了考察不同作用机理类型的泛碱抑制剂材料的抑制泛碱能力，提出一种定量表征泛碱抑制剂抑制泛碱能力的方法"印章法"，实现不同体系泛碱抑制剂抑制泛碱能力用同一指标进行评定的目的，为实际工程中泛碱抑制剂的选择应用提供参考和便利。

参考文献

[1] 王建中，孙振平．建筑物表面泛白的原因及对策 [J]，上海建材，1997 (6)：26-28．
[2] 广讯．易来泰成功开发出抑制泛碱添加剂 [N]．中国建材报，2007-01-09 (B02)．
[3] 滕朝晖，王勤旺，张国防．抗泛碱装饰砂浆的研究 [J]．中国胶黏剂，2011，01vol.20，No.1：464-466．
[4] 黄永茂，陈欣．防水剂对干粉砂浆泛碱抑制的研究 [J]．混凝土与水泥制品，2009.06 (3)：13-14．
[5] 张星．干粉砂浆泛碱抑制研究 [硕士学位论文]．北京：北京工业大学，2008．
[6] 朱绘美，王培铭，张国防．羟乙基甲基纤维素对水泥饰面砂浆沾污与泛白的影响 [J]．商品砂浆的科

学与技术，2011：300-307.

[7] 张灵，王培铭，朱绘美，张国防. 矿渣粉和偏高领土对水泥基饰面砂浆性能的影响 [J]. 商品砂浆的科学与技术，2011：286-292.

[8] 邢李进. 青藏地区混凝土泛碱抑制研究 [硕士学位论文]. 重庆：重庆交通大学，2010.

[9] 王培铭，张灵，朱绘美等. 胶凝材料影响水泥基饰面砂浆泛碱的研究进展 [J]. 材料导报，2011 (5)：464-466.

[10] 王培铭，朱绘美，张国防. 纳米 SiO_2 对水泥饰面砂浆性能的影响 [J]. 新型建筑材料，2010 (09)：14-16.

[11] 刘黎译. 混凝土抗渗防水剂与抗"泛碱"剂的最新技术 [J]. 建筑砌块与砌块建筑，2007 (01)：57-58.

[12] 吴开胜，朱国锋，钱中秋. 水泥砂浆抑制泛碱添加剂：中国 201010252632.9 [P]，2010，12，15.

[13] 《墙体饰面砂浆》(JC/T 1024—2007) [S].

[14] 王培铭，朱绘美，张国防. 测试方法及环境条件对饰面砂浆早期泛白的影响 [J]. 商品砂浆的科学与技术，2011：293-299.

水泥基电磁屏蔽材料的研究进展

陆建兵　李东旭

（南京工业大学材料科学与工程学院，江苏，南京，210009）

摘要：介绍了电磁辐射对于人类社会和环境产生的危害，电磁辐射不仅会伤害人们的身体，还会泄露信息和影响电子仪器的正常工作，电磁辐射已经成为继大气污染、水污染和噪声污染之后的第四大污染源。阐述了电磁屏蔽的原理和机制，表明电磁屏蔽的主要有两种方式：反射和吸收。在高频电磁场的屏蔽作用主要取决于表面反射损耗，而在低频电磁场的屏蔽作用主要取决于吸收损耗。本文论述了近年来水泥基电磁屏蔽材料的发展状况，最后提出了水泥基电磁屏蔽材料的发展趋势和应用前景。

关键词：水泥基；电磁辐射；电磁屏蔽机理；发展趋势

Research Progress of the Cement-Based Electromagnetic Shielding Materials

Lu Jianbing　Li Dongxu

(College of Material Science and Engineering, Nanjing University of Technology, Nanjing 210009, Jiangsu, China)

Abstract: The damage of electromagnetic shielding on human being and environment was introduced in this paper. The electromagnetic shielding not only had an bad affect on human and electronic instruments but also disclosed information. The electromagnetic shielding had been the fourth pollution sources besides air pollution, water pollution and noise pollution. The principle and mechanism of electromagnetic shielding were expounded. There were two primary ways to shielding electromagnetic: reflection and absorbing. The shielding effect on the high frequency electromagnetic fields depended on surface reflection but it depended on absorbing in the low frequency electromagnetic fields. The development of the cement-based electromagnetic shielding materials in recent years were discussed. The development trend and application prospect of the cement-based electromagnetic shielding materials were summarized.

Keywords: cement-based; electromagnetic radiation; the principle of electromagnetic shielding; developing trend

1　前　言

随着科技的发展，电子信息业得到了迅猛的发展。但随之而来的电磁辐射已经成为继大气污染、水污染和噪声污染之后的第四大污染源。电磁辐射会影响人们的身体健康，并且会对周围的电子仪器设备造成严重干扰，使它们的工作程序发生紊乱，产生错误动作；同时，电磁辐射会泄露信息，使计算机等仪器无信息安全保障。为了防止和阻拦电磁波形式的间谍和窃听活动，需要对建筑物采取电磁屏蔽的防护措施。因而既作为结构材料，又可以通过改性使其具有电磁屏蔽和吸收功能的水泥基电磁屏蔽材料越来越受到关注。

2　电磁屏蔽原理和屏蔽材料种类

2.1　电磁屏蔽原理

电磁波的传播形式与光类似，当其遇到屏蔽材料时，就会产生反射、吸收和透射。良好

作者简讯：陆建兵（1988—），男，硕士研究生，主要从事水泥基防辐射材料的研究. 通讯地址：ljb198866@163.com。

的屏蔽材料能反射大部分入射电磁波，而吸收其中的很小一部分，这部分电磁波在屏蔽材料内部的多次反射过程中被耗散，仅有少量电磁波能穿过屏蔽材料。根据Schelkunoff的电磁屏蔽理论，屏蔽效果（SE）可用下式表示：

$$SE=A+R+B \tag{1}$$

式中，A为电磁波能量的吸收损耗；R为反射损耗；B为内部反射损耗（一般可忽略不计）。电磁屏蔽实际上是属于噪声干扰，因此其计量单位为分贝（dB），分贝数值越大，表示屏蔽效果越好。当$A>10$dB时，B可忽略不计。式（1）可表示为：

$$SE=R+A \tag{2}$$

式中

$$R=168-10\log(\mu rf/\alpha r) \tag{3}$$

$$A=1131t(f\alpha r\mu r)1/2 \tag{4}$$

由式（3）、(4) 可知，对于银、铜、铝等良导体，αr大，则R值大，即在高频电磁场的屏蔽作用主要取决于表面反射损耗，且金属的αr越大，屏蔽效果越好；而对于铁和铁镍合金等高磁导率材料，μr大则A值大。这表明当屏蔽材料衰减的是低频电磁场时，吸收损耗将起主要作用。因此，凡作低频屏蔽的导电层必须具有良好的电导率和磁导率，并且要有足够的厚度。屏蔽材料的屏蔽效能与干扰场的性质、使用频率密切相关。屏蔽材料的导电性，导磁性越高，屏蔽效果越好；屏蔽材料越厚，屏蔽效果越好。不同屏蔽效能下的电磁屏蔽效果如表1所示。

表1 不同屏蔽效能下的电磁屏蔽效果

屏蔽值/dB	0	10以下	10~30	30~60	60~90	90
屏蔽效果	无	差	较差	中等	良好	优

从表1可知，若屏蔽效能在0~10dB之间，则材料几乎没有屏蔽作用；在10~30dB之间，有较小的屏蔽作用；在30~60dB中间，屏蔽效能中等，可用于一般工业或商业用电子产品；在60~90dB之间，屏蔽效能较高，可用于航空航天及军用仪器设备的屏蔽；90dB以上的屏蔽材料则具有最好的屏蔽效能，适用于要求苛刻的高精度、高敏感度产品。根据实际需要，对于大多数电子产品的屏蔽材料，当频率为30~1000Hz时，其SE至少达到35dB以上，才认为是有效的屏蔽。屏蔽体的屏蔽效能与屏蔽材料的电导率和磁导率、屏蔽体的结构及被屏蔽电磁场的频率有关，在近场范围内还与屏蔽体和场源的距离及场源的性质有关。除了在低频磁场，普通金属材料理论上都能提供100dB以上的屏蔽效能，但实际上决定屏蔽体屏蔽效能的主要是结构，也即屏蔽体上的导电不连续点，包括各种孔洞和缝隙。磁导率为衡量磁屏蔽性能的一个重要指标，它不仅取决于材料成分，也与其制造工艺、加工条件和应力状态有很大关系，同时也与材料厚度、磁场强度和频率高低有关。作为磁屏蔽材料，应有高的磁导率和高的饱和磁通密度B_s。

2.2 电磁屏蔽材料的种类

当前，电磁屏蔽材料的研究主要集中在：新型复合抗电磁干扰（EMI；Electro-Magnetic-Interference）材料，纳米抗EMI材料，六角抗EMI材料、多层片式滤波器中使用的低温烧结NiZnCu铁氧体材料，以及片式电感的制作以及多层片式滤波器。目前，电磁屏蔽材料主要有铁磁类、良导体类、复合类三类。电磁屏蔽材料的分类见表2。

表 2 电磁屏蔽材料的分类

种类	铁磁类	良导体类	复合类
材料	金属铁磁材料	金属薄板材	导电橡胶 橡胶芯金属箔衬垫
	铁氧体材料	金属丝网 型材	导电塑料 导电材料

3 水泥基电磁屏蔽材料的研究进展

最近几年,国内外对水泥基屏蔽材料的研究较为活跃,研究范围主要在屏蔽或遮挡电磁波方面。国外方面,日本的 Otsuka,Hiroshi;Haga,Akira 公开的一项磁性混凝土专利,其主要内容为一种具有屏蔽电磁波效果的磁性混凝土,具有屏蔽电磁波的效果。丹麦的 Bache,Hans Henrik;Eriksen,Knud Lund 用混有金属或合金粉末生产磁性混凝土,是可用于加工电磁仪器的磁性混凝土。日本的 Sato,Hiroshi;Domae,Hiroyuki;Takahashi,Masaharu 研究了混凝土墙体对电磁波的反射和传递进行控制。Wen 等研究了直径 $8\mu m$、长 6mm、体积分数为 0.72% 的不锈钢纤维掺入水泥中制成厚度约 4.5mm 的试样,在 1.5GHz 频率时的屏蔽效果达 70dB,其反射衰减约 1.66dB。Cao 等研究了直径为 $0.7\sim0.8\mu m$、体积分数为 0.92% 的胶状石墨掺到波特兰水泥中制成厚度约 4.4mm 的试样,在 $1.0\sim1.5$GHz 频率范围内的屏蔽效果达 22dB,反射衰减约 4dB。该学者还研究了粒度过 200 目、体积分数为 0.52% 和 1.02% 的焦炭粉末掺入到水泥中制成厚度为 $4.4\sim4.8$mm 的试样,在 1.5GHz 频率时的屏蔽效果分别达到 45dB 和 49dB,其反射衰减约 $2\sim3$dB。Fu 等研究了直径 0.1mm 的细碳丝,其掺入水泥中的体积分数为 0.34%,试样厚度为 4mm,在 $1\sim2$GHz 频率范围内其对电磁波的屏蔽效果达到 30dB,但其机械性能比掺普通碳纤维的要差。Shi 等研究了体积分数为 5% 的钢回形针材料掺入到混凝土中,在 60MHz 时其对电磁波的屏蔽效果比掺网状钢丝的要好,且对混凝土的强度没影响。

国内方面,杨海燕、李劲、叶齐政等研究和分析了钢纤维混凝土的吸波特性,以寻找一种新的对大建筑物和军事隐蔽建筑的保护方法。关新春、欧进萍指出碳纤维混凝土是在普通混凝土中均匀地加入短碳纤维而构成的纤维增强水泥基复合材料,与普通混凝土相比,它不仅抗拉强度高、极限抗拉应变大,而且还具有温度和压力的自感知及电磁屏蔽等特性,是土木工程界新型的功能材料,在大型土木工程结构和基础设施的安全监测,以及电子设备的电磁屏蔽等领域具有广泛的应用前景。司琼等研究了在混凝土中掺入短碳纤维和石墨的屏蔽性能,当碳纤维与石墨掺量相同时,掺有碳纤维的混凝土屏蔽效果比掺有石墨的混凝土要低 4dB 左右,而石墨掺量达 15% 时,混凝土在 $1\sim18$MHz 频率范围内的最大屏蔽效果接近 9dB;贾治勇等研究了掺有石墨粉的水泥基屏蔽材料,当石墨掺量为 30%(体积比)时,在 14kHz~500MHz 和 500MHz~1GHz 频率范围内,水泥基材料的屏蔽效能分别为 $10\sim15$dB 和 20dB。

4 水泥基电磁屏蔽材料的发展趋势和应用前景

4.1 水泥基电磁屏蔽材料的发展趋势

根据当前电磁屏蔽材料研究发展现状,未来电磁屏蔽材料发展主要趋势:
(1)对屏蔽材料的结构优化,如表面处理、纳米化等。(2)复掺化。采用不同损耗机理屏蔽材料及纤维材料和颗粒材料复掺对提高水泥基的屏蔽效能更为有效。（3）对屏蔽基体结构进行优化，如泡沫混凝土、EPS混凝土等。（4）轻质化。质轻、厚度薄的屏蔽材料能适用更多的场合。（5）宽频化。材料屏蔽的频段更宽，能够涵盖从米波到激光的多波段，从而可以扩大适用范围。

4.2 水泥基电磁材料的应用前景

随着人们对电磁污染认识的提高，水泥基电磁屏蔽材料逐渐被应用到实际建筑中，有些已经实现了水泥基电磁屏蔽材料的实用化，如美国五角大楼在建造过程中使用了电磁屏蔽混凝土材料。

水泥基电磁屏蔽材料在军事上可用于防护工事，防止核爆炸电磁杀伤、干扰和常规武器（如电磁炸弹、干扰机）杀伤、干扰的电磁屏蔽防护。也可用于军用、民用电磁信号泄漏失密的电磁屏蔽防护。民用电磁污染限定在一定范围的电磁防护。在现代城市建设中，高层建筑林立，造成电磁干扰波的多次反射，发生干扰，在将来城市高级商品房的开发上，用屏蔽混凝土薄板内外装饰的兼具电磁污染防护和室内电磁信号泄密失密防护功能的商品将具有较好的发展潜力。

更重要的是，尽管我国国民经济发展迅速，综合国力空前提高，但与发达国家还存在着一定的差距，他们凭借其拥有的高科技窃取我国的经济和军事机密。这就需要用相应的措施来对关系国家经济和安全利益的各种机密加以保护，开发出电磁屏蔽多功能混凝土不仅对人们的身体健康，而且对军事经济等涉及国家利益的机密的保护都有着重大意义，将会带来重大的经济和社会效益。

5 结 语

随着社会生产的发展和科技的进步，电磁辐射污染将会越来越多的出现在我们的生活之中。因此，开发并使用具有防电磁辐射功能的建筑用复合材料来衰减室内外的电磁波强度，已显得越来越迫切。这为水泥基电磁屏蔽材料的发展提供了广阔的前景，也为社会带来了巨大的经济效益。所以水泥基电磁屏蔽材料具有极其重要的现实意义和巨大的潜在应用价值。

参考文献

[1] 段海平．建筑用新型水泥复合材料的研究进展［J］．基建优化，2005，26（4）：99-102．

[2] 司琼，董发勤．电磁屏蔽混凝土的发展现状［J］．混凝土，2005，27（2）：8-11．

[3] 项东，徐林，贾立群．地下室改建射线屏蔽房的设计［J］．山东建筑工程学院学报，2001，16（3）：64-68．

[4] Jingyao Cao, D. D. L. Chung. Coke powder as an admixture in cement for electromagnetic interference shielding［J］. Carbon, 2003, 41（12）：2433-2436.

[5] 张雄．建筑功能外加剂［M］．北京：化学工业出版社，2004．

[6] 杜仕国，高欣宝．电磁屏蔽导电复合材料［J］．兵器材料科学与工程，1999，22（6）：61-64．

[7] 严捍东，钱晓倩．新型建筑材料教程［M］．北京：中国建材工业出版社，2005．

[8] Chung D D L. Cement reinforced with short carbon fibers: A multifunctional material［J］. Composites Part B, 2000, 31（6）：511-526.

[9] 许先福，潘振克，黄正忠．电磁屏蔽材料的种类及应用［J］．安全与电磁兼容，2000 12（3）：19-23．

[10] Otsuka, Hiroshi, Haga, Akira. Magnetic concrete having electromagnetic shielding effect［P］. Japan Kokai Tokkyo Koho, JP2001302318A231, 2001.

[11] Bache, Hans Henrik, Eriksen, Knud Lund. Magnetic concrete with metal or alloy powder additions for electromagnetic apparatus [P]. PCT Int. Appl. WO9208678A129, 1992, 5.

[12] SatoHiroshi, DomaeHiroyuki, TakahashiMasaharu. Electronics and communications in Japan, Part II [J]. Electronics, (English translation of Denshi Tsushin GakkaiRonbunshi), 2000, 83 (11): 12-21.

[13] Wen Sihai, Chung D D L. Electromagnetic interference shielding reaching 70 dB in steel fiber cement [J]. Cement and Concrete Research, 2004, 34 (3): 329-332.

[14] Cao J Y, Chung D D L. Colloidal graphite as an admixture in cement and as a coating on cement for electromagnetic interference shielding [J]. Cement and Concrete Research, 2003, 33 (12): 1737-1740.

[15] Cao J Y, Chung D D L. Coke powder as an admixture in cement for electromagnetic interference shielding [J]. Carbon, 2003, 41 (12): 2433-2436.

[16] Fu X L, ChungD D L. Submicron carbon filament cement-matrix composites for electromagnetic interference shielding [J]. Cement and Concrete Research, 1996, 26 (10): 1467-1472.

[17] Shi Z Q, Chung D D L. Concrete formagnetic shielding [J]. Cement and Concrete Research, 1995, 25 (5): 939-944.

[18] YangHai-Yan, LiJin, YeQi-Zheng, et al. Research on absorbing EMW properties of steel-fiber concrete [J]. Journal of Functional Materials, 2002, 33 (3): 341-343.

[19] 关新春, 欧进萍, 韩宝国, 等. 碳纤维机敏混凝土材料的研究与进展 [J]. 哈尔滨建筑大学学报, 2002, 35 (6): 55-59.

[20] 司琼, 董发勤. 掺短碳纤维和石墨混凝土的低频电磁屏蔽性能 [J]. 硅酸盐学报, 2005, 33 (7): 916-919.

[21] 贾治勇, 王群, 赵顺增. 碳素改进水泥基材料电磁性能研究 [A]. 全国电磁兼容研讨会论文集, 2005: 160-163.

[22] 陈兵, 张东. 新型水泥基复合材料的研究与应用 [J]. 新型建筑材料, 2000, 27 (4): 28-30.

[23] 叶青, 胡国君. 水泥基复合功能材料的研究与开发 [J]. 材料科学与工程, 1995, 13 (2): 62-65.

[24] 贾治勇. 新时代的发展需要屏蔽混凝土电磁防护混凝土之一屏蔽混凝土 [J]. 中国建材科技, 2001, 23 (5): 40-41.

磷酸镁水泥研究进展

伊海赫　李东旭

（南京工业大学材料科学与工程学院，南京，210009）

摘要：本文论述了磷酸镁水泥的水化机理、耐水性能、缓凝方法，掺合料对性能的影响、应用情况；并对磷酸镁水泥应用前景及亟需解决的问题进行了初步探讨。

关键词：磷酸镁水泥；水化机理；缓凝；耐水性能；前景

Review of magnesia-phosphate cement

Yi Haihe　Li Dongxu

(College of Material Science and Engineering, Nanjing University of Technology, Nanjing, 210009, China.)

Abstract: The hydration mechanism, water resistance, retarding method the influence of admixture and applications of magnesium phosphate cement are discussed. On the basis of the aspects, the application prospect and urgent problems are preliminary discussed.

Keywords: magnesium phosphate cement; hydration mechanism; water resistance, prospects

1 概 述

磷酸镁水泥（MPC）是由过烧氧化镁和磷酸或酸式磷酸盐及调凝材料按一定比例配制而成。磷酸镁水泥与水混合后发生反应，得到具有高度结晶结构的材料，因而其又被称为"化学结合磷酸镁陶瓷"。MPC 具有如下技术性能特点：快速凝结硬化、早期强度高、能在$-20\sim+5℃$的低温环境中凝结硬化、黏结能力强、耐久性优异。20 世纪 80 年代，美国等西方国家就利用磷酸镁水泥快硬高强的特点，把它大量用于机场跑道、桥梁、公路等民用建筑和军事工程的修补和抢修上，以及用作精密铸造的包覆材料、牙水泥和骨黏结剂等方面。

磷酸镁水泥的水化反应本质上是一个酸碱中和反应，因而反应迅速并放出大量的热，通常在几分钟内就发生快速凝结，半小时内就产生了一定的强度，其早期强度较高。因此，磷酸镁水泥在低温下也能够迅速凝结。此外，磷酸镁水泥还具有与旧混凝土的黏结性能好、耐磨性好、抗冻性好及干缩小的特点。

但是磷酸镁水泥过快的反应速率为施工带来一定的麻烦，反应越快放热量越大，对强度影响也较大，并且其耐水性较差，限制了使用范围。现在磷酸镁水泥最广泛的使用是作为快速修补材料。而作为骨黏结剂由于放热量大且会释放对人体有害的离子，还有许多方面需要解决。

2 磷酸镁水泥的水化反应机理

磷酸镁水泥的水化反应机理可概括为：当磷酸镁水泥与水拌后，$NH_4H_2PO_4$ 首先溶于水中，$H_2PO_4^-$ 离子使浆体呈显弱酸性。在弱酸性条件下，死烧 MgO 产生 Mg^{2+}，Mg^{2+}、NH_4^+、$H_2PO_4^{2-}$ 和 PO_4^{3-} 迅速反应生成磷酸盐水化物，使磷酸镁水泥表现出快硬特性。初始水化物由于发生相变等原因，或者由于 $NH_4H_2PO_4$ 与 MgO 的反应是放热反应，使保护层区的渗透率提高，因而水及溶出离子又迅速通过膜层而使水化速率加快，形成越来越多的磷酸盐水化物非结晶态。由于体积的膨胀，使保护层破裂。同时，越来越多的 Mg^{2+} 离子进入溶液，形成更多的水化产物。随着反应的进行，非结晶态磷酸盐水化物逐渐向结晶态的磷酸盐水化物转化。这时由于是晶态的转变，故不会产生大量的热。随着水化物晶核的不断生长，长大及相互之间接触和连生使得磷酸镁水泥浆体内形成一个以 MgO 颗粒为框架，以磷酸盐结晶水化物为黏结料的结晶结构网，从而使磷酸镁水泥浆体硬化为有很高力学性能的硬化体。

其电离方程式如下：

$$NH_4H_2PO_4 \longrightarrow NH_4^+ + PO_4^{3-} + 2H^+$$

$$NH_4H_2PO_4 \longrightarrow NH_4^+ + HPO_4^{2-} + H^+$$

$$NH_4H_2PO_4 \longrightarrow NH_4^+ + H_2PO_4^{2-}$$

$$MgO + H_2O \longrightarrow MgOH^+ + OH^-$$

$$MgOH^+ + 2H_2O \longrightarrow Mg(OH)_2 + H_3O^+$$

$$Mg(OH)_2 \longrightarrow Mg^{2+} + 2OH^-$$

其反应方程式如下：

$$MgO + NH_4H_2PO_4 + 5H_2O \Longrightarrow MgNH_4PO_4 \cdot 6H_2O$$

$$MgO + KH_2PO_4 + 5H_2O \Longrightarrow MgKPO_4 \cdot 6H_2O$$

$$MgO + H_3PO_4 + 2H_2O \Longrightarrow MgHPO_4 \cdot 3H_2O$$

MPC 的水化反应是一个加速进行的反应，当氧化镁与水反应生成 $Mg(OH)_2$ 并电离产生 OH^- 后，H^+ 和 OH^- 将发生酸碱中和反应，并放出大量的热量，使反应加速。因此应在反应开始前有效地控制住 H^+ 和 OH^- 的浓度，才能达到缓凝的目的，因为 MPC 的水化反应一旦开始，就将是一个加速进行的反应，会在很短的时间内完成从初凝到终凝的变化。

3 磷酸镁水泥缓凝

一般磷酸镁水泥的凝结时间非常快，非常适合于工程快速修补。但是过快的反应速率为施工带来一定的麻烦，并且反应越快放热量越大，对强度影响也较大。因此，凝结时间的调整成为磷酸镁水泥应用的一个关键方面。影响磷酸镁水泥凝结时间的主要因素有：氧化镁的活性和比表面积，缓凝剂用量和种类，环境温度、湿度和试件大小等。磷酸镁水泥缓凝的方法包括以下几种。

3.1 重烧氧化镁

粉状氧化镁和 MAP 溶液的混合，形成磷酸铵镁晶体结构。主要水化产物是鸟粪石。当存在表面结构缺陷时，氧化镁表面更容易被润湿。润湿作用因此强烈地依赖于 MgO 的表面状况。MgO 水解为 Mg^{2+} 需要吸附在附加的两个水分子表面。溶液的酸度和铵离子的存在以利于这个过程。镁离子与 6 个分子的水反应形成 $Mg(H_2O)_6^{2+}$ 化合物。这个化合物在氧化镁润湿的过程代替水分子。它们的尺寸效应使新的水分子吸附到氧化镁表面。$Mg(H_2O)_6^{2+}$ 络合物持续吸附，并逐渐覆盖其表面。PO_4^{3-} 和 NH_4^+ 和 $Mg(H_2O)_6^{2+}$ 络合物最终形成鸟粪石网状结构。

因此，磷酸镁水泥的凝结时间最终基于 MgO 水解的反应动力学。当 MAP 过量时，这个动力学直接与 MgO 的表面状况有关。反应的高放热性加速反应动力。初凝和终凝也逐渐一致。MgO 表面状况、活性的控制对材料是相当重要的。另外，慢凝有利于好的强度大的发展。一般使用的氧化镁是经过 1500℃ 以上高温煅烧菱镁矿而得的死烧氧化镁，其活性比 1000℃ 温度以下煅烧生成的轻烧镁粉低很多。

3.2 控制氧化镁比表面积

氧化镁的比表面积越大，反应速率越快。过大的比表面积反应速率太快，凝结时间太短，比表面积过小，反应颗粒太大，强度发展缓慢，不利于快速凝结。

周启兆对氧化镁粉末比表面积影响 MPC 的终凝时间和抗压强度进行了研究。氧化镁粉末比表面积大，抗压强度高，但终凝时间不易控制；反之，比表面积小，终凝时间易调，但抗压强度低。综合考虑终凝时间和获得较高强度的要求，氧化镁粉末比表面积为 $1889cm^2/g$ 时最佳。

3.3 缓凝剂

现常用的缓凝剂有硼砂、多聚磷酸钠、硼酸等。Sugama 等认为：当 MPC 与水拌和后，磷酸二氢盐（如 $NH_4H_2PO_4$、KH_2PO_4）首先溶于水中，$H_2PO_4^-$ 使溶液呈弱酸性，在弱酸性条件下，死烧 MgO 溶解产生 Mg^{2+}，溶解和扩散到液相中的 Mg^{2+}、NH_4^+、K^+、$H_2PO_4^-$、HPO_4^{2-} 和 PO_4^{3-} 迅速反应生成磷酸盐水化物，使 MPC 浆体表现出快硬特性；若在 MPC 反应体系中有缓凝剂 B 存在，B 在溶液中提供 $B_4O_7^{2-}$ 并与首先溶解到液相中的 Mg^{2+} 结合生成硼酸镁沉淀，并呈薄膜状附在固体颗粒表面。该膜层可阻碍 MgO 颗粒与酸性溶液的接触，限制了 Mg^{2+} 溶出，延缓反应体系的水化反应速度；但随着时间的延长，溶液中的 NH_4^+ 和 $H_2PO_4^-$ 逐步扩散透过膜层达到 MgO 颗粒表面，形成较多的水化产物，并结晶产生体积膨胀，导致沉淀膜层破裂，使 MgO 颗粒重新暴露于酸性溶液中，水化反应速度重新加快，生成大量的磷酸盐水化产物使浆体硬化。硼砂是一种非常有效的磷酸镁水泥缓凝剂，随着硼砂掺量的增加，磷酸镁水泥的凝结时间会大大延长，施工可操作性能明显提高。但是应当注意的是，硼砂和其他缓凝剂一样，其缓凝效果往往是以牺牲磷酸镁水泥早期强度为代价的。

杨建明对硼砂与磷酸镁水泥的作用机理进行了测试和分析，测定加入不同量硼砂的磷酸镁水泥浆体的凝结时间、pH 值、体系温度及硬化体的强度和微观结构。结果表明：硼砂在一定掺量范围内对磷酸镁水泥浆体有较明显的吸热降温促进作用和调节 pH 值的作用，两种作用均可减慢浆体的水化反应速度且进一步影响硬化体的微观结构形貌和强度。由此推论，硼砂在磷酸镁水泥浆体中，除在 MgO 表面形成保护膜外，还通过降低体系温度和调节浆体 pH 值进而减慢水化反应速度来延缓浆体的凝结，随着硼砂掺量的变化，不同因素起主导作用。

夏锦红用磷酸氢二铵 $(NH_4)_2H_2PO_4$ 代替磷酸二氢铵 $NH_4H_2PO_4$ 可以达到更好的缓凝效果，但在用磷酸氢二铵制备 MPC 的搅拌和成型后的很长一段时间内都有大量氨气放出，很难应用于实际，还应找其他的替代物。

由多元酸的电离理论可知，HPO_4^{2-} 的电离平衡常数要远远小于 $H_2PO_4^-$，即浆体中 H^+ 的浓度生成难度要远远大于原本的 MPC 水化反应，因此，用磷酸氢二铵［$(NH_4)_2H_2PO_4$］与重烧镁反应，可以有效地减缓反应的速度和减少水化热量，同时并不会影响 MPC 的主要水化产物 $MgNH_4PO_4 \cdot 6H_2O$。但在用磷酸氢二铵制备 MPC 的搅拌和成型后的很长一段时间内都有大量氨气放出，所以应寻找其他代替物。

3.4 降低反应温度

降低磷酸镁水泥的水化速度还可以通过降低反应温度，如用冷水成型或在寒区施工来实现。在同样条件下，大试件的凝结硬化速度要比小试件的凝结硬化速度快，这主要是由于磷酸镁水泥的水化反应是放热反应，试件越大，放热量就越大，从而大大促进了磷酸镁水泥的水化速度。

3.5 水灰比

水灰比增大时，水化时间会延长。有实验表明水灰比为 0.16 时，其抗压强度最高，随后随着水灰比增大，其抗压强度降低，呈现出与普通硅酸盐水泥相同的变化规律。因为加水量过多，会导致孔隙率增大，结构疏松，强度降低。而当水灰比过小时，由于其凝结硬化太快，内部结构还没有完全密实，就已经产生强度了，故其早期的强度反而不是最高。因此应选择适当的水灰比，不应为控制水化速度而过分牺牲磷酸镁水泥的强度。

4 磷酸镁水泥的耐水性

养护方式对磷酸镁水泥的力学性能和耐久性影响很大，磷酸镁水泥的最佳养护方式是空气养护，而水养和潮湿条件下磷酸镁水泥强度将发生倒缩。MPC 耐水性差的主要原因是水养条件下基体中少量未反应的磷酸盐溶出，改变了水溶液的 pH 值环境，导致主要水化产物 $MgKPO_4 \cdot 6H_2O$ 在酸性环境下水解，使体系孔隙率增大，强度倒缩。并且水化体系中 MKP($MgKPO_4 \cdot 6H_2O$) 水化凝胶在水侵蚀情况下吸水肿胀，乃至水解、体积膨胀，从而导致净浆体系膨胀率增大。盖蔚使用固化液添加剂对磷酸镁骨黏结剂抗水性能的影响时发现，硅溶胶、纤维素等都可以提高水泥基体密实度，有效改善其耐水性，且并不会改变磷酸镁水泥的水化产物。

原料配比对磷酸镁水泥浆体耐水性的影响显著，其中磷酸盐是主要影响因素，磷酸盐含量越高，磷酸镁水泥的耐水性就越差。水养条件下磷酸镁水泥水化浆体的水化产物含量明显降低。水溶液 pH 值对磷酸镁水泥的稳定性有直接影响。磷酸镁水泥体系耐水性差是因为少量未反应的磷酸盐溶出改变了溶液的 pH 值，导致主要水化产物 MKP 在酸性环境下水解，体系孔隙率大大增加，特别是有害孔的数量明显增多，从而使磷酸镁水泥强度迅速倒缩。

刘凯等认为，磷酸镁水泥的失效特征为：组分浸出和开裂破坏。养护水中的浸出物主要成分为 $MgKPO_4 \cdot 6H_2O$ 和少量 KH_2PO_4。水化"未成熟"产物在浆体大孔中吸水生成大量膨胀性的针状 $MgKPO_4 \cdot 6H_2O$ 结晶，从而造成试件开裂。大孔（孔径>100nm）是改性磷酸镁水泥最主要的水侵蚀通道，结晶破坏是材料的主要失效机制，组分流失加剧了 MPC 材料的水侵蚀过程。另外，没有证据可以说明反应剩余的重烧氧化镁与材料的耐久性问题有关。

通过对磷酸镁水泥耐水性及其机理的研究，可以尝试从以下几个方面进行改善：（1）掺加粉煤灰等无机矿物掺合料，可改善基体致密度，在提高抗渗性的同时又固化了工业废弃物。有试验证明掺加粉煤灰的磷酸镁水泥具有相对较好的耐久性。（2）有机改性。通过掺加适合于磷酸镁水泥水化体系的聚合物乳液，改善其耐水性。（3）复合改性。有机、无机填料共混改善水泥浆体结构。（4）优化配合比，改善浆体制备工艺。找到最佳原料配比，最大程度地提高原料的一次水化反应率，减少未反应磷酸盐的量。

5 掺合料的研究应用

掺合料主要包括粉煤灰、矿渣、填充料等。掺合料一般选用价格低廉、来源丰富，掺入磷酸镁水泥中可以降低磷酸镁水泥的成本，并改善其部分性能。

掺入粉煤灰后，磷酸镁水泥基材料的成本得到大幅降低，为磷酸镁水泥基材料的推广应用提供了经济可行性。张思宇用实验表明掺入10%的粉煤灰时，抗压强度最高。这是由于粉煤灰的正负效应综合作用的结果。当粉煤灰掺量逐渐增加到10%时，由于粉煤灰具有微集料效应，粉煤灰填充于水泥浆体的毛细孔中，使得水泥浆体中的毛细孔隙细化，有利于增加磷酸镁水泥基材料的抗压强度。这个阶段，粉煤灰的正效应起主要作用。而当粉煤灰掺量进一步增大时，粉煤灰中相当数量的疏松多孔颗粒会吸收部分水分，减少了磷酸镁水泥基材料反应所需的水分，抑制了磷酸镁铵晶体的发育。同时，粉煤灰与磷酸镁水泥基材料并未有明显的化学结合，使得粉煤灰与磷酸镁水泥基材料的结合力较差，影响了磷酸镁铵晶体网络的连续性，从而降低了磷酸镁水泥基材料的抗压强度。也有实验表明粉煤灰的加入降低磷酸镁水泥的早期强度，但3d后抗压强度迅速发展，表明粉煤灰对早期强度的影响较大。

矿渣的加入参与了水化反应并提高了MPC的胶凝性能，随着矿渣掺量增大，矿渣MPC的抗压强度提高，但矿渣水化产生的膨胀应力会破坏MPC的内部结构，因此其抗折强度随矿渣掺量增大而降低。

其他磨细河沙、石粉、矿渣、废弃混凝土都可以作为磷酸镁水泥的掺合料，其中硅质原料的填充效应要远远好于钙质原料，更有利于材料力学性能的发展与稳定。

6 磷酸镁水泥应用

6.1 作为快速修补材料

MPC材料作为路面修补材料，不但凝结硬化快、强度高、与原有混凝土材性相近，而且施工方便、耐久性好、易于养护、耐磨性高、价格适中，可以在较低温度下施工，它是用于快速抢修道路路面的一种理想材料。MPC不用特别养护，在空气中即可完成，节约了养护时间，加快了道路修补的速度。

6.2 固化有害及放射性核废料

MPC可以在室温下固化废料，不需要特殊的烧结设备，不仅可以减少燃料所需的费用，同时避免了废料中挥发性成分对环境造成的污染及二次污染的处理费用，同时形成的废料制品强度高、不溶解、稳定性好、孔隙率低、有害成分溶出率低、固化效果明显优于以往的处理方法，是非常有前景的固化手段。废料颗粒掺入MPC中，污染物与部分MPC的水化产物发生反应，形成了新的磷酸盐，而这种有害物质的磷酸盐的溶解度要远远小于它的氧化物或盐的溶解度。在固化过程中，有害污染物转变成为不溶磷酸盐，同时，这些新形成的磷酸盐被包裹于MPC的水化产物网络结构体中。废料制品的孔隙率越高，固化效果越差。在未水化的废料制品中加入适量的粉煤灰，或者将制品浸入高聚物溶液中，形成一层防护膜，可以降低制品的孔隙率，显著减少盐类阴离子的溶出。

6.3 建筑材料制品

MPC可以作为新型结合剂用于生产人工板材。目前市场上普遍以水泥或有机高聚物为结合剂来生产人造板材，这些结合剂对木质原料要求都比较高，通常只能利用很少的一部分固体废料。MPC对木质原料的要求比较低，可应用的原料范围也很广，与木质废料混合后，在水化作用下，形成磷酸盐，将木质元素胶结在网构体中，形成了致密的复合材料。MPC代替传统结合剂用于人造板材生产，与传统工艺过程相比，显著的降低能源消耗，减少对环境的污染，同时，生产的板材制品耐火性更好，抗霉变腐蚀，尺寸稳定性好，耐久性强。

制备轻质多孔材料。此材料不需要特殊蒸汽养护，也不需要预先用发泡剂制泡，其成型过程如同普通水泥，加入适量水拌和后，在模具中逐渐放出气体，使浆体体积膨胀，浆体中留下多孔结构。同时 MKP 基磷石膏材料强度增长较快，1d 就可脱模，7d 强度基本稳定。由于此种材料成型和多孔形成特点，及磷酸盐与混凝土及砖砌体较高的结合力。因此，可考虑作为一种外墙保温耐火涂层材料，以增强普通房结构的保温性及耐火安全性。利用 MPC 良好的结合性能，将工业废渣掺入，一方面可增加工业废渣的利用率，降低成本，粉煤灰利用率可达 70%，另一方面也可改善轻质制品的某些性能。

6.4 其他

磷酸盐水泥还有其他潜在的用途。由于其较大的电阻率，可以用于电力传输系统的绝缘砖，还可以用于建筑表面的保护涂层，如耐火、耐腐蚀、抗锈等涂层，以及医学方面的用途。

7 磷酸镁水泥研究应用中急需解决的问题

虽然磷酸镁水泥具有诸多优良的性能，但其广泛的应用，特别是作为建筑材料，还需要进一步深入研究。作为一种新型的胶凝材料，目前对其化学组成和力学性能还缺乏深入的理论研究，如有关材料的缓凝机理、水化机理及界面结构的研究还存在一定的争议。对材料的耐久性研究及与该材料相对应的施工技术、施工工艺研究还十分缺乏，由于担心磷酸镁水泥材料长期与水接触时会发生强度倒缩，故现阶段该材料只是作为快硬修补材料使用，还未见用于结构工程或诸如海港码头、海洋建筑等长期与水接触的工程。虽然有研究指出，磷酸镁水泥材料长期泡水后强度倒缩程度并不严重，对于道路、机场跑道、高速公路、桥梁等结构的修补由于不会长期浸泡在水中，使用磷酸镁水泥材料没有任何问题。但对于结构工程及长期与水接触的工程的应用还是要谨慎。因此，很有必要对磷酸镁水泥强度倒缩的机理及减少强度倒缩的措施进行详细系统的研究。

目前，生产磷酸镁水泥所用的磷酸盐原料主要是磷酸二氢铵，其在施工过程及水化过程中都会放出氨气。氨气的大量放出不仅会刺激人们的感官，还会对人体器官造成损害。因此，作者选择其他酸或磷酸盐替代磷酸二氢铵来生产磷酸镁水泥，使其既能提供酸碱反应的酸性离子，在反应过程中又不会放出氨气，试验发现确实可以用其他磷酸盐替代磷酸二氢铵，来生产磷酸镁水泥，只是这些磷酸盐会造成磷酸镁水泥的早期强度降低及其他性能下降。

另外，修补材料与旧混凝土材料间的相容性是决定修补最终质量的关键因素之一。因此有必要开展磷酸镁水泥修补材料与旧混凝土材料间的界面黏结、收缩及膨胀、弹性模量及耐化学侵蚀等方面的研究。同时，还应加强对磷酸镁水泥材料的大规模工业化生产、材料组成、结构与性能之间的关系及随时间长期变化的规律，以及大批量施工应用的研究。虽然同有机类修补材料如环氧树脂相比，磷酸镁水泥修补材料的成本不算高，但同无机类修补材料如快硬硫铝酸盐水泥相比，磷酸镁水泥修补材料的成本仍显偏高，这限制了其在国内的推广使用。对矿物掺合料及低品质、低成本磷酸盐在磷酸镁水泥中应用的研究也是一个重要方向。

参考文献

[1] Arun S. Wagh. Chemically Bonded Phosphate Ceramics [M]. London：Elsevier，2004.
[2] 姜洪义，周环，杨慧. 超快硬磷酸盐修补水泥水化硬化机理的研究 [J]. 武汉理工大学学报，2004，26 (4)：18-19.
[3] 姜洪义，张联盟. 磷酸镁水泥的研究 [J]. 武汉理工大学学报，2001，23 (1)：32-34.
[4] 丁铸，李宗津. 早强磷硅酸盐水泥的制备和性能 [J]. 建筑材料学报，2006，9 (2)：141-147.
[5] 龙安厚，赵黎安，周大千等. 磷酸盐水泥的组成与性能 [J]. 大庆石油学院学报，1996，20 (1)：

111-114.

[6] 杨全兵,杨学广,张树青等.新型超快硬磷酸盐修补材料抗盐冻剥蚀性能[J].低温建筑技术,2000,22(3):9-11.

[7] 汪宏涛,曹巨辉.磷酸盐水泥凝结时间研究[J].后勤工程学院学报,2007,23(2):84-87.

[8] 汪宏涛,钱觉时,王建国.磷酸镁水泥的研究进展[J].材料导报,2005,19(12):46-47.

[9] 雒亚莉,陈兵.磷酸镁水泥的研究和工程应用[J].水泥,2009,36(9):16-18.

[10] Soudee, E., Pera, J. Mechanism of setting reaction in magnesia-phosphate cements [J]. Cement and Concrete Research, 2000, 30 (2): 315-321.

[11] 周启兆,焦宝祥,丁胜等.磷酸盐水泥基普通混凝土路面修补剂的研究[J].新型建筑材料,2011,38(2):36-39.

[12] Soudee E, Pera J. Influence of magnesia surface on the setting time of magnesia -phosphate cements [J]. Cement and Concrete Research, 2002, 32 (1): 153-157.

[13] 杨建明.缓凝剂硼砂对磷酸镁水泥水化硬化特性的影响[J].材料科学与工程学报,2010,28(1):31-35,75.

[14] 夏锦红,袁大伟,王立久.磷酸镁水泥水化机理研[J].武汉理工大学学报,2009,31(9):25-28.

[15] Yang QB, Zhu BR, Zhang SQ. Properties and applications of magnesia-phosphate cement mortar for rapid repair of concrete [J]. Cement and Concrete Research, 2000, 30 (11): 1807-1813.

[16] 李东旭,李鹏晓,冯春花.磷酸镁水泥耐水性的研究[J].建筑材料学报,2009,12(9):505-508.

[17] 盖蔚,刘昌胜,王晓芝.复合添加剂对磷酸镁骨黏结剂性能的影响[J].华东理工大学学报,2001,28(4):393-396.

[18] 刘凯,姜帆,张超等.水养护条件下磷酸氢二钾改性磷酸镁水泥的失效机制[J].硅酸盐学报,2012,40(12):1693-1698.

[19] 张思宇,施惠生.粉煤灰掺量对磷酸镁水泥基复合材料力学性能影响[J].南昌大学学报,2009,31(1):80-82.

[20] 侯磊,李金洪,王浩林.矿渣磷酸镁水泥的力学性能和水化机理[J].岩石矿物学杂志,2011,30(4):721-726.

[21] Seehra S S, Gupta S, Kumar S. Rapid setting magnesium phosphate cement for quick repair of concrete pavements characterization and durability aspects [J]. Cement and Concrete Research, 1993, 23 (2): 254-266.

[22] Wagh A S, Strain R, Jeong S Y, et al. Stabilization of rocky flats Pu-contaminated ash within chemically bonded phosphate ceramics [J]. Journal of Nuclear Materials, 1999, 265 (3): 295-307.

[23] Wagh A S, Singh D, Jeong S. Method of waste stabilization via chemically bonded phosphate ceramics, structural materials incorporating potassium phosphate ceramics [P]. USA, WO9734848-A, 1997.

[24] Wagh A S, Jeong S, Singh D. High strength phosphate cement using industrial byproduct ashes [A]. Proceedings of First International Conference on High Strength Concrete [C], Hawaii: American Society of Civil Engineers, 1997: 542-555.

[25] 姜洪义,梁波,张联盟.MPB超早强混凝土修补材料的研究[J].建筑材料学报,2001,4(2):196-198.

[26] DING Zhu, LI Zong-jin. Effect of aggregates and water contents on the properties of magnesium phospho-silicate cement [J]. Cement and Cement Composites, 2005, 27 (1): 11-18.

[27] YANG Quan-bing, WU Xue-li. Factors influencing properties of phosphate cement-based binder for rapid repair of concrete [J]. Cement and Concrete Research, 1999, 29 (3): 389-396.

[28] YANG Quan-bing, ZHU Bei-rong, ZHANG Shu-qing, et al. Properties and applications of magnesia phosphate cement mortar for rapid repair of concrete [J]. Cement and Concrete Research, 2000, 30 (11): 1807-1813.

[29] Hall D A, Stenvens R. Effect of water content on the structure and mechanical properties of magnesia-phosphate cement mortar [J]. Journal of the American Ceramic Society, 1998, 81 (6): 1550-1556.

第二部分

基本性能与原材料

干混砂浆各组分优化配伍研究

顾彩勇[1,2] 张永娟[1,2] 张雄[1,2]

（1. 同济大学建筑材料研究所，上海，201804；
2. 同济大学先进土木工程材料教育部重点实验室，上海，201804）

摘要：鉴于目前干粉砂浆中水泥与保水型外加剂浪费较大，导致干粉砂浆成本高昂。本文旨在找出和易性良好、成本低廉，且硬化性能达标的砂浆体系优化配伍方案。通过设计80组的砂浆体系进行成型试验，针对砂浆和易性和经济性的综合指标，为不同强度等级的砂浆的优化配伍提供了指导原则。结果表明，对于中低强度等级的砂浆，水泥掺量较小、粉煤灰掺量较大、灰砂比较小、MC掺量较大；对于高强度等级的砂浆，则刚好相反。

关键词：干粉砂浆；保水性；优化配伍

Study on Compatibility Optimization of Dry-mixed Mortar Components

Gu Caiyong[1,2] Zhang Yongjuan[1,2] ZhangXiong[1,2]

（1. Research Institute of Building Materials，Tongji University，Shanghai，201804；2. Key Laboratory of Advanced Civil Engineering Materials of Education，Tongji University，Shanghai，201804，China）

Abstract：The enormous dissipate of Portland cement and water retention admixtures used in dry-mixed mortars leads to the high costs of dry-mixed mortars. In view of these facts, an improvement scheme of compatibility optimization in dry-mixed mortar system, which possesses good workability, low cost and good hardening properties, is going to be born in this paper. macroscopic properties of 80 types of mortar systems have been tested and thus the guiding principles of mortar compatibility in different strength grades have come into being with regard to both workability and cost of mortar. The results indicated that the mortars in low and middle strength grades need less cement, more fly ash, more admixtures and lower cement-sand ratio, while the mortars in high strength grade are just on the contrary.

Keywords：dry-mixed mortar；water retention；compatibility optimization

1 前言

砂浆是我国最常用的建筑材料之一，一般被用作砌筑、抹面及防水层等。在应用过程中，新拌砂浆中保水性对其和易性及硬化后与基底的黏结强度影响很大，砌筑用的砂浆在与高吸水性的砖块接触时，若保水性不好，水分流失过多则会导致砂浆水化不充分；抹面用的砂浆具有较大的开放表面，若保水性不好，靠近表层中的水分易蒸发流失，从而导致内外毛细管力分不均而开裂。

针对提高砂浆保水性的研究主要集中在砂浆保水增稠剂。目前，市场上通常提高砂浆保水性能的途径是增加保水增稠剂如纤维素醚等。稠化粉的发明，原本是为了取代昂贵的化学外加剂降低砂浆成本，然而稠化粉一方面的确能提高砂浆的保水性能，但另一方面也会大

作者简介：顾彩勇，男，硕士，从事干混砂浆胶凝体系优化设计研究。E-mail：gucaiyong@126.com 18817308311。

大降低砂浆的强度，此时只能多掺水泥来弥补强度损失，但又不可避免增加了砂浆成本，这一矛盾是目前干混砂浆保水增稠剂普遍存在的问题。其实，砂浆中胶凝材料为细粉颗粒，本身对砂浆保水性有一定贡献，因此，本研究探索了一条新的提高砂浆保水性的途径，通过设计胶凝体系及优化砂浆各组分配合比来提高砂浆保水性能，对减少昂贵保水增稠剂的用量及其对强度的负面影响具有积极作用。

2 试 验

2.1 原材料

水泥：小野田水泥有限公司生产的 P.Ⅱ52.5 水泥，密度 3120kg/m³，比表面积 364m²/kg。

矿粉：宝田新型建材有限公司生产的 S95 矿粉，密度 2830kg/m³，比表面积 398m²/kg。

粉煤灰：一种是石洞口电厂产的高钙粉煤灰，密度 2390kg/m³，比表面积 490m²/kg；另一种是富春建业有限公司提供的二级粉煤灰，密度 2220kg/m³，比表面积 460m²/kg。

甲基纤维素醚：黏度为 15000mPa·s，用字母 MC 表示。

砂：级配良好的中砂，并符合《普通混凝土用砂质量标准及检验方法》（JGJ 525）的规定，砂的最大粒径不超过 5mm。

2.2 试验内容

为了寻找粉煤灰与矿粉最佳的掺合比例，设计了如下 15 种水泥、粉煤灰和矿粉的复合胶凝体系，列于表 1，表中编号 0 代表纯水泥的基准胶凝体系。

表 1 复合胶凝体系试验配比

水泥替代量 \ 矿粉掺量	0	30%	50%	70%	100%
0			0		
30%	3-0	3-3	3-5	3-7	3-10
50%	5-0	5-3	5-5	5-7	5-10
70%	7-0	7-3	7-5	7-7	7-10

对包括基准（纯水泥）在内的 16 种胶凝体系，分别配制 5 种灰砂比（0.21、0.25、0.29、0.33、0.38，分别以 -0、-2、-4、-6 和 -8 表示）的砂浆，共 80 种砂浆体系进行成型试验，在成型之前保证其和易性合格，合格标准为：在调整砂浆稠度至 80mm±5mm 时，砂浆保水率应大于 88%（允许 1% 的波动），可掺入 MC 来调节保水率。

2.3 试验方法

2.3.1 砂浆保水率试验

砂浆保水率试验参照《预拌砂浆》（JG/T 230—2007）附录 A 保水性试验方法。

2.3.2 砂浆稠度试验

砂浆稠度试验参照《建筑砂浆基本性能试验方法标准》（JGJ/T 70—2009）进行。

2.3.3 砂浆强度试验

砂浆强度试验参照行业标准《建筑砂浆基本性能试验方法》（JGJ 70—2009）。

3 结果与分析

3.1 砂浆强度等级的划分

对所有 80 种砂浆体系的试验结果，进行强度等级的分类，以 5 种纯水泥砂浆基准的强度作为划分标准,而非单纯地以标准砂浆强度等级(M2.5、M5、M10 等)进行分类,分别用 0-0、0-2、0-4、0-6 和 0-8 表示第一、二、三、四和五个强度等级,划分标准如图 1 所示,图中黑色虚线为强度等级划分的标准值,即砂浆体系 0-0、0-2、0-4、0-6 和 0-8 的 28d 抗压强度值,划分结果列于表 2。

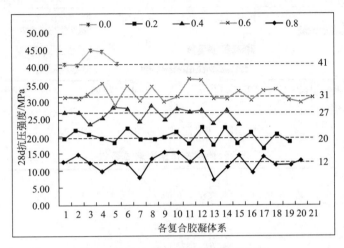

图 1 砂浆体系强度等级的划分标准

表 2 砂浆体系强度等级划分结果

强度等级	砂浆体系编号
0-0	0-0、3-0-0、3-0-2、3-3-0、3-5-0、3-7-0、5-0-0、5-0-2、5-3-0、5-5-0、5-7-0、5-10-0、7-0-0、7-0-2、7-0-4、7-3-0、7-3-2、7-5-0、7-7-0、7-10-0
0-2	0-2、3-0-4、3-3-2、3-5-2、3-10-0、5-0-4、5-3-2、5-5-2、5-7-2、5-10-2、7-0-6、7-0-8、7-3-4、7-3-6、7-5-2、7-5-4、7-7-2、7-7-4、7-10-2
0-4	0-4、3-3-4、3-7-2、3-10-2、5-0-6、5-3-4、5-5-4、5-5-6、5-7-4、5-7-6、5-10-4、7-3-8、7-5-6、7-7-6、7-10-4
0-6	0-6、3-0-6、3-3-6、3-3-8、3-5-4、3-5-6、3-7-4、3-7-6、3-10-4、3-10-6、3-10-8、5-0-8、5-3-6、5-5-8、5-7-8、5-10-8、7-5-8、7-7-8、7-10-6、7-10-8
0-8	0-8、3-0-8、3-5-8、3-7-8、5-3-8

3.2 砂浆体系优化配伍方案研究

根据上文所得的五个强度等级分类,对每个强度等级的砂浆体系进行因素分析,因素包括有:水泥掺量、粉煤灰掺量、MC 掺量和灰砂比等,以求寻找每个强度等级的共性。下文将分别针对砂浆的保水性和经济性,对砂浆体系的优化配伍方案进行研究,并最终得出总的优化配伍的指导原则。

3.2.1 针对砂浆和易性的配伍方案研究

由于在进行砂浆成型试验前,通过加入 MC 来使得砂浆保水率都达到合格标准,故每个强度等级的砂浆保水率几乎没有差别,没有必要分强度等级进行分析,而是将 80 个砂浆体系整体作为样本进行因素分析,因素为水泥掺量、粉煤灰掺量(粉煤灰占辅助胶凝材料百分数)、MC 掺量和灰砂比,以下采用 SPSS 软件中非参数检验的方法来分析因素的影响显著性及影响规律。

(1) 复合胶凝体系配比因素分析 为了了解复合胶凝体系对砂浆保水性的影响规律,首先进行的是因素水泥掺量和粉煤灰掺量的分析,结果分别示于表 3、图 2、表 4 和图 3。

表3 水泥掺量影响显著性

原假设	测试	Sig.	决策者
C70，C50 and C30 的分布相同	相关样本 Friedman 按秩的双向方差分析	0.000	拒绝原假设

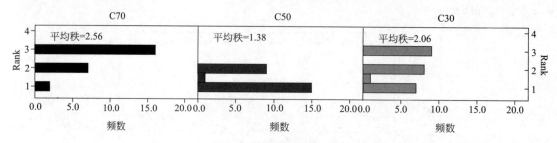

图2 水泥掺量影响规律

表4 粉煤灰掺量影响显著性

原假设	测试	Sig.	决策者
F100，F70，F50，F30 and F0 的分布相同	相关样本 Friedman 按秩的双向方差分析	0.059	保留原假设

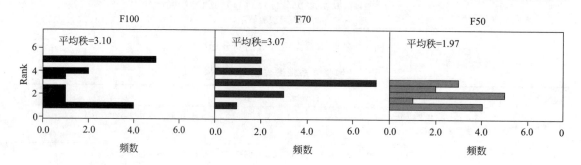

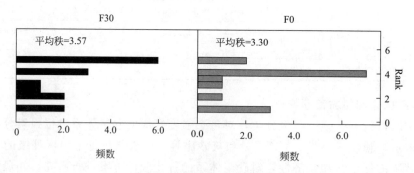

图3 粉煤灰掺量影响规律

由图中平均秩的大小和表中 Sig. 值的大小，可得如下结论：水泥掺量和粉煤灰掺量对砂浆保水性的影响显著性均为一般，也就是说，复合胶凝体系的配比变化对砂浆保水性影响并不十分显著，只有较小的影响。而影响规律可大致总结为：水泥掺量在30%和70%时，砂浆保水性较好，尤其是70%时，影响相对较显著；粉煤灰掺量在0～30%左右时，砂浆保水性较好，影响相对不明显。

（2）灰砂比和 MC 掺量因素分析　灰砂比和 MC 掺量其实是两个相关因素，因为在试验时便是根据砂浆灰砂比来确定 MC 掺量大小的，灰砂比越大，所需 MC 掺量就越小，对应关系如表5所示，因此只需分析其中一个因素的影响显著性便可了解另一个的。

表 5 砂浆体系灰砂比与 MC 掺量的对应关系表

灰砂比	0.2083	0.2500	0.2917	0.3333	0.3750
MC 掺量/%	0.1~0.14	0.06~0.08	0.04~0.06	0.02~0.04	0~0.02

下面对影响因素灰砂比进行非参数检验，结果如表 6 及图 4 所示。

表 6 砂浆灰砂比影响显著性

原假设	测试	Sig.	决策者
$R0.2083$，$R0.2500$，$R0.2917$，$R0.3333$，$R0.3750$ 的分布相同	相关样本 Friedman 按秩的双向方差分析	0.000	拒绝原假设

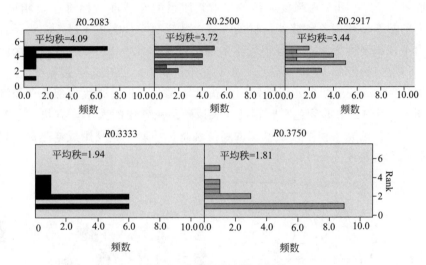

图 4 砂浆灰砂比影响规律

从图 4 可以发现，砂浆灰砂比越大，砂浆保水性反而越差了（随灰砂比的增大，平均秩在逐渐下降）。而通过先前的验证分析，砂浆灰砂比越大，砂浆保水性应该是越好的，这说明 MC 掺量的下降给砂浆保水性带来了巨大的影响，导致了砂浆保水性的逐渐下降，MC 掺量对砂浆保水性的影响比砂浆灰砂比的影响更为显著。影响规律为：MC 掺量越多或砂浆灰砂比越大，则砂浆保水性越好。

根据上述分析，针对砂浆保水性的优化方案为：在其他条件允许的情况下，为提高砂浆的保水性，首选方法为适当增大 MC 的掺量，其次为增加砂浆的灰砂比，还可用矿物掺合料替代 30% 或 70% 左右的水泥，且粉煤灰与矿粉的最佳比例为 0∶10~3∶7，并选用颗粒形貌较好的粉煤灰和较细的矿粉。

3.2.2 针对砂浆经济性的配伍方案研究

将 80 种砂浆体系的成本作为其经济性指标，通过计算每吨干粉砂浆体系中所需原材料（水泥、砂、粉煤灰、矿粉、MC）的单价与用量相乘并加和得到每种体系的经济性指标，即每种砂浆体系每吨的单价。从所得结果（见表 2）来看，强度等级越高，砂浆的成本明显越高，故就砂浆的经济性而言，应该分别对每个强度等级进行配伍方案的研究。

为了了解每种原料的掺量对砂浆成本的影响的显著性，分别设 y 为砂浆的经济性指标，x_1 为水泥掺量，x_2 为粉煤灰掺量（占胶凝体系的百分数），x_3 为 MC 掺量（占胶凝体系的百分数），x_4 为砂浆灰砂比，对每个强度等级的砂浆体系用 SPSS 软件，先将数据进行极值

标准化处理后再对 y 进行多元线性回归分析。

极值标准化是一种对原始数据的线性变化,将原始值映射成区间[0,1]中的值,转换公式为:

$$A' = \frac{A - A_{\min}}{A_{\max} - A_{\min}} \times (1-0)$$

式中,A 为原始数据;A' 为新数据;$A_{\min}$ 为数据极小值;$A_{\max}$ 为数据极大值。

为了能够提出定量的砂浆配伍指导原则,用 origin 软件画出了每个强度等级的砂浆体系的三元成分图(即水泥-粉煤灰-矿粉三元复合胶凝体系的配比关系),并标注了砂浆灰砂比和经济性指标,用以提供参考。

(1)强度等级 0-0 图 5 为强度等级 0-0 砂浆体系的经济性指标排序及相应的强度值,图中数据上方的数字便代表着砂浆经济性的等级,数字越小代表成本越少、经济性越好。从图中可以看出,在该强度等级,所有胶凝体系都可用灰砂比 0.21 来配制,在水泥掺量较小(30%)时,可以选择稍高一些的灰砂比,不会影响经济性,强度也会提高。

强度等级 0-0 经济性指标多元线性回归分析结果见式(1),强度等级 0-0 经济性指标三元坐标图见图 6,图中方块的颜色亮暗程度代表该砂浆灰砂比的大小,方块颜色越亮则灰砂比越大;图中圆形颜色亮暗程度代表砂浆的经济性指标,颜色越亮则成本越高,以下三元成分图均是如此,不再赘述。

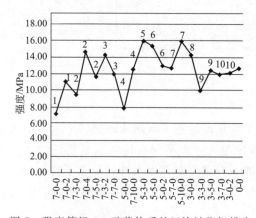 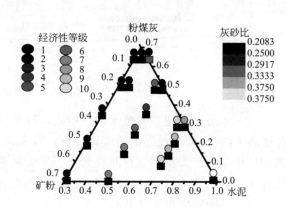

图 5 强度等级 0-0 砂浆体系的经济性指标排序   图 6 强度等级 0-0 经济性指标三元坐标图

由砂浆经济性指标多元线性分析结果可得回归方程:

$$y = 31.320x_1 - 13.491x_2 + 4.064x_3 + 10.131x_4 + 98.852 \tag{1}$$

根据该方程及图 6 所示砂浆体系成分分布,得出该强度等级针对经济性的优化配伍方案为:建议采用水泥掺量较小,即辅助胶凝材料替代水泥率较大的胶凝体系,水泥掺量在 30% 左右为宜,而且粉煤灰掺量在 30%~70%,尽可能大一些;建议采用较低的灰砂比,如 0.21,但是对于粉煤灰掺量较高的胶凝体系,也可适当提高灰砂比,提高幅度可达 20%~40%,不会影响砂浆经济性,反而强度会提高;MC 掺量在 0.1% 左右,灰砂比较大时可降低至 0.06% 左右,以保证保水率合格为标准。

(2)强度等级 0-2 图 7 为强度等级 0-2 砂浆体系的经济性指标排序及相应的强度值。从图中可以看出,经济性较好的仍是水泥取代量大的体系,灰砂比一般在 0.25,但在水泥掺量小且全由粉煤灰取代时则需增加灰砂比至 0.33,甚至更高。

强度等级 0-2 经济性指标多元线性回归分析结果见式（2），强度等级 0-2 经济性指标三元坐标图见图 8。

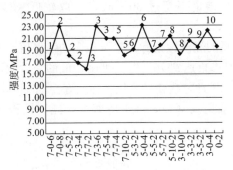

图 7　强度等级 0-2 砂浆体系的经济性指标排序

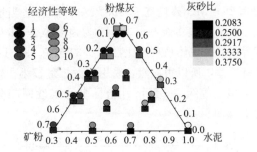

图 8　强度等级 0-2 经济性指标三元坐标图

由砂浆经济性指标多元线性分析结果可得回归方程：

$$y = 11.408x_1 - 5.417x_2 - 3.479x_3 + 0.741x_4 + 110.839 \tag{2}$$

根据该方程及图 8 所示砂浆体系成分分布，得出该强度等级针对经济性的优化配伍方案为：建议采用水泥掺量较小的胶凝体系，水泥掺量在 30% 左右为宜，最好全由粉煤灰来取代水泥，灰砂比可取 0.33～0.38，MC 掺量在 0.01%～0.025%；也可掺入矿粉，但随着矿粉掺量增加，灰砂比需减小：在中高灰砂比（0.29 及以上）时粉煤灰掺量可取 50%～70%，MC 掺量在 0.025%～0.043% 左右；在低灰砂比（0.25 左右）时取不超过 50%，MC 掺量在 0.06%～0.08% 左右，也可视情况适量增加。

(3) 强度等级 0-4　图 9 为强度等级 0-4 砂浆体系的经济性指标排序及相应的强度值。水泥掺量仍可较小，但灰砂比需加大，并且粉煤灰掺量越大，所需灰砂比越大，如水泥掺量在 30% 时，可用 0.33～0.38 的灰砂比进行配制；水泥掺量在 50% 时，可用 0.29～0.33 的灰砂比进行配制；水泥掺量在 70% 时，可用 0.25～0.29 的灰砂比进行配制。

强度等级 0-4 经济性指标多元线性回归分析结果见式（3），强度等级 0-4 经济性指标三元坐标图见图 10。

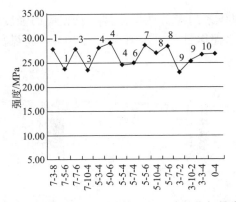

图 9　强度等级 0-4 砂浆体系的经济性指标排序

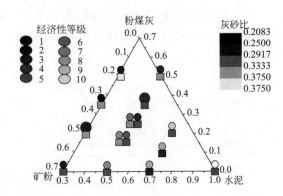

图 10　强度等级 0-4 经济性指标三元坐标图

由砂浆经济性指标多元线性分析结果可得回归方程：

$$y = 41.270x_1 - 15.620x_2 - 7.396x_3 + 11.111x_4 + 112.209 \tag{3}$$

根据该方程及图 10 所示砂浆体系成分分布，得出该强度等级针对经济性的优化配伍方案为：建议采用水泥掺量较小的胶凝体系，水泥掺量仍可在30%左右，但不可全由粉煤灰取代，辅助胶凝体系粉煤灰与矿粉最佳比例应在7∶3～5∶5的范围；而粉煤灰掺量在30%～70%左右时，灰砂比取0.33及以上，粉煤灰掺量不超过30%时，可取较低灰砂比，如0.29；MC掺量在0.025%左右，可适当增加。

(4) 强度等级 0-6 图11为强度等级0-6砂浆体系的经济性指标排序及相应的强度值。该强度等级的砂浆体系灰砂比都在0.33或0.38，只有水泥掺量达到70%时，可用较低的灰砂比，但经济性差，所以很显然，采用水泥掺量较小、较大的灰砂比才能使砂浆经济性最好。

强度等级0-6经济性指标多元线性回归分析结果见式(4)，强度等级0-6经济性指标三元坐标图见图12。

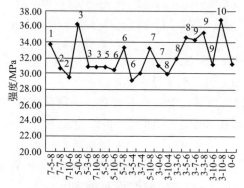

图11 强度等级0-6砂浆体系的经济性指标排序　　图12 强度等级0-6经济性指标三元坐标图

由砂浆经济性指标多元线性分析结果可得回归方程：

$$y = 45.916x_1 - 10.439x_2 + 0.218x_3 + 10.523x_4 + 109.496 \quad (4)$$

根据该方程及图12所示砂浆体系成分分布，得出该强度等级针对经济性的优化配伍方案为：建议采用水泥掺量较小的胶凝体系，水泥掺量在30%～50%为宜，但粉煤灰掺量不可太多，在20%～50%为宜，即辅助胶凝体系粉煤灰与矿粉的比例在5∶5左右为最佳；灰砂比在0.38左右；也可增加矿粉掺量，并且降低灰砂比至0.33，经济性都很好；MC掺量在0.01%左右，满足和易性即可。

(5) 强度等级 0-8 图13为强度等级0-8砂浆体系的经济性指标排序及相应的强度值。该强度等级的砂浆只可用灰砂比0.38来配制，且水泥掺量必须达到50%～70%，粉煤灰掺量也不宜太多。

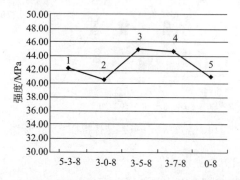
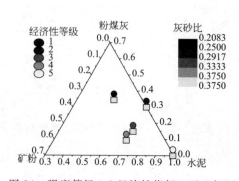

图13 强度等级0-8砂浆体系的经济性指标排序　　图14 强度等级0-8经济性指标三元坐标图

强度等级 0-8 经济性指标多元线性回归分析结果见式（5），强度等级 0-8 经济性指标三元坐标图见图 14。

由砂浆经济性指标多元线性分析结果可得回归方程：
$$y = 34.091x_1 - 10.500x_2 + 0.758x_3 + 132.273 \tag{5}$$

根据该方程及图 14 所示砂浆体系成分分布，得出该强度等级针对经济性的优化配伍方案为：建议采用水泥掺量较大的胶凝体系，水泥掺量在 50%～70% 为宜；而粉煤灰掺量不宜超过 40%；建议采用较高的灰砂比，如 0.38 或更高；可以不掺 MC，保水率不达标则可掺 0.01% 左右。

3.2.3 砂浆体系优化配伍的总指导原则

结合上文分别针对砂浆保水性和砂浆经济性的优化配伍方案，给出以下分别针对低、中、高强度等级的砂浆体系配伍总指导原则：

(1) 对于低强度等级（28d 抗压强度在 16MPa 以下）的砂浆，建议砂浆体系灰砂比为 0.20～0.25，或可以稍高一些影响不大；水泥掺量在 30% 左右即可，粉煤灰掺量在 50%～70% 左右；MC 掺量可维持在 0.08%～0.1%。

(2) 对于中等强度等级（28d 抗压强度在 16～30MPa 之间）的砂浆，建议砂浆体系灰砂比在 0.25～0.33 之间选择；水泥掺量仍在 30% 左右；粉煤灰掺量在灰砂比小于 0.3 时可取 20%～30%，在灰砂比大于 0.3 时可取 50% 左右；MC 掺量相应可减小为 0.025%～0.06%。

(3) 对于高强度等级（28d 抗压强度在 30MPa 以上）的砂浆，建议砂浆体系灰砂比取 0.375 及以上；水泥掺量在 50% 以上；粉煤灰掺量在 20%～40% 范围内；可以不掺 MC，也可根据情况掺入 0.01%～0.02% 即可。

4 结 论

(1) 设计了 80 种砂浆体系，保证其和易性合格之后进行了成型试验，测得其 28d 抗压强度，并划分了强度等级。

(2) 分别针对砂浆和易性及经济性两个指标，进行砂浆体系优化配伍方案的研究后，再加以总结，得到低、中、高强度砂浆优化配伍的总指导原则：对于中低强度等级的砂浆，水泥掺量较小、粉煤灰掺量较大、灰砂比较小、MC 掺量较大，主要以控制胶凝体系的配比和外加剂的掺量为主；对于高强度等级的砂浆，水泥掺量较大、粉煤灰掺量较小、灰砂比较大、MC 掺量较小，主要以控制胶凝体系的配比和砂浆灰砂比为主。

参考文献

[1] R. Hendrickx. The adequate measurement of the workability of masonry mortar [D]. KatholiekeUniversiteit Leuven, 2009.
[2] C. Groot, Effects of water on mortar-brick bond [D]. TechnischeUniversiteit Delft, 1993.
[3] G. W. Scherer. Structure and properties of gels [J]. Cem. Concr. Res., 1999, 29 (8): 1149-1157.
[4] 张义顺，李艳玲，徐军等. MC 对砂浆性能的影响 [J]. 建筑材料学报，2008 (3): 359-362.
[5] 赫赫. 稠化粉对干粉砂浆性能影响研究 [D]. 哈尔滨：哈尔滨工业大学，2007.
[6] 鞠丽艳，张雄. 建筑砂浆保水增稠剂的性能及作用机理 [J]. 建筑材料学报，2003, 6 (1): 25-29.

干混普通砂浆关键技术研究

肖群芳[1,2]　李岩凌[1,2]　苟洪珊[1,2]　章银详[1]
徐海锋[3]　王栋亮[3]　刘亚菲[3]

[1. 北京建筑材料科学研究总院有限公司，北京，100040；2. 中国建筑材料联合会预拌砂浆分会（筹），北京；3. 北京金隅砂浆有限公司，北京，102401]

摘要：自 2007 年商务部联合公安部、建设部、交通部、质检总局、环保总局联合发布商改发 [2007] 205 号文，要求全国 127 个城市在规定时间内完成"禁止工地现场搅拌砂浆，发展预拌砂浆"，预拌普通砂浆，尤其是干混普通砂浆在我国得到了快速发展。截至 2012 年，干混普通砂浆的设计产能已突破 1.5 亿吨，总用量已突破 2000 万吨。在走访部分普通砂浆发展较好的城市后，我们发现国内干混普通砂浆在产能、产量迅速增长的背后，存在产品研发技术与质量检测的脱节，不少城市的干混普通砂浆企业在产品研制、生产、质检与应用技术方面均显不足。对此，本文在调研全国一线城市干混普通砂浆发展现状的基础上，展开阐述了干混普通砂浆的研制与应用关键技术。

关键词：干混普通砂浆；外加剂；骨料级配；开裂；砂浆离析

1 我国预拌砂浆发展现状简介

近年来，在市场推动和政策干预的双重作用下，我国预拌砂浆行业进入一个快速发展时期，市场消费量快速增加，涵盖科研开发、装备制造、原料供应、产品生产、物流及产品应用在内的完整产业链已经形成。近年来预拌砂浆市场增长迅速，图 1 为自 2004 年以来我国预拌砂浆历年的总用量及增长趋势，我国干混砂浆历年的产能与产量对比情况见图 2。综合两图可看出：受限于市场监管与行业管理的力度，预拌砂浆企业的整体达产率并不高，但预拌砂浆的整体产能和使用量均保持着强劲的增长态势。

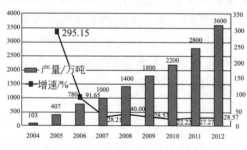

图 1　预拌砂浆产量及增长趋势

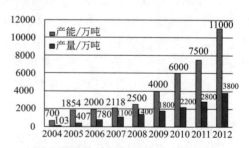

图 2　全国干混砂浆的产能与产量对比

截至目前，我国普通砂浆发展大致分为三个阶段：第一个阶段是北京、上海、广州、深圳相继于 2003~2007 年分别启动"工地现场禁止搅拌砂浆、使用预拌砂浆"管理工作，推动了全国预拌砂浆发展；第二个阶段是副省级城市在 2007~2009 年之间启动砂浆禁现工作，全国的普通砂浆总量在 2010 年突破 1000 万吨；第三个阶段是 2012 年后，二线城市以及经济发展较好的城市相继启动砂浆禁现工作。

启动砂浆禁现工作并不代表预拌砂浆的产量会迅速大幅提升，据统计，一般会存在 2~5 年的市场接收期，如果政府管理力度不够，市场接收期会变得更长。砂浆协会选择部分省级城市、副省级城市和砂浆发展较快的二线城市，结合各地 2012 年的房屋竣工面积，对其普通砂浆市场容量、2012 年产能和实际产量进行了汇总，见表 1。

表 1　我国典型城市 2012 年普通砂浆市场测算与实际用量

城市(省份)名称	房屋竣工面积/万平方米	市场容量/万吨	产能/万吨	产量/万吨
北京	4000	600	350	180
上海	5200	820	1050	350
天津	4000	720	1000	150
成都	2200	500	600	225
哈尔滨	1800	400	200	50
武汉	1100	250	130	25
济南	1800	320	300	117
常州	1200	210	350	100
嘉兴	2000	360	250	80

从表中可知，若只计入预拌普通砂浆推广力度较大的几个城市，我国预拌砂浆的市场总容量已接近 1 亿吨。我国自 2005 年以来，房屋竣工面积逐年攀升（见图 3），2012 年已接近 10 亿平方米，与其配套的普通砂浆将超过 2 亿吨。如果计入农村房屋建设、道路建设、装饰装修等砂浆用量，我国普通砂浆的市场总用量将达到 5 亿吨。因此，随着砂浆"禁现"工作逐步深入至我国二、三线城市，以及一线城市市场监管体系的逐步完善，预拌砂浆将迎来更大的发展契机。

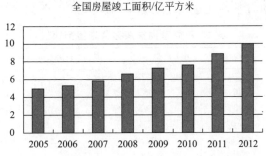

图 3　我国 2005～2012 年城镇房屋竣工面积

2　普通抹灰砂浆研发关键问题分析

2.1　普通抹灰砂浆增塑剂的选型与应用

纤维素醚保水性好，是抹灰砂浆增塑剂不可或缺的一部分，但纤维素醚对强度影响较大，且不同黏度的纤维素醚性能对砂浆性能影响各不相同。对此，选择不同黏度的纤维素醚，研究了其对砂浆强度的影响。

在普通砂浆中，随着纤维素醚添加量的增加，砂浆黏稠度增加，抗压强度明显下降，强度损失率变大。从图 4（a）中可以看出，掺加纤维素醚后，砂浆的 7d 和 28d 抗压强度损失率变化基本一致，当纤维素醚的掺量不超过 0.02% 时，抗压强度损失约为 10%；纤维素醚掺量为 0.03%～0.15% 时，砂浆抗压强度损失约为 20%～25%，而掺量为 0.2% 时，抗压强度损失高达 40%。当纤维素醚掺量不超过 0.02% 时，砂浆的抗折强度损失约为 5%。综合比较砂浆的操作性能、强度损失和经济成本，建议普通砂浆中纤维素醚添加量不宜超过 0.03%。图 4（b）显示随着纤维素醚黏度增加，砂浆的强度损失也增加，从砂浆的操作性能和强度要求出发，建议普通砂浆中纤维素醚黏度控制在 10 万以下。值得注意的是，不同

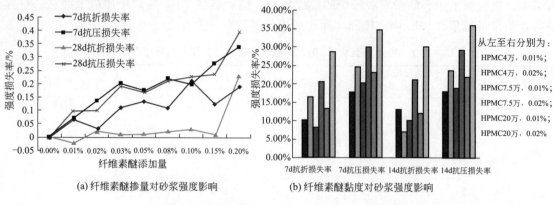

(a) 纤维素醚掺量对砂浆强度影响　　(b) 纤维素醚黏度对砂浆强度影响

图4　纤维素醚掺量与黏度对普通砂浆抗折、抗压强度影响

厂家相同成分、相同黏度的纤维素醚对砂浆强度影响并不一样，在使用前应通过验证试验确定最佳掺量。

纤维素醚能增加砂浆黏稠性、保水率，降低泌水率，提高抹灰砂浆的拉伸黏结强度，但纤维素醚会降低砂浆的抗压、抗折强度，因此普通砂浆可以用纤维素醚，但不能只用纤维素醚。本文分别采用纤维素醚（HPMC4万），以及纤维素醚（HPMC4万）复合有机改性的膨润土（石家庄仁信矿产品公司生产）、减水剂、引气剂，作为普通抹灰砂浆增塑剂，对普通抹灰砂浆的物理性能和力学性能进行了比较，见表2。

表2　不同普通抹灰砂浆增塑剂比较

性　　能	空白样	0.03%HPMC4万	HPMC4万＋改性膨润土＋减水剂＋引气剂
加水量/%	17.10	17.78	18.00
稠度/mm	96	98	95
2h泌水率/%	5.21	4.08	3.16
2h稠度损失/%	17.02	7.61	6.19
真空抽滤保水率/%	53.52	60.22	56.11
14d拉伸黏结强度/MPa	0.078	0.134	0.327
14d抗压强度/MPa	13.65	10.23	12.05
增塑剂成本/元	0	9.0	9.2

在研究中发现，引气剂能显著改善砂浆的泌水性能，降低2h稠度损失，性能优异的引气剂掺量一般较小，约为0.01‰～0.1‰，在实际生产中，应先预混放大。膨润土对砂浆的保水性能改善明显，经过有机改性后，对砂浆加水量的影响会减小，在与少量减水剂复合后，能在不降低砂浆强度的基础上改善砂浆的和易性。对于手工抹灰的普通砂浆，大多数生产企业并不重视外加剂的研制与应用技术，随着《抹灰砂浆增塑剂》行标的实施、抹灰砂浆机械喷涂技术的推广，抹灰砂浆外加剂的重要性将逐渐突显。

2.2 胶凝材料用量对抹灰砂浆影响研究

自2013年4月开始，我们相继对常州、嘉兴、上海、天津、成都、济南、北京等地的普通砂浆生产企业进行了调研，调研发现各企业的相同强度等级普通砂浆（散装为主）的胶砂比差别较大，从17%～25%都有，使用机制砂的企业因为石粉含量波动，75μm通过率甚至在30%以上。石粉对砂浆的影响已有多人研究过，赵爱萍、鞠丽艳等都提到过石粉能改善砂浆和易性，提高砂浆标稠用水量，在适量添加范围内，石粉对砂浆强度有一定增强。需要引起注意的是，GB/T 14684要求的骨料中石粉含量上限为10%，使用机制砂的砂浆生产企业也会交流砂中石粉含量,但机制砂中最大石粉含量是随砂浆中机制砂用量而变化的,机制砂用量若小,其所含石粉含量可适当放宽,但砂浆中石粉总含量不得超过7%,否则会造成砂浆强度的下降和收缩率的显著上升。

对于全部使用天然砂的砂浆生产企业,鉴于各地胶砂比区别较大,我们固定水泥用量、骨料级配、外加剂的种类和用量,通过调整掺合料的用量,研究了75μm通过率对砂浆物理性能和力学性能的影响。从图5中可以看出,掺合料用量越大,砂浆的和易性越好,泌水率下降,保水率上升,因砂浆需水量增加,抗压强度下降,对砂浆拉伸黏结强度的影响不明显。

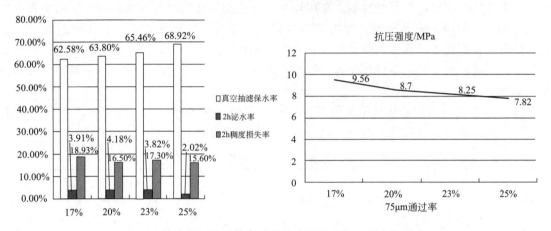

图5 掺合料用量对抹灰砂浆物理性能和抗压强度的影响

2.3 骨料级配对抹灰砂浆影响研究

骨料级配对砂浆的影响是砂浆技术人员必备的常识,同时也是一个"常研究、常新"的命题。目前,业内对砂子级配的研究多见于特种砂浆中,普通砂浆中砂子级配研究较少。在抹灰砂浆机械化施工大面积应用之前,对普通砂浆的骨料引入Fuller曲线,或在生产线中对砂子进行三级筛分(4.0mm以上筛分不计入在内),然后互配使用,会极大地影响企业生产效率。但控制骨料的细度模数是大多数企业可以做到的。在对各地骨料进行抽样检查中,发现普通抹灰砂浆的骨料级配在1.8~2.8间波动。从图6中可以看出,砂子细度模数对砂浆性能影响明显,砂子细度模数越小,砂浆用水量越大,砂浆越黏,在细度模数小于2.3后,砂浆保水率下降,泌水率上升,抗压强度下降。砂子的细度模数为2.5时,砂浆的物理

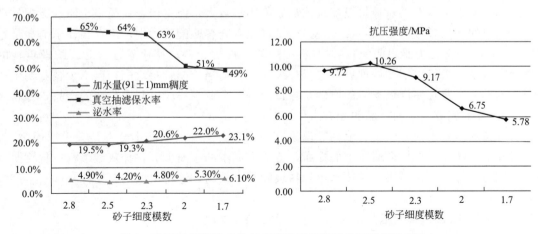

图6 砂子细度模数对抹灰砂浆物理性能和抗压强度的影响

性能表现较好，抗压强度最高。

3 普通抹灰砂浆在应用中常见问题分析

3.1 强度等级偏高、骨料级配不合理引起抹灰砂浆开裂

GB/T 25181将普通抹灰砂浆分为M5、M10、M15和M20四个强度等级，其中M10为常用等级，其次是M5。从走访各地质检站情况来看，目前抹灰砂浆的抗压强度富余量普遍偏大，特别是与加气混凝土砌块配套的M5抹灰砂浆，抗压强度实测值多在10MPa以上。如采用普通抹灰砂浆进行内墙找平，蒸压加气混凝土砌块墙与混凝土墙两种基层的配套产品分别为M5和M10的抹灰砂浆，施工前两种基层上都会进行界面处理，但加气混凝土砌块表面粗糙、界面处理+淋水预湿处理后，砂浆与砌块的附着力强；而混凝土表面光滑，因此虽然配套抹灰砂浆的强度等级均偏高，但加气混凝土基层上开裂后空鼓少，而混凝土基层开裂后多数空鼓。

2012年5月，我们从北京工地收集了混凝土内墙抹灰砂浆样品，并对比分析了抹灰质量开裂严重及无明显长裂缝工地的抹灰砂浆，分析结果见表3。

表3 北京工地使用普通抹灰砂浆抽样分析

	样品1	样品2
75μm通过率/%	21	28
加水量/%	18.3	19.8
28d抗压强度/MPa	13.4	18.2
收缩率/‰	0.652	0.982
工程抹灰效果		

注：1. 试验室检测时，砂浆稠度控制在（95±2）mm。
2. 收缩率采用史莱宾格接触式收缩道测定，试件尺寸为1000mm×60mm×43mm。

从2.3节中可以看出，骨料级配对抹灰砂浆影响较大，但生产企业受限于原砂级配（部分一线城市的天然砂资源紧缺）或为提高产量（没有仓容匹配的砂中转库，当砂子消耗量超过35t/h时，筛分能力难以匹配），对骨料级配的可控度较差。调研发现，对级配较重视的企业会在砂子"去粗去细"处理后，进行一级筛分，适当控制骨料级配，但不少企业在生产任务重的季节会直接使用烘干后的原砂，导致同一个企业在一段时间内生产的产品，骨料级配在2.0~2.6间波动，而产品的配方未作相应调整。

普通抹灰砂浆出现发丝纹、龟裂等现象原因较多，但骨料级配不合理是关键原因之一。随着国家节能减排、保护环境要求的提高，劳动力成本的不断上升，抹灰砂浆机械化喷涂将逐步在国内推开，砂浆高层泵送技术对骨料级配要求较高，这将给国内普通抹灰砂浆生产带来新的思考。

3.2 骨料烘干温度过高引起抹灰砂浆塑性收缩开裂

目前，干混砂浆用砂的预处理方式有两种：对于矿山资源丰富、天然砂紧缺的城市，如

山东、北京、贵阳等地,主要使用机制砂,因此采用碎石制备机制砂的免烘干工艺应用较多;另一种是河沙、海砂资源丰富的城市,如上海、成都、天津、广州等地。天然砂是当下干混砂浆用砂主要来源,因此砂烘干工艺应用较广泛。

在砂的烘干过程中,当砂含水率在1%以上时,主要是去除砂表面附着水分,当砂含水量从1%降到0.5%时,砂表面已基本不存在水分,剩余水分干燥开始变得困难,物料温度也会快速上升,因此,将砂从1%含水率烘干至0.5%以下含水率能耗最高。在砂烘干流程设计中,一般将砂含水率从1%干燥至0.5%的环节放在冷却段,而非干燥段,这样既可节约能源,也可以降低砂的出料温度。

在原砂含水率较高的砂浆生产旺季(如7~9月份),砂的烘干效率会下降,生产企业为保证砂浆供应,会提高干燥段热风温度,导致砂出料温度高于65℃。对于砂烘干后直接进入计量秤上的原料仓储存使用的企业,砂浆成品的出料温度在夏天会高于50℃。而普通砂浆在旺季的周转较快,一般24h内便可使用完毕,因此自工地散装筒仓下连续混浆机取得的湿砂浆,温度可高于40℃。经试验室测试,这种砂浆的1h稠度损失率下降最快,且数值超过20%,接近2h稠度损失率,这种砂浆施工上墙后,无论是剪力墙基层还是砌块墙基层,都会在1h内出现开裂(见图7)。

骨料温度过高导致砂浆出现塑性阶段开裂,原因有:一是砂浆混合过程中,起增稠保水作用的外加剂遇到70℃以上骨料,性能发生改变,导致保水性能变差,砂浆在硬化前失水过快,出现塑性开裂;另外一种是骨料温度过高,微观结构中非表面吸附水也会失去,再次遇水时,骨料内部结构会吸收部分水分,导致砂浆塑性收缩大,出现开裂。为查找原因,北京金隅砂浆公司曾去掉抹灰砂浆中的有机外加剂,分别用自然晾干的砂子和烘干砂生产抹灰砂浆,并在厂内施工应用,发现前者1h稠度损失率为

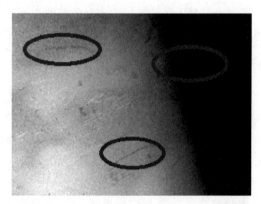

图7 砂浆因为塑性收缩出现的短而宽裂缝

8.7%,2h稠度损失率为11.3%,在硬化前未出现开裂;后者1h稠度损失率为15.9%,2h稠度损失率为19.2%,并在1h内相继出现图7中的宽而短的裂缝。

3.3 散装干混砂浆存在不同程度离析

在干混砂浆的生产、物流与运输过程中,离析一直存在。对于散装干混砂浆而言,砂浆自出混合机始,离析便已经产生。北京建筑材料科学研究总院曾于2008年受北京市散装水泥办公室委托,与国内运输车和移动筒仓知名制造商一起,对散装干混砂浆在物流设备中的离析情况进行了系统研究。

在对散装干混砂浆的生产、物流与使用环节进行全程实时取样后,研究发现如果使用合格的运输车(见SB/T 10546的要求),并将运输距离控制在50km以内,散装干混砂浆出现不可忽略离析的设备或环节分别是筒仓(包括工厂的成品筒仓和散装砂浆移动筒仓)、运输车的出料环节。

筒仓中物料离析已成为现阶段干混砂浆的质量通病:对于生产企业中的成品筒仓,如果能适当控制仓容(100t以下),并在仓中设置合理的导料管,能缓解砂浆离析;SB/T 10461将散装砂浆移动筒仓分为18m³、20m³、22m³三个规格,实际上国内移动筒仓为了与散装砂浆运

输车相匹配，仓容多超过 22m³，并且筒仓中导料管的设置更是五花八门，导致筒仓中物料料头骨料多，料尾粉体多（部分工地不得不在尾部砂浆中掺砂，以免抹灰砂浆开裂）。出现上述问题的本质原因在于筒仓未成为一个真正的"商品"，从生产到使用没有质量检测，如移动筒仓标准在 2008 年已发布实施，但真正通过质检站检测，获得砂浆离析评价结果的筒仓基本没有。并且业内往往忽视对筒仓内部结构的研究，甚至不少企业自行加工成品筒仓和移动筒仓，筒仓的"低起点"所带来质量隐患还将在一段时间内困扰国内散装干混砂浆市场。

干混砂浆是由水泥、石膏等胶凝材料与砂、掺合料、外加剂、纤维等散粒体组成，各种原材料在密度、粒径、流动性等材料性质上相差较大，因此散装砂浆运输车的出料过程一般为气悬浮状态，可有效避免砂浆离析，但卸料压力的大小决定了砂浆进入移动筒仓后离析的严重程度。对于设计合理的移动筒仓（见图8），为控制物料由下而上落料，导料管上的

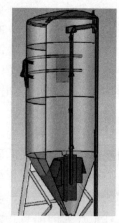

图 8 散装砂浆移动筒仓内部构造图

出料阀门打开压力由下而上逐渐变大。但国内的移动筒仓很少有这样的设计，因此运输车的卸料压力一旦超过 0.13MPa，导料管的上下端同时落料，砂浆出现离析，目前运输车的卸料压力一般不超过 0.15MPa。卸料压力小，砂浆的出料速度变慢，25t 荷载的砂浆运输车至少需要 30min 方可卸料完毕，与 SB/T 10546 中不小于 1.4t/min 的卸料速度要求相差甚远。

4 结语

（1）2009 年后，我国干混普通砂浆发展迅速，2012 年全国总用量约 2200 万吨，普通砂浆生产企业数量已超过 500 家，总产能已突破 1 亿吨。随着我国房屋竣工面积的逐年攀升，以及预拌砂浆逐渐进入农村房屋建设、道路建设、装饰装修等领域，我国预拌砂浆发展成熟后，普通砂浆的市场总用量将达到 5 亿吨。

（2）我国普通砂浆生产企业有别于特种砂浆生产企业，并且仅有不足 5% 的企业能同时成功经营普通砂浆和特种砂浆。普通砂浆生产企业的研发水平不高，缺乏对胶凝材料、骨料级配、外加剂的正确选用等知识的了解，导致抹灰砂浆强度等级偏高、砂子偏细，上墙后易出现空鼓开裂。

（3）普通抹灰砂浆用纤维素醚黏度不宜超过 10 万、掺量不宜超过 0.03%，如与膨润土、减水剂、引气剂复合，能在成本适宜的前提下得到和易性好、强度高的普通抹灰砂浆。

（4）在散装干混砂浆生产中，应加强对砂子烘干温度和砂浆出机温度的控制，避免砂浆在凝结硬化前因失水过快出现塑性开裂。

（5）散装干混砂浆离析已成为我国通病，建议各地方加强对干混砂浆移动筒仓质量控制，目前所采用的"不放空筒仓，以料头混合料尾弥补离析"方法并不是最佳解决方案。

参考文献

[1] 赵爱萍. 石粉在建筑砂浆中的应用 [J]. 山西建筑，2002，28（2）.
[2] 鞠丽艳，张雄. 废石粉在商品砂浆中的应用研究 [J]. 建筑石膏与胶凝材料，2002.
[3] 《建筑用砂》（GB/T 14684）[S].
[4] 《散装干混砂浆运输车》（SB/T 10546）[S].
[5] 《干混砂浆散装移动筒仓》（SB/T 10461）[S].

抹灰砂浆增塑剂对砂浆性能的影响

肖斐[1,2] 崔洪涛[1,2] 鲁统卫[1]

(1. 山东省建筑科学研究院，济南，250031；2. 重庆大学材料科学与工程学院，重庆，400045)

摘要：本文针对传统抹灰砂浆工作性能差、强度低、黏结性差、易开裂等缺陷，选取5种有代表性的抹灰砂浆增塑剂，通过试验研究增塑剂对抹灰砂浆保水性、凝结时间等工作性能，抗压强度、抗折强度、拉伸黏结强度等力学性能，以及收缩率等性能的影响。结果表明，掺加抹灰砂浆增塑剂后，砂浆的可操作性能明显改善；砂浆抗压强度有所降低，但砂浆韧性提高，28d折压比均高于基准砂浆；砂浆拉伸黏结强度显著提高；部分增塑剂可减少砂浆的体积变化。掺增塑剂砂浆具有优良的保水性和韧性，因此抗裂性能由于普通砂浆。

关键词：建筑材料，抹灰砂浆增塑剂，水泥砂浆，抗裂性能

Influences of Plastering Mortar Plasticizer on Mortar Properties

Xiao Fei[1,2] Cui Hongtao[1,2] Lu Tongwei[1]

(1. Shandong Provincial Academy of Building Research, Jinan 250031, China;
2. Chongqing University, College of Materials Science and Engineering, Chongqing 400045, China)

Abstract: The traditional plastering mortar has many defects such as poor work performance, low strength, poor adhesion, easy cracking etc. The test selected five representative plastering mortar plasticizers, and researched the influence of plasticizers to plastering mortar including water retention properties, setting time, compressive strength, flexural strength, tensile bond strength and shrinkage etc. The results showed that the plasticizers adding could change the performances of mortar notably. The operability of mortar improved remarkably. The compressive strength of mortar decreased, but the toughness increased. The fold pressure ratios of mortar at 28d were higher than reference mortar. The tensile strength improved significantly. Some plasticizers could reduce the volume change of mortar. The mortar adding plasticizers had better crack resistance than ordinary mortar because of the excellent water retention and toughness.

Keywords: building materials; plastering mortar plasticizer; cement mortar; crack resistance

1 引言

优良的抹灰砂浆对于建筑物和墙体可以起到保护作用，可以抵抗自然环境对建筑物的侵蚀，提高建筑物的耐久性，并且使墙面或其他构件的表面达到平整、光洁和美观的效果。传统的抹灰砂浆强度低，黏结性差，严重影响工程质量。而且施工现场劳动条件差，环境污染严重。抹灰砂浆增塑剂为使抹灰砂浆获得优异的性能提供了技术保障。抹灰砂浆增塑剂是一种新型的水泥砂浆拌合物添加剂，它的掺入可以显著改善抹灰砂浆的和易性、保水性、黏结性能和抗裂性能，使砂浆不开裂、不空鼓、不脱落，提高砂浆的强度和抗渗性等各项性能指标，同时还能减少施工落地灰，改善施工环境，降低劳动强度。

作者简介：肖斐，女，博士研究生，高级工程师，主要从事商品砂浆及外加剂、高性能混凝土及外加剂的研究。

由于抹灰砂浆增塑剂的技术性能对抹灰工程质量影响很大,质量差的抹灰砂浆增塑剂掺入水泥砂浆、水泥混合砂浆中,也会出现不同程度地空鼓、开裂、剥落等质量问题,造成严重的质量问题。随着商品砂浆的快速发展,商品砂浆企业对抹灰砂浆增塑剂的需求不断增多。本文选取不同配方的抹灰砂浆增塑剂,针对增塑剂对抹灰砂浆的性能影响开展了系统研究。

2 原材料和试验方法

2.1 原材料

(1) 水泥 中国联合水泥集团生产的基准水泥,化学成分见表1,物理性能指标见表2。
(2) 砂 Ⅱ区天然中砂,细度模数2.46,颗粒级配见表3。
(3) 增塑剂 山东建科院及其他地区砂浆外加剂厂家生产的抹灰砂浆增塑剂。

表1 基准水泥化学成分

SiO_2	Al_2O_3	Fe_2O_3	CaO	MgO	SO_3	Na_2O_{eq}	f-CaO	Loss	Cl^-
25.10	6.38	4.19	54.87	2.61	2.66	0.56	0.79	2.18	0.009

表2 基准水泥物理性能

密度/(g/cm³)	比表面积/(m²/kg)	标准稠度/%	凝结时间/min		抗折强度/MPa			抗压强度/MPa		
			初凝	终凝	3d	7d	28d	3d	7d	28d
3.14	350	26.8	155	219	5.1	6.2	8.0	26.9	33.1	43.7

表3 砂的颗粒级配

筛孔尺寸/mm	2.36	1.18	0.60	0.30	0.15	筛底
累积筛余/%	3.92	14.45	49.06	82.43	96.70	98.43

2.2 试验方法

砂浆的胶砂比应为1:4,增塑剂采用外掺法加入,用水量为使砂浆稠度在80~90mm范围内。试验配比见表4。

表4 砂浆配合比及拌合物状态

砂浆编号	水泥:砂:水	增塑剂		砂浆状态
		编号	掺量(占水泥质量)/%	
M0	1:4:0.835	—	—	工作性差,泌水严重
M1	1:4:0.775	P1	2.0	工作性一般,泌水
M2	1:4:0.785	P2	1.0	工作性一般,少量泌水
M3	1:4:0.755	P3	0.5	工作性好
M4	1:4:0.750	P4	1.0	工作性好
M5	1:4:0.725	P5	0.7	较黏稠

砂浆泌水率、含气量、含气量1h变化量、凝结时间、抗压强度、14d拉伸黏结强度及收缩率试验方法参照《建筑砂浆基本性能试验方法标准》(JGJ/T 70—2009)。其中含气量1h变化量是将搅拌好的砂浆装入用湿布擦过的加盖容器内,静置1h后人工搅拌20s测试砂浆含气量;凝结时间在每次测试贯入阻力值前2min,将一片15mm厚的垫块垫入容器底部一

侧使其倾斜，用吸管吸去表面泌水，吸水后平稳的复原。2h稠度损失率试验方法参照《预拌砂浆》（GB/T 25181—2010）附录A，其中盛放砂浆拌合物的容量筒容积不应小于5L，装入砂浆拌合物后容量筒表面应覆盖。跳桌流动度和抗折强度试验参照《水泥胶砂强度检验方法》（GB/T 17671—1999）。

3 试验结果和分析

3.1 工作性能

抹灰砂浆的工作性能包括保水性、可操作性能、稠度损失率等，本试验通过保水率、含气量、2h稠度损失率和凝结时间等指标来衡量，试验数据见表5。由图可知，增塑剂对抹灰砂浆的工作性能有显著改善。掺加后增塑剂后，5组砂浆的可操作性能都有不同程度的改善，同时泌水现象也大大减少。增塑剂可以显著改善砂浆的保水性能，掺加增塑剂后砂浆的保水率增加了5.5%～12.2%。从工作状态来看，保水率越大砂浆越黏稠。砂浆含气量越大和保水率也越大，操作性能较好。

表5 砂浆工作性能

砂浆编号	保水率/%	含气量/%	含气量1h变化量/%	稠度/mm	2h稠度损失率/%	跳桌流动度/mm	凝结时间/min
M0	87.8	5.5	−0.3①	88	26.9	220	325
M1	92.6	6.8	0.1	82	20.4	230	405
M2	93.7	10.1	0.9	85	16.4	220	378
M3	95.5	13.3	0.7	87	13.8	225	510
M4	96.8	14.7	0.2	84	21.0	220	495
M5	98.5	17.8	2.2	89	17.3	215	535

① "−"表示静置1h后含气量是增长的。

本试验选取的增塑剂均具有较好的稳泡性能，静置1h后砂浆含气量变化很小，含气量变化率最大不超过新拌砂浆的13%。除基准组砂浆1h含气量略有增长外，掺增塑剂的砂浆均未出现含气量增长的现象。掺增塑剂砂浆稳定性较好。掺加增塑剂后，砂浆2h稠度损失率均低于基准砂浆，且小于25%，表明砂浆具有较好的稳定性和较长的开放时间。跳桌流动度反映的是砂浆在外力作用下的流动性能，与砂浆的黏稠度有关，较黏稠的砂浆，即使稠度较大，跳桌流动度也会偏小，而不黏稠的砂浆，由于砂浆内部作用力较小，跳桌流动度偏大，因此试验中会出现操作性能较差的砂浆跳桌流动度反而较大的现象。掺加增塑剂后砂浆的凝结时候会有所延长。这与增塑剂组分中含有一定量的纤维素醚和引气剂等有关。

3.2 力学性能

3.2.1 抗压强度和抗折强度

图1和图2分别是砂浆7d、28d的抗压强度和抗折强度，图3是砂浆的折压比曲线。由图可知，掺增塑剂的砂浆抗压强度和抗折强度与砂浆的含气量密切相关，砂浆强度随含气量增大而减小。掺加增塑剂P1后，砂浆含气量略大于基准砂浆，7d龄期时抗折强度低于基准砂浆，抗压强度却大于基准砂浆；28d龄期时抗压、抗折强度均大于基准砂浆。掺加增塑剂P2～P5后，砂浆含气量均大于10%，7d和28d抗压强度均比基准砂浆低；7d抗折强度低于基准砂浆，但28d抗折强度高于基准砂浆。7d龄期时M1组砂浆折压比低于基准砂浆，其他掺增塑剂砂浆折压比高于基准砂浆；28d龄期时掺增塑剂砂浆折压比均大于基准砂浆；28d砂浆折压比低于7d，说明随着龄期延长，砂浆抗压强度增长幅度大于抗折强度。

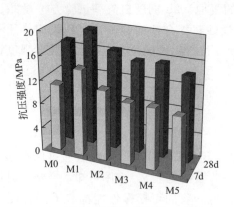

图 1 砂浆抗压强度

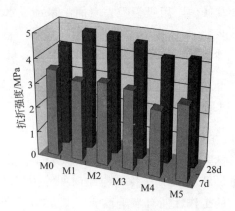

图 2 砂浆抗折强度

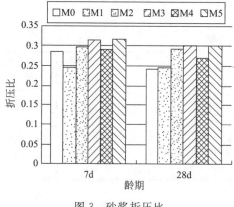

图 3 砂浆折压比

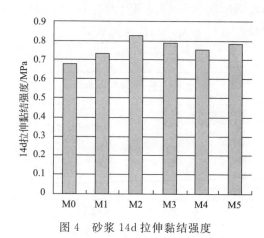

图 4 砂浆 14d 拉伸黏结强度

3.2.2 拉伸黏结强度

图 4 是砂浆 14d 拉伸黏结强度，掺加增塑剂后，砂浆的黏结强度均较基准砂浆有所提高，提高幅度为 9.0%～12.3%，其中增塑剂 P2 提高砂浆黏结强度最为显著。

3.3 收缩率

砂浆的收缩率如图 5 所示。可见，有些增塑剂可以降低砂浆的收缩率，而有些增塑剂会使砂浆收缩率变大。本试验中增塑剂 P1、P2 和 P4 可使砂浆收缩率降低，其中 P2 尤为显

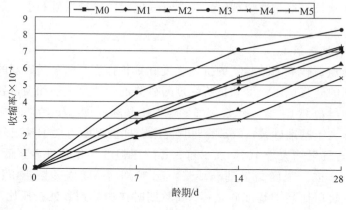

图 5 砂浆收缩率

著；而掺加增塑剂 P3 和 P5 后，砂浆收缩升高。

3.4 增塑剂作用机理分析

增塑剂中含有起增稠作用的水溶性高分子材料，如纤维素醚、淀粉醚等，能够改善砂浆的黏聚性和保水性，这是由于水溶性聚合物材料在液相中首先溶胀，然后溶解，在溶解过程中长链上羟基和醚键的氧原子与水分子缔合成氢键，游离水变成结合水，可以起到提高砂浆均匀性和稳定性的作用。同时在砂浆养护初期防止水分过快蒸发或被基材过快吸收，一方面保证砂浆中胶凝材料可充分水化，从而提高抹灰砂浆与基材的黏结强度，另一方面可以减少因失水过快而产出的塑化裂缝。

增塑剂中含有的引气组分使水溶液表面能降低，不仅使砂浆具有较高的含气量，而且气泡膜的韧性比纯水气泡膜韧性高，气泡不容易被排出，稳定性好，因而在静置 1h 后，掺增塑剂砂浆含气量变化值较小。但也正是由于增塑剂使砂浆具有较大的含气量，导致砂浆抗压强度降低。

抗裂性能低是传统抹灰砂浆的致命缺陷之一。增塑剂的加入显著改善了砂浆的保水性能，避免了因失水过快收缩不均匀造成的裂缝。而要提高硬化砂浆的抗裂性能可通过两种手段来实现：提高硬化砂浆的韧性和减少硬化砂浆的体积变化。增塑剂中含有的有机聚合物在水中溶解后形成的乳胶液，将砂浆中各种颗粒黏结在一起，使硬化砂浆成为一个完整的整体。同时在颗粒周围形成了一层膜，一方面可以缓和砂浆各组分由于性能不一致性所导致的内应力，减少了形成微裂纹的可能性；另一方面也可以缓解外力对硬化砂浆的破坏作用，使得硬化砂浆具有较好的韧性。试验表明，掺加增塑剂后，砂浆在抗压强度降低的同时，具有较高的抗折强度，5 组掺增塑剂砂浆 28d 折压比均高于基准砂浆。而对于增塑剂对砂浆体积影响，本试验中一组增塑剂对砂浆收缩率变化影响很小，一组增塑剂使砂浆收缩率增大，三组增塑剂明显降低砂浆的收缩率。同时由于增塑剂具有引气作用，砂浆中分布有均匀细小的气孔，可以对内部和外部应力起到缓冲的作用。因此抹灰砂浆增塑剂可以提高砂浆的抗裂性能。

4 结 论

抹灰砂浆增塑剂对砂浆性能有着显著的影响，通过试验可得到以下结论：

（1）增塑剂可改善抹灰砂浆的工作性能。泌水离析现象大大减少；保水率增加了 5.5%～12.2%；2h 稠度损失率降低，均小于 25%；凝结时间有不同程度的延长。

（2）增塑剂对砂浆含气量影响很大，掺增塑剂后，砂浆含气量从 6.8%～17.8% 不等，但无论含气量大小，砂浆都具有良好的气泡稳定性。砂浆含气量越大和保水率也越大，操作性能较好。

（3）掺增塑剂的砂浆抗压强度和抗折强度随砂浆含气量增大而减小。含气量的增加对抗压强度降低明显，但对抗折强度降低较小，28d 龄期时掺增塑剂砂浆折压比均大于基准砂浆。随着龄期延长，砂浆抗压强度增长幅度大于抗折强度。

（4）掺加增塑剂后，砂浆的黏结强度比基准砂浆提高了 9.0%～12.3%。

（5）不同增塑剂对砂浆收缩率的影响不同，大部分增塑剂能起到降低砂浆收缩率的作用。

（6）由于掺增塑剂砂浆具有良好的保水性，硬化砂浆具有较好的韧性，且含有大量均匀分布的微小气孔，因此具有较高的抗裂性能。

参考文献

[1] 吴季怀,林建明,魏月琳等.高吸水保水材料[M].北京:化学工业出版社,2004.

[2] 刘江平,孙振平,蒋正武.干粉砂浆的研制及机理[J].混凝土与水泥制品,2003,30(4):14-17.

[3] 管学茂,罗树琼,杨雷,谢玉芬.纤维素醚对加气混凝土用抹灰砂浆性能的影响研究[J].混凝土,2006,28(10):35-37.

[4] 张彬,贺鸿珠,钟世云.纤维素醚在水泥砂浆中的作用机理及影响因素[J].上海建材,2008,27(3):32-34.

[5] 张承志,王爱勤,马新芬,白宪臣.对干混砂浆抗裂性能的理论分析[J].商品混凝土,2005,2(6):59-63.

[6] 严瑞瑄.水溶性高分子[M].北京:化学工业出版社,2004.

苯丙和丁苯乳液对水泥早期水化的影响对比

王茹　施小鑫　王培铭

(先进土木工程教育部重点实验室；同济大学材料科学与工程学院，上海，201804)

摘要：研究了苯丙乳液（SAE）和丁苯乳液（SBR）对水泥早期水化的影响。乳液对水泥水化不同阶段有着不同的作用。两种乳液对水泥水化初始期的影响很小，但都延长了水泥水化诱导期，延缓了加速期的水化，其中苯丙乳液抑制加速期水化作用更强；苯丙乳液改性水泥水化程度不像丁苯乳液改性的那样，2d 后已超过未改性浆体，而是在 3d 内一直小于未改性水泥浆体。两种乳液不仅可促进 AFt 的生成，还提高了其在水泥体系中的稳定性，但苯丙乳液效果没有丁苯乳液效果好；两种乳液抑制了 C_4AH_{13} 和 $Ca(OH)_2$ 的生成，其中苯丙乳液对 C_4AH_{13} 的抑制作用更强。

关键词：水泥水化；早期；苯丙；丁苯；水化热；水化产物

Influence of SAE and SBR Latex on Early Cement Hydration

Wang Ru　Shi Xiaoxin　Wang Peiming

(Key Laboratory of Advanced Civil Engineering Material of Ministry of Education; School of Materials Science and Engineering, Tongji University, Shanghai, 201804, China)

Abstract: This paper investigated the influence of SAE and SBR latex on the early cement hydration. The results show that the latexes have different influence on each period of cement hydration. Both latexes have no obvious effect on the initial period of hydration. However, the two latexes prolong the induction period and postpone the accelerating period of cement hydration and the inhibition effect on the accelerating period of SAE latex is stronger. The hydration degree of cement with SAE latex is different from the SBR latex modified cement paste which is higher than the control one after 2d. The hydration degree with SAE latex is always less than the control one in 3d. Besides, both latex facilitate the formation and enhance the stability of AFt in the cement system, among which SAE latex is weaker than SBR latex. However, two latexes retard the formation of C_4AH_{13} as well as $Ca(OH)_2$ with slight effect on the hydration of C_4AF, and the inhibition of SAE latex on C_4AH_{13} is stronger.

Keywords: Cement hydration; Early period; SAE; SBR; Heat revolution; Hydrates

1　引　言

笔者曾发现丁苯乳液（SBR）在砂浆中有良好的减水和保水作用，可显著降低毛细孔吸水率，改善其韧性；而苯丙乳液（SAE）可以改善砂浆的韧性、收缩性能、防水抗渗性等。研究表明，有机聚合物改善水泥砂浆性能的程度差异很大。这种差异无疑与聚合物对水泥水化过程的影响密切相关。Singh 等和 Knapen 等发现加入聚乙烯醇（PVA）或其他水溶性聚合物后，水泥浆体早期的水化速度均有不同程度的下降。Xu 等观察到这种影响对丁苯乳液来说水化 7d 以后不再明显。Su 等认为苯丙聚合物影响水化的机理一方面在于形成一层薄膜，降低水泥水化反应的速度并且阻止水化产物在水泥颗粒表面堆积；另一方面在于残余的

基金项目："十二五"国家科技支撑计划项目（2012BAJ20B02）。

作者简介：王茹，女，博士，教授，博士生导师，主要研究领域为聚合物水泥基复合材料，Email：ruwang@tongji.edu.cn。

聚合物仍保持分散状态，对在毛细孔溶液中形成的产物形貌有一定的影响。Plank 等合成了苯乙烯-甲基丙烯酸乳液并研究了阴离子乳液和阳离子乳液与水泥的相互作用，发现阴阳离子乳液通过吸附均可附着在无机黏合剂表面，阴离子膜形成的过程受到吸附在聚合物表面 Ca^{2+} 层的影响。乙烯基可再分散聚合物（VRP）能显著延缓水泥水化产物钙矾石（AFt）、$Ca(OH)_2$ 以及 C-S-H 凝胶的生成时间，降低其生成量，且水化 24h 内的降幅尤其显著。笔者发现丁苯乳液促进了改性浆体中钙矾石的形成，但是抑制了 C-S-H 和 $Ca(OH)_2$ 的生成。而苯丙乳液具有何种改性效果，本文进行了对比研究。

2 试验

2.1 试验原材料

实验采用 P·Ⅱ 52.5 硅酸盐水泥，SD623 丁苯乳液和 S400 苯丙乳液。水泥的化学组成及矿物组成见表 1 和表 2。两种乳液的技术参数见表 3。

表 1　P·Ⅱ 52.5 硅酸盐水泥的化学组成　　　　单位：%

CaO	SiO_2	Al_2O_3	Fe_2O_3	MgO	SO_3	K_2O	Na_2O	f-CaO
62.72	20.24	5.29	3.40	1.18	1.97	0.57	0.11	0.23

表 2　P·Ⅱ 52.5 硅酸盐水泥的矿物组成　　　　单位：%

C_3S	C_2S	C_3A	C_4AF	$CaSO_4$
55.40	16.21	8.27	10.34	3.35

表 3　两种乳液的技术参数

乳液	平均粒径/μm	pH 值	最低成膜温度/℃	固含量/%
SBR	0.244	7.8~10	18	51
SAE	1.542	7.0~8.5	1	57

2.2 试验方法及样品制备

为避免不同用水量对水化的干扰，将试验水灰比（m_w/m_c）固定为 0.4。两种乳液的聚灰比（m_p/m_c）为 10%。

2.2.1 水化进程

将所需用水称量好后通过注射器注入安培瓶中，再加入相应掺量的乳液，最后加入 2g 水泥，在样品安培瓶中混合均匀。然后将包括待测样品的安培瓶和注射器及搅拌装置等仪器附件放入微量热仪中，开始记录数据。水化进程试验采用等温微量热仪（Sweden Thermalmat TAM Air 08 isothermal calorimeter）表征。

2.2.2 X 射线衍射（XRD）分析

将养护至龄期为 10min，1h，6h，12h，1d 和 3d 的浆体除去表层（≥1mm），破碎成小块，放入干净烧杯内，用无水乙醇终止水化。取出后放进真空干燥箱内，在 45℃下经真空干燥至恒重，取出研磨，得到粉末样品待测。用 Rigaku D/max 2550 X 射线衍射仪进行测试，采用步进扫描方式，包括 8°~13°和 17°~19°两段，步长 0.02°。

3 试验结果与讨论

3.1 水化放热

一般而言，硅酸盐水泥的水化过程可分为 5 个阶段：水化初始期、诱导期、加速期、减速期、稳定期,每个阶段均对应着不同的物理化学过程。图1是乳液改性水泥的水化放热速率示意图。从图中可以看出,本试验所用水泥及改性水泥都呈现典型的硅酸盐水泥的水化过程。乳液改性对水泥水化过程每个阶段有着不同的作用。掺入丁苯乳液和苯丙乳液对水泥水化的初始期没有明显影响,改性水泥浆体与未改性浆体均在5min内出现第一放热峰。随着时间的推移,水化速率逐渐降低,丁苯乳液和苯丙乳液均延长了水化诱导期,其中丁苯乳液的效果更明显。因为诱导期的延长,直接导致两种乳液延缓了水泥水化加速期的出现,并且乳液改性水泥浆体的第二放热速率峰值小于未改性水泥浆体,苯丙改性的水泥浆体此现象尤为明显,说明了聚合物乳液在一定程度上抑制了该阶段的水化反应。从图1中还可以明显看出,苯丙乳液改性水泥浆体的加速期被大大缩短,而加速期是水化产物大量生成的阶段,可见苯丙乳液对水泥水化有着明显的抑制作用。丁苯乳液的抑制作用与苯丙乳液相比,则小很多。在水化减速期和稳定期,未改性水泥浆体的放热速率小于丁苯乳液改性水泥浆体而大于苯丙乳液改性水泥浆体,说明苯丙乳液抑制了水泥的水化程度。这表明不同乳液对水泥水化放热速率的影响不同。丁苯乳液延长水化诱导期的作用更明显,而苯丙乳液对水泥水化加速期有着强烈的抑制作用。

图2是乳液改性水泥浆体的水化热示意图。由图可见,随着水化时间的延长,改性及未改性水泥浆体的水化放热量均逐渐增大,证明水化在不断进行。在试验所测72h内,苯丙乳液改性水泥浆体的放热量小于未改性水泥浆体,说明苯丙乳液对水泥早期水化过程一直有抑制作用。在约48h以前,丁苯乳液改性浆体的放热量小于未改性水泥浆体,而在48h之后,其放热量反而超过了未改性水泥浆体,这说明丁苯乳液在48h之前的某一时刻点前延缓、抑制水泥的水化,而在此点之后,丁苯乳液反而开始促进水泥水化。

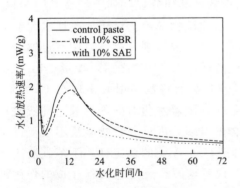

图1 乳液改性水泥浆体的水化放热速率

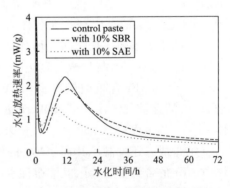

图2 乳液改性水泥浆体的水化热

3.2 水化程度

水化热法常用于研究水泥早期的水化程度。水泥水化时,会发生一系列物理化学变化,并放出大量的热。由于水泥水化放热量是水泥水化时放出的热量,水化放热量的多少与水泥的水化程度有着必然联系。因此可以通过水化放热量来间接计算水泥的水化程度。水泥水化程度具体计算如下式:

$$\alpha(t) = \frac{H(t)}{H_c} \tag{1}$$

$$\begin{aligned} H_c = &500w(C_3S) + 260w(C_2S) + 866w(C_3A) + 420w(C_4AF) + 624w(SO_3) \\ &+ 1186w(f\text{-}CaO) + 850w(MgO) \end{aligned} \tag{2}$$

式中 $\alpha(t)$ ——水泥在t时刻的水化程度;

$H(t)$——单位质量的水泥在 t 时刻的水化放热量，J/g；

H_c——单位质量的水泥完全水化的水化放热量，J/g；

w——水泥中各氧化物的质量分数（见表1和表2）。

经计算得本试验所用水泥单位质量放热量为457J/g。

表4列出了乳液改性水泥的水化程度。表中数据显示，随着水化时间的延长，改性与未改性水泥浆体的水化程度上升的幅度是不一样的。其中，掺加10%苯丙乳液水泥浆体的水化程度最小，且一直小于未改性水泥浆体的水化程度。这主要是由于具有高黏度的苯丙乳液吸附在水泥矿物相及水化产物表面，使得水泥水化过程中接触到的水分减少。此外，由于孔溶液黏度的增加，苯丙乳液影响了 SO_4^{2-}、Ca^{2+}、OH^- 等离子在溶液中的活动能力，进一步延缓了水泥水化过程。而丁苯乳液改性水泥在48h后的水化程度高于未改性样品，这主要是由于丁苯乳液具有较好的保水性，可以在较长的一段时间里为水泥水化提供必需的水分。

表4　乳液改性水泥的水化程度　　　　　　　　单位：%

水化时间/h	12	24	36	48	60	72
基准样品	23.1	35.5	39.8	44.4	47.3	49.8
10%SBR	19.4	34.5	39.7	46.1	49.7	52.8
10%SAE	14.8	22.6	27.6	31.3	34.4	36.9

3.3　水化产物

3.3.1　铝酸盐水化产物

图3是不同龄期下乳液改性水泥浆体在衍射角 2θ 为 $8°\sim13°$ 的步进扫描XRD图谱。其中 $9.1°$ 附近的衍射峰是AFt的（100）晶面特征衍射峰，其积分强度列于表5。从中可以看出，无论是否掺入乳液，所有水泥浆体中均生成了水化产物AFt。对于未改性水泥浆体来说，其AFt的生成量随水化时间先增加后略微减少，这是因为刚开始体系中有足够的石膏参与反应，使得AFt不断生成，随着石膏不断被消耗，水化6h之后，少量AFt开始向AFm转变，导致AFt含量微量减少。AFm的（006）晶面特征衍射峰出现在 $10.7°$ 附近，但由于AFm的含量较低，故在XRD图谱中未能显示。随着水化时间的延长，乳液改性水泥浆体中AFt的生成量逐渐增多，并较未改性浆体的量多，可见聚合物乳液不仅促进了水泥中AFt的生成，还抑制了其向AFm的转化，即提高了AFt的稳定性。丁苯乳液改性水泥浆体中AFt的含量多于苯丙乳液改性水泥浆体，说明苯丙乳液促进AFt生成的作用没有丁苯乳液效果强。

图3中在 $12.2°$ 左右的 C_4AF 的XRD衍射峰强度列于表6。观察图3和表6，不同龄期下，乳液改性水泥浆体和未改性水泥浆体 C_4AF 的衍射峰值没有明显变化，仅仅是在同一龄期下，掺加乳液的浆体中 C_4AF 的含量有略微的降低。通过表中积分强度值来比较丁苯乳液和苯丙乳液改性水泥浆体中 C_4AF 的含量，也未发现有明显的差异，说明聚合物乳液对 C_4AF 的水化仅有略微的促进作用，而且不同种类乳液的差别不大。

值得关注的是，在水化10min，1h和6h的乳液改性水泥浆体和未改性浆体中出现了 C_4AH_{13} 的衍射峰。C_4AH_{13} 是 C_3A 和 $Ca(OH)_2$（CH）的反应产物，并且极易转化为AFt。从图中可以看出，水化1h时，浆体中 C_4AH_{13} 的含量均大于水化10min时浆体中的含量，这是因为水化1h时体系中的CH含量更多。而在10min和1h的水化时间里，乳液改性水泥浆体中 C_4AH_{13} 的含量少于未改性水泥浆体，表明乳液对 C_4AH_{13} 的生成及转化有抑制作用，其中苯丙乳液抑制作用较丁苯乳液更明显。当水化 6h 时,未改性样品中已经观察不到 C_4AH_{13} 的特征峰,说明此时该样品中 C_4AH_{13} 已经全部转化为 AFt,这与此时 AFt 含量最高相符。而水化 6h 时,丁苯乳液改性和苯丙乳液改性的水泥浆体依然可见 C_4AH_{13} 的峰,意味着两种乳液可以延缓 C_4AH_{13} 的转化,延长其在系统中的存在时间。水化 12h 时,苯丙乳液改性浆体中仍然有 C_4AH_{13} 的峰出现,说明该乳液对 C_4AH_{13} 的生成及转化过程的影响更大。

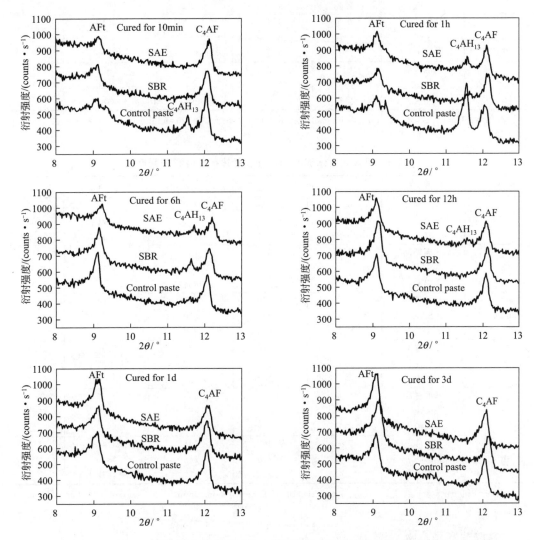

图 3　不同龄期下乳液改性水泥浆体在 8°~13°的 XRD 图谱

表 5　乳液改性水泥 AFt 的 X 射线衍射峰积分强度

水化时间	乳液类型	m_p/m_c	d	I_{max}/counts	I_{integ}/counts	R
10min	基准样品	0%	9.695	374	2396	1
	SAE	10%	9.668	389	2499	1.1
	SBR	10%	9.692	432	2613	1.2
1h	基准样品	0%	9.710	461	2875	1
	SAE	10%	9.688	518	3329	1.2
	SBR	10%	9.685	598	3659	1.4

续表

水化时间	乳液类型	m_p/m_c	d	I_{max}/counts	I_{integ}/counts	R
6h	基准样品	0%	9.710	461	4792	1
	SAE	10%	9.564	562	5448	1.2
	SBR	10%	9.647	1012	6098	1.4
12h	基准样品	0%	9.710	461	4073	1
	SAE	10%	9.709	638	4757	1.3
	SBR	10%	9.709	1075	5924	1.6
1d	基准样品	0%	9.710	461	3967	1
	SAE	10%	9.648	767	4984	1.8
	SBR	10%	9.671	835	5409	2.0
3d	基准样品	0%	9.731	572	3594	1
	SAE	10%	9.692	1084	6009	1.8
	SBR	10%	9.626	1199	6787	2.0

注：d：Interplanar spacing；I_{max}，I_{integ}：intensities of XRD peak for maximum and integrate。$R = I_{integ}(1 + m_p/m_c)/(I_{integ})_{control}$。

表6　乳液改性水泥 C_4AF 的 X 射线衍射峰积分强度

水化时间	乳液类型	m_p/m_c	d	I_{max}/counts	I_{integ}/counts	R
10min	基准样品	0%	7.334	1058	6836	1
	SAE	10%	7.296	741	4776	0.8
	SBR	10%	7.321	742	4784	0.8
1h	基准样品	0%	7.343	765	4935	1
	SAE	10%	7.308	725	4673	1
	SBR	10%	7.306	654	3862	0.9
6h	基准样品	0%	7.320	791	5101	1
	SAE	10%	7.248	510	3276	0.7
	SBR	10%	7.296	633	4079	0.9
12h	基准样品	0%	7.320	822	5299	1
	SAE	10%	7.319	652	4201	0.9
	SBR	10%	7.296	762	4914	1
1d	基准样品	0%	7.322	848	5470	1
	SAE	10%	7.331	651	4192	0.8
	SBR	10%	7.332	592	3978	0.8
3d	基准样品	0%	7.343	798	5145	1
	SAE	10%	7.310	745	4809	1
	SBR	10%	7.273	717	4678	1

注：d：Interplanar spacing；I_{max}，I_{integ}：intensities of XRD peak for maximum and integrate。$R = I_{integ}(1 + m_p/m_c)/(I_{integ})_{control}$。

3.3.2　硅酸盐水化产物

图4是不同龄期乳液改性水泥浆体在衍射角 2θ 为 17°~19°的步进扫描 XRD 图谱。其中 18°附近的衍射峰是水化产物 CH 的（001）晶面特征衍射峰，其积分强度列于表7。从图4可以看出，在最初水化的 10min 和 1h，几乎探测不到 CH 特征峰，这一方面是因为水化时间太短，CH 生成量太少，另一方面是所生成的微量 CH 立刻参与到了化学反应中。水化 6h 后，浆体中 CH 的含量逐渐上升，说明各浆体的水化程度都在加深。因为 CH 的含量可以在一定程度上表征水泥的水化程度，因此乳液改性水泥浆体中 CH 含量低于未改性水泥浆体这一现象则意味着两种乳液对水泥水化有着抑制作用，但 SBR 乳液和苯丙乳液的抑制作用没有明显差异。

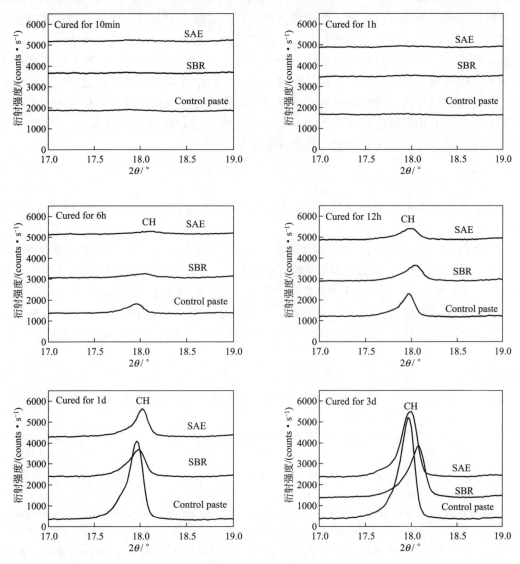

图 4 不同龄期下乳液改性水泥浆体在 17°~19°的 XRD 图谱

表 7 乳液改性水泥 CH 的 X 射线衍射峰积分强度

水化时间	乳液类型	m_p/m_c	d	I_{max}/counts	I_{integ}/counts	R
6h	基准样品	0%	4.935	1793	11619	1
	SAE	10%	4.887	484	3107	0.3
	SBR	10%	4.913	630	4057	0.4
12h	基准样品	0%	4.934	2944	19117	1
	SAE	10%	4.929	1237	8002	0.5
	SBR	10%	4.918	1851	11997	0.7
1d	基准样品	0%	4.934	11123	72423	1
	SAE	10%	4.918	3660	23780	0.4
	SBR	10%	4.929	3439	22335	0.3
3d	基准样品	0%	4.934	14387	93703	1
	SAE	10%	4.924	9361	68980	0.8
	SBR	10%	4.902	8537	57054	0.7

注：d: Interplanar spacing; I_{max}, I_{integ}: intensities of XRD peak for maximum and integrate. $R = I_{integ}(1 + m_p/m_c)/(I_{integ})_{control}$。

很明显，当用水化热测试时，丁苯乳液改性水泥浆体在48h后水化程度就会超过未改性水泥浆体，这与用CH含量表征水化程度看似有矛盾。水泥水化包括物理和化学反应，用水化热表征的热量不仅来自化学反应还包括物理反应，如矿物的溶解等。而用CH含量表征的方法只是单纯利用了化学反应。从两种测试方法分析的结果可得，丁苯乳液对水泥早期水化的化学反应起抑制作用，而对物理反应起促进作用，两种作用的综合结果使得48h后改性浆体水泥水化程度大于未改性水泥浆体。对于苯丙乳液而言，两种测试方法的结果保持一致，这说明苯丙乳液抑制了水泥早期水化的物理和化学反应。

4 结 论

乳液对水泥早期水化有一定的影响，而且不同乳液的影响不同。主要表现在以下几个方面：

（1）苯丙乳液和丁苯乳液一样，对水泥水化初始期影响不明显，但是会延长水化诱导期，延缓加速期，其中苯丙乳液抑制加速期水化的程度更大；另外，苯丙乳液改性水泥水化程度不像丁苯乳液改性的那样，2d后已超过未改性浆体，而是在3d内一直小于未改性水泥浆体。

（2）两种乳液不仅可促进AFt的生成，还提高了其在体系中的稳定性，但苯丙乳液的效果不如丁苯乳液的好；不过在抑制C_4AH_{13}的生成方面，苯丙乳液的作用更强。

参考文献

[1] 王茹，王培铭. 不同养护条件下丁苯乳液改性水泥砂浆的物理性能 [J]. 硅酸盐学报，2009，37（12）：2118-2123.

[2] 王茹，王培铭，彭宇. 三种方法表征丁苯乳液水泥砂浆韧性的对比 [J]. 建筑材料学报，2010，13（3）：390-394.

[3] R. Wang, P. M. Wang. Function of styrene-acrylic ester copolymer latex in cement mortar [J]. Materials and structures, 2010, 43 (4): 443-451.

[4] N. B. Singh, Sarita Rai. Effect of polyvinyl alcohol on the hydration of cement with rice husk ash [J]. Cement and Concrete Research, 2001, 31 (2): 239-243.

[5] E. Knapen, D. Van Gemert. Cement hydration and microstructure formation in the presence of water-soluble polymers [J]. Cement and Concrete Research, 2009, 29 (1): 6-13.

[6] F. Xu, M. K. Zhou, B. X. Li, et al. Influences of polypropylene fiber and SBR polymer latex on abrasion resistance of cement mortar [J]. Journal of Wuhan University of Technology (Materials Science Edition), 2010, 25 (4): 36-42.

[7] Z. Su, K. Sujata, T. J. M. Bijen. The evolution of the microstructure in styrene acrylate polymer-modified cement pastes at the early stage of cement hydration [J]. Advanced Cement based Materials, 1996, 6 (3): 87-93.

[8] J. Plank, M. Gretz. Study on the interaction between anionic and cationic latex particles and Portland cement [J]. Colloids and Surfaces A: Physicochem. Eng. Aspects, 2008, 330 (2-3): 227-233.

[9] 张国防，王培铭. 乙烯基可再分散聚合物对水泥水化产物的影响 [J]. 建筑材料学报，2010，13（2）：143-149.

[10] R. Wang, P. M. Wang. Hydration of cement in the presence of SBR dispersion and powder [J]. Key Engineering Materials, 2011, 466 (1): 57-63.

[11] 王培铭，丰曙霞，刘贤萍. 水泥水化程度研究方法及其进展 [J]. 建筑材料学报，2005，8（6）：646-651.

丁苯乳液对硅酸二钙水化的影响

王茹 乐绪波

(先进土木工程教育部重点实验室；同济大学材料科学与工程学院，上海，201804)

摘要：本文着重研究丁苯(SBR)乳液对硅酸二钙(C_2S)水化过程的影响。利用X射线衍射和环境扫描电镜研究了C_2S水化过程中氢氧化钙[$Ca(OH)_2$]的生成量和C-S-H的形态以及SBR颗粒在C_2S浆体中的存在状态。研究表明，在水化早期（3d以内）SBR乳液对C_2S的水化过程中$Ca(OH)_2$的生成量影响不大，在水化7d的时候$Ca(OH)_2$的生成量随着SBR乳液掺量的增加而减少；SBR乳液在C_2S浆体中不会成膜，SBR乳液能够阻止泊状Ⅱ型C-S-H向针状Ⅰ型C-S-H的转变。

关键字：复合材料；丁苯乳液；硅酸二钙；水化过程；水化产物

Effect of SBR latex on the hydration of dicalcium silicate

Wang Ru Yue Xubo

(Key Laboratory of Advanced Civil Engineering Material of Ministry of Education; School of Materials Science and Engineering, Tongji University, Shanghai, 201804, China)

Abstract: This paper investigates the effect of SBR latex on the hydration process of C_2S. The amount of $Ca(OH)_2$, morphology of C-S-H and the existence of SBR particles in the C_2S paste were studied by XRD and ESEM respectively. The results show that SBR latex has no obvious effect on the amount of $Ca(OH)_2$ within 3 days, but the amount of $Ca(OH)_2$ decreased with the increasing dosage of SBR latex after 7 days. SBR latex can not form film in the C_2S paste, but it can retard the transformation of C-S-H from type Ⅱ to type Ⅰ.

Keywords: Composite; styrene-butadiene rubber (SBR) latex; dicalcium silicate (C_2S); hydration process; hydration products

1 概述

聚合物改性水泥砂浆和混凝土已经得到了广泛的研究。但是对于聚合物在水泥浆体中的吸附-成膜过程的控制因素，聚合物对于水泥不同矿物成分水化过程以及水化产物的影响，以及聚合物对于水泥不同矿物成分水化动力学的影响都还不够明确，因此有些科研工作者开始研究聚合物对水泥熟料单矿物水化的影响。

目前有很多关于化学外加剂对硅酸三钙(C_3S)和铝酸三钙(C_3A)水化的影响。聚羧酸系减水剂(PC)可以增加C_3S的水化程度和C-S-H中[SiO_4]$^{4-}$的聚合度。聚羧酸乙烯(PCP)和萘系磺酸盐(PNS)可以减缓钙矾石的化学沉淀，PCP可以降低C_3A的溶解速率。

然而，聚合物胶粉和乳液在水泥砂浆中的用量远远大于化学外加剂。因此研究聚合物对水泥熟料单矿物水化的影响显得十分重要。目前，关于这方面的研究仅限于乙烯-醋酸乙烯共聚物(EVA)和纤维素醚(CE)对水泥熟料单矿物水化的影响。甲基羟乙基纤维素(MHEC)对于C_3S加速期水化的活化能影响不大，但是羟丙基甲基纤维素(HPMC)可以延缓C_3S水化动力学。EVA颗粒可以吸附在水化中的C_3S颗粒表面，还能改变C-S-H的

基金项目："十二五"国家科技支撑计划项目(2012BAJ20B02)。

Ca/Si，与此同时，CH_3COO^- 可以插在 C-S-H 层状结构中间，增加其层间距离。聚乙二醇（PEG）也能增加 C-S-H 的层间距离。MHEC 对于 C_2S 的水化没有明显的延缓作用。EVA 可以减缓 C_3A 的水化速率，增加 AFm 的稳定性，延缓 AFm 向 C_3AH_6 的转化，在水化早期 MHEC 对 C_3A 水化也有相同的结论。CE 可以吸附在水化铝酸钙表面，但是在钙矾石的表面上没有观察到这样的吸附。在 C_3A-石膏体系中很多梳状的聚合物可以增加硫酸盐的消耗和 C_3A 的溶解。MHEC 可以延缓立方水石榴石 $C_3(AF)H_6$ 的生成。

SBR 乳液对水泥的水化有很明显的影响，但是目前没有关于 SBR 乳液对 C_2S 水化的影响的研究。作者前期研究表明 SBR 乳液可以在水化的 C_3S 浆体里成膜还可以改变 C-S-H 的形态和 Ca/Si。本文着力研究不同掺量的 SBR 乳液对 C_2S 水化过程中的氢氧化钙[$Ca(OH)_2$]生成量的影响和 SBR 乳液对 C_2S 水化过程中 C-S-H 形态的影响，以及 SBR 乳液在 C_2S 浆体中的存在状态。

2 试验

2.1 C_2S 的制备

将分析纯的二氧化硅（SiO_2）和碳酸钙（$CaCO_3$）按比例混合后压片在 1400℃ 高温炉中煅烧 3h，然后取出急冷。重复煅烧直至用乙醇-甘油法测定游离氧化钙的含量小于 1% 为止。最后将合成的 C_2S 粉磨，用激光粒度仪检测其粒径分布，用粉末 X 射线衍射法检测所合成的 C_2S 成分及其晶型。粒径分布图见图 1，平均粒径为 $26\mu m$。图 2 为所合成的 C_2S 的 X 射线衍射图谱，从图谱中可以看出所合成的 C_2S 中没有明显的杂质峰，为单斜晶系。

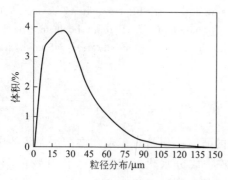 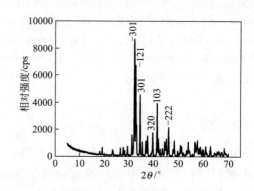

图 1 C_2S 的粒径分布图　　　　图 2 C_2S 的 X 射线衍射图谱

2.2 C_2S 浆体制备

固定水灰比（m_w/m_c）为 0.4，聚灰比（m_p/m_c）分别为 0%，5%，10%，15%，20%（质量比）。所用水为去离子水，丁苯乳液的性质见表 1。养护条件为 20℃/RH90%，养护时间分别为 12h，1d，3d，7d，28d 和 56d。养护到相应龄期后去除表面 1mm 左右的表皮，破成碎片放入无水乙醇中终止水化，然后放入真空干燥箱 40℃ 干燥至恒重，最后粉磨封存待测。做环境扫描电镜（ESEM）的样品在养护至相应龄期后不做任何处理，直接取新鲜断面观察。

表 1 丁苯乳液的性质

固含量	pH 值	黏度/(mPa·s)	平均粒径/μm	最低成膜温度/℃
51%	7.8~10	35~150	0.2	15~21

2.3 测试方法

采用 Rigaku D/max 2550 型 X 射线衍射仪（XRD）测试不同龄期水化样品获得衍射图谱。以 Cu $K\alpha$ 为辐射源，镍滤波片，管电压为 40kV，管电流为 100mA。在 2θ 为 17°~19° 的范围内进行步进扫描，步长为 0.02°，停留时间为 4s。

用 FEI 公司生产的 Quanta 200 FEG 场发射环境扫描电镜（ESEM）进行形貌观察。

3 结果与讨论

3.1 SBR 乳液对 C_2S 水化过程中 $Ca(OH)_2$ 生成量的影响

$Ca(OH)_2$ 是 C_2S 的主要水化产物之一。对于同一种晶态物质的同一个 X 射线衍射峰，其衍射峰的积分强度正比于单位体积内该物质的晶胞的数量，因此，可以利用 X 射线衍射的积分强度对物质进行定量分析。图 3 是 $Ca(OH)_2$（001）晶面的衍射峰。从 X 射线衍射图谱可以看出，在 3d 以内，任何 SBR 乳液掺量的 C_2S 浆体中均有 $Ca(OH)_2$ 生成。由于 C_2S 本身水化比较慢，因此在 3d 以内所有 SBR 乳液掺量的浆体中 $Ca(OH)_2$ 的（001）晶面的衍射峰强度均比较弱，SBR 乳液对相同龄期的 $Ca(OH)_2$ 的生成量影响不明显。在水化 7d 的浆体中 SBR 乳液改性的浆体中的 $Ca(OH)_2$ 的衍射峰明显弱于对比样浆体。

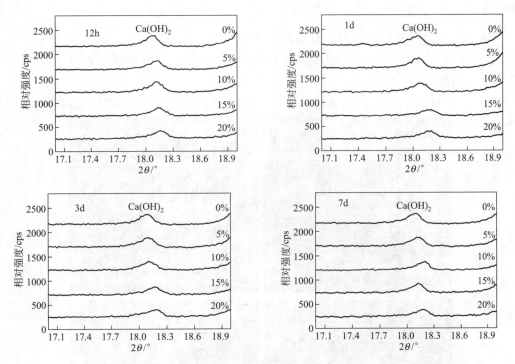

图 3 水化不同时间不同 SBR 乳液掺量的 C_2S 浆体在 2θ 为 17°~19°的 X 射线衍射图谱

从 $Ca(OH)_2$（001）晶面衍射峰的定量计算结果（表 2）可以很明显地看出：在 1d 以内 SBR 乳液对 $Ca(OH)_2$ 的生成量影响不明显，在 3d 时，SBR 乳液掺量大于 10% 的浆体中 $Ca(OH)_2$ 的生成量明显少于 SBR 乳液掺量为 0% 的浆体。到 7d 的时候，SBR 乳液的影响效果开始明显，SBR 乳液的存在明显减少了相同龄期浆体中的 $Ca(OH)_2$ 的生成量。

表2 不同SBR乳液掺量C_2S浆体中$Ca(OH)_2$的(001)晶面XRD特征衍射峰积分结果

水化时间	$m_p/m_c/\%$	d/Å	FWHM/°	I_{max}/counts	I_{integ}/counts	R
12h	0	4.905	0.137	553	4256	1
	5	4.892	0.173	440	4263	1
	10	4.892	0.175	473	4242	1.1
	15	4.883	0.176	416	4169	1.1
	20	4.878	0.181	329	3334	0.9
1d	0	4.911	0.129	455	3300	1
	5	4.910	0.124	469	3222	1
	10	4.899	0.200	418	3032	1
	15	4.871	0.176	261	2606	0.9
	20	4.874	0.151	295	2495	0.9
3d	0	4.901	0.165	542	5142	1
	5	4.897	0.181	488	4966	1
	10	4.894	0.179	410	4105	0.9
	15	4.875	0.182	351	3704	0.8
	20	4.873	0.199	331	3682	0.8
7d	0	4.897	0.190	528	5834	1
	5	4.887	0.181	460	4677	0.8
	10	4.870	0.158	381	3371	0.6
	15	4.891	0.141	409	3181	0.6
	20	4.877	0.134	348	2619	0.5

注：d—Interplanar crystal spacing；FWHM—Full width half-maximum；I_{Max}, I_{Integ}—Intensities of XRD pattern for maximum and integrate；$R = I_{Integ} \cdot (1+m_p/m_c)/(I_{Integ})_{control}$。

3.2 SBR乳液在浆体中的存在状态及其对C-S-H的影响

C_2S的水化产物除了有$Ca(OH)_2$以外还有C-S-H。C-S-H根据其形态可以分为针状的Ⅰ型C-S-H和泊状的Ⅱ型C-S-H。

图4是0%和10%SBR乳液掺量浆体水化7d的ESEM照片。从图中可以看出，0%和

图4 0%和10% SBR乳液掺量浆体水化7d的ESEM照片

10% SBR 乳液掺量的浆体中都可以观察到大量的泊状 C-S-H 的生成，从形态判断这为 II 型 C-S-H。但是在 10% SBR 乳液掺量的浆体中还可以观察到大量的 SBR 颗粒，颗粒与颗粒之间相对独立。

图 5 是 0% 和 10% SBR 乳液掺量浆体水化 28d 的 ESEM 照片。从图中可以看到，不掺 SBR 乳液的浆体中不仅有泊状的 II 型 C-S-H，而且可以观察到部分针状的 I 型 C-S-H。对于 10% SBR 乳液改性水化浆体，与 7d 不同的是在水化 28d 时观察不到大量的 C-S-H，SBR 颗粒覆盖了几乎所有水化中的 C_2S 颗粒表面，而且 SBR 颗粒仍然相对独立，没有形成膜。结合水化 7d 的浆体照片可以推断，在 7～28d 之间 SBR 颗粒不断吸附到水化中的 C_2S 表面，导致观察不到 C-S-H。

图 5　0% 和 10% SBR 乳液掺量浆体水化 28d 的 ESEM 照片

图 6 为 0% 和 10% SBR 乳液掺量浆体水化 56d 的 ESEM 照片。在不掺 SBR 乳液的浆体中可以观察到所有的泊状 II 型 C-S-H 全部转化为了针状的 I 型 C-S-H。10% SBR 乳液掺量的浆体相对于水化 28d 的浆体有了很明显的变化，可以观察到大量的泊状 II 型 C-S-H。但是对于 SBR 乳液的存在形式变化不大，仍然是以相对独立的颗粒状吸附于 C_2S 颗粒表面。在水化 56d 的 C_2S 浆体中 SBR 颗粒仍然没有成膜的原因可能与 C_2S 水化过程中浆体中溶液的环境有关，具体原因有待于进一步研究。

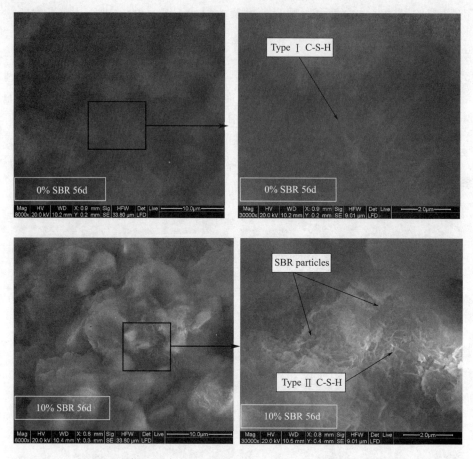

图 6 0%和 10%SBR 乳液掺量浆体水化 56d 的 ESEM 照片

4 结 论

SBR 乳液对 C_2S 水化早期的 $Ca(OH)_2$ 生成量影响不大;水化 3d 时 SBR 乳液掺量大于 10%的浆体中 $Ca(OH)_2$ 的生成量明显少于对比浆体中 $Ca(OH)_2$ 的生成量;水化 7d 时,C_2S 浆体中的 $Ca(OH)_2$ 的生成量随着 SBR 乳液掺量的增加而减小。

水化 7d 时,对比浆体中可以观察到大量Ⅱ型 C-S-H;10% SBR 乳液掺量的浆体中 SBR 颗粒吸附在水化中的 C_2S 颗粒表面,但同时可以观察到Ⅱ型 C-S-H。水化 28d 时,对比浆体中 C-S-H 量增加,并且有部分从Ⅱ型转化为Ⅰ型;而水化 7d 至 28d,SBR 颗粒不断吸附到水化中的 C_2S 颗粒表面,致使 10% SBR 乳液掺量的浆体中 C_2S 颗粒表面被 SBR 颗粒完全覆盖,很难观察到 C-S-H。水化 56d 时,对比浆体中能观察到大量的Ⅰ型 C-S-H;在 10% SBR 乳液掺量的浆体中的 C-S-H 仍然为Ⅱ型,SBR 仍然以相对独立的颗粒状存在,说明在 56d 以内 SBR 乳液不会在水化的 C_2S 浆体中成膜,SBR 乳液阻止了 C-S-H 从Ⅱ型向Ⅰ型的转变。

参考文献

[1] Ding Q G, Zhu Y X, Wang Y, et al. Effects of molecular structure of polycarboxylate-type superplasticizer on the hydration properties of C_3S [J]. J Wuhan Univ Technol, 2012, 27 (4): 768-772.

[2] Pourchet S, Comparet C, Nonat A, et al. Influence of three types of superplasticizers on tricalciumaluminate hydration in presence of gypsum [A]. Malhotra VM. 8th CANMET/ACI International Conference on Superplasticizers and Other Chemical Admixtures in Concrete [C]. Sorrento: American Concrete Institute, 2006: 151-168.

[3] Ridi F, Fratini E, Mannelli F, Baglioni P. Hydration process of cement in the presence of a cellulosic additive. A calorimetric investigation [J]. J Phys Chem B, 2005, 109 (30): 14727-14734.

[4] Silva D A, Monteiro P J M. Hydration evolution of C_3S-EVA composite analyzed by soft X-ray microscopy [J]. Cem Concr Res, 2005, 35 (2): 351-357.

[5] Silva D A, Monteiro P J M. The influence of polymers on the hydration of portland cement phases analyzed by soft X-ray transmission microscopy [J]. Cem Concr Res, 2006, 36 (8): 1501-1507.

[6] Ha J, Chae S, Chou K W, et al. Characterization of C-S-H using an advanced synchrotron based spectroscopic technique: study on the effects of polymers on C-S-H nanostructures using scanning transmission X-ray microscopy [A]. PalomoÁ, Zaragoza A, Agüí JCL. Cementing a sustainable future XIII ICCC international congress on the chemistry of cement [C]. Madrid: Editado por el Instituto de Ciencias de la Construcción "Eduardo Torroja", 2011.

[7] Silva D A, Monteiro P J M. Analysis of C_3A hydration using soft X-rays transmission microscopy: effect of EVA copolymer [J]. Cem Concr Res, 2005, 35 (10): 2026-2032.

[8] Kotwica, Mafolepszy J. Chemical aspects of EVA redispersible powders influence on the hydration of tricalcium aluminate [A]. PalomoÁ, Zaragoza A, Agüí JCL. Cementing a sustainable future XIII ICCC international congress on the chemistry of cement [C]. Madrid: Editado por el Instituto de Ciencias de la Construcción "Eduardo Torroja", 2011.

[9] Pourchez J, Grosseau P, Ruot B. Current understanding of cellulose ethers impact on the hydration of C_3A and C_3A-sulphate systems [J]. Cem Concr Res, 2009, 39 (8): 664-669.

[10] Y. H. Yu, J. P. Liu, Q. P. Ran, et al. Current understanding of comb-like copolymer dispersants impact on the hydration characteristics of C_3A-gypsum suspension [J]. J Therm Anal Calorim, 2012, 111 (1): 437-444.

[11] Wang R, Li X G, Wang P M. Influence of polymer on cement hydration in SBR modified cement pastes [J]. Cem Concr Res, 2006, 36 (9): 1744-1751.

[12] 王茹,王培铭. 丁苯乳液和乳胶粉对水泥水化产物形成的影响 [J]. 硅酸盐学报, 2008, 36 (7): 912-919, 926.

[13] Wang R, Wang P M. Formation of hydrates of calcium aluminates in cement pastes with different dosages of SBR powder [J]. Constr Build Mater, 2011, 25 (2): 736-741.

[14] Zeng S, Short N R, Page C L. Early-age hydration kinetics of polymer-modified cement [J]. Adv Cem Res, 1996, 8 (29): 1-9.

[15] Yue X B, Wang R. Influence of SBR Latex on the Formation of C-S-H in C_3S Paste [J]. Adv Mat Res, 2013, 687: 329-334.

羟丙基甲基纤维素醚对热干混砂浆工作时间的改善研究

谢玲丽[1,2]　孔祥明[2]

（1. 北京博润佳科技有限公司，北京；2. 清华大学土木工程系，北京）

摘要： 选取凝胶温度分别为 60 级和 75 级的羟丙基甲基纤维素醚（HPMC），研究了其对不同温度干混砂浆保水率、水分蒸发速率及水泥水化速率的影响规律。研究结果表明，HPMC 能提高热砂浆的保水率，延缓热砂浆水泥水化，从而延长热砂浆的工作时间。随着掺量增加，保水率提高，缓凝效果增强，但不能抑制热砂浆中水分蒸发速率，热砂浆应选择凝胶温度较高的 HPMC。

关键词： 热干混砂浆；工作时间；羟丙基甲基纤维素醚；温度

干混砂浆是指将水泥、干燥骨料或粉料、添加剂，以及根据性能确定的其他组分按一定比例在专业生产厂经计量、混合而成的混合物。在施工现场按规定比例加水或配套组分拌和即可使用。干混砂浆按用途分为普通干混砂浆和特种干混砂浆。

近年来，为了切实保护环境，减少污染排放，降低工地扬尘，我国开始大面积推广普通干混砂浆。目前国内普通砂浆市场已初具规模。产量较大的普通砂浆厂每月的生产量能达到 30000t 以上，高峰时日产能达到 3000t。据调查，目前普通干混砂浆生产效率的瓶颈在砂烘干系统上，与干混砂浆成套生产线配置的烘干系统实际烘干能力明显小于设计能力。干燥后的砂从烘干炉出来温度在 90~110℃ 之间，进入储罐后冷却非常缓慢。在夏季一天时间仅能冷却 1℃ 左右，根本达不到冷却效果。另外夏季进厂水泥温度较高，经实测最高达 110℃。其他原材料存储在室外的筒仓里，温度接近气温。如果砂浆厂连续生产的话，砂浆温度将非常高，进入散装车时的温度可高达 90℃ 以上。砂浆运输到现场，经散装车打入储存罐待用。储罐中的干混砂浆温度很高，同时随着施工进展被快速使用，没有冷却时间。这就导致了热砂浆的产生，尤其在夏季施工时，搅拌后的湿砂浆温度均在 40℃ 以上。

砂浆的工作时间包括两方面内容，一方面是砂浆搅拌完毕后未抹上墙前的可操作时间，用稠度损失率来衡量，此过程主要受水泥水化速度的影响；另一方面是砂浆抹上墙后的收面时间，此过程的主要影响因素是砂浆保水率。热砂浆在实际应用中的主要问题是砂浆稠度损失快及砂浆保水率降低，以致砂浆可操作时间短及工作性差，工人需要二次加水拌和方能使用。这样不仅降低工作效率，而且砂浆收缩增大、强度降低、空鼓开裂现象增加。

分析热砂浆问题产生的原因，主要是由于高温下水泥水化加速以及高温下砂浆中的自由水蒸发加剧而引起的。羟丙基甲基纤维素醚（HPMC）是纤维素经碱化、醚化、中和及洗涤等工艺过程得到的非离子型纤维素烷基羟烷基混合醚，是干混砂浆中最常用的一种添加剂。普通干混砂浆中一般通过掺入 HPMC 来提高砂浆的保水率，增加砂浆的黏稠度，延缓砂浆的凝结时间以改善砂浆的工作性。为了探索 HPMC 在热砂浆中的应用性能，为热砂浆添加剂复配选型提供依据，本文选取黏度为 100000mPa·s 级别、凝胶温度分别为 60 级和 75 级的 HPMC 来研究其对不同温度砂浆保水率、砂浆中水分蒸发速率及对水泥水化速率的影响。

1 试验材料及方法

1.1 原材料

1.1.1 水泥

采用北京水泥厂生产的京都牌 P·O42.5 水泥，水泥性能列于表1。

表1 水泥性能表

项目	细度(80μm筛余)/%	标准稠度用水量/%	初凝时间/min	终凝时间/min	3d抗压强度/MPa	3d抗折强度/MPa	28d抗压强度/MPa	28d抗折强度/MPa
指标	0	28.2	151	200	24.2	5.3	50.8	8.5

1.1.2 粉煤灰

采用北京石景山电厂Ⅱ级粉煤灰，性能见表2。

表2 粉煤灰性能表

细度/%	密度/(kg/m³)	烧失量/%	含水率/%	需水量比/%	三氧化硫含量/%	比表面积/(m²/kg)
15.0	2100	5.2	0.2	101	2.0	335.2

1.1.3 砂

天然砂，细度模数 $u_f=2.1$，含泥量为 4.2%，堆积密度为 1450kg/m³。

1.1.4 羟丙基甲基纤维素醚

采用山东某公司生产的型号分别为 60HD100000S 和 75HD100000S 的羟丙基甲基纤维素醚。性能如表3。

表3 羟丙基甲基纤维素醚（HPMC）性能表

项目	60HD100000S	75HD100000S
外观	白色或微黄色粉末	白色或微黄色粉末
含水率/%	4.4	4.0
黏度/(mPa·s)	91000	110000
pH值	6.4	6.3
凝胶温度/℃	67	83
甲氧基含量/%	26.1	19.8
羟丙氧基含量/%	7.2	7.4

1.1.5 水

采用自来水。

1.2 试验内容及方法

1.2.1 原材料存放环境及试验环境

为了保证试验的准确性，各种原材料均在试验前24h放入要求的温度环境。试验环境温度为 (23±2)℃，湿度为 60%±5%。

1.2.2 常规试验方法

砂浆稠度、保水率试验方法按照 JGJ/T 70—2009 规定的方法试验。

1.2.3 热砂浆水分蒸发速率试验方法

由于没有现成的标准方法可以借鉴，因此模拟施工现场，进行砂浆水分蒸发速率的试验。本文测量水分蒸发速率的仪器选用规格为 $\phi 12.5cm \times 2.5cm$ 的玻璃培养皿，如图 1 所示。

试验时，先搅拌砂浆，然后将砂浆放入恒温恒湿箱进行砂浆水分蒸发速率试验。恒温恒湿养护箱采用广州爱斯佩克环境仪器有限公司生产的 EL-04KA 型恒温恒湿养护箱。

图 1　砂浆水分蒸发速率试验用容器

具体试验步骤如下：
（1）搅拌砂浆；
（2）称取容器质量 m_1；
（3）将搅拌好的砂浆装满容器，使砂浆离容器上口 3～5mm；
（4）用铲刀插捣数下，然后用抹刀将砂浆表面抹平；
（5）称取砂浆及容器总质量 m_2；
（6）将盛好砂浆的容器放入恒温恒湿养护箱养护，养护至规定时间取出，迅速称其质量 m_3；

本研究通过测定砂浆在不同时间段的失水质量（即蒸发质量），计算出砂浆蒸发失水率，然后通过失水率的大小来判断砂浆中水分蒸发速度。砂浆蒸发失水率计算方法如下：

$$砂浆蒸发失水率 = (m_3 - m_2) \times 100\% / [(m_2 - m_1)\alpha]$$

式中　α——砂浆含水率，%。

1.2.4　水泥水化速率试验方法

等温量热法是通过在等温环境下测量反应产生的热量来计算反应程度。本研究采用美国 TA 仪器公司生产的 TAM Air 八通道微量热仪，利用等温量热法测试 7d 龄期内水泥的水化放热量。

1.3　基准配合比

根据《抹灰砂浆技术规程》（JGJ/T 220—2010），设计水泥粉煤灰砂浆配合比见表 4。粉煤灰取代水泥 25%。

表 4　基准配合比　　　　　　　　　　　　　　　　　　　单位：g/kg

水	水泥	粉煤灰	天然砂
170	150	50	800

2 试验结果及分析

2.1 HPMC凝胶温度及掺量对热砂浆保水率影响

试验配比采用基准配合比，HPMC掺量分别为砂浆质量的0、0.15‰、0.20‰、0.25‰、0.30‰、0.35‰，砂浆温度为100℃，试验结果如图2所示。从图2可以看出：

（1）随着HPMC掺量提高，砂浆保水率提高。这是由于纤维素大分子内存在链内、链间氢键，经过醚化引入甲氧基和羟丙氧基后，破坏了部分分子内、分子间氢键，羟基和醚键上的氧原子与水分子缔合成氢键，使游离水变为结合水，赋予了纤维素醚保水性能。随着掺量增加，缔合氢键增加，保水率提高。

（2）在掺量相同的情况下，掺加凝胶温度较高的HPMC的砂浆拥有更高的保水率。这是由于60HD100000S拥有较高的甲氧基含量，甲氧基是憎水性基团，能更多地破坏纤维素醚分子内、分子间氢键，羟基和醚键上的氧原子能更多地与水分子之间形成氢键，从而提高了保水性，使得其保水率高于75HD100000S。但同时也因为其憎水性加剧，使得溶液的凝胶温度降低。也就是说，在温度升高时，60HD100000S会早于75HD100000S出现凝胶。

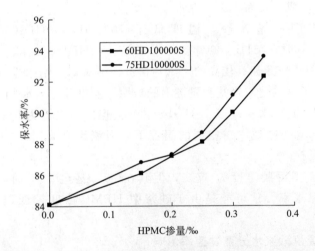

图2 100℃下，HPMC掺量及凝胶温度对砂浆保水率的影响

2.2 HPMC对不同温度砂浆保水率影响

试验配合比见表5。分别试验了这三个配合比在25℃、50℃、70℃、90℃下的保水率。试验结果如图3所示。从图3可以看出：

表5 试验配合比

试验编号	水	P·O42.5水泥	粉煤灰	砂	添加剂
2-12	170	150	50	800	空白
2-13	170	150	50	800	60HD100000S；0.30
2-14	170	150	50	800	75HD100000S；0.30

（1）随着温度升高，砂浆保水率降低。当温度达到HPMC的凝胶温度后，部分纤维素醚分子会逐渐从溶液中析出，导致保水率下降。

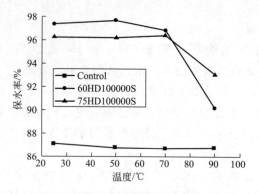

图3 砂浆保水率随温度变化曲线

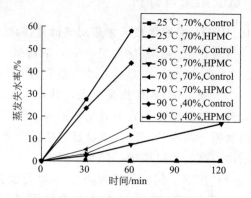

图4 时间对砂浆水分蒸发速率的影响

（2）温度升高到70℃以上后，保水率急剧下降。

在较低的温度下，纤维素醚分子溶解于水而均匀形成溶液。当温度升高时，水合作用减弱，链间水被逐渐逐出，溶液的黏度随温度的提高而降低。当去水化作用足够时，出现大分子聚集体，纤维素醚变成凝胶而析出，保水性变差。

（3）在掺量相同的情况下，温度低于70℃时，60HD100000S保水率高于75HD100000S；而90℃时，75HD100000S保水率高于60HD100000S。

这是由于60HD100000S拥有较高的甲氧基含量，甲氧基是憎水性基团，能更多地破坏纤维素醚分子内、分子间氢键，羟基和醚键上的氧原子能更多地与水分子之间形成氢键，从而提高了保水性，使得其保水率高于75HD100000S。但同时也因为其憎水性加剧，使得溶液的凝胶温度降低。也就是说，在相同的温度下，当温度升高时，60HD100000S会早于75HD100000S出现凝胶。

（4）60HD100000S凝胶温度为67℃，但其在70℃甚至90℃时，相对于空白砂浆，其仍然具有较高的保水率。这可能是由于砂浆中HPMC浓度较低，导致凝胶温度升高的缘故。

2.3 HPMC对不同温度砂浆水分蒸发速率影响

水分在高温下的蒸发散失，是引起水泥砂浆在高温下工作性损失的另一个可能原因。根据相关资料，我国7~9月主要城市平均湿度在70%左右，因此试验了基准砂浆及掺0.30‰75HD100000S在相对湿度70%、温度25℃、50℃和70℃条件下砂浆30min、60min及2h的蒸发失水率及温度为90℃、相对湿度40%条件下砂浆30min和60min的蒸发失水率。试验结果如图4所示。从图4可以看出：

（1）温度对砂浆蒸发失水率影响非常大，随着温度的升高，失水速率加大。根据Paul J. Uno的结论，砂浆与环境的温度差越大，砂浆表面蒸汽压与空气中蒸汽压压差越大，砂浆中水分蒸发速率越快。

（2）HPMC对砂浆水分蒸发速率影响不明显。

2.4 HPMC在不同温度下对水泥水化速率影响

采用等温量热法测定了25℃和50℃下，不同掺量的HPMC对水泥水化速率的影响。试验配比见表6。水化放热速率曲线如图5（a）和图5（b）所示，总放热量曲线如图6（a）和图6（b）所示。

表 6　HPMC 掺量对水泥水化速率的影响　　　　　　　　　单位：g

试验编号	水	水泥	75HD100000S
2-3-1	2.96	5.92	0
3-2-2	2.96	5.92	0.006
3-2-3	2.96	5.92	0.009

从图 5 和图 6 可以看出：

（1）50℃时，水泥的水化速率明显比 25℃时快。水泥的水化反应过程遵循一般的化学反应规律，即提高温度会加速水化反应的过程。

（2）掺入 HPMC，水泥水化稍有延缓，而且随着掺量的提高，缓凝效果增强，50℃时也呈现了同样的规律。纤维素醚能延缓水泥水化，可能是在纤维素醚的分子结构中还存在着脱水葡萄糖环的缘故，它能与钙离子结合生成糖钙，从而降低水泥水化诱导期的钙离子浓度，阻止氢氧化钙和钙盐晶体的生成、析出，延缓了水泥水化进程。

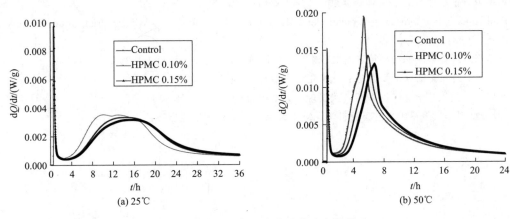

图 5　HPMC 对水泥水化放热速率的影响

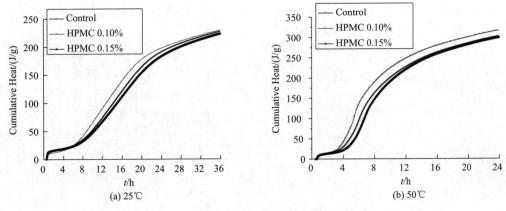

图 6　HPMC 对水泥水化放热量的影响

3　结　论

通过上述试验研究，可得出以下结论：

（1）随着 HPMC 掺量增加，砂浆保水率提高，HPMC 能大幅提高不同温度（本文研究范围仅限于 25～100℃）下砂浆的保水率，但随着温度升高，砂浆保水率降低。

（2）凝胶温度高的 HPMC 在热砂浆中使用效果更好。

（3）HPMC 能延缓常温及高温下水泥水化，且随着掺量增加，缓凝效果增强，可以用于热砂浆中降低砂浆稠度损失率。

（4）温度对砂浆蒸发失水率影响非常大，随着温度的升高，失水速率加大。HPMC 对砂浆中水分蒸发速率影响不大。

（5）掺入 HPMC 能够延长砂浆的工作时间。

参考文献

[1] 中联重科股份有限公司. 干混砂浆设备及其烘干系统：中国，CN202278659U. 2012-06-20.
[2] 吴科如，张雄，姚武，等（译）. 混凝土（原著第二版）[M]. 北京：化学工业出版社，2005：171-178.
[3] 张彬. 纤维素醚在水泥砂浆中的作用机理和影响因素 [J]. 上海：上海建材，2008，(3).
[4] 严瑞瑄. 水溶性高分子 [M]. 北京：化学工业出版社，2010：395-402.
[5] Paul Juno. Plastic Shrinkage Cracking and Euaporation Formulas [J]. ACI Materials Journal, July-August, 1998：365-375.
[6] 詹镇峰. 纤维素醚的结构特点及对砂浆性能的影响 [J]. 北京：混凝土，2009（10）：110-112.
[7] 邵自强. 纤维素醚 [M]. 北京：化学工业出版社，2007.
[8] 沈威. 水泥工艺学 [M]. 武汉：武汉理工大学出版社，1991：187-188.
[9] 《胶凝材料学》编写组. 胶凝材料学 [M]. 北京：中国建筑工业出版社，1980：82.

NK保水稠化剂在预拌砂浆中的应用研究

郭锋[1]　张菁燕[2]

(1. 江苏尼高科技有限公司，江苏，常州，213141；
2. 常州市建筑科学研究院股份有限公司，江苏，常州，213015)

摘要：本文针对目前预拌砂浆使用中存在的主要问题，对比了NK保水稠化剂与市售的几种类型稠化剂在预拌砂浆中的应用，测试了砂浆的工作性能、用水量、保水率、抗压强度、黏结强度等性能指标，结果表明使用NK保水稠化剂可以提高砂浆搅拌效率，且砂浆的其他各项指标均有较好的富余系数，满足相关标准及现场使用要求。

关键词：预拌砂浆；NK保水稠化剂；保水率；搅拌效率

Research on application of NK water-retentive and thickening admixture in ready-mixed mortar

Guo Feng[1]　Zhang Jingyan[2]

(1. Jiansu Nigao Science and Technology Co., Ltd., Changzhou, 213141, Jiangsu, China;
2. Changzhou Institute of Building Science Co., Ltd, Changzhou, 213015, Jiangsu, China)

Abstract: In order to solve the main problems existing in the use of ready-mixed mortar, this paper compares the NK water-retentive and thickening admixture with other water-retentive and thickening admixturein the application of ready-mixed mortar. The working performance, water consumption, water retention rate, compressive strength, bond strength, of this mortar was tested. The results showed that the use of NK water-retentive and thickening admixture can improve the mixing efficiency of mortar, and performance index of mortar has good surplus coefficient, the mortar fully meeting the requirements in relevant national standards and field use.

Keywords: ready-mixed mortar; NK water-retentive and thickening admixture; water retention rate; mixing efficiency

1　引　言

砂浆是由胶凝材料、骨料、掺合料、添加剂和水配制而成的建筑工程材料，是建筑行业中一种基本的建筑材料，其在建筑工程中的应用十分广泛，起着黏结、装饰、防护、衬垫等多种关键性的作用。但是砂浆在我国的应用中存在着不少问题，建筑砂浆的专业化进程比较缓慢，至今，砂浆应用仍大多采用现场现拌的方式。随着建筑业的发展，各种新型墙材的兴起和利用，对砂浆的要求也越来越高，传统的现拌砂浆无论是从质量上还是功能性上都不能满足实际应用需要。要克服传统砂浆的劣势，就必须加快砂浆的商品化进程。

预拌砂浆是砂浆商品化进程中的产品，是一种在工厂将所有原材料按比例混合好的作为商品出售的砂浆，主要分为普通砂浆和特种砂浆。普通预拌砂浆主要包括砌筑砂浆、抹灰砂浆、地面砂浆三类，近年内开始在北京、上海、广州等发达地区快速发展，同时其他许多城市也在逐步禁现，推广使用预拌砂浆。

普通预拌砂浆是在工厂里将水泥、粉煤灰、骨料、稠化剂按照合理的配比混合均匀后，通过专用砂浆运输车运到建筑工地直接使用,其中稠化剂作为改善砂浆和易性、提高砂浆保水能力的添加剂,其质量直接影响砂浆的性能。本文结合普通预拌砂浆使用中存在的问题及常用的稠化剂类型对其展开相关研究。

2 预拌砂浆使用中普遍存在的问题

预拌砂浆通过专用砂浆运输车运输到工地现场,再用气力输送到现场筒仓中,现场使用时直接加水通过搅拌主轴搅拌出成品砂浆拌合物。在预拌砂浆近年来的推广使用中,我们发现由于现场筒仓的搅拌主轴较短,有效的搅拌距离大概为 60~80cm,造成砂浆进水搅拌的时间较短,一般 10~15s 即搅拌完成,这样往往造成砂浆搅拌不够充分,砂浆假凝、分层,得不到理想的和易性及施工性能。工地现场经常需要将已拌合好的砂浆在楼层施工点再加水进行人工拌合后方可使用;或者在流动储罐的出料口处再外加一个简易的砂浆搅拌机,将已初拌合的砂浆在搅拌机中二次搅拌后使用。这样给预拌砂浆的现场使用带来了不便,增加了工人的劳动强度及施工成本,影响文明施工。

预拌砂浆的生产、运输过程要经历多个环节,其中在砂浆提升到成品仓、往砂浆运输车中装料、砂浆气送到现场储罐等环节中特别容易造成砂浆的离析,这样会造成砂浆在使用的过程中易出现粉料偏多或偏少的情况,不仅影响砂浆的和易性、施工性,也对砂浆的质量有较大影响。在砂浆的生产、运输、使用中要保证料仓、储罐中有一定的余量,避免砂浆在斗提、气送时落差太高,造成砂浆离析。

解决问题从源头抓起,预拌砂浆从原材料的采购到生产,直到出厂运输是一个系统的工作,只有加强各个环节的控制,避免砂浆离析;同时从材料配方上入手,加速砂浆水化过程,缩短砂浆拌合到最佳状态所需的时间,彻底解决砂浆现场需要二次搅拌的问题,才能便于预拌砂浆进行更好的推广。

3 NK 保水稠化剂在预拌砂浆中的应用

保水稠化剂是一种预拌砂浆中使用的外加剂,主要起保水、增稠作用,可以很好地改善砂浆和易性、施工性,同时提高各项性能,稠化剂质量的优劣对预拌砂浆的质量有较大的影响。

结合预拌砂浆使用中存在的问题,研制了 NK 保水稠化剂,应用到预拌砂浆中,可以明显改善砂浆的和易性,提高其保水率,且砂浆搅拌 10~15s 即可取得较好的砂浆拌合物状态,与现场储罐的搅拌方式有很好的匹配性,可以解决现场需要二次搅拌的问题,同时使用 NK 保水稠化剂对砂浆的力学性能负面影响较小,可在使用较少水泥的情况下取得相对理想的抗压强度和黏结强度。

试验选取了市售的三种常用的稠化剂与 NK 稠化剂试配砂浆进行了同条件对比试验,来评定每种稠化剂的优缺点。

3.1 试验原材料与方法

3.1.1 试验原材料

①水泥:盘固 42.5 强度等级的硅酸盐水泥;②砂:中砂,细度模数 2.5,含泥量 3.0%;③粉煤灰:常州国电二级粉煤灰;④稠化剂:分别取市售常用的三种稠化剂,稠化剂 1、2、3,稠化剂 4——NK 保水稠化剂,自配。

3.1.2 试验配合比

由于低强度等级的抹灰砂浆胶凝材料比例较低,砂浆对稠化剂的要求相对较高,因此试验以 DPM5.0 砂浆为基础进行同条件对比试验,四种稠化剂均取 1%掺量对比,砂浆配合比见表1。

表1 砂浆配合比

水泥	粉煤灰	砂	稠化剂	总量
105	65	820	10	1000

3.1.3 试验方法

本试验引用以下标准进行砂浆的性能检测。

①《建筑砂浆基本性能试验方法标准》(JGJ/T 70—2009);②《预拌砂浆技术规程》(DGJ32/J13—2005);③预拌砂浆(GB/T 25181—2010)。

3.2 试验结果与分析

3.2.1 砂浆工作性能对比

试验对 4 组砂浆拌合物的初期工作性能指标进行了检测,其用水量、稠度、保水率等指标的检测结果见表2。

表2 砂浆工作性能对比

编号	用水量/%	稠度/mm	保水率/%	2h稠度损失/mm	所需搅拌时间/s	初始砂浆状态
1	16.8	78	91.5	21	30~40	一般
2	16.0	80	95.5	9	30~40	较好
3	14.2	81	93.5	17	15~20	较好
4	14.0	80	94.4	12	10~15	较好

从上述试验结果可以看到,1、2 两组砂浆用水量相对较高,需要较长的搅拌时间才能得到较好的效果,3、4 两组砂浆用水量相对较低,所需的搅拌时间较短;稠化剂 1 拌合的砂浆,保水率最低,和易性相对最差而稠化剂 2 拌合的砂浆保水率最高,2h 稠度损失也最小。

3.2.2 砂浆力学性能对比

试验对 4 组砂浆拌合物的力学性能进行了检测,检测结果见表3。

表3 砂浆力学性能对比

编号	28d抗压强度/MPa	14d黏结强度/MPa
1	7.5	0.31
2	5.3	0.30
3	6.4	0.25
4	7.2	0.35

从试验结果可以看到,1、4 两组砂浆抗压强度较高,第 2 组砂浆抗压强度较差而第三组砂浆力学黏结强度不高。由此可见,稠化剂 2、3 试配出的砂浆虽然和易性较好,但是对砂浆的力学性能有一定的负面影响。

3.2.3 试验结果分析

综合对比砂浆拌合物的初期性能和后期的力学性能，稠化剂 1 的主要成分为膨润土类的无机矿物增稠组分，膨润土这种无机矿物可以在吸附大量的水的同时体积增大并形成胶凝状物质，起到保水、增稠作用，有利于水泥水化，能提高水泥石的密实度，对砂浆的抗压强度有一定提高。以优质的膨润土这类无机矿物作为稠化剂的主要成分，虽然可以在一定程度上提高新拌砂浆的保水性，但是砂浆的保水率一般只能提高到 92% 左右，即时再增大膨润土的用量，也很难将砂浆保水率提高至更高。由于膨润土本身会吸附大量的水，因此会显著增加砂浆的用水量，砂浆静置一段时间后会出现泌水的情况。因此使用膨润土这种无机矿物类的稠化剂作为预拌砂浆的保水增稠组分，砂浆的保水性、和易性一般，砂浆用水量较高。

稠化剂 2 的主要成分为纤维素醚类的有机物。纤维素醚是天然材料纤维素的衍生物，可作为保水剂、增稠剂、黏合剂、分散剂、稳定剂等用途，其最重要的性能就是增加液体的黏性，因此常作为增稠剂使用。用纤维素醚这类有机材料作为稠化剂的主要成分对砂浆进行增稠，可以明显提高砂浆的保水性，改善其和易性，随着纤维素醚掺量的提高，砂浆的保水率可以达到 95% 以上。但是随着纤维素醚掺量的提高，砂浆用水量会有所提高，并且纤维素醚会延缓水泥的水化动力学过程，会降低砂浆的强度尤其是早期强度，这种负面影响在冬季施工中体现的较为明显。纤维素醚对砂浆的增稠过程通常需要较长的搅拌时间（一般都需要超过 40s）来实现，这也就是工地上使用的预拌砂浆通常需要二次搅拌的原因。温度的变化会影响纤维素醚在砂浆中的保水效果，一般来说温度越高，保水性越差。当夏季施工时，原材料温度、环境温度往往超过 40℃，此时纤维素醚的保水性明显变差，需要明显提高其用量才能取得较好的砂浆拌合物状态，但是当纤维素醚用量明显提高后，砂浆的用水量会增加明显，同时对砂浆力学性能影响较大。

稠化剂 3 主要是通过引气剂在复配少量的纤维素醚的途径来改善砂浆和易性，提高其保水性。通过在砂浆中掺入适量的引气剂，可以在拌合时引入微小气泡，这些气泡可以降低砂浆中水的表面张力，在砂浆的固体颗粒之间起到润滑剂作用，能够显著改善砂浆的和易性，同时复掺少量的纤维素醚可以提高砂浆的保水率。由于引气剂的掺入，砂浆状态会改善明显，同时砂浆湿容重降低，有利于工人施工。但是，引气剂的掺量一般较低，混合均匀度较难控制，砂浆的性能对于引气剂掺量的多少非常敏感，引气剂掺量增加极易造成砂浆中含气量过大，砂浆变的疏松，力学性能下降明显，尤其对砂浆与砌体的黏结强度影响较大，同时砂浆含气量过大后，静置一段时间易造成明显的消泡现象，会导致砂浆稠度损失较大，砂浆质量不易控制。

NK 保水稠化剂中主要是由塑化剂和增强剂两种组分组成，塑化剂组分有一定的减水作用，可以降低砂浆用水量，同时改善砂浆的和易性；增强剂组分可以提高砂浆的保水性，提高水泥砂浆的搅拌效率，对砂浆的力学性能也有一定的提高。

综合考虑砂浆和易性、保水性、力学性能，使用 NK 保水稠化剂可以明显提高砂浆搅拌效率，在 10~15s 的搅拌时间中即可得到和易性较好的砂浆拌合物，现场无需二次搅拌。砂浆用水量低，虽然保水率略低于使用纤维素醚类的稠化剂，但是砂浆状态较好，且力学性能较高，富余系数较大。无论是砂浆和易性、施工性，还是后期性能指标均可以很好地满足预拌砂浆现场施工的要求。

4 小 结

(1) 预拌砂浆在工地使用主要存在搅拌效果不充分,易出现砂浆假凝、分层、泌水的现象,往往需要二次搅拌后使用,给现场施工带来了不便。

(2) NK 保水稠化剂可以提高砂浆搅拌效率,加水搅拌 10~15s 即可取得较理想的砂浆状态,现场使用避免二次搅拌。

(3) NK 保水稠化剂配制的砂浆,用水量较低,砂浆保水率、力学性能等指标均有较好的富余系数。

参考文献

[1] 黄利频. 预拌砂浆技术的研究 [J]. 新型建筑材料,2007 (2):8-11.
[2] 陈益兰,纪涛,林育土等. 保水增稠材料的研究及对砂浆性能的影响 [J]. 建筑节能,2007 (5): 34-36.
[3] 鞠丽艳,张雄. 建筑砂浆保水增稠剂的性能及作用机理 [J]. 建筑材料学报,2003 (3):25-29.
[4] L. Schmitz,C-J. Hacker,张量. 纤维素醚在水泥基干拌砂浆产品中的应用 [J]. 新型建筑材料,2006 (7):45-48.

湿度对粉体聚羧酸类减水剂应用性能的影响

伍艳峰[1,2] 张明良[1,2] 李雄英[1,2] 田润竹[1,2] 徐涛[1,2]

(1. 上海三瑞高分子材料有限公司砂浆助剂事业部，上海，200232；
2. 上海建筑外加剂工程技术研究中心，上海，200232)

摘要：主要测试了粉体聚羧酸类减水剂在不同湿度环境下减水率的变化和添加粉体聚羧酸类减水剂的自流平砂浆在不同湿度环境下初始流动度和20min后流动度的变化，检测结果显示掺加粉体聚羧酸类减水剂的砂浆减水率和自流平砂浆的流动度均随着湿度的增加而明显增加，且试样的表面泌水情况随着湿度的增加也有明显的变严重趋势。本文同时测试了添加SD-600P-X的自流平砂浆在不同湿度环境下的流动度的变化情况，结果显示，SD-600P-X明显改善了自流平砂浆在高湿度环境下的泌水、流动度变化大的应用问题，有效提高了掺加粉体聚羧酸类减水剂的砂浆产品的环境适应性和应用性能的稳定性。

关键词：聚羧酸系减水剂；湿度；减水率；自流平砂浆

Influence of Humidity to Application Performance of Powder Polycarboxylate Superplasticizer

Wu Yanfeng[1,2] Zhang Mingliang[1,2] Li Xiongying[1,2] Tian Runzhu[1,2] Xu Tao[1,2]

(1. Shanghai Sunrise Polymer Material Co., Ltd, Shanghai, 200232; 2. Shanghai Engineering Research Center of Construction Admixtures, Shanghai, 200232)

Abstract: Influence of Humidity to the water-reducing rate of powder polycarboxylate superplasticizer and the fluidity performance of self-leveling flooring mortar with powder polycarboxylate superplasticizer were investigated in this paper. The test results show that, both the water-reducing rate of powder polycarboxylate superplasticizer and the fluidity of the self-leveling flooring mortar with powder polycarboxylate superplasticizer would be increased while the humidity of application environment was increased, and the bleeding would be worse obviously, especially under the environment of high humidity, e. g. 80% humidity. SD-600P-X would effectively improve these problems and increase the adaptive capacity to environment and the sthe performance stability of the mortar products with the powder polycarboxylate superplasticizer.

Keywords: polycarboxylate superplasticizer; humidity; water-reducing rate; self-leveling flooring mortar

1 引 言

近年来，新一代聚羧酸类减水剂以其低掺量高性能、减水率高、流动性保持能力好、适应性强、绿色无污染及性能可设计性强等优势，在一定程度上克服了传统外加剂的一些弊端，得到了广泛的关注、开发和大规模的应用，成为了高性能减水剂剂的发展方向和世界性的研究热点。分子结构的可设计性强，是聚羧酸减水剂区别于其他高效减水剂的重要特点，也是其重要的优势之一。通过其梳型结构中不同长短链和锚固基团的设计，聚羧酸减水剂可

作者简介：伍艳峰，女，1979年12月生人，上海三瑞高分子材料有限公司砂浆助剂事业部，技术经理，上海建筑外加剂工程技术研究中心，Email：yanfeng@sunrisechem.com.cn。

以得到一系列可设计的性能。不同桥接方式的共聚物在水泥强性环境下其分子化学结构稳定性不同,环境温度必然会影响其分子形态和构象,从而影响其分散性能。在产品应用终端,就会直接表现为不同使用温度条件下聚羧酸减水剂减水效果随温度波动的现象。关于温度对聚羧酸类减水剂的应用性能的影响,已有很多研究和推论。而应用环境中的另一个很重要的因素——环境湿度,同样对聚羧酸类的减水剂的应用性能有着一定程度的影响作用。本文重点研究了不同湿度条件下粉体聚羧酸减水剂在基准水泥胶砂体系中所表现的减水率的具体变化,以及在富硅体系垫层自流平砂浆产品中的不同流动度应用表现;试验验证了SD-600P-X在不同湿度条件下,对聚羧酸类减水剂的应用性能的差异的弥补作用,从而为不同湿度环境下粉体聚羧酸减水剂的合理应用提供初步的依据。

2 试 验

2.1 原材料(见表1、表2)

表1 聚羧酸减水剂减水率测试用原材料

原材料	牌号	供应商
42.5P·O水泥	基准水泥	山东鲁能
砂	标准砂	厦门艾思欧
聚羧酸减水剂	SD-600P系列	上海三瑞高分子材料有限公司
	市场同类产品	国内外同类厂家

表2 富硅体系垫层自流平砂浆用原材料

原材料	牌号	备注
普通硅酸盐水泥	52.5普通硅酸盐水泥	海螺水泥股份有限公司
铝酸盐水泥	Ternal CC	凯诺斯(中国)铝酸盐技术有限公司
南特硬石膏粉	硬石膏	南京特种建材有限公司
华升半水石膏	半水石膏	上海埃比建筑材料有限公司
石英砂	70目-140目	上海建达石英砂有限公司
重钙粉	500目	
重钙粉	1250目	
乳胶粉	VINNAPAS 5010N	上海尚南贸易有限公司
聚羧酸类减水剂	SD 600P-H	上海三瑞高分子材料有限公司
酒石酸	325目	北京建工院
碳酸锂	325目	
纤维素醚	LPF	上海尚南贸易有限公司
消泡剂	AGITAN P803	龙湖科技有限公司

2.2 试验方法

2.2.1 减水率测试方法

(1) 测试方法参照《混凝土外加剂匀质性试验方法》(GB/T 8077)中第13条"水泥砂浆工作性"的规定进行。

(2) 调节标准养护室环境,确保试验的温湿度环境,试验设备及器具在试验环境存放0.5h以上。

(3) 测试环境温度:25℃;测试环境湿度:40%,60%,80%。

2.2.2 自流平砂浆材料流动度测试方法

(1) 测试方法参照《地面用水泥基自流平砂浆》(JC/T 985)中的6.7条规定进行。

(2) 试验前将环境箱设置成相同温度、不同湿度条件并保证环境稳定,将试验用器具放入环境箱0.5h以上，以保证试验器具同试验环境。

（3）测试环境温度：25℃；测试环境湿度：40%，60%，80%。

2.3 试验配比

2.3.1 减水率的测试配比

减水率测试试验配比见表3。

表3 减水率测试基本配合比（质量比）

测试样品	P·O42.5基准水泥/g	标准砂/g	减水剂/g	流动度/mm	加水量/g
空白样	450	1350	0	180±5	215
掺聚羧酸减水剂样品	450	1350	1.35		待测

2.3.2 富硅体系垫层自流平砂浆产品测试配比

自流平砂浆产品测试试验配比见表4。

表4 自流平砂浆产品测试基本配合比（质量比）

原材料	配比	原材料	配比
52.5 OPC 普通硅酸盐水泥	300	乳胶粉	13
铝酸盐水泥 CA50-G6	50	粉体聚羧酸类减水剂	1
硬石膏粉	20	325目酒石酸	2
半水石膏	15	325目碳酸锂	1
石英砂 70～140 mesh	400.3	纤维素醚	0.8
500目重钙粉	175	消泡剂	1.9
1250目重钙粉	20	总和	1000

3 试验结果与讨论

3.1 砂浆减水率随环境湿度的变化

从表5和图1可见，三个粉体聚羧酸类减水剂所测减水率的结果均随湿度的变化有显著的增大趋势（A-1与A-2变化趋势相同，所以两根曲线完全覆盖）；基准空白样随湿度的变化，其用水量和流动度并无明显变化，从而可以推断粉体聚羧酸类减水剂的应用性能随湿度的变化而有明显的变化；试样的湿密度检测结果显示，在不同湿度环境下，试样的湿密度无明显变化，可推断并非试样内部含气量的变化不同而导致的流动度测试结果变化。从试样A-1在27%的相同减水的试验情况下，试样的扩展度从湿度为40%时的153增长到湿度为80%的168。观察试样表面，在40%的湿度环境下，试样表面较为干燥，无明显水痕；而80%的湿度环境下，试样表面水痕明显，有明显泌水现象。

表5 砂浆减水率随环境湿度的变化

样品	减水率/%	用水量	湿度%	水温/℃	砂浆温度/℃	扩展度/mm	湿容重/(kg/m³)
空白样	0	213	40	22	22	178	2347.3
A-1	27	155.5	40	22	22	153	2265.6
A-1	23	164	40	22	22	180	2193.7
A-2	23	164	40	22	22	181	2168.3
A-3	24	161.8	40	22	22	181	2182.1
空白样	0	213	80	22	23	180	2343.3
A-1	27	155.5	80	22	23	168	2176.7
A-1	26	157.6	80	22	23	178	2157.3
A-2	26	157.6	80	22	23	188	2172.6
A-3	26	157.6	80	22	23	182	2123.3

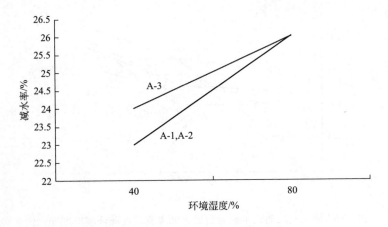

图 1 减水率随环境湿度的变化图

3.2 掺加聚羧酸类减水剂的自流平砂浆流动度随环境湿度的变化

从表 6 和图 2 可见，掺加粉体聚羧酸类减水剂的自流平砂浆，本地产品和国外企业产品的流动度均随着环境湿度的增大有明显上升的趋势，大多数样品在环境湿度从 40％变化到 60％时，流动度增大幅度并不是特别大；当湿度变化到 80％时，大多数样品的流动度有非常明显的增大。观察试样的表面状态，随环境湿度的增加，试样表面的泌水情况从无泌水，变化到泌水明显，甚至有些样品在 80％的状态下已变为泌水严重。

表 6 自流平砂浆流动度随环境湿度的变化

牌号	产品来源	环境箱湿度/％	初始流动度/mm	浆体状态
B	本地	40	150	轻微泌水
		60	150	轻微泌水
		80	160	泌水
C	本地	40	152	无泌水
		60	153	少量泌水
		80	160	泌水明显
D	本地	40	150	无泌水
		60	152	少量泌水
		80	156	泌水严重
E	本地	40	151	无泌水
		60	153	无泌水
		80	159	泌水严重
F	进口	40	155	少量泌水
		60	157	少量泌水
		80	162	泌水较严重
G	进口	40	145	无泌水
		60	157	泌水明显
		80	157	泌水明显

3.3 原因及机理初探

在不同的环境湿度条件下，水的蒸发速度及测试仪器表面的润湿程度会有一定程度上的差异；同样情况，在施工应用的现场，现场的施工设备及基层的润湿吸水情况也会有明显的差异，这样会导致现场应用的时候砂浆体系内部水分蒸发的速度或者是被外界吸收掉水分的

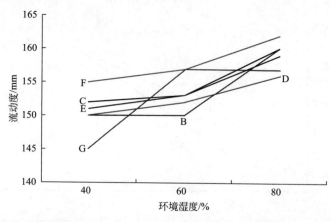

图2 掺加聚羧酸类减水剂的自流平砂浆流动度随环境湿度变化图

速度将有所不同，从而可能对砂浆体系的减水率和实测的流动度造成了较大的差异；从微观角度考虑，是否也有可能是不同的湿度环境导致不同的砂浆内部含水率的差异从而对聚羧酸类减水剂的吸附速度和吸附量等性能产生了一定的影响，从而表现在不同湿度环境下应用性能的差异。这些都有待对此现象进行进一步的研究和探讨来确定。

但根据现有的检测结果可以判断此问题的存在，这也与使用者在实际应用中发现的同样产品，会发生干燥天气状态好而雨天泌水严重；又或是雨天时做出浆体状态不错而天晴则流不动的实际情况相吻合。因此，在确定添加聚羧酸类减水剂的砂浆产品的基础配方时，需在确定环境温度的同时，确保环境湿度的恒定，环境湿度在50%±5%为宜；针对极端使用环境，如雨天或者干燥的季节，需要针对施工现场的湿度条件对产品配方进行微调以适应应用环境的变化。同时，对于这种情况，也可以在助剂的添加方面做一些改善，从而减少这种差异性，改善产品的环境适应性和性能稳定性，提高产品的使用便利性。

3.4 SD-600P-X对添加聚羧酸类减水剂的自流平砂浆随环境湿度变化的改善验证

从表7和图3可见掺加SD-600P-X前后的自流平砂浆的初始流动度和20min保塑后的流动度均随湿度的增加有所增加，但掺加SD-600P-X后的自流平砂浆的流动度在图表中随湿度变化的斜线的斜率明显变小，表示掺加SD-600P-X后的自流平砂浆的流动度随湿度变化的趋势明显变小，即添加SD-600P-X后，自流平砂浆在保证低湿度环境下的工作性能的同时，在80%的高湿度环境下工作性能也未有较为明显的变化，即自流平砂浆的工作性能受环境湿度变化的影响变小；同时从浆体的表面状态的变化可见，SD-600P-X的添加也很好地改善了浆体在80%湿度时的泌水问题。可以推断SD-600P-X的添加，将有助于减少环境湿度的变化对自流平砂浆的应用性能的影响，从而在一定程度上提高产品的应用环境适应性和应用性能的稳定性。

表7 SD-600P-X添加前后自流平砂浆随湿度变化的流动度测试结果对比表

环境湿度/%	普通自流平砂浆		添加SD-600P-X的自流平砂浆	
	45	80	45	80
初始流动度/mm	152	157	151	153
20min流动度/mm	133	148	138	142
20min流动度损失/mm	19	9	13	11
浆体状态	无泌水	泌水较严重	无泌水	无泌水

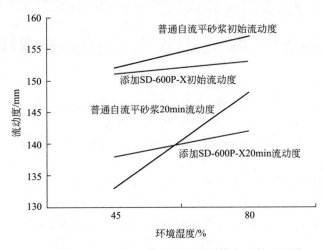

图 3 掺加 SD-600P-X 前后自流平砂浆流动度对比图

4 结 论

（1）掺加粉体聚羧酸类减水剂的减水率测试结果会随着测试环境湿度的增大而增大，且随着湿度的增加，试样的表面泌水情况将进一步严重。

（2）掺加粉体聚羧酸类减水剂的自流平砂浆的流动度测试结果会随着环境湿度的增大而增大，大多数产品从 40% 变化到 60% 时，流动度增大并不明显，但环境湿度增加到 80% 时，流动度增大明显，且浆体表面泌水情况变得严重。

（3）配制掺加粉体聚羧酸类减水剂的砂浆产品的基础配方时，在确定环境温度的同时，需确保环境湿度在 50%±5%，才能保证配方在一定环境的适应性；对于极端的湿度环境，例如雨天或者特别干燥的季节，需根据施工现场的环境湿度对产品的配方进行微调以适应特殊的施工环境。

（4）掺加 SD-600P-X 后，自流平砂浆的工作性能受环境湿度的变化的影响变小，产品的环境适应性和应用性能的稳定性得到很好的改善。

（5）对粉体聚羧酸类减水剂和掺用粉体聚羧酸类减水剂的自流平砂浆产品随着湿度的变化而产生的减水率、流动度和泌水程度的变化情况需要进一步深入地试验验证和研究分析，已明确此现象的具体作用机理，从而为产品的合理使用提出有效的指导方向。

参考文献

[1] 王子明，张瑞艳，王志宏. 论聚羧酸系高性能减水剂的研究开发 [J]. 中国混凝土网，2006：8-11.
[2] 梁辉. 新型高效混凝土外加剂的应用与现状 [J]. 中国水泥，2005（3）：12-14.
[3] 徐雪峰，蔡跃波，孙红尧等. 聚羧酸减水剂分子结构表征及其与性能的关系研究 [J]. 新型建筑材料，2006，(1)：55-57.
[4] Hiroyuki Ohno, Kaori Ito. Poly（ethylene oxide）s having carboxylate groups on the chain end [J]. Polymer. February, 1995, 36 (4): 891-893.
[5] Kazuo Yamada, Tomo Takahashi, Shunsuke Hanehara, Makoto Matsuhisa. Effects of the chemical structure on the properties of polycarbosylate-type superplasticizer [J]. Cement and Concrete Research, 2000, 30: 197-207.
[6] A. Ota, Y. Sugiyama, Y. Tanaka. Fluidizing mechanism and application of polycarboxylated-based superplasticizers [J], 5th International Conference on Superplasticizers and Other Chemical Admixtures in Concrete, Rome, SP173, 1997: 359-378.
[7] 吴华明，薛永宏，林宗良等. 聚羧酸减水剂的温度依赖性. 混凝土与水泥制品，2011，(10)：9-12.

缓凝剂对脱硫建筑石膏性能的影响

冯春花[1]　陈苗苗[2]　李东旭[3]

(1. 河南理工大学材料科学与工程学院，河南焦作，454000；
2. 马鞍山市建设工程质量检测中心，安徽马鞍山，243011；
3. 南京工业大学材料科学与工程学院，江苏南京，210009)

摘要：本文分别研究了酒石酸、柠檬酸和石膏缓凝剂（SG-10）三种缓凝剂对脱硫建筑石膏初凝时间、终凝时间、抗压强度、抗折强度和水化率等性能的影响。结果表明，柠檬酸的缓凝效果相对较好，但其对脱硫建筑石膏的强度影响最大；脱硫建筑石膏中掺加缓凝剂，在一定程度上，延缓了脱硫建筑石膏的水化时间，并没有降低最终的水化率。

关键词：缓凝剂；脱硫建筑石膏；水化率；凝结时间

Effect of Retarder on Properties of Flue Gas Desulfurization Calcined Gypsum

Feng Chunhua[1]　Chen Miaomiao[2]　Li Dongxu[3]

(1. College of Materials Science and Engineering, Henan Polytechnic University, Jiaozuo, 454000；
2. Maanshan construction engineering quality test center, Maanshan, 243011；
3. College of Materials Science and Engineering, Nanjing University of Technology, Nanjing, 210009)

Abstract: The effect of tartaric acid, citric acid and SG-10 on the macroscopic performance of flue gas desulfurization calcined gypsum (FGD calcined gypsum) was investigated in the paper, such as initial setting time, final setting time, compress strength, flexural strength and hydration rate. The results showed that the retarding function of citric acid was better, but the effect of citric acid on the mechanical property of FGD calcined gypsum is obvious; retarders could delay the process of FGD calcined gypsum hydration reaction, but the end hydration rate of FGD calcined gypsum was not decrease.

Keywords: Retarder; FGD calcined gypsum; Hydration rate; Setting time

1 概述

脱硫石膏是对含硫燃料（煤、油等）燃烧后产生的烟气进行脱硫净化处理而得到的工业副产石膏，由其煅烧制备的建筑石膏称为脱硫建筑石膏，由于其遇水后的凝结时间极短，一般为3~10min，实际应用种往往添加适当的缓凝剂来加以调节。

缓凝剂分为有机和无机两大类，有机类又分为羟基羧酸类、蛋白质类、多元醇类和糖类；无机类分为磷酸盐类、柠檬酸类、氟硅酸盐类。目前，常用的缓凝剂主要有酒石酸、柠檬酸盐、磷酸盐和变质蛋白质等。本文选择了酒石酸、柠檬酸和石膏缓凝剂（SG-10）三种缓凝剂对脱硫建

基金项目："十二五"国家科技支撑计划课题（课题编号：2011BAE14B06）。
作者简介：冯春花（1983—），女（汉族），河南理工大学讲师，博士，研究生学历，主要研究方向为水泥化学及固体废弃物综合利用。Email：fengchunhua@hpu.edu.cn。

筑石膏性能的影响进行研究，力图为脱硫建筑石膏的应用提供一定的理论指导。

2 原材料与实验方法

2.1 原材料

脱硫建筑石膏：来自苏州望亭电厂。下表是脱硫建筑石膏的基本性能，由下表可知，该脱硫建筑石膏性能指标均达到国家标准优等品要求。

表 脱硫建筑石膏基本性能

标准稠度需水量/%	凝结时间/min		强度/MPa	
	初凝时间	终凝时间	抗压强度	抗折强度
0.55	7	10	9.6	2.8

缓凝剂：SG-10来自苏州兴邦化学建材有限公司。柠檬酸和酒石酸均为分析纯。

2.2 实验方法

建筑石膏凝结时间的测定：参照《建筑石膏凝结时间测定方法》（GB/T 17669.4—1999）。

力学性能测定：参照《建筑石膏力学性能的测定》（GB/T 17669.3—1999）。

水化率测定：准确称量2g（精确至0.0001g）脱硫建筑石膏，按照1∶1的水膏比加入去离子水拌合，水化相应时间后用无水乙醇终止水化，在45～50℃真空条件下将水化样烘干至恒重，准确称其质量，根据前后质量之差来推算该时间的水化率。

3 结果与讨论

3.1 缓凝剂对脱硫建筑石膏凝结时间的影响

图1、图2是缓凝剂对脱硫建筑石膏初凝时间和终凝时间的影响。从图中可以看出，掺柠檬酸和石膏缓凝剂（SG-10）的脱硫建筑石膏，随着缓凝剂掺量的增加，其初凝时间和终凝时间逐渐延长；而掺酒石酸的脱硫建筑石膏，随着缓凝剂掺量的增加，初凝时间和终凝时间基本无变化。

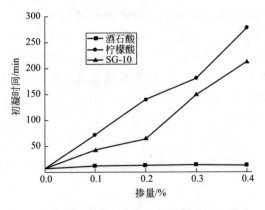 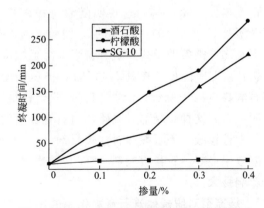

图1 缓凝剂对脱硫建筑石膏初凝时间的影响　　图2 缓凝剂对脱硫建筑石膏终凝时间的影响

柠檬酸对脱硫建筑石膏的缓凝效果非常明显，柠檬酸掺量为0.1%，脱硫建筑石膏的初凝时间已达到72min，终凝时间77min；柠檬酸掺量为0.2%，脱硫建筑石膏的初凝时间达到140min,终凝时间148min,与柠檬酸掺量0.1%时相比,脱硫建筑石膏的初凝时间和终凝时间延长了将近1倍;石膏缓凝剂(SG-10)对脱硫建筑石膏的缓凝效果,随着缓凝剂掺量的增加逐渐增强,但是低于柠檬酸的缓凝效果,柠檬酸掺量0.2%时对脱硫建筑石膏的缓凝效果和石膏缓凝剂(SG-10)掺量0.3%时类似;酒石酸掺量从0.1%增加至0.4%时,脱硫建筑石膏的初凝时间和终凝时间基本无变化,说明酒石酸对脱硫建筑石膏有一些缓凝作用,只是缓凝效果微弱,而且酒石酸掺量的多少和对脱硫建筑石膏的缓凝效果无太多影响。

3.2 缓凝剂对脱硫建筑石膏力学性能的影响

脱硫建筑石膏中掺入缓凝剂后,脱硫建筑石膏的初凝时间和终凝时间均有所延长,随着缓凝剂掺量的增加,缓凝效果逐渐增强,脱硫建筑石膏的抗压强度和抗折强度也会随之受到影响。图3、图4为缓凝剂对脱硫建筑石膏力学性能的影响,其中抗压强度和抗折强度均是指绝干强度。

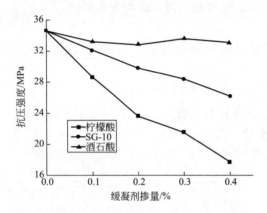 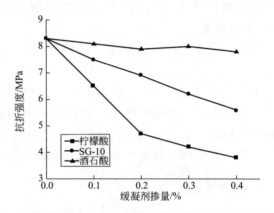

图3 缓凝剂对脱硫建筑石膏抗压强度的影响　　图4 缓凝剂掺量和种类对脱硫建筑石膏抗折强度的影响

从图中可以看出,三种缓凝剂对脱硫建筑石膏抗压强度和抗折强度影响的趋势基本类似。随着缓凝剂掺量的增加,掺柠檬酸和石膏缓凝剂(SG-10)的脱硫建筑石膏的抗压强度和抗折强度随之降低,掺酒石酸的脱硫建筑石膏抗压强度和抗折强度虽降低,但趋势不明显。柠檬酸掺量对脱硫建筑石膏强度影响显著,掺量0.2%时,抗压强度损失率31.8%,抗折强度损失率38.6%,这说明随着柠檬酸掺量的增加,脱硫建筑石膏的强度损失率增大;石膏缓凝剂(SG-10)掺量增加,脱硫建筑石膏的抗压强度也随之降低,强度损失率增大,但不及掺柠檬酸的脱硫建筑石膏强度降低幅度大;脱硫建筑石膏中掺入酒石酸,抗压强度和抗折强度略有降低,掺量0.1%时,抗压强度损失率4.2%,抗折强度损失率2.4%,随着酒石酸掺量从0.1%增加到0.4%,脱硫建筑石膏的抗压强度和抗折强度变化趋势近似直线,说明酒石酸这种缓凝剂对脱硫建筑石膏强度的影响甚微。

在柠檬酸、酒石酸和石膏缓凝剂(SG-10)这三种缓凝剂中,柠檬酸对脱硫建筑石膏的缓凝效果最好,石膏缓凝剂(SG-10)次之,酒石酸最差,但是柠檬酸对脱硫建筑石膏的强度影响最大。

3.3 缓凝剂对脱硫建筑石膏水化率的影响

试验采用石膏浆体不同时间的$CaSO_4 \cdot 2H_2O$生成量来推算石膏的水化率,采用2g脱硫建筑石膏(精确至0.0001g),在1:1的水膏比条件下进行水化。经测定,本试验所用的脱硫建筑石膏的纯度为89.0%,按照以下方程式进行水化:

$$CaSO_4 \cdot 0.5H_2O + 3/2H_2O \longrightarrow CaSO_4 \cdot 2H_2O$$

相对分子量　　　　145　　　　　　27　　　　　172
质量　　　　　　1.78g　　　　　0.33g　　　　2.11g

2g 脱硫建筑石膏中含有 1.78g $CaSO_4 \cdot 0.5H_2O$，如上式所示，1.78g 的 $CaSO_4 \cdot 0.5H_2O$ 完全水化，可生成 2.11g $CaSO_4 \cdot 2H_2O$，不同时间的 $CaSO_4 \cdot 2H_2O$ 生成量与理论生成量 2.11g 的比值即为石膏浆体在该时间的水化率。

试验选用不加外加剂，掺 0.2% 柠檬酸和掺 0.3% 石膏缓凝剂（SG-10）来研究脱硫建筑石膏不同时间的水化率，结果见图 5。从图中可以看出，未掺加外加剂的脱硫建筑石膏不同时间的水化率符合一般的水化理论，可分为四个阶段——初始期、诱导期、加速期、减缓期，只是未加外加剂的脱硫建筑石膏初始期不明显；掺加 0.2% 柠檬酸和掺加 0.3% 石膏缓凝剂（SG-10）时，脱硫建筑石膏不同时间的水化率均符合一般水化理论的四个阶段，只是其初始期较未掺加外加剂的脱硫建筑石膏相对较为明显，诱导期和加速期变长。

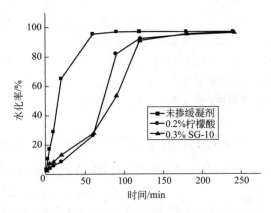

图 5　三种情况下脱硫建筑石膏不同时间的水化率

未掺加缓凝剂、掺加 0.2% 柠檬酸和掺加 0.3% 石膏缓凝剂 SG-10 的脱硫建筑石膏，随着水化时间的增加，水化率都不断升高，水化至一定时间后，速度变缓，趋于平衡；无论是否掺加缓凝剂，脱硫建筑石膏的终期水化率均达到 95% 以上，这充分说明脱硫建筑石膏中掺加缓凝剂，并没有降低最终的水化率，只是在一定程度上，延缓了脱硫建筑石膏的水化时间，即只要时间充裕，掺加缓凝剂后脱硫建筑石膏依然可以达到完全水化。

4　结　论

（1）在柠檬酸、酒石酸和石膏缓凝剂（SG-10）这三种缓凝剂中，柠檬酸对脱硫建筑石膏的缓凝效果最好，石膏缓凝剂（SG-10）次之，酒石酸最差，但是柠檬酸对脱硫建筑石膏的强度影响最大。控制脱硫建筑石膏的凝结时间在 2h 左右的适宜缓凝剂掺量为：柠檬酸 0.2%，石膏缓凝剂（SG-10）0.3%。

（2）脱硫建筑石膏中掺加缓凝剂，并没有降低最终的水化率，只是在一定程度上，延缓了脱硫建筑石膏的水化时间，即只要时间充裕，掺加缓凝剂后脱硫建筑石膏依然可以达到完全水化。

参考文献

[1] Kyung Jun Chu, Kyung Seun Yoo, Kyong Tae Kim. Characteristics of gypsum crystal growth over calcium-based slurry in desulfurization reactions [J]. Materials Research Bulletin, 1997, 32 (2): 197-204.
[2] 陈燕，岳文海，董若兰. 石膏建筑材料 [M]. 北京：中国建材工业出版社，2003.

防水剂对膨胀珍珠岩轻骨料混凝土防水性能的影响

史朋 赵清偲 钟世云

(同济大学大学材料科学与工程学院,上海,201804)

摘要：用毛细吸水的方法分别研究了有机硅和羧酸及其盐类对膨胀珍珠岩玻化微珠轻骨料混凝土防水性能的影响。研究表明,有机硅在掺量1%以下时,随着其掺量的增加,防水效果得到提升,但当掺量超过1%时,其防水效果并不是很好。对于羧酸及其盐类来说,1,4-环己二酸较硬脂酸与环烷酸的防水效果好,后两者的防水效果并不理想。

关键词：防水剂；有机硅；羧酸盐

The Influence of Waterproof Agent on The Property of Expanded Perlite Lightweight Aggregate Concrete with Water Repellents

Shi Peng   Zhao Qingcai   Zhong Shiyun

(School of materials science and engineering, shanghai, 201804)

Abstract: In this paper, we respectively study the influence of Organic silicon and carboxylic acid to perlite lightweight aggregate concrete with Water Repellents using the method of Capillary suction. The result shows that when organic silicon's content below 1%, with the increase of the content, waterproof effect is improved, but when the content is more than 1%, the waterproof effect is not very good. For carboxylic acid and its salts, the waterproof effect of 1,4 -ring of adipic acid is better than the stearic acid and naphthenic acid.

Keywords: waterproof agent; organic silicon; carboxylic acid salt

1 引言

膨胀珍珠岩轻骨料混凝土作为轻质多孔材料,其具有隔热、吸声、废物利用等多种优良的性能,被广泛应用于建筑节能、结构件重及基础置换回填等各个方面。膨胀珍珠岩轻骨料混凝土在生产过程中会引入大量的气泡,原材料主要以水泥等胶凝材料为主,由于其自身强度较低易开裂,因而在性能上变现出较高的吸水率和收缩率。在有水侵蚀的环境中,各项性能特别是耐久性将受到严重的影响,限制了其使用的领域,因此对膨胀珍珠岩轻骨料混凝土进行防水处理显得尤为重要。

2 实验原材料

(1) 水泥：普通水泥42.5级（以下简称C）,海豹水泥有限公司生产。

(2) 玻化微珠珍珠岩,其性能见表1。

基金项目："十二五"国家科技支撑计划项目（2012BAJ20B02）。

作者简介：史朋,男,硕士,建筑材料方向,aiwenff@126.com。

表 1　玻化微珠珍珠岩性能

类型	表观密度 /(kg/m³)	粒度 /mm	吸水率 /%	导热系数 /[W/(m·K)]	成球率	闭孔率	耐火度 /℃	使用温度 /℃
	120~130	0.5~3	40	0.047~0.054	70~90	≥95%	1280~1360	<800

(3) 外加剂

① 引气剂：K12 和三铁皂苷及稳泡剂复合溶液（以下简称 H）。

② 纤维素醚：羟丙基甲基纤维素醚（以下简称 M），白色粉末，赫克力士化工公司。

③ 淀粉醚（以下简称 D），水溶性粉末。

④ 乳胶粉（以下简称 V），主要成分为乙烯基共聚物，其最低成膜温度为 0℃，玻璃化温度（T_g）为 -7℃，水溶性固体粉末。

(4) 防水剂

① 液态有机硅，油状液态，上海临空硅酮有限公司。

② 硬脂酸：十八烷酸 $C_{18}H_{36}O_2$，白色粉末，相对密度 0.847，极微溶于水，市售。

③ 硬脂酸钙：十八酸钙 $C_{36}H_{70}CaO_4$，白色粉末，相对密度 1.08，不溶于水，分析纯，国药集团化学试剂有限公司。

④ 1,4-环已二甲酸：$C_8H_{12}O_4$，无色液体，相对密度 0.995，溶于水，分析纯，市售。

⑤ 市售防水剂产品粉末 A，白色粉末，轻微气味，密度 0.45g/cm³，微溶于水，瓦克化学有限公司。

⑥ 市售防水剂产品粉末 D：米色粉末，无嗅，密度 0.22~0.34g/cm³，溶于水，瓦克化学有限公司。

⑦ 环烷酸：饱和单脂环羧酸 $C_nH_{2n-1}COOH$、饱和多脂环羧酸 $C_nH_{2n-3}COOH$ 和链烷烃羧酸 $C_nH_{2n+1}COOH$ 的混合物，棕黄色油状液体，相对密度 0.972，不溶于水，分析纯，梯希爱（上海）化成工业发展有限公司。

3　实验方法

3.1　混凝土砂浆的配方

对于膨胀珍珠岩轻骨料混凝土防水用的实验基础配方的配制（质量比）具体见表 2。

表 2　实验用混凝土的基础配方

C/%	M/%	V/%	H/%	D/%	J/%	Z/%	W/%
100	0.52	1.5	0.015	2	0.5	60	208

3.2　试块的制备及养护

先将准确称量的各种聚合物干粉与水泥混合均匀，分散地加入到盛有拌合水、纤维及引气剂的搅拌锅中，搅拌 3min，然后将称量好的膨胀珍珠岩颗粒搅拌 2min，即得到膨胀珍珠岩砂浆的拌合物。试块成型后在（20±2）℃、相对湿度（60±5）% 的条件下养护 3d 脱模，之后养护到规定龄期。之后进行防水实验。

3.3　毛细吸水测试方法

单位面积吸水量测试：烘干完成试件的侧面涂上石蜡，称净重。再将试件搁放在支撑棒上，使试件未涂蜡的一面与水接触，水面高出试样底面不超过 5mm，示意图如图 1 所示。

经不同的时间间隔，取出试件，用湿布将试件与水接触面上的多余水分擦去，然后称重，整个过程在30s内完成。

在 0min、30min、60min、90min、120min、150min、180min、210min、240min、300min进行称重，共称取十个时间点的数据，处理数据，计算累积吸水质量 ΔW（单位为g），并换算为毛细水吸收量 i（单位为mm），进行分析、绘图。

根据文献的理论，在吸水时间内单位面积混凝土的累积毛细水吸收量 i 与时间 t 的平方根之间呈线性关系，即符合如下公式：

$$i = S\sqrt{t} + A$$

式中　　i——毛细吸水量，mm；
　　　　S——吸水系数，mm/min$^{1/2}$；
　　　　A——截距，mm。

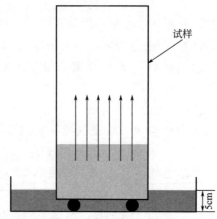

图1　毛细吸水测试方法

i 等于 ΔW 除以吸水面截面积（70mm×70mm）和水密度的乘积（1g/1000mm^3），即符合公式，单位为mm，计算 i 与的值。

$$i = \frac{\Delta W}{A_{吸} \rho}$$

式中　　ΔW——累积吸水质量，g；
　　　　$A_{吸}$——吸水面截面积，mm^2；
　　　　ρ——水密度，g/1000mm^3；

4　结果与讨论

4.1　有机硅含量对吸水量的影响

对不含有机硅的对比试样和有机硅含量分别为0.1%、0.2%、0.3%、0.4%、0.5%、0.7%、0.9%、1.5%、2%共十组进行毛细吸水测试，每过一段时间称重量并记录，计算其与初始重量的差值 ΔW 并取均值。根据所得数据进行作图，如图2所示。并对所得的数据进行线性拟合，得到公式中的 S 值、A 值，记录在表3。

表3为有机硅不同掺量下的 S 和 A 值。根据公式可以知道，S 为曲线的斜率，在一定程度能够表示试块吸水情况。所以根据图2及表中所得的 S 值，可以看出：有机硅掺量在0.1%~0.9%范围内（除0.4%组除外），随着有机硅掺量的增加，混凝土的吸水量逐渐降低，也就是表明，在有机硅掺量小于0.9%时，随着有机硅掺量的增加，其防水性能逐渐提

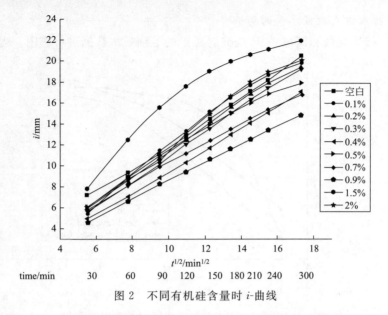

图2 不同有机硅含量时 i-曲线

高。但从图中看出，当有机硅掺量增加到1.0%以上时，随着有机硅掺量的增加，混凝土的防水性能并没有得到提高，相比而言，防水性能比空白组还有下降。相对于有机硅的掺量来说，在掺量为0.4%～0.9%时，混凝土的防水性能最佳。

表3 不同有机硅含量下 S 值和 A 值

试样	空白	0.1%	0.2%	0.3%	0.4%	0.5%	0.7%	0.9%	1.5%	2.0%
A	0.65	−0.67	−0.41	−0.80	0.89	1.09	0.96	−0.08	3.34	0.94
S	1.13	1.25	1.18	1.17	1.03	1.02	0.93	0.87	1.18	1.27

4.2 羧酸及其盐类防水剂对吸水量的影响

4.2.1 硬酯酸和硬酯酸钙对吸水量的影响

图3为空白组、掺硬酯酸和硬酯酸钙混凝土的吸水量情况。从图中可以直观地看出，硬酯酸和硬酯酸钙对混凝土的防水性能都有了一定程度的提高，而硬酯酸的防水效果比硬酯酸钙更好。

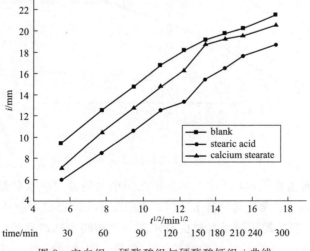

图3 空白组、硬酯酸组与硬酯酸钙组 i-曲线

4.2.2 环烷酸掺入方式对吸水量的影响

将空白组、掺环烷酸和碳酸钙-环烷酸混凝土的毛细吸水数据进行作图,得到图4。

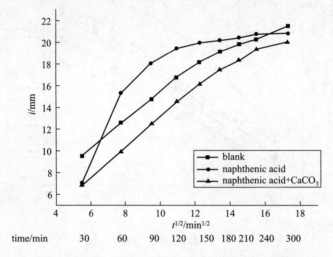

图4 空白组、环烷酸组与碳酸钙-环烷酸组 i-曲线

从图4中可以看出,在利用碳酸钙作为承载环烷酸的防水剂比将油状的环烷酸直接掺入到砂浆中效果明显要好。含有环烷酸的两组试样初始的吸水量都要小于空白组,在随后的实验过程中,碳酸钙-环烷酸组的吸水量一直小于空白组,最后趋于饱和状态;而环烷酸的吸水量在30min后突然升高,并在240min也趋于饱和。

4.2.3 1,4-环己二甲酸对吸水量的影响

对空白组、掺1,4-环己二甲酸(简写为CHDA)的混凝土毛细吸水数据作图,得到图5。

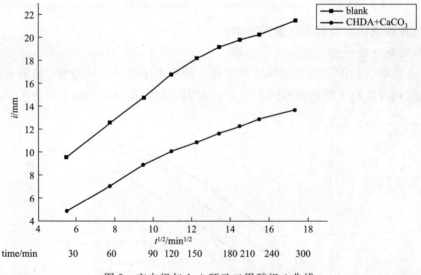

图5 空白组与1,4-环己二甲酸组 i-曲线

从图5可以明显地看到,1,4-环己二甲酸组在每个时间段的吸水量都比空白组要小得多。相比于空白组来说便显出非常优秀的防水性能,也就是1,4-环己二甲酸具有很好的防水性能。

4.3 有机硅防水剂、有效的羧酸及其盐类防水剂与市售防水剂产品的比较

选择有机硅防水剂、效果较好的羧酸盐类防水剂(即硬酯酸组、碳酸钙-环烷酸组和1,

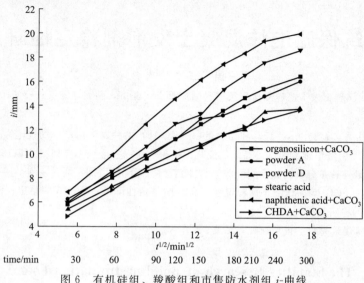

图 6 有机硅组、羧酸组和市售防水剂组 i-曲线

4-环己二甲酸组)与市售的防水剂产品比较,根据所得数据作图,见图 6。

从图 6 可知,初始吸水量方面,1,4-环己二甲酸组最小,环烷酸组最大,粉末 A、粉末 D 和有机硅组介于前二者中间,但五组之间相差都不大。

在累积吸水量方面,1,4 环己二甲酸组与粉末 D 组最小,有机硅组和粉末 A 组稍大,硬酯酸组更大,环烷酸组最大,这与初始吸水量和一定时间段内吸水量的情况相同。

综合分析,可以认为:硬酯酸和环烷酸的防水效果不如市售产品,需要继续研究将其作用于水泥砂浆中的可行性和方法;有机硅和 1,4-环己二甲酸效果与市售防水剂效果相当;另一方面,1,4-环己二甲酸和有机硅在水机砂浆中的分散也较好,适合作为水泥砂浆的防水剂。

5 结论及展望

有机硅防水剂与市售的防水产品 A 性能比较接近,1,4-环己二甲酸防水剂有十分出色的防水效果,其防水性能较市售的防水剂产品效果更好。硬酯酸和硬酯酸钙粉末直接掺入水泥砂浆中的防水效果不佳。环烷酸液体直接掺入到水泥砂浆中几乎没有防水效果。

参考文献

[1] 李娟,王武祥. 改善泡沫混凝土吸水性能的研究 [J]. 混凝土与水泥制品,2001,16 (5):43-44.

[2] 周述光,刘红叶,王振军. 改性有机硅防水剂对混凝土性能影响 [J]. 新型建筑材料,2006 (4):63-66

[3] 李淑红,王立成. 多孔建筑材料毛细吸水过程研究进展综述 [J]. 水利与建筑工程学报,2010,Vol. 8 (6):16-20.

[4] C. Hall. Water sorptivity of mortars and concretes:a review [J]. Magazine of Concrete Research,1989,Vol. 41 (147):51-61.

[5] Milind V. Karkare,Craig T. Walloch. A Capillary Suction Model for Concrete Masonry and its Application to Integral Water-repellent Masonry [J]. ASTM Special Technical Publication,1996,Vol. 124:116-136.

[6] 唐明,李小冬,王甲春. 增强型脂肪酸类液体高效防水利研究 [J]. 辽宁建材,2002,Vol. 142 (1):16-19.

建筑保温泡沫混凝土发泡剂稳定性研究

马保国　王智　朱艳超

(武汉理工大学，硅酸盐建筑材料国家重点实验室，湖北，武汉，430070)

摘要：研究了松香热聚物（KC-15）和动物蛋白（KC-16）两种发泡剂产生的气泡在不同 pH 值、不同黏度和不同 Ca^{2+} 浓度溶液中排液速度等参数的变化。结果表明：发泡剂 KC-16 比 KC-15 的气泡稳定性高，KC-15 和 KC-16 的最佳掺量分别为 1.5％和 5.0％；随着溶液 pH 的增加，两种发泡剂产生的气泡稳定性均下降；溶液黏度增加，KC-15 的气泡早期稳定性提高后期稳定性降低，KC-16 的稳定性降低；溶液中引入 Ca^{2+} 可以提高气泡的稳定性。

关键词：非金属建筑材料；排液速度；黏度；Ca^{2+} 离子

The Stability Research of Building Insulation Foam Concrete Foaming Agent

Ma Baoguo　Wang Zhi　Zhu Yanchao

(State Key Laboratory of Silicate Materials for Architectures, Wuhan University of Technology, Wuhan, 430070, Hubei, China)

Abstract: Studied rosin hot polymer (KC-15) and animal protein (KC-16) two kinds of foaming agent of bubble in different pH value, viscosity and ion environment under the effects of parameters such as drainage rate, The results show that there are higher stability of foaming agent KC-16 than KC-15, the best mixing amount of KC-15 and KC-16 were 1.5％ and 5.0％; With the increase of solution pH value, two kinds of foaming agent to produce bubble that stability is decreased; Solution viscosity increases, the early stability of KC-15 is enhanced, the later stability is reduced, the stability of the KC-16 is reduced; Introduction of Ca^{2+} in the solution can improve the stability of the bubble.

Keywords: Non-metallic Building Materials; drainage rate; viscosity; Ca^{2+} ions

现阶段关于泡沫混凝土的研究主要集中于研究泡沫混凝土试块的力学性能及气孔性能，国内外学者对孔的制备方式、孔的尺寸和结构形式对泡沫混凝土性能的影响进行了大量研究。Kunhanandan 等研究了孔的尺寸分布、孔的形状因子、孔间距对泡沫混凝土的力学性能的影响。Kearsly 和 Wainwright 把吸水率与水蒸气的渗透性作为衡量渗透性的依据，探究了孔隙率与泡沫混凝土渗透性的关系，发泡剂是制备泡沫混凝土的必备材料，国内外对其研究尚少，特别是对典型溶液条件下的发泡剂产生气泡的稳定性研究很少。因此本文主要研究不同发泡剂在典型溶液条件下对泡沫混凝土发泡性能的影响。

1 原材料

(1) 发泡剂：本文采用的发泡剂有两种，分别为中科筑诚有限公司生产的 KC-15 与

基金项目：国家"十二五"科技支撑计划（2011BAJ04B02）。
作者简介：马保国（1957—），男，河南开封人，教授，博士，从事新型墙体材料和特种砂浆方面的研究，Tel：027-87160951，E-mail：mbgjob@163.com。

KC-16发泡剂。KC-15发泡剂为黑色液体,主要成分为松香热聚物,并加入适量稳泡剂,KC-16发泡剂为棕黄色膏状物,主要成分为动物蛋白,并加入适量稳泡成分。其发泡倍数分别为28倍与24倍。

(2)聚丙烯酰胺:国药集团化学试剂有限公司生产的聚丙烯酰胺3000000,性状为白色或微黄色颗粒或粉末。

(3)葡萄糖酸钙:慧兴生化试剂有限公司生产的D-葡萄糖酸钙,性状为白色结晶颗粒或粉末,相对分子量448.39。

2 发泡剂制备泡沫

本次试验采用物理法制得泡沫。将适量发泡剂,200g水和其他组分加入搅拌锅中,用泡沫搅拌机搅拌2min即可制得试验所需的泡沫。

3 泡沫稳定性研究

3.1 发泡剂浓度对泡沫排液速度的影响

为了能够制得泡沫,发泡剂存在一个最小的掺量,称为临界胶束浓度。当发泡剂浓度小于临界胶束浓度时,随着发泡剂浓度的增加,微观表现为溶液的表面张力减小,表面活性增加。在宏观上表现为发泡剂的发泡能力增加,发泡倍数有所提高,但此时存在制得的泡沫稳定性差的缺点。当发泡剂浓度继续增加时,发泡剂的发泡倍数不会继续提高,但泡沫的稳定性会持续增加。其原因是随着浓度的增加,表面活性剂分子会在溶液表面富集,形成越来越致密的液膜,液膜的排液速度下降,气泡也就越稳定。但发泡剂掺量也不能无限增加,当浓度增加到一定程度时,泡沫液膜中液体的含量会减少,"脆性"增加,泡沫容易破裂,稳定性也会下降。

图1为不同质量百分比浓度的KC-15溶液中,泡沫排液量随时间的变化曲线,横轴为发泡完毕后经过的时间,纵轴为剩余泡沫质量占初始泡沫质量的百分比。从图1可以看出,不同浓度KC-15发泡剂产生的泡沫随时间的排液曲线变化趋势基本一致,气泡剩余质量随着时间不断减小。在开始的20min排液速度较快,后40min的排液速度较慢。这是因为在

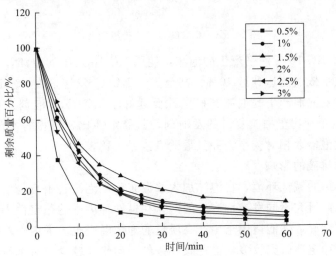

图1 KC-15浓度对泡沫排液的影响

初始的20min，泡沫中大量的小气泡合并为大气泡，伴随着的是液膜的排液过程，大气泡随后破灭，因此早期的泡沫质量损失很大。

一般来说，泡沫混凝土浆体的稠化时间为20min左右，在这段时间内剩余泡沫的质量越大，表明泡沫性能越稳定，生产出来的泡沫混凝土性能也就越好。由图1中曲线所示，浓度为1.5%的KC-15发泡剂产生的泡沫在20min时剩余的质量最多，可以达到30%以上，比其他掺量的泡沫剩余质量要大。对比几条泡沫排液曲线，可以看出掺量为1.5%泡沫，在整个排液过程中其排液量在各个时间均比其他掺量的泡沫要小，在各个时间其稳定性也优于其他掺量的泡沫，因此1.5%为KC-15发泡剂的最佳掺量。

图2为不同质量百分比浓度KC-16溶液中，泡沫排液量随时间的变化曲线。横轴为发泡完毕后经过的时间，纵轴为剩余泡沫质量占初始泡沫质量的百分比。从中可以看出，在20min时，浓度为5%的KC-16发泡剂产生的泡沫剩余的质量百分比最大，高达70%以上。发泡剂浓度为4.5%和5.5%的泡沫在20min时剩余的质量百分比也能有近70%，与5%浓度的排液曲线区别不大。对比几条排液曲线，可以看到KC-16掺量为5%的泡沫，在整个排液过程中气泡剩余质量百分比均大于其他掺量的泡沫，因此5%为KC-16发泡剂的最佳掺量。

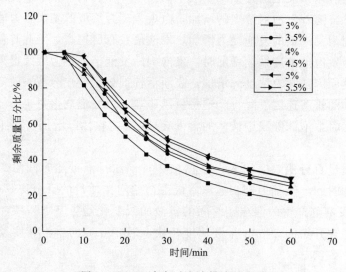

图2　KC-16浓度对泡沫排液的影响

对比KC-15和KC-16发泡剂产生的泡沫，使用KC-16发出的泡沫，经过60min的排液后，剩余泡沫的质量依然能达到近40%，甚至大于KC-15发泡剂在20min时的剩余泡沫质量。因此，KC-16发泡剂产生的泡沫其稳定性要远好于KC-15发泡剂产生的泡沫，这是因为KC-16发泡剂属于动物蛋白类复合的发泡剂，其稳定性比属于松香类的KC-15复合发泡剂好，其缺点是发泡倍数相对较小，并且最适宜掺量也比较大。

3.2　pH值对泡沫排液的影响

水泥浆体为典型的碱性环境，将泡沫加入水泥浆后，泡沫会由自身所处的环境迅速的转变为碱性环境，因此研究不同发泡剂产生的泡沫在碱性环境中的稳定性十分重要。发泡剂在碱性环境中的稳定性好，才能适用于生产高质量的泡沫混凝土。国内外对酸性条件下的不同发泡剂产生泡沫的稳定性研究较多，但在碱性条件下的研究较少，对于研究泡沫混凝土用发泡剂的实际意义不大。于书平等测试SDS/十二醇/明胶、SDS/CTAB/明胶和FS/明胶3种发泡剂制得的泡沫在酸性条件下的稳定性（以半衰期表示的寿命），结果表明：SDS/十二醇/明胶泡沫在 pH 值为 4～6 时半衰期最长，在强酸性条件下不稳定，寿命明显降低。SDS/CTAB/明胶和 FS/明胶两种泡沫在 pH 值为 2～5 时半衰期最长，在更强酸度下仍有一定寿命。özdemir 等研究了 pH 值对 R1 和 R2 溶液泡沫性能的影响，对 pH＝5.0 和 pH＝6.8 时的测试结果进行了对比，结果表明当 pH＝5.0 时泡沫发泡倍数有所减少，但泡沫的稳定性却明显增加。本节主要研究在碱性溶液环境下发泡剂产生泡沫的稳定性变化，使用 NaOH 来调节溶液的 pH 值。

图 3 所示为不同 pH 值溶液环境下 KC-15 发泡剂产生的泡沫，排液量随时间变化的曲线。横轴为发泡完毕后经过的时间，纵轴为剩余泡沫质量占初始泡沫质量的百分比。由图 3 中看到，pH 值的增大会显著增大泡沫的排液，泡沫的稳定性会急剧减小。在 pH＝9 和 pH＝10 的溶液环境中，泡沫的排液曲线基本重合，但都明显低于 pH＝7 时泡沫的稳定性。对比 20min 时的剩余泡沫质量百分比。在 pH 值为 7 时，泡沫剩余质量百分比为 30%，在 pH＝9 和 pH＝10 时，泡沫剩余质量百分比只有 20% 不到，稳定性下降了近一半。

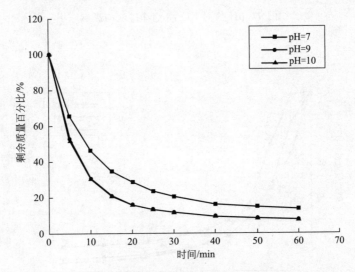

图 3　pH 值对 KC-15 泡沫排液的影响

图 4 为不同 pH 值溶液环境下 KC-16 发泡剂产生的泡沫，其排液量随时间变化的曲线。从图 4 可以看出，pH 值越高，泡沫的排液量也越大，稳定性会急剧降低，明显低于 pH＝7 时泡沫的稳定性。对比 20min 时的剩余泡沫质量百分比。在 pH 值为 7 时，泡沫剩余质量百分比为 70%，在 pH＝9 时为 35%，pH＝10 时为 30%，稳定性下降了 50%。

溶液组成不同，pH 值对泡沫稳定性的影响程度也有所不同，这是因为 pH 值的变化改变了发泡剂与水的相互作用力，产生的气泡表面张力也被改变，总的来说，KC-15 和 KC-16 对碱性溶液环境十分敏感，pH 值的增大会极大地缩短气泡的半衰期。通过对碱性条件下（pH 值大于 7）的研究，发现两种发泡剂在碱性条件下的稳定性下降明显，加入水泥浆体后气泡会比中性环境下更快排液、破灭，证明了制备超低密度泡沫混凝土是十分困难的。

3.3　黏度值对泡沫排液的影响

图 5 为不同黏度值溶液中 KC-15 发泡剂排液速度曲线，纯水的黏度为 1cP，在纯水里加入聚丙烯酰胺调节水的黏度，分别制得黏度为 15cP 和 20cP 的溶液，作为产生泡沫的溶剂。对比用 15cP 和纯水溶剂发出的泡沫排液曲线，可以看出在溶液黏度增大在排液初期会减慢

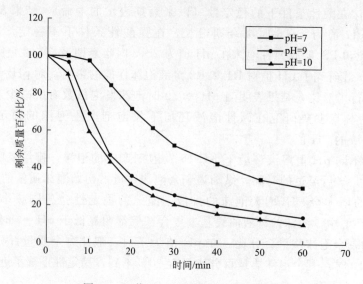

图 4　pH 值对 KC-16 泡沫排液的影响

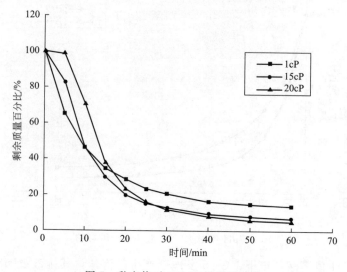

图 5　黏度值对 KC-15 排液的影响

气泡的排液速度，在 10min 后，黏度为 15cP 的排液量又会反超纯水溶剂的排液速度。这说明黏度的增大可以提高 KC-15 泡沫的初期稳定性，但会减小后期的稳定性。黏度值为 20cP 的溶液其气泡排液速度曲线与 15cP 的排液曲线类似，都是一个增加初期稳定性，减小后期稳定性的曲线。不同的是 20cP 的溶液在 15min 后排液量才会反超，并且其对于气泡初期稳定性的增大更明显，对后期的稳定性减小与 15cP 基本一致。

图 6 为不同黏度值溶液中 KC-16 发泡剂排液速度曲线，可以看出随着黏度的增大，产生的泡沫稳定性逐渐减小，发泡剂的发泡倍数也有明显的降低。

黏度的增大对 KC-15 和 KC-16 泡沫的稳定性影响并不相同，这是因为两种发泡剂的组成不同，KC-15 为松香型发泡剂，并且早期稳定性较差，黏度的增大可以减慢泡沫液膜液体的流出速度，提高早期稳定性；KC-16 为蛋白类发泡剂，早期稳定性很好，黏度的增大不仅不能减慢泡沫液膜液体流出速度，反而会因为减小了发泡剂的发泡倍数，增大了液膜的含水

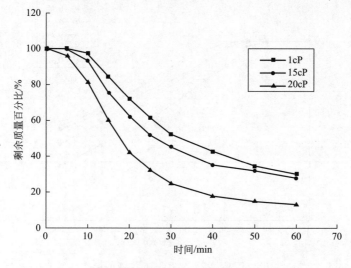

图 6　黏度值对 KC-16 排液的影响

量,促进了液膜的排液。但总的来说,黏度的提高会降低 KC-15 和 KC-16 发泡剂的发泡倍数,并且最终降低泡沫的稳定性。

3.4　Ca^{2+} 离子浓度对泡沫排液的影响

水泥浆体中含有大量的 Ca^{2+} 离子,因此研究 Ca^{2+} 离子对泡沫排液性能的影响是十分必要的,本实验使用葡萄糖酸钙来引入 Ca^{2+} 离子。

图 7 为 Ca^{2+} 离子对 KC-15 发泡剂排液速度曲线的影响。葡萄糖酸钙的质量百分浓度范围为 0.20%～0.60%。对比 5 条曲线可以看出,不同掺量的葡萄糖酸钙对 KC-15 发泡剂排液有一定影响,葡萄糖酸钙存在一个最佳掺量 0.5%,大于或小于这个掺量均会加快泡沫的排液。

图 8 为 Ca^{2+} 离子浓度对 KC-16 发泡剂排液速度曲线的影响。葡萄糖酸钙的质量百分浓度范围为 0.10%～0.30%。对比图 7 和图 8,可以看出 Ca^{2+} 离子浓度对 KC-16 的影响更明显,对 KC-16 发泡剂葡萄糖酸钙存在一个最佳掺量 0.25%,大于或小于这个掺量均会加快

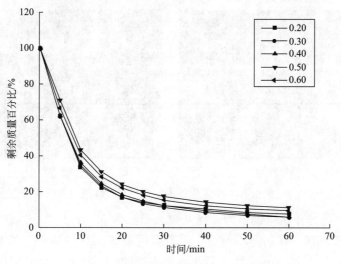

图 7　Ca^{2+} 离子对 KC-15 排液的影响

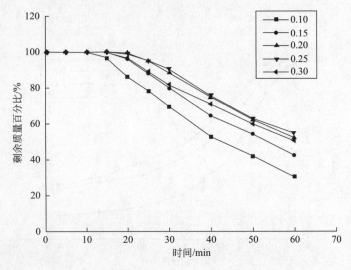

图 8 Ca^{2+} 离子对 KC-16 排液的影响

泡沫的排液。观察图 8 中的排液曲线，还可以发现 Ca^{2+} 离子的引入可以明显提高泡沫在前 20min 的稳定性。

4 微观测试

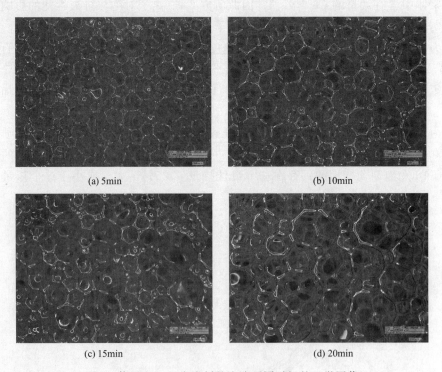

图 9 使用 KC-15 发泡剂的泡沫不同时间的显微图像

图 9 为 KC-15 泡沫在显微镜下的图像，放大倍数为 50 倍。4 幅图依次为 5min、10min、15min、20min 时的泡沫图像。可以看出，随着时间的变化，泡沫的平均直径越来越大。由 5min 时平均直径大约为 $500\mu m$，增大到 20min 时约为 $1000\mu m$。这是因为小气泡的内部压

强大，大气泡的内部压强小，因此小气泡有合并为大气泡的趋势。同时可以看出随着时间的变化，拍摄的图片中液膜逐渐变亮。液膜发亮的原因是因为液膜中的液体排出后部分吸附在液膜表面，液体会反射光线。说明越到后期气泡排出的液体聚集得越多，与排液实验观察的结果一致。KC-16 的显微图像与 KC-15 类似，这里就不再赘述。

5 结 论

（1）发泡剂存在一个最佳掺量，KC-15 发泡剂的最佳掺量为 1.5%，KC-16 发泡剂的最佳掺量为 5%，大于或小于最佳掺量均会加快泡沫的排液速度。

（2）在 pH>7 的条件下，两种发泡剂的稳定性明显下降，因此加入水泥浆体后气泡会比中性环境下更快排液、破灭。

（3）溶液黏度的增大会提高 KC-15 泡沫的初期稳定性，但会减小后期的稳定性。增大黏度，KC-16 泡沫的前期和后期稳定性均降低。

（4）Ca^{2+} 离子的引入使两种发泡剂的泡沫稳定性均有提高，对 KC-15 和 KC-16，Ca^{2+} 离子的最佳引入量分别为 0.5% 和 0.25%。

参考文献

[1] E. K. Kunhanandan Nambiar，K. Ramamurthy. Air-void characterization of foam concrete [J]. Cement and Concrete Research，2007，37（2）：221-230.

[2] Kearsly，Wainwright. Porosity and permeability of foamed concrete [J]. Cement and Concrete Research，2001，31（5）：805-812.

[3] 于书平，张正英，樊西惊. 酸性条件下泡沫的稳定性 [J]. 油田化学，1994，91（1）：70-72.

[4] özdemir G，Peker S，Helvaci SS. Effect of pH on the surface and interfacial behavior of rhamnolipids R1 and R2 [J]. Colloids and Surfaces A-Physicochemical and Engineering Aspects，2004，234（1-3）：135-143.

基于掺入引气剂的砂浆和混凝土的孔结构的调控

张雄　郇坤　高辉

(同济大学，先进土木工程材料教育部重点实验室，上海市，201804；
同济大学，建筑材料研究所，上海市，201804)

摘要：本文通过砂浆和混凝土成型试验，并利用定量体视学方法以及 DSC-TG 分析研究了 H 组分以及 740 和 750 组分对掺入常用引气剂 K12 的砂浆和混凝土硬化孔结构的影响，并得到了如下结论：(1) 随着 H 组分的增加，掺有 K12 引气剂的砂浆和混凝土的总孔隙率基本不变，平均孔径减小，偏向 10~400μm，砂浆和混凝土的强度提高。(2) 740 和 750 在低掺量的情况下，可以使得掺有 K12 引气剂的砂浆和混凝土的总孔隙率不变且平均孔径减小，强度提高。随着掺量的增加，740 和 750 具有消泡效果，使得总孔隙率降低，强度提高。(3) H 组分和 740 及 750 组分对砂浆强度的提高是由于调孔的作用而非加速水化进程的影响。

关键词：材料科学；定量体视学；砂浆；混凝土；调控；孔结构

Regulation of the Pore Size Based on the Mortar and Concrete Mixed with Air Entraining Agent

Zhang Xiong　Huan Kun　Gao Hui

(Key Laboratory of Advanced Civil Engineering Materials of the Ministry of Education，Tongji University，Shanghai，201804；Institute of Building Materials，Tongji University，Shanghai，201804)

Abstract：Mortar and concrete forming test, image analysis and DSC-TG analysis are used to the influence of the mortar and concrete pore structure which are mixed with K12 by H, 740 and 750 components. And conclusions follows：(1) As amount of H increases, the average pore diameter of the mortar and concrete mixed with K12 decreases (down to 10~400μm) and the strength increases with no influence of the total porosity. (2) The low adding amount of 740 and 750 in the mortar and concrete with K12 could make the average pore diameter decrease and strength increase while the high adding amount could break the air bubbles in the fresh concrete. (3) The increasement of the strength of the mortar and concrete is due to the regulation effect of H, 740 and 750, not the promotion of hydration process.

Keywords：Material science；Image analysis；Mortar；Concrete；Regulation；Pore structure

1　前　言

在砂浆和混凝土中掺入引气剂，可以引入大量均匀、稳定且封闭的气孔，从而显著改善混凝土的抗渗性、抗冻性等耐久性能，但也会造成其强度降低。有研究表明，如果混凝土含

作者简介：张雄，男，1956 年 9 月出生，汉族，台湾台北人，中共党员，博士，同济大学二级教授、博士生导师，同济大学建筑材料研究所所长。中国材料研究学会理事、中国硅酸盐学会废渣综合利用专业委员会主任、上海市混凝土行业协会副会长、国家教育部高校优秀骨干教师。邮箱：xiong.zhang@vip.sina.com。

气量增加1%,则抗压强度降低4%～6%,抗折强度降低2%～3%,而强度是衡量混凝土力学性能的首要指标,这使得引气剂在混凝土中的应用大大受到限制。长久以来,工程应用中对引气剂的使用存在一定的偏见,认为引入气体就一定会造成混凝土强度的较大损失,忽略了混凝土孔结构对强度的影响。目前在孔结构与强度的研究中,研究较多的是总孔隙率对混凝土强度的影响,有很多强度与总孔隙率之间关系的半经验公式,但这些公式有一定的局限性,只考虑孔隙率对混凝土强度的影响,没有考虑孔级配、孔空间分布等其他特性对混凝土强度的影响。不少研究文献表明,相同的孔隙率混凝土,由于其孔级配分布的不同,其强度有相当大的差异。作者研究,在相同的含气量情况下,引气剂引入的孔径在合适的范围内(小孔),有利于混凝土的力学性质及相应的和易性等性质,而砂浆和混凝土的性质有一定的一致性。而目前,国内的常用的一些引气剂引入的气孔孔径较大,降低砂浆和混凝土的强度。其中较为常用有引气剂K12,其在砂浆和混凝土中引入的气孔往往大小不均,基体中经常出现大孔($>1600\mu m$)。本文主要通过在K12中掺入调控组分来实现对硬化后混凝土孔结构的调整,将其孔径调控在合适的范围内,从而降低砂浆和混凝土的强度的损失。

2 原材料与方法

2.1 原材料

水泥:安徽宁国海螺P·Ⅱ52.5,基本性能参数见表1;细集料:中砂,细度模数2.54;粗集料:选用了粒径为5～25mm,表面比较粗糙且质地坚硬的玄武岩碎石;水:上海自来水;混凝土的配比为水:水泥:砂子:石子=2.15:3.9:9.75:10.3(kg);引气剂:试验中应用了K12引气剂,其主要成分为十二烷基硫酸钠,白色至微黄色粉末,易溶于水,HLB值为40。调控组分见表2。

表1 水泥基本性能参数

密度/(g/cm^3)	比表面积/(m^2/kg)	标准稠度用水量/%	凝结时间/min		抗折强度/MPa		抗压强度/MPa	
			初凝	终凝	3d	28d	3d	28d
3.14	370	26	109	154	6.3	10	31.5	63.1

表2 改性剂主要成分及物理性质

组分代号	主要成分	颜色	性状
H	环状低聚糖	白色	晶体粉末
740	醚类	浅黄色	黏稠液体
750	醚类	浅黄色	黏稠液体

2.2 试验方法

(1) 水泥胶砂试块的抗压强度:按照《水泥胶砂强度检验方法》(GB/T 17671—1999)测试试件7d,28d的抗折强度和抗压强度,试件尺寸为40mm×40mm×160mm。

(2) 混凝土试块的抗压强度:按照国家标准《普通混凝土力学性能试验方法》测试试件7d的抗压强度,试件为边长100mm立方体,折算系数为0.95。

(3) 养护28d砂浆试件上切割40mm×40mm×20mm的薄片,用磨片机打磨观测面,用抛光机抛光观测面,清洗观测面,并用黑色墨水均匀涂黑观测面,将砂浆切片置入烘箱在

105℃±5℃条件下烘干，用50nm级碳酸钙填充气孔并用绒布擦掉表面多余纳米碳酸钙，此时可以清晰地分辨出观测面上的气孔，用带电子目镜的体视显微镜观察拍照，其测试面积为30mm×30mm，测试最小样本数为4个面。最后用Image-Pro Plus 6.0对显微图片进行处理测量，得到所需气孔结构参数。如图1所示，为砂浆气孔结构定量体视学图像分析图谱。其中，图(a)为原始RGB图像，图(b)为灰度处理后的灰阶八位图像，图(c)为二值化图像。

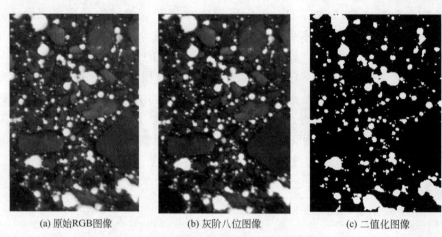

(a) 原始RGB图像　　　(b) 灰阶八位图像　　　(c) 二值化图像

图1　砂浆气孔结构分析图谱

混凝土的孔隙率、孔径分布测定：方法同（1）中所述的砂浆，需用切割机切割成100mm×100mm×20mm薄片。

3　试验结果与分析

表3～表6分别为试验获得的砂浆和混凝土的28d抗压强度、平均孔径及气泡间距系数以及相应的28d分级孔隙率。

表3　砂浆28d的抗压强度、平均孔径、比表面积及气泡间距系数

组号	外加剂及其掺量/0.01%	抗压强度/MPa	总孔隙率/%	平均孔径/μm	气泡间距系数/μm	比表面积/μm^{-1}
O	K-0.3	24.26	12.99	117.37	238.159	0.0164
A-1	K-0.3+H-0.5	26.05	13.53	112.87	230.4045	0.0186
A-2	K-0.3+H-2	31.56	12.82	90.33	141.1484	0.0319
A-3	K-0.3+H-4	28.06	13.43	92.35	162.9403	0.0294
B-1	K-0.3+740-0.3	30.08	12.47	91.74	133.3465	0.0329
B-2	K-0.3+740-1	31.33	12.88	93.4	144.1377	0.0384
B-3	K-0.3+740-2	32.73	11.65	92.52	189.8518	0.0333
B-4	K-0.3+740-3	32.91	9.12	130.23	329.4326	0.0135
B-5	K-0.3+740-4	38.31	8.72	169.13	377.5347	0.012
C-1	K-0.3+750-0.3	27.14	12.67	100.34	161.4734	0.0263
C-2	K-0.3+750-1	30.6	10.18	149.52	272.4061	0.015
C-3	K-0.3+750-1.5	33.48	9.07	161.73	399.8841	0.0115
C-4	K-0.3+750-2	40.26	8.71	173.93	311.9658	0.0111
C-5	K-0.3+750-3	38.44	7.35	178.16	313.0472	0.0085

表4 砂浆28d的分级孔隙率和总孔隙率

组号	分级孔隙率/%									总孔隙率/%
	10~100 μm	100~200 μm	200~400 μm	400~600 μm	600~800 μm	800~1000 μm	1000~1200 μm	1200~1400 μm	1400~1600 μm	
O	1.17	2.18	2.79	1.97	1.81	1.12	0.45	0.97	0.53	12.99
A-1	0.89	2.11	3.62	2.08	2.45	1.14	0.24	0.54	0.46	13.53
A-2	2.19	3.8	4.1	1.66	0.73	0.35	0	0	0	12.82
A-3	2.21	3.68	4.8	0.88	0.78	0.9	0	0.18	0	13.43
B-1	1.57	4.62	5.1	0.93	0.11	0.12	0	0	0	12.47
B-2	1.22	4.08	5.83	1.45	0.25	0.06	0	0	0	12.88
B-3	0.7	2.82	5	1.93	0.82	0.19	0.12	0.05	0	11.65
B-4	0.19	0.7	1.7	1.65	2.07	1.18	0.64	0.42	0.58	9.12
B-5	0.18	0.56	1.51	1.89	1.51	1.3	0.75	0.55	0.48	8.72
C-1	1.21	4.34	4.38	1.94	0.66	0	0.13	0	0	12.67
C-2	0.31	1.11	2.92	2.22	1.65	0.86	0.65	0.36	0.1	10.18
C-3	0.22	0.39	1.15	1.63	1.57	1.48	1.22	0.85	0.56	9.07
C-4	0.48	0.51	1.26	1.53	1.39	0.95	0.89	1.02	0.69	8.71
C-5	0.39	0.48	1.02	1.31	1.09	0.97	1.09	0.57	0.43	7.35

表5 混凝土28d的抗压强度、平均孔径、比表面积及气泡间距系数

组号	外加剂及其掺量/0.01%	抗压强度/MPa	总孔隙率/%	平均孔径/μm	气泡间距系数/μm	比表面积/μm^{-1}
blank	K-0	42	0.77	51.22	103.5927	0.04
O	K-0.5	34.6	2.67	80.12	171.3334	0.0237
A-1	K-0.5+H-0.5	39.39	2.65	87.94	178.1257	0.0226
A-2	K-0.5+H-2	39.75	2.7	70.94	157.3763	0.0259
A-3	K-0.5+H-4	41.5	2.64	64.77	154.4842	0.0266
B-1	K-0.5+740-0.3	37.66	2.55	63.4	161.1478	0.0269
B-2	K-0.5+740-1	37.73	2.5	65.58	165.2972	0.024
B-3	K-0.5+740-2	35.32	3.06	81.24	187.5683	0.0186
B-4	K-0.5+740-3	33.99	2.22	90.94	203.997	0.019
B-5	K-0.5+740-4	37.75	2.12	97.26	207.6192	0.0163
C-1	K-0.5+750-0.3	33.07	2.71	83.54	193.4376	0.0176
C-2	K-0.5+750-1	38.16	2.73	61.15	161.1308	0.0281
C-3	K-0.5+750-1.5	37.85	2	91.01	188.5682	0.0157
C-4	K-0.5+750-2	38.8	2.08	91.33	201.9969	0.0169
C-5	K-0.5+750-3	39.21	2.07	96.72	209.6191	0.0138

表6 混凝土28d的分级孔隙率和总孔隙率

组号	分级孔隙率/%									总孔隙率/%
	10~100 μm	100~200 μm	200~400 μm	400~600 μm	600~800 μm	800~1000 μm	1000~1200 μm	1200~1400 μm	1400~1600 μm	
blank	0.17	0.15	0.15	0.08	0.07	0.06	0.04	0.04	0	0.77
O	0.28	0.42	0.65	0.45	0.33	0.19	0.15	0.16	0.03	2.67
A-1	0.58	0.72	0.42	0.35	0.15	0.11	0.17	0.07	0.08	2.65
A-2	0.63	0.69	0.47	0.53	0.06	0.16	0.04	0.08	0.05	2.7
A-3	0.85	0.59	0.5	0.44	0.1	0.07	0.06	0.04	0	2.64
B-1	0.29	0.74	0.78	0.3	0.18	0.12	0.08	0.06	0	2.55
B-2	0.24	0.7	0.56	0.58	0.19	0.1	0.07	0.03	0.03	2.5
B-3	0.25	0.48	0.64	0.47	0.44	0.37	0.16	0.24	0.02	3.06
B-4	0.14	0.27	0.54	0.41	0.27	0.23	0.18	0.1	0.07	2.22
B-5	0.21	0.26	0.49	0.33	0.24	0.18	0.12	0.13	0.17	2.12
C-1	0.28	0.63	0.56	0.54	0.22	0.31	0.11	0.06	0	2.71
C-2	0.48	0.94	0.56	0.36	0.15	0.15	0.01	0.03	0.05	2.73
C-3	0.17	0.19	0.41	0.4	0.16	0.16	0.2	0.14	0.1	2
C-4	0.15	0.24	0.5	0.36	0.32	0.32	0.08	0.08	0.03	2.08
C-5	0.15	0.18	0.45	0.43	0.26	0.25	0.14	0.1	0.1	2.07

3.1 H组分对砂浆强度和孔径等参数的影响

由图2可知,掺入0.3/万的砂浆试件的孔隙率为12.99%,随着H组分掺入量的增加,砂浆的孔隙率基本不变,而砂浆的28d强度有先增大后不变的趋势。当H组分掺量达到2/万的时候,砂浆的强度达到了31.56MPa,较基准试件提高了23.13%,由此可知,相同孔隙率的砂浆,其强度也有一定的差别。而这主要由于砂浆试件内部的孔结构不同。由图3可知,随着H组分的增加,砂浆试件的平均孔径减小,而其孔的体积比表面积和气泡间距系数增大也间接证明了H组分能够使得掺有K12的砂浆试件的孔径减小。

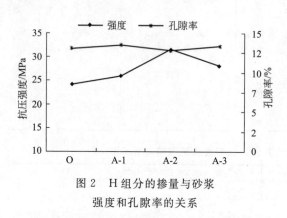

图2 H组分的掺量与砂浆强度和孔隙率的关系

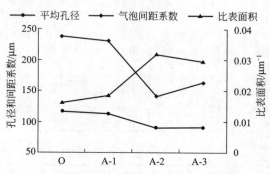

图3 H组分的掺量与砂浆平均孔径、气泡间距系数以及比表面积的关系

由表4可知,随着H组分的掺量的增加,其在10~400μm的分级孔隙率增加,400~1000μm的分级孔隙率有所降低,1000~1600μm的分级孔隙率降低的最大。由此可知,掺入H组分能够将掺有K12的砂浆试件的孔径调向10~400μm的范围而不改变试件的总孔隙率。

3.2 740组分对砂浆强度和孔径等参数的影响

由图4可知,随着740组分掺量的增加,砂浆试件的孔隙率先不变后减小。而砂浆的强度逐渐增大。由图5可知,砂浆试件的孔的体积比表面积先增大后减小,气泡间距系数和平均孔径则与之相反,由此可知,740组分掺量在1/万以内,砂浆的总孔隙率基本不变而平均孔径降低,强度增加;随着740组分掺量的增加,总孔隙率降低,砂浆强度也随着增加。

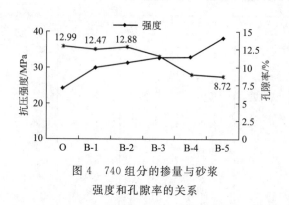

图4 740组分的掺量与砂浆强度和孔隙率的关系

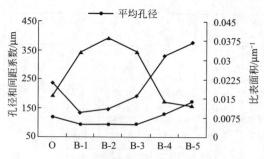

图5 740组分的掺量与砂浆平均孔径、气泡间距系数以及比表面积的关系

由表4可知,随着740组分的掺量的增加,其在10~400μm的分级孔隙率先增加后减小,400~1600μm的分级孔隙率则相反。由此可知,740组分在小掺量的情况下与H组分相似,具有调节孔结构的作用,而随着掺量增加,其消泡作用较为明显。

3.3 750组分对砂浆强度和孔径等参数的影响

由图6可知，750组分的掺量较小（0.3/万以内），砂浆试件的总孔隙率基本不变而强度提高。掺量增加后，总孔隙率逐渐减小，强度增大。由图7可知，砂浆试件的比表面积先增大，后减小。结合表4可知，750与740相似，在小掺量范围内具有调节孔结构的作用，而掺量增加后，其具有消泡效果。

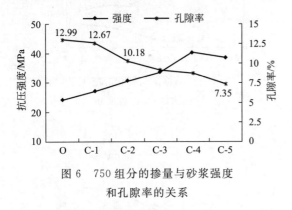

图6 750组分的掺量与砂浆强度和孔隙率的关系

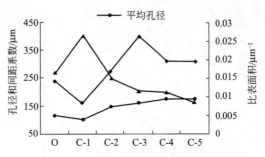

图7 750组分的掺量与砂浆平均孔径、气泡间距系数以及比表面积的关系

3.4 H组分对混凝土强度和孔径等参数的影响

由图8可知，H组分的掺入基本不影响混凝土的总孔隙率，但是对其抗压强度有所改善，并结合图9以及表6可知，H组分对掺有K12组分的混凝土的作用与砂浆的作用规律相似。可能由于H组分能够溶于K12溶液，具有提高混凝土中溶液的黏度，使得其在起泡的过程中不容易生成较大的气泡，从而在混凝土中产生较小的孔径。

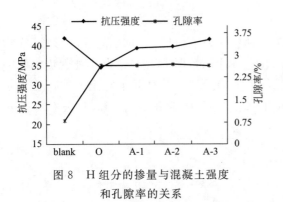

图8 H组分的掺量与混凝土强度和孔隙率的关系

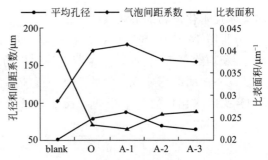

图9 H组分的掺量与硬化混凝土平均孔径、气泡间距系数以及比表面积的关系

3.5 H组分对混凝土强度和孔径等参数的影响

由图10、图11及表6可知，740对混凝土的作用与砂浆相似。在掺量较小的情况下具有改善孔结构的作用，随着掺量的增加，具有消泡的作用。

可能由于740组分在掺量较小的情况下，其具有降低引入的气泡的液膜强度，使得大泡自行分裂成小泡。而随着掺量的增加，其对大的气泡具有强烈的撕裂作用，从而产生消泡的效果。

3.6 750组分对混凝土强度和孔径等参数的影响

由图12、图13及表6可知，750对混凝土的作用效果与砂浆相似，并且规律同740一致。由于750和740同属醚类，故其基本作用机理也与740相似。

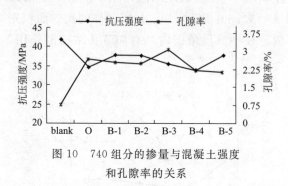

图10 740组分的掺量与混凝土强度和孔隙率的关系

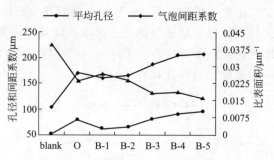

图11 740组分的掺量与硬化混凝土平均孔径、气泡间距系数以及比表面积的关系

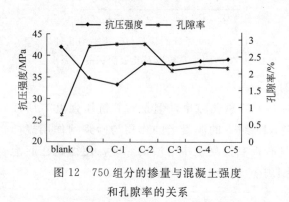

图12 750组分的掺量与混凝土强度和孔隙率的关系

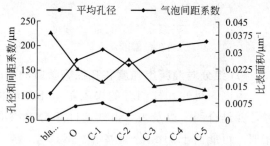

图13 750组分的掺量与硬化混凝土平均孔径、气泡间距系数以及比表面积的关系

3.7 水泥水化产物的DSC-TGA测试

分析图14～图16可以得出：观察三条DSC曲线，均在417～490℃范围内形成了峰，且峰面积均约等于90J/g，这说明三种试样的水化进程相同，即H与740并不能促进水泥的水化。TGA曲线均随着温度的升高而逐渐降低，且下降趋势和线型几乎完全一致，这说明三种样品的水化程度基本相同，且没有新物质生成。TGA曲线在405～466℃左右斜率较

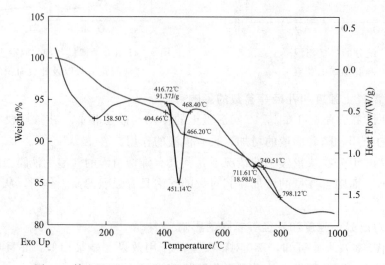

图14 掺入K12（1/万）28d净浆试样的DSC-TGA测试曲线

大，这可能是由于水化产物中 $Ca(OH)_2$ 分解成 CaO 和 H_2O，水分蒸发，使得样品的质量急剧下降。由此可知掺入调控组分后，总孔隙率基本不变而强度提高不是因为生成了新的水化产物，而是孔结构发生了改变。

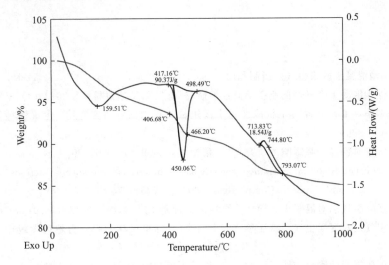

图 15　掺入 K12（1/万）净浆以及 H 组分（4/万）28d 净浆试样的 DSC-TGA 测试曲线

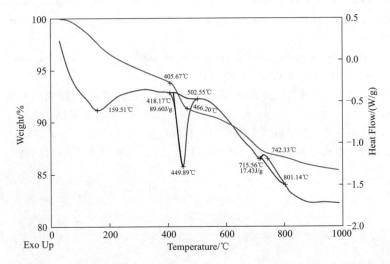

图 16　掺入 K12（1/万）净浆以及 740 组分（4/万）28d 净浆试样的 DSC-TGA 测试曲线

4　结　论

本文通过成型砂浆和混凝土试件的试验并对其进行切片处理，然后运用定量体视学分析方法以及热分析方法研究了 H 组分、740 和 750 组分对掺入 K12 引气剂的砂浆和混凝土的孔结构的作用，得到如下结论：

（1）随着 H 组分的增加，掺有 K12 引气剂的砂浆和混凝土的总孔隙率基本不变，平均孔径减小，偏向 $10\sim400\mu m$，砂浆和混凝土的强度提高。

（2）740 和 750 在低掺量的情况下，可以使得掺有 K12 引气剂的砂浆和混凝土的总孔隙率不变且平均孔径减小，强度提高。随着掺量的增加，740 和 750 具有消泡效果，使得总孔隙率降低，强度提高。

(3) 通过水泥 DSC-TGA 测试可知，三条 DSC 曲线（空白、掺 H 组分、掺 740 组分）均在 417～490℃范围内形成了峰，且峰面积均约等于 90J/g，说明三种试样的水化进程相同，H 组分和 740 及 750 组分对砂浆强度的提高是由于调孔的作用而非加速水化进程的影响。

参考文献

[1] 王华杨. Q-1 型混凝土砂浆引气剂研制和应用 [J]. 工业建筑，1998，28（4）：17-19.
[2] 杨勇等. 高性能混凝土引气剂的制备及其性能研究 [J]. 新型建筑材料，2013（4）：59-63.
[3] 程云虹，陈东华，王元. 混凝土抗冻性与水泥用量关系的试验研究 [J]. 建筑材料学报，2011，14（4）：536-540，559.
[4] 李宁等. 引气剂对保温砂浆影响的研究 [J]. 混凝土，2009（12）：73-75.
[5] Chatterji, S.. Freezing of air-entrained cement-based materials and specific actions of air-entraining agents [J]. Cement and Concrete Composites, 2003, 7 (25): 759-765.
[6] 关壮，王欣然. 引气剂对混凝土力学性能影响试验研究 [J]. 低温建筑技术，2012，34（6）：4-5.
[7] 杨钱荣等. 引气剂对混凝土气泡特征参数的影响 [J]. 同济大学学报（自然科学版），2008，36（3）：374-378.
[8] 吴方政等. 引气剂对砂浆流变性的影响 [J]. 混凝土，2013（2）：110-112，116.
[9] Kim, H. K, J. H. Jeon and H. K. Lee, Workability, and mechanical, acoustic and thermal properties of lightweight aggregate concrete with a high volume of entrained air [J]. Construction and Building Materials, 2012 (29): 193-200.
[10] Shi. C, Strength, pore structure and Permeability of alkali-activated slag mortars [J]. Cement and Concrete Research, 1996, 12 (26): 1789-1799.
[11] 谢新生，汤巍，王锦叶. 多孔生态混凝土强度与孔隙率的试验研究 [J]. 四川大学学报（工程科学版），2008，40（6）：19-23.
[12] 郭江，张永贵. 混凝土孔隙率影响及控制 [J]. 科技信息，2010（7）：729，784.
[13] 韦江雄等. 混凝土中孔结构的分形维数研究 [J]. 华南理工大学学报（自然科学版），2007，35（2）：121-124.

干湿循环和冻融循环对预拌抹灰砂浆力学性能的影响

宣金琦　赵立群　陈宁

（上海市建筑科学研究院，上海，201108）

摘要：通过单掺不同保水增稠材料来提高抹灰砂浆的保水性，进而研究保水率在同一水平条件下，干湿循环和冻融循环对抹灰砂浆力学性能的影响。研究表明：（1）抹灰砂浆掺稠化粉后，无论抹灰砂浆处于气干状态、全干状态还是短期（48h）浸水，其抗压强度和拉伸黏结强度均明显大于其掺纤维素醚后的强度；（2）砂浆经短期（48h）浸水后，抗压强度与拉伸黏结强度均有所下降，且拉伸黏结强度下降较为明显。烘干后，砂浆抗压强度显著提高，同时其拉伸黏结强度显著降低；（3）经25次冻融循环后，砂浆的抗压强度均略有下降（5%以内），且掺入纤维素醚的砂浆其抗压强度损失要略小于掺入稠化粉的砂浆，与此同时抹灰砂浆的拉伸黏结强度均下降50%～60%，且掺入纤维素醚的砂浆其拉伸黏结强度损失要大于掺入稠化粉的砂浆；（4）经25次干湿循环，砂浆的抗压强度提高约40%～50%，且掺纤维素醚的砂浆效果较为显著，砂浆拉伸黏结强度提高10%～20%，且掺纤维素醚的砂浆效果较为显著。

关键词：预拌砂浆；干湿循环；冻融循环；稠化粉；纤维素醚；力学性能

Effect of wet and dry cycles and freeze-thaw cycles on the mechanical properties of ready-mixed mortar

Xuan jinqi　Zhao liqun　Chen ning

(Shanghai Research Institute of Building Science, Shanghai, 201108)

Abstract: Add different water-thickening material to improve the water retaining rate of the mortar and study the influence of wet and dry cycles and freeze-thaw cycles on the mechanical properties of the mortar with the water retaining rate at the same level conditions. Studies show that: (1) Plastering mortar mixed thickening powder, whether in the air-dry state, all dry state or saturated surface-dry condition, the compressive strength and tensile bond strength were significantly greater than the mortar mixed cellulose ethers; (2) mortar after short-term (48h) flooding, compressive strength and tensile bond strength has declined, and the tensile bond strength was more evident. After drying, the mortar strength significantly increased, while the tensile bond strength decreased significantly; (3) after 25 times freeze-thaw cycles, the compressive strength of mortar decreased slightly (5%), and the mortar mixed cellulose ethers decreased less than the mortar mixed thickening powder, while the tensile bond strength were decreased by 50% to 60%, and the mortar mixed cellulose ethers mortar decreased more than the mortar mixed thickening powder; (4) after 25 times wet and dry cycles the mortar compressive strength increased by about 40% to 50%, and the mortar mixed with the cellulose ethers is more significant, the tensile bond strength increased by 10% to 20%, and the mortar mixed cellulose ethers is more significant.

Keywords: ready-mixed mortar; wet and dry cycles; freeze-thaw cycles; thickening powder; cellulose ethers; mechanical properties

---

作者简介：宣金琦（1985—），男，硕士，工程师，从事预拌砂浆与新型墙体材料方面研究，Email：xuanjinqi@126.com。

1 前言

近年来,预拌砂浆因其施工性能好、质量稳定、环境污染小等优点得到广泛的应用,与此同时,预拌砂浆的耐久性问题仍时有发生,应引起重视。不同保水增稠材料对预拌砂浆的耐久性有不同的影响,鉴于上海、浙江和江苏地区使用砂浆稠化粉作为砂浆的保水增稠材料,国外和我国北方地区采用纤维素醚作为砂浆的保水增稠材料。本文通过单掺稠化粉或单掺羟丙基甲基纤维素醚来提高砂浆的保水性,然后研究砂浆保水率在同一水平条件下预拌砂浆的耐水性、抗干湿循环和抗冻融循环三项耐久性指标,并比较了两种保水增稠材料对砂浆力学性能影响的差别。

砂浆稠化粉是一种非石灰非引气型的保水增稠材料。砂浆稠化粉其本质就是有机网络蒙脱石,有机网络蒙脱石能稳定吸附大量水分子,提高砂浆的保水性,并且所形成的有机胶体具有很强的触变性,使得砂浆能长时间保持良好的可操作性。此外有机网络蒙脱石能有效控制蒙脱石膨胀,限制水泥浆的干缩,使砂浆黏结强度高,收缩低,抗冻性好。

纤维素醚(MC)是天然材料纤维素的衍生物。由于纤维素醚对砂浆具有良好的保水和增稠效果,能够显著改善砂浆的工作性,因此纤维素醚是砂浆中最常用的水溶性聚合物。纤维素醚的保水性主要取决于其黏度、颗粒细度、溶解速度以及添加量等。通常情况下,添加量越大、黏度越高、细度越细,则保水性越高。

2 试验

2.1 原材料

(1) 水泥:万安 P·O 42.5 级水泥,水泥性能符合 GB 175 要求,物理性能如表 1 所示。

表 1 水泥物理性能

密度/(g/cm³)	比表面积/(m²/kg)	凝结时间/min		抗压强度/MPa		抗折强度/MPa	
		初凝	终凝	3d	28d	3d	28d
3.20	380	193	213	34.9	59.3	6.6	9.8

(2) 掺合料:采用宝钢Ⅱ级低钙灰,化学性质及物理性质如表 2、表 3 所示。

表 2 粉煤灰化学性质 单位:%

烧失量	SiO_2	Al_2O_3	Fe_2O_3	MgO	CaO	SO_3	K_2O	Na_2O
5.70	49.98	31.44	5.33	1.10	5.79	0.46	0.34	0.20

表 3 粉煤灰物理性质

表观密度/(g/cm³)	需水量比/%	细度(45μm 筛余)/%
2.16	103	18.5

(3) 砂浆稠化粉:上海市建筑科学研究院研制,性能如表 4 所示。
(4) 纤维素醚:采用羟丙基甲基纤维素醚(HPMC),物理化学性质如表 5 所示。
(5) 河砂:全部通过 4.75mm 筛网,细度模数 2.3,颗粒级配如表 6 所示。

表 4 物理性能

试验项目	JG/T 164—2004 标准要求	检验结果	单项判断
分层度/mm	10～30	15	合格
含气量/%	≤20	2.2	合格
凝结时间差/min	+60～-60	-19	合格
7d 抗压强度比/%	≥75	87	合格
28d 抗压强度比/%	≥75	85	合格
25 次冻融循环抗压强度损失率/%	≤25	12.1	合格
25 次冻融循环质量损失率/%	≤5	0.0	合格
砌体抗压强度比/%	≥95	101	合格
砌体抗剪强度比/%	≥95	144	合格

表 5 纤维素醚性质

项目	黏度/(mPa·s)	活性物含量/%	含水率/%	盐含量/%	粒径(通过315μm)/%
数据	200000	>92.5	<6	<1.5	99.5

表 6 砂颗粒级配

筛网尺寸/mm	累计筛余/%	筛网尺寸/mm	累计筛余/%
4.75	0.0	0.30	86.0
2.36	9.0	0.15	97.9
1.18	17.8	<0.15	100
0.60	42.3		

（6）水：一般饮用水，符合 JGJ 63 要求。

2.2 试验方法

（1）抹灰砂浆的稠度、保水率、凝结时间、拉伸黏结强度、抗压强度、冻融循环试验参照《建筑砂浆基本性能试验方法标准》(JGJ/T 70—2009)进行。

（2）抹灰砂浆的软化系数参照《建筑保温砂浆》(GB/T 20473—2006)进行；干湿循环参照《蒸压加气混凝土性能试验方法》(GB/T 11969—2008)进行。

3 试验结果与分析

3.1 试验配合比

骨料含量取 78%，砂浆配合比如表 7 所示，基本性能数据如表 8 所示。

表 7 砂浆配合比试验

编号	水泥/%	粉煤灰/%	纤维素醚/‰	稠化粉/%	砂/%	水/%
1	12.0	10.0	0.10	0	78.0	16.7
2	12.0	10.0	0.20	0	78.0	16.7
3	12.0	10.0	0.25	0	78.0	16.6
4	12.0	10.0	0.30	0	78.0	16.4
5	12.0	8.0	0	2.0	78.0	18.0
6	12.0	7.5	0	2.5	78.0	18.0
7	12.0	7.0	0	3.0	78.0	17.5

表8 砂浆基本性能数据

编号	保水率/%	稠度/mm	凝结时间/min	14d拉伸黏结强度/MPa	7d抗压强度/MPa	28d抗压强度/MPa	密度/(kg/m³)
1	89	95	266	0.20	8.2	15.2	1930
2	90	93	285	0.22	7.9	12.4	1910
3	91	96	300	0.23	6.0	10.7	1900
4	93	96	300	0.25	5.4	9.7	1870
5	88	98	235	0.34	10.8	16.8	2060
6	90	97	252	0.28	10.2	16.3	2050
7	91	96	275	0.27	9.6	15.8	2030

为使试验具有可比性，选取保水率接近的3#与7#配方进行耐久性研究，纤维素醚掺量为0.25‰与稠化粉掺量为3%，砂浆试验配合比如表9所示。

表9 砂浆耐久性试验配合比

编号	水泥/(kg/m³)	粉煤灰/(kg/m³)	纤维素醚/(kg/m³)	稠化粉/(kg/m³)	砂/(kg/m³)	水/(kg/m³)	稠度/mm
1-CF	210	123	0	53	1368	296	90~100
2-MC	193	161	0.4	0	1253	273	90~100

3.2 抹灰砂浆耐久性能研究

3.2.1 抹灰砂浆耐水性研究

选取砂浆的三种含水状态对其耐水性进行研究：

（1）全干状态，砂浆试块在标准养护28d后，在（105±5）℃条件下烘干至恒重，达到内、外部均不含水。

（2）气干状态，砂浆试块标准养护28d，砂浆试块的内部含有一定水分，而表层和表面是干燥无水的。

（3）短期浸水，砂浆试块在标准养护28d后，浸水48h，取出试块，用湿抹布把表面水分擦干，此时试块内部和表层均含水达到饱和状态，而表面的开口孔隙及面层却处于无水状态。砂浆软化系数见表10。

表10 砂浆软化系数

编号	指标	试验数据/MPa			强度提高率/%		软化系数	
		气干	全干	浸水48h	全干	浸水48h	气干	全干
1-CF	28d抗压强度	15.1	27.9	14.7	84.8	−2.6	0.97	0.54
	28d拉伸黏结强度	0.37	0.26	0.34	−29.7	−8.1	—	—
2-MC	28d抗压强度	11.0	19.7	10.5	79.1	−4.5	0.95	0.53
	28d拉伸黏结强度	0.24	0.14	0.18	−41.7	−25.0	—	—

由图1、图2可知，抹灰砂浆掺稠化粉后，无论抹灰砂浆处于气干状态、全干状态还是浸水48h后，其抗压强度和拉伸黏结强度均明显大于其掺纤维素醚后的强度。纤维素醚具有一定的引气作用，增加了砂浆的孔隙率。一方面，与掺稠化粉的砂浆相比，在砂浆的拉伸黏结试验中使砂浆与夹具的有效黏结面积减小，从而降低了砂浆的拉伸黏结强度；另一方面，砂浆孔隙率的增加降低了砂浆的密度，从而使砂浆的抗压强度有所降低。由图1可以看出砂浆不同含水状态下的抗压强度呈现全干＞气干＞浸水48h，砂浆中水的存在及增加会对其内部结构起到润滑的作用，从而降低了骨料及各凝胶体之间的黏结强度，导致其力学性能的下降，同时干燥则正是消除了这一因素对砂浆强度的影响，使得其强度得到提高。

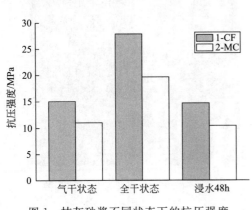
图 1　抹灰砂浆不同状态下的抗压强度

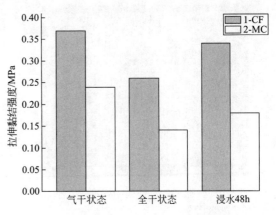
图 2　抹灰砂浆不同状态下的拉伸黏结强度

由图 2 可知砂浆的拉伸黏结强度呈现气干＞浸水 48h＞全干，与抗压强度的表现有所不同，全干状态下砂浆的拉伸黏结强度最小。由于烘干是在（105±5）℃下进行的，升温速度快、温度高，使得毛细孔水、吸附水和结晶水蒸发殆尽，由此引起干缩在短时间内快速发展，同时基底砂浆块对黏结在其表面的抹灰砂浆具有一定的约束作用，温度和收缩拉应力的双重作用导致抹灰砂浆应力集中，从而使抹灰砂浆中的微裂缝数量增多，最终导致了抹灰砂浆的拉伸黏结强度大幅降低。

3.2.2　抹灰砂浆抗冻性研究（见表 11、表 12、图 3、图 4）

表 11　冻融循环对抹灰砂浆力学性能的影响

编号		抗压强度
1-CF	质量损失/%	1.8
2-MC		2.1
1-CF	强度损失/%	3.4
2-MC		2.1
1-CF	对比强度/MPa	20.3
2-MC		14.6
1-CF	25 次冻融后强度/MPa	19.6
2-MC		14.3
编号		拉伸黏结强度
1-CF	强度损失/%	50.0
2-MC		58.3
1-CF	对比强度/MPa	0.32
2-MC		0.24
1-CF	25 次冻融后强度/MPa	0.16
2-MC		0.10

经 25 次冻融循环，掺稠化粉的抹灰砂浆，其抗压强度（19.6MPa）明显高于掺纤维素醚的砂浆（14.3MPa）。但是掺纤维素醚的抹灰砂浆其抗压强度损失（降低 2.1%）要略小于掺稠化粉的抹灰砂浆（降低 3.4%），二者的质量损失较为接近。

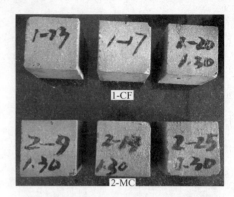

图 3 冻融循环后拉伸黏结强度试块形貌　　　　图 4 冻融循环后抗压强度试块形貌

究其原因,砂浆稠化粉不含石灰和引气组分,故其没有引气的作用。纤维素醚具有一定的引气作用,砂浆中加入纤维素醚,会形成许多微气泡,这些气泡起着如滚珠轴承般的作用,可以提高新拌砂浆的和易性。同时,砂浆中形成微细气孔对提高混凝土抗冻性尤为重要,纤维素醚的掺入可以提高砂浆的抗冻融循环性能。因此,经 25 次冻融循环后,掺入纤维素醚的砂浆其抗压强度损失率要略小于掺入稠化粉的砂浆,即掺入纤维素醚后抹灰砂浆的抗冻性略有提高。

经 25 次冻融循环后,掺稠化粉的抹灰砂浆,其拉伸黏结强度(0.16MPa)略高于掺纤维素醚的砂浆(0.10MPa),且掺稠化粉的抹灰砂浆其拉伸黏结强度损失(降低 50.0%)也略小于掺纤维素醚的抹灰砂浆(降低 58.3%),表明冻融循环对拉伸黏结强度有很大不利影响。根据混凝土冻融破坏机理-静水压理论,混凝土在潮湿条件下,毛细孔会吸满水,在低温下,毛细孔中的水冻结成冰,体积膨胀约 9%,如果混凝土毛细孔中含水率超过某一临界值(91.7%),孔壁将会受到很大的压力,进而在孔周围的微观结构中产生拉应力,导致裂缝的产生。

3.2.3 抹灰砂浆抗干湿循环性能研究

表 12 干湿循环对抹灰砂浆力学性能的影响

编号	抗压强度	
1-CF	强度损失/%	−41.0
2-MC		−51.0
1-CF	对比强度/MPa	20.0
2-MC		15.5
1-CF	25 次干湿循环后强度/MPa	28.2
2-MC		23.4
编号	拉伸黏结强度	
1-CF	强度损失/%	−12.0
2-MC		−20.0
1-CF	对比强度/MPa	0.25
2-MC		0.25
1-CF	25 次干湿循环后强度/MPa	0.28
2-MC		0.30

经 25 次干湿循环后,掺稠化粉的抹灰砂浆,其抗压强度(28.2MPa)明显高于掺纤维素醚的砂浆(23.4MPa)。但是掺纤维素醚的抹灰砂浆其抗压强度提高率(提高 51.0%)要略大于掺稠化粉的抹灰砂浆(提高 41.0%)。这表明干湿循环有利于砂浆抗抗压强度的发展,且掺纤维素醚的砂浆其效果更为显著。

掺稠化粉的抹灰砂浆其拉伸黏结强度提高（提高 12.0%）要略小于掺纤维素醚的抹灰砂浆（提高 20.0%），但二者的拉伸黏结强度绝对值较为接近，前者为 0.28MPa 后者为 0.30MPa。这表明干湿循环有利于砂浆拉伸黏结强度的发展，且掺纤维素醚的砂浆其效果更为显著。

究其原因，笔者推测，干湿循环具有气养和水养的双重作用，对水泥砂浆强度的发展具有促进作用；同时干湿循环需要对试块进行（60±5）℃的烘干操作，与高温（105±5）℃下的烘干操作有所不同，毛细孔水、吸附水和结晶水只能是部分蒸发。有研究表明较高的养护温度能够促进水泥熟料，特别是矿物掺合料的水化反应，进而形成更多的凝结，使水泥石孔结构不断细化，对强度发展也有积极的作用。

4 结 论

通过对不同保水增稠材料，同一保水率下抹灰砂浆的耐久性研究得出以下结论：

（1）抹灰砂浆掺稠化粉后，无论抹灰砂浆处于气干状态、全干状态还是短期（48h）浸水，其抗压强度和拉伸黏结强度均明显大于其掺纤维素醚后的强度。

（2）砂浆经短期（48h）浸水后，抗压强度与拉伸黏结强度均有所下降，拉伸黏结强度下降较为明显。烘干可以大幅提高砂浆的抗压强度，同时砂浆的拉伸黏结强度显著降低。

（3）经 25 次冻融循环后，砂浆的抗压强度均略有下降（5%以内），且掺入纤维素醚的砂浆其抗压强度损失要略小于掺入稠化粉的砂浆，与此同时抹灰砂浆的拉伸黏结强度均下降 50%~60%，且掺入纤维素醚的砂浆其拉伸黏结强度损失要大于掺入稠化粉的砂浆。

（4）经 25 次干湿循环，砂浆的抗压强度提高约 40%~50%，且掺纤维素醚的砂浆效果较为显著，砂浆拉伸黏结强度提高 10%~20%，且掺纤维素醚的砂浆效果较为显著。

（5）由结论（3）可知经 25 次冻融循环后，抹灰砂浆的拉伸黏结强度大幅下降，而目前对于预拌抹灰砂浆冻融循环后的拉伸黏结强度未有相应的指标要求，建议参考薄抹灰外墙外保温系统的抹面胶浆或相关胶黏剂，如《膨胀聚苯板薄抹灰外墙外保温系统》（JG 149—2003）或《陶瓷墙地砖胶粘剂》（JC/T 547—2005）对其作出相应的要求。

参考文献

[1] 赵立群，樊钧. 稠化粉在砂浆中的应用研究［A］. 2004 年中国国际建筑干混砂浆生产应用技术研讨会论文集.
[2] 严建华. 预拌砂浆［M］. 北京：中国建筑工业出版社，2012，29-30.
[3] 张义顺，李艳玲，徐军，等. 纤维素醚对砂浆性能的影响［J］. 建筑材料学报，2008，11（3）：359-360.
[4] SCHMITZL，HACKERC-J. Application of cellulose ether to cement based dry mixed mortar［J］. New Building Materials. 2006，（7）：45-48.
[5] 王伟. 浸泡时间对砂浆及砖试件抗压强度的影响研究［D］. 北京：北京交通大学，2009，16-17.
[6] 赵立群，宣怀平，包章斌，等. 砂浆稠化粉的特性和应用［J］. 上海建设科技，1995（05）：44.
[7] 马保国，张琴，蹇守卫. 纤维素醚对水泥砂浆力学性能的影响［A］. 第三届全国商品砂浆学术交流会论文集.
[8] 段桂珍，方从启. 混凝土冻融破坏研究进展与新思考［J］. 混凝土，2013（5）：16-17.
[9] 王培铭. 纤维素醚和乳胶粉在商品砂浆中的作用［J］. 硅酸盐通报，2005，5：139.
[10] 耿健，彭波，孙家瑛. 蒸汽养护制度对水泥石孔结构的影响［J］. 建筑材料学报，2011，14（1）：117-118.

水泥砂浆表面碱浸出率表征泛白程度的研究

王培铭 朱绘美 张国防

(同济大学先进土木工程材料教育部重点实验室,上海,201804)

摘要:研究了砂浆泛白程度、浸水面积、浸水时间、样品厚度等因素对表面碱浸出率及浸出液 pH 的影响。砂浆表面碱浸出率越大,则泛白越严重。随砂浆浸水面积增大,浸水时间增长,表面碱浸出率呈线性增加。样品厚度越小,表面碱浸出率越大。表面碱浸出率与浸出液 pH 具有线性相关性。水泥砂浆的表面碱浸出率可用来定量评价表面泛白程度。

关键词:砂浆;表面碱浸出率;泛白程度;浸水面积;浸水时间;样品厚度

Study on Surface Alkalis Leachability Representing Efflorescence Extent of Cement Mortar

Wang Peiming Zhu Huimei Zhang Guofang

(Key Laboratory of Advanced Civil Engineering Materials, Ministry of Education, Tongji University, Shanghai, 201804)

Abstract: The effects of efflorescence degree, immersion area, immersion time, and sample thickness on alkalis leachability and pH of leaching solution were studied. Results showed that the higher alkalis leachability indicated the more serious efflorescence. The alkalis leachability increasedlinearly with the increase of immersion area, immersion time, and increased with the decrease of sample thickness. Moreover, there is linear correlation between alkalis leachability and pH of leaching solution. The surface alkalis leachability of mortar can be used to evaluate its efflorescence degree quantitatively.

Keywords: mortar; surface alkalis leachability; efflorescence degree; immersion area; immersion time; sample thickness

1 前言

研究饰面砂浆和勾缝砂浆的泛白首先遇到的问题是泛白的测试和评定方法,泛白测试方法除《墙体饰面砂浆》(JC/T 1024—2007)规定的"淋水-干燥循环"法外,还有文献中采用的抗开裂仪法、双室气候箱法、浸水法等。关于泛白程度的评定方法也有多种,如直接观察法、用"Image-Pro Plus"软件计算泛白面积等。然而,砂浆表面泛白分布并不规则,上述测试及评价方法均不能准确区分不同砂浆间的泛白差异。而砂浆中的可溶性碱是形成泛白的主要根源,文献曾将其用于聚合物的泛白分析,或可用来定量评价砂浆的泛白程度。但在试验中,试块的浸水面积、浸水时间及样品厚度等因素均有可能影响评价结果,因此本文重点考察上述因素对砂浆表面碱浸出率的影响,以期为用表面碱浸出率评定砂浆的泛白提供参考。

基金项目:"十二五"国家科技支撑计划项目(2012BAJ20B02)。

2 试验

2.1 试验材料

强度等级为52.5R的白色硅酸盐水泥，其化学组成及物理性能如表1及表2所示；醋酸乙烯酯/乙烯共聚可再分散乳胶粉；黏度为6000 mPa·s的羟丙基甲基纤维素；细度为325目的重钙粉；硅烷基憎水剂，白色粉末；40~100目的石英砂；氧化铁红颜料；去离子水。

表1　白色硅酸盐水泥的化学组成　　　　　　　　　　　　单位：%

Na$_2$O	MgO	Al$_2$O$_3$	SiO$_2$	SO$_3$	K$_2$O	CaO	TiO$_2$	MnO	Fe$_2$O$_3$	SrO	LOI
0.53	1.09	3.61	20.66	3.37	1.96	65.18	0.19	0.04	0.15	0.06	3.15

表2　白色硅酸盐水泥的物理性能

Flexural strength/MPa		Compressive strength/MPa		Specific surface Area/(m^2/kg)	Setting time/min		Whiteness/%
3d	28d	3d	28d		Initial	Final	
6.3	9.2	38.0	59.0	420	140	170	≥88

2.2 试验配合比

试验配合比如表3所示。

表3　试验配合比　　　　　　　　　　　　　　　　　　单位：g

水泥	双飞粉	石英砂	乳胶粉	纤维素醚	憎水剂	颜料	水
200	100	673	18	1	2	6	180

2.3 测试过程

2.3.1 泛白

将砂浆涂抹在水泥纤维板（预先用苯丙乳液封底）上，厚度约0.5cm，接着在(23±2)℃，(60±5)%RH条件下养护至7d，然后放入去离子水中浸泡4h，取出晾干，观察表面泛白情况，并用数码相机拍照。

2.3.2 表面碱浸出率

将砂浆制成圆柱形试块，在(23±2)℃，(60±5)%RH条件下密封养护至7d后，将其下表面和四周表面密封，浸入去离子水中（如图1所示），水面漫过试块上表面约3mm。到达预定时间后将浸出液完全收集并在70℃的鼓风干燥箱中烘干、称量，按下式计算：

$$L_{a,s} = \frac{m}{At}$$

式中　$L_{a,s}$——砂浆表面碱浸出率，g/(m^2·h)；

　　　m——浸出液蒸发后剩余物质质量，g；

　　　A——砂浆试块浸水表面面积，m^2；

　　　t——浸水时间，h。

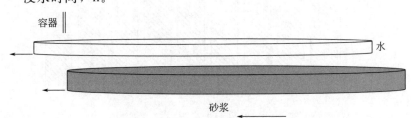

图1　圆柱形试块进行表面碱浸出率试验示意图

2.3.3 表面浸出液的pH

按照2.3.2中所述将浸出液收集后采用优特仪器有限公司生产的Cyberscan pH 5500型pH计进行测试。

2.3.4 浸出物质成分分析

按照2.3.2中所述将表3配合比砂浆的浸出液收集后在40℃的烘箱中烘干，浸出的物质进行X射线衍射分析（XRD），扫描范围为5°~75°，连续扫描步长（2θ）为0.02°，扫描速度为10°/min。

2.3.5 影响因素确定

(1) 浸水面积 按表3配合比成型下列试块：厚0.5cm，直径分别为4.5cm、6cm、9cm、15cm；浸水时间为4h。

(2) 浸水时间 按表3配合比成型厚0.5cm，直径为9cm的试块；浸水时间为0.5h、2h、4h、8h。

(3) 样品厚度 按表3配合比成型下列试块：直径9cm，厚度分别为0.5cm、0.3cm；直径4.5cm，厚度分别为0.5cm、0.3cm。浸水时间均为4h。

3 结果与分析

3.1 表面碱浸出率与目测泛白的关系

将9种砂浆的表面碱浸出率按逐渐降低的顺序排列，如图2所示，对应的表面泛白情况如图3所示。从中可以看出，砂浆表面碱浸出率大于虚线所示数值1.4g/(m²·h)的3种砂浆M1、M2、M3均出现明显泛白；小于实线所示数值1g/(m²·h)的4种砂浆M6、M7、M8、M9均未出现泛白；介于两者之间M4和M5的出现轻微泛白。出现泛白的砂浆，随表面碱浸出率降低，泛白程度亦逐渐减轻。以上分析表明，砂浆的表面碱浸出率与直接观察到的泛白程度是一致的，表面碱浸出率越大，泛白越严重。在本试验条件下，即7d龄期的砂浆浸水面积为63.59cm²、厚度为0.5cm、浸水时间为4h时，表面碱浸出率小于1g/(m²·h)的未出现泛白；大于1.4g/(m²·h)的出现明显泛白；介于两者之间的出现轻微泛白。

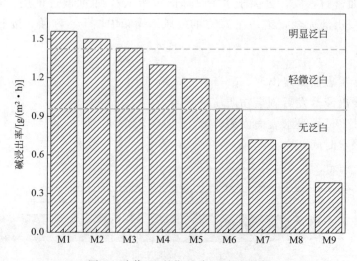

图2 砂浆7d龄期的表面碱浸出率

(浸水面积为63.59cm²、厚度为0.5cm、浸水时间为4h)

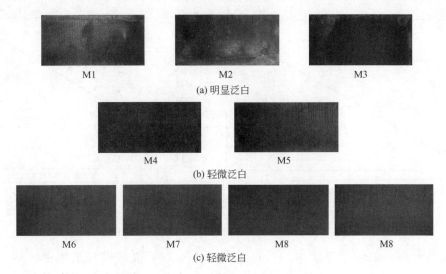

图3 砂浆7d龄期的表面泛白照片

3.2 浸水面积对表面碱浸出率的影响

砂浆表面碱浸出率及浸出液的pH值与浸水面积的关系如图4所示。从中可以看出，砂浆浸水面积由 15.89cm² （$D=4.5$cm）增至 176.63cm² （$D=15$cm）时，表面碱浸出率由 3.61g/(m²·h) 逐渐增至 7.37g/(m²·h)；浸出液的pH值由 12.58 逐渐增至 13.22。砂浆表面碱浸出率及浸出液的pH值与浸水面积之间均有很高的线性相关性，相关系数（R^2）分别为 0.99、0.96（$n=4$）。这表明，砂浆的浸水面积对表面碱浸出率及浸出液的pH值影响很大。砂浆浸水面积越大，单位面积的碱浸出量越大，浸出液的pH值也越大。

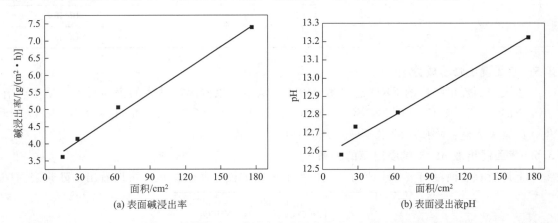

图4 砂浆7d龄期的表面碱浸出率及浸出液pH与浸水面积的关系

3.3 浸水时间对表面碱浸出率的影响

砂浆表面碱浸出率及浸出液的pH值与浸水时间的关系如图5所示。从中可以看出，砂浆浸水时间由 0.5h 增至 8h，表面碱浸出率由 2.51g/(m²·h) 逐渐增至 9.23g/(m²·h)，浸出液的pH值由 12.36 逐渐增至 13.03。砂浆表面碱浸出率与浸水时间之间具有很高的线性相关性，相关系数（R^2）为 0.99（$n=4$）；而浸出液的pH值与浸水时间之间的线性相关系数（R^2）仅为 0.7（$n=4$）。

3.4 样品厚度对表面碱浸出率的影响

砂浆表面碱浸出率及浸出液的pH值与样品厚度的关系如表4所示。从中可以看出，样

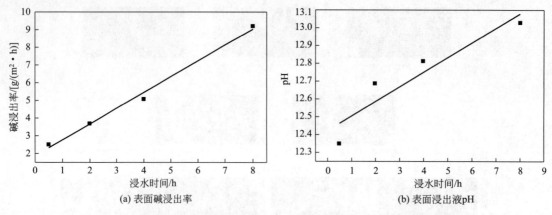

(a) 表面碱浸出率　　　　　　　　　　　(b) 表面浸出液pH

图 5　砂浆 7d 龄期的表面碱浸出率及浸出液 pH 与浸水时间的关系

品浸水面积为 63.59cm², 厚度由 0.5cm 减为 0.3cm 时, 表面碱浸出率由 5.06g/(m²·h) 增至 6.17g/(m²·h), 浸出液的 pH 值由 12.51 升至 12.99; 样品浸水面积为 15.89cm², 厚度由 0.5cm 减为 0.3cm 时, 表面碱浸出率由 3.61g/(m²·h) 增至 4.25g/(m²·h), 浸出液的 pH 值由 12.58 升至 12.89。这表明, 砂浆厚度对表面碱浸出率及浸出液的 pH 值影响很大。砂浆厚度越大, 表面碱浸出率越小, 浸出液的 pH 值越低。

表 4　砂浆表面碱浸出率及浸出液 pH 与样品厚度的关系

面积/cm²	厚度/cm	碱浸出率/[g/(m²·h)]	pH
63.59	0.5	5.06	12.81
	0.3	6.17	12.99
15.89	0.5	3.61	12.58
	0.3	4.25	12.89

3.5　表面浸出物质成分

砂浆表面浸出物质的 XRD 谱如图 6 所示。从中可以看出, 砂浆的表面浸出物质中含有 (K, Na)AlSiO₄、CaCO₃、K₂SO₄、KHCO₃、Al₂Si₂O₅(OH)₄、Na₂H₂SiO₄·4H₂O。可见, 砂浆表面泛白物质中的主要碱性离子为 Ca^{2+}、K^+、Na^+。

3.6　表面浸出液 pH 与碱浸出率的关系

上述所有表面浸出液 pH 值与碱浸出率的关系如图 7 所示。从中可以看出, 砂浆表面碱

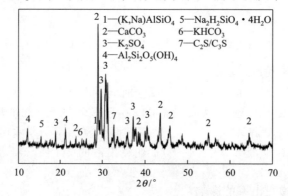

图 6　砂浆表面浸出物质的 XRD 谱

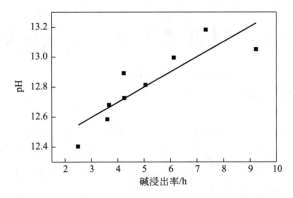

图 7　砂浆浸出液 pH 与表面碱浸出率的关系

浸出率越大,浸出液的 pH 值越大,且两者之间具有显著的线性相关性,相关系数(R^2)为 0.77 ($n=9$)。这可能是由于砂浆表面浸出液中的主要物质是 Ca^{2+}、K^+、Na^+ 等碱性离子的化合物,其含量越大,则浸出液的 pH 值也越大。

4　结　论

(1) 水泥砂浆表面碱浸出率可用于定量评价表面泛白程度,表面碱浸出率越大,则泛白程度越严重。7d 龄期的砂浆浸水面积为 63.59cm^2,厚度为 0.5cm,浸水时间为 4h 时,表面碱浸出率小于 1g/(m^2·h) 的未出现泛白;大于 1.4g/(m^2·h) 的出现明显泛白;介于两者之间的出现轻微泛白。

(2) 随砂浆浸水面积增大,浸水时间增长,表面碱浸出率线性增加,而浸出液的 pH 仅与浸水面积呈高度线性相关。样品厚度越小,表面碱浸出率及浸出液的 pH 越大。砂浆表面碱浸出率与浸出液的 pH 值之间具有显著线性相关性。

(3) 浸水面积、浸水时间、样品厚度等因素对砂浆表面碱浸出率的影响很大,在具体试验中,应选择合理的参数进行测试。

参考文献

[1]《墙体饰面砂浆》(JC/T 1024—2007) [S].

[2] 肖群芳,蔡鲁宏,宋国刚等. 墙体饰面砂浆的研制及应用 [J]. 第三届中国国际建筑干混砂浆生产应用技术研讨会论文集,2008,4:308-311.

[3] Thomas Aberle, Adrian Keller, Roger Zurbriggen,张量译. 泛碱的形成机理和预防措施. http://wenku.baidu.com/view/d4947177a417866fb84a8ebe.html. 2011-3-25.

[4] 王培铭,朱绘美,张国防. 纳米 SiO_2 对水泥饰面砂浆性能的影响 [J]. 新型建筑材料,2010,9:14-16.

[5] 陈新疆. 建筑泛碱现象的机理及抑制、解决措施的研究 [D]. 北京工业大学,2008.

[6] Ebrahim Najafi Kani, Ali Allahverdi. John L. Provis. Efflorescence control in geopolymer binders based on natural pozzolan [J], Cement & Concrete Composites,2012 (34):25-33.

集料含水率对普通干混砂浆性能的影响

章银祥[1] 徐海锋[2] 刘亚菲[2]

(1. 北京市预拌砂浆工程技术研究中心,北京,100041; 2. 北京金隅砂浆有限公司,北京,102402)

摘要:本文研究了不同含水率的集料所配制的普通干混砂浆,在不同贮存期后加水搅拌、成型、养护28d后的性能。结果表明:集料含水率对普通干混砂浆的性能影响很大;当集料含水/胶凝材料的比值不大于3.75%时,影响不显著;但集料含水/胶凝材料的比值大于5%时,影响就非常显著;当集料含水/胶凝材料的比值为12.5%时,所配制干混砂浆贮存3d后再加水搅拌、成型、养护28d后的抗压强度降低幅度约为70%。集料含水/胶凝材料的比值超过5%以后,不同贮存期的试件强度几乎与集料含水/胶凝材料的比值成线性负相关。本文的研究结果可为相关干混砂浆企业的生产、相关标准的制定提供一定的借鉴。

关键词:集料;含水率;干混砂浆;性能;相关性

Research on the relationship between the ordinary dry-mixed mortars properties and the aggregate moisture content

Zhang Yinxiang[1] Xu Haifeng[2] Liu Yafei[2]

(1. Beijing research center of engineering technology on pre-mixed mortar, Beijing, 100041, China;
2. Beijing BBMG mortar Co. Ltd., Beijing, 102402, China)

Abstract: It is researched on the relationship between the ordinary dry-mixed mortars properties and the aggregate moisture content. The result shows that the aggregate moisture content greatly affects the properties of the ordinary dry-mixed mortars. As the ratio of the aggregate moisture content to the amount of binding materials is less to 3.75%, the affect is not significant. As the ratio is more than 5%, the affect should be significant. For the ratio is 12.5%, after storing the dry-mixed mortar for 90 days, the compressive strength of hardened mortar curing for 28 days is reduced by 70%. Since the ratio is more than 5%, it is looked like a negative correlation between the strength of different storing time and the ratio.

Keywords: aggregate; moisture content; dry-mixed mortar; properties relationship

1 引 言

集料(砂及填料等)的含水率对干混砂浆的性能影响很大,相关标准与科技文章中均要求其值≤0.5%。但实际生产过程中,尤其是大批量生产普通干混砂浆时,往往不能完全达到此要求。当集料含水率超过0.5%,且所生产的干混砂浆需要储存一段时间后再使用时,干混砂浆的性能会怎样呢?迄今尚未查阅到相关研究文献,本文将对此进行相关研究。

2 试 验

2.1 原材料

水泥:P·O 42.5;粉煤灰:二级;集料:天然砂与机制砂(含石粉)搭配使用;外加剂:保水增稠剂、减水剂等;水:自来水。

作者简介:章银祥,男,(1967.4—),安徽省枞阳县人。无机非金属材料专业硕士,教授级高级工程师,北京市预拌砂浆工程技术研究中心主任,zhang-yx@163.com。

2.2 试验方法

将各种原材料备齐后,先将集料全部烘干,然后按照设定的含水率,将相应的水洒入集料中,预混匀后,再将胶凝材料、集料、外加剂等按照规定配比,计量、混合、封闭,然后存放于标准养护室(23℃±2℃、相对湿度50%±5%)内。

到指定贮存期(0、1d、3d、7d、14d、28d、90d)后,按照GB/T 25181—2010规定的方法加水、搅拌、成型,养护28d后测其抗压强度。其中,搅拌后的新拌砂浆的稠度为:地面砂浆(50±5)mm、抹灰砂浆(95±5)mm。

3 试验结果与分析

3.1 地面砂浆

图1为地面砂浆的两次实验结果。由图1可见,当集料含水率为0.4%时,干混砂浆贮存28d、90d后,再加水、搅拌、成型、养护28d后的抗压强度几乎一致,这证明了相关标准中规定的普通干混砂浆的贮存期为3个月是正确的。

但当集料含水率为2%时,干混砂浆贮存28d、90d后,再加水、搅拌、成型、养护28d后的抗压强度则大幅度降低了,其中,贮存28d的降低比例约为30%、贮存90d的降低比例约为40%。重复实验结果类似,降低幅度相应为25%、35%。

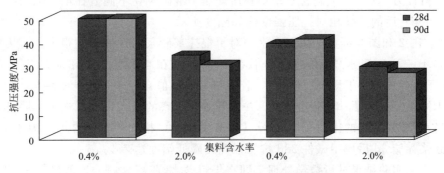

图1 地面砂浆强度与集料含水率的相关性

3.2 抹灰砂浆

为了找出集料含水率对干混抹灰砂浆性能影响的规律,将集料含水率与干混砂浆中胶凝材料的比例挂钩,相应比例如表1所示。不同含水率的集料所配制干混砂浆在其贮存过程中的相关现象如表2所示。

表1 胶凝材料含水率、集料含水率与实验编号的对照表

实验编号	sb-1	sb-2	sb-3	sb-4	sb-5	sb-6	sb-7	sb-8
集料含水率	0	0.66%	0.93%	1.20%	1.60%	2.01%	2.70%	4.11%
水/胶凝材料	0	2.08%	2.92%	3.75%	5.00%	6.25%	8.33%	12.50%

表2 不同含水率的集料所配制干混砂浆在其贮存过程中的相关现象

编号	sb-4	sb-5	sb-6	sb-7	sb-8
贮存过程中的相关现象	14d后发现有细小块,用手一捏就碎,随着时间的增加,结块会越来越多,但手捏就碎	7d后发现有细小结块,用手一捏就碎,随着时间延长,结块越来越多、越来越大,但手捏就碎	3d后发现有细小结块,用手一捏就碎,随着时间增加,结块越来越多、越来越大	1d后发现有细小结块,用手一捏就碎,随着时间的增加,结块会越来越多、越来越大,最后手很难捏碎	1d后发现有大结块,用手一捏就碎,随着时间的增加,结块会越来越大、越来越硬,手捏不碎

图2为不同含水率的集料所配制的干混抹灰砂浆，到指定贮存期（0、1d、3d、7d、14d、28d、90d）后，再加水、搅拌、成型、养护28d后的抗压强度值。

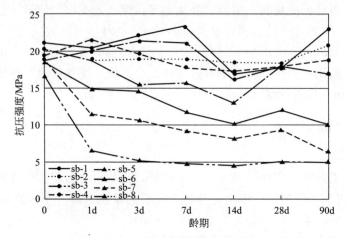

图2　抹灰砂浆抗压强度VS集料含水/胶凝材料

将图2中干混砂浆贮存期为0时（干混砂浆混合后即加水、搅拌、成型）的试件的28d的抗压强度值设为100%，不同含水率集料所配制干混砂浆在不同贮存期（0、1d、3d、7d、14d、28d、90d）后的28d相对抗压强度值如图3所示。

由表2、图2和图3可见，集料含水率对干混抹灰砂浆的性能影响很大。但影响规律与相关标准并不一致：当水/胶凝材料的值在3.75%（在本实验中，相应的集料含水率为1.2%）以下时，影响并不显著；但当水/胶凝材料的比值在5%（在本实验中，相应的集料含水率为1.6%）以上时，影响就很大，并且随着含水率的增大，抗压强度的降低幅度也随之增大。当水/胶凝材料的比值在12.5%（在本实验中，相应的集料含水率为4.11%）时，所配干混砂浆存储3d后成型试件28d抗压强度的降低幅度达70%。

将图2中的实验结果进行数学处理。即将集料含水/胶凝材料的比值设为0、1%、2%、3%、4%、5%、6%、7%、8%、9%、10%、11%、12%，通过内插法算出相应的强度，作图如图4所示。在图4中，横坐标为集料含水/胶凝材料的比值（%），纵坐标为抗压强度

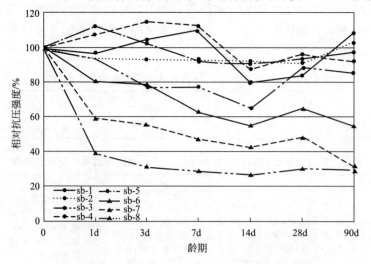

图3　抹灰砂浆相对抗压强度VS集料含水/胶凝材料

值（MPa）。

由图 4 可见，集料含水/胶凝材料的比值超过 5% 以后，除贮存期为 0 的以外，其他贮存期的试件强度均几乎与集料含水/胶凝材料的比值成线性负相关。

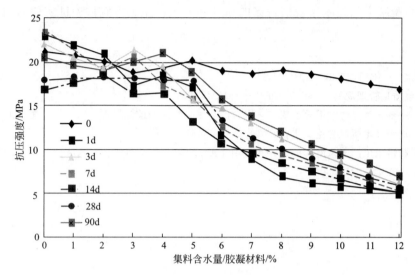

图 4　抹灰砂浆强度与集料含水/胶凝材料比值的相关性

3.3　分析与讨论

使用高含水率集料配制干混砂浆时，会产生诸多问题。（1）生产干混砂浆时，上料困难、筛分困难、配料不准、混合困难（会造成干混砂浆混合机的电机电流过大）、除尘也困难；（2）物流过程：干混砂浆进散装车困难，因休止角变大，致装料慢且少；（3）使用过程：散装罐内的干混砂浆容易起拱致下料不畅，从而造成所混合的湿砂浆时稠时稀。

当然，受影响最大的还是砂浆硬化体的强度等质量问题。当干混砂浆中的水泥等胶凝材料遇到集料中的水后，即会发生水化反应，以致结块（见表 2）。但这种结块总体来说，结构是比较疏松的，强度也较低。当加水再搅拌时，它又会被打开，分散到砂浆硬化体中，由于其已水化失去了活性、结构疏松、强度较低，在砂浆硬化体中，其必然是缺陷所在。在遇到外力时，破坏就会首先从此处引发、扩展，从而导致砂浆硬化体的强度降低。当集料含水率较低时，这种缺陷在砂浆硬化体中可能与微孔的影响相似，因此对强度影响不大；但含水率超过一定限度后，其影响可能就与宏观无规则大孔差不多了，进而造成更大的破坏。由图 4 可见，集料含水/胶凝材料的比值超过 5% 以后，强度的降低幅度与集料含水/胶凝材料的比值几乎成线性负相关（贮存期为 90d 的除外）。

本实验中，当集料含水/胶凝材料的比值较低时，干混砂浆短期存放（1d、3d、7d）后的成型强度较高，而存放时间较长（14d、28d、90d）时的成型强度较低。此种现象，可能是实验误差，也可能是造壳现象改善了界面区结构的结果。具体原因，还有待于进一步研究。至于 14d 强度普遍较低的现象，也许还有更深层次的原因。

4　结　语

（1）集料含水率对普通干混砂浆的性能影响很大，当集料含水/胶凝材料的比值不大于 3.75% 时，影响不显著；但集料含水/胶凝材料的比值大于 5% 时，影响就非常显著；当集料含水/胶凝材料的比值为 12.5% 时，所配制干混砂浆贮存 3d 后再加水搅拌、成型、养护

28d后的抗压强度降低幅度约为70%。

(2) 集料含水/胶凝材料的比值超过5%以后,不同贮存期的试件强度几乎与集料含水/胶凝材料的比值成线性负相关。

(3) 本实验结果只是基于我们自己的原料和配比,相关方宜做验证实验后再行引用。

参考文献

[1] 《预拌砂浆》(GB/T 25181—2010)[S].
[2] 《干混砂浆质量管理规程》(SB/T 10647—2011)[S].
[3] 吴漫天,王维,黄克群. 干粉砂浆——混合的艺术、物流的前景[A]. 2006第二届中国国际建筑干混砂浆生产应用技术研讨会论文集,2006,52-55.
[4] 蔡兵. 干粉砂浆生产工艺流程的设计和应用[A]. 2012第五届(中国)国际建筑干混砂浆生产应用技术研讨会论文集,2012.

不同岩性机制砂用于配制抗裂砂浆的实验研究

梁德兴[1]　赵青林[2]

(1. 广西合浦县北海高岭科技有限公司，广西，北海，536126)
(2. 武汉理工大学材料学院，湖北，武汉，430070)

摘要：近年来随着工程建设步伐的加大，天然集料已日渐枯竭，国家迫切需要能够替代天然砂的集料以配制出符合要求的混凝土和砂浆来满足建设的发展。为此，本文主要探讨了利用不同岩性人工机制砂代替天然河砂配制干混砂浆的可行性。实验结果表明，利用不同岩性机制砂完全能够配制出性能良好的抗裂砂浆。

关键词：抗裂砂浆；岩性；机制砂；可行性

On the Preparation of Dry Mix Mortar with Crushed sands of Different Lithology

Liang Dexing[1]　Zhao Qinglin[2]

(1. Beihai Kaolin Technology CO. LTD，Guangxi，Beihai，536126，China)
(2. School of Materials Science and Engineering，Wuhan University of Technology，Hubei，Wuhan，430070，China)

Abstract：Considering the fast consumption of the natural aggregates with the fast development of construction in recent years, it is badly in need of an alternative for the natural aggregates to prepare desirable concrete and mortar products to meet China's construction. Therefore the feasibility of the preparation of dry mix mortar by using crushed sands of different lithology instead of river sand is discussed in this paper. The results show that anti-cracking mortar of good performance can be made by crushed sands of different lithology.

Keywords：anti-cracking mortar；lithology；crushed sands；feasibility

1 引言

砂是生产干混砂浆的主要原料之一，干混砂浆对原料砂的需求量和使用量较大。我国建筑用砂年需十几亿吨，天然砂占据了绝大多数，但它们分布极不均匀，加之随着近年来的大量开采，天然砂石资源已相当匮乏，砂的价格越来越高，供需矛盾日益突出。据估计，2010年我国混凝土用量约为25亿立方米，仅混凝土中砂的用量就达17.8亿吨。因此，寻求新砂源，开发人工砂已势在必行，机制砂自然成为了建筑用砂的首选。我国每年要产生大量的采石废料，未来15年为满足工程建设的需要，还会继续产生大量的采石废料，而若将其进行破碎、分级处理，即为级配良好的机制砂。因此，将机制砂应用于干混砂浆，既利用了采石废料又可解决环保问题，还可取得一定的经济效益和社会效益，符合我国发展循环经济的理念。

作者简介：梁德兴，男，材料科学与工程硕士，助理工程师。研究方向：干混砂浆、灰砂砖及矿物掺合料。

为探明不同岩性机制砂对抗裂干混砂浆性能的影响，本文选择了几种不同岩性机制砂作为集料，配制出抗裂干混砂浆，并对其性能进行了对比分析，确定其应用可行性，以期对实际工程应用提供一定的技术支撑。

2 原材料与试验方法

2.1 原材料

（1）水泥　实验所用水泥为葛洲坝水泥厂生产的P·O 42.5硅酸盐水泥。水泥的物理性质见表1。

表1　水泥的物理性质

表观密度/(kg/m³)	比表面积/(m²/kg)	标准稠度/%	凝结时间/min		安定性	抗折强度/MPa		抗压强度/MPa	
			初凝	终凝		3d	28d	3d	28d
3.14×10^3	345	27.2	130	195	合格	4.3	8.1	21.3	45.7

（2）细集料　实验用集料有：河砂（HS）、花岗岩（HG）、砂岩（SY）和石灰岩（SH），粒径均≤0.6mm，其物理性能和具体化学组分见表2、表3。

表2　不同细集料的物理性能

砂样	表观密度/(kg/m³)	堆积密度/(kg/m³)	<0.075mm/%
河砂	2635	1684	1.6
花岗岩	2670	1879	7.2
砂岩	2617	1795	18.7
石灰岩	2693	1875	4.1

表3　不同细集料的化学组分

成分	Al_2O_3	CaO	MgO	MnO	P_2O_5	SiO_2	SO_3	TiO_2	Fe_2O_3	烧失量
花岗岩	16.89	4.35	1.38	0.048	0.12	60.28	0.39	0.34	3.93	4.98
砂岩	14.05	0.82	2.27	0.089	0.18	68.26	0.13	0.55	5.72	2.74
石灰岩	6.27	48.76	1.80	—	0.029	6.27	0.20	0.14	0.85	39.12

（3）外加剂　实验用外加剂主要有可再分散乳胶粉、纤维素醚、木质纤维素等。

2.2 试验方法

（1）砂浆的抗压强度、抗折强度及黏结强度试验　砂浆抗折压强度实验参照《水泥胶砂强度检测方法（ISO法）》（GB/T 17671）进行，试件规格为40mm×40mm×160mm；砂浆的黏结强度参照《胶粉聚苯颗粒外墙外保温系统》（JG 158—2004）。

（2）砂浆的可操作性能试验　砂浆可操作性试验依据《胶粉聚苯颗粒外墙外保温系统》（JG 158—2004）进行，测试中将新拌砂浆静置1.5h后，再成型，脱模养护28d后，再测试件的黏结强度。通过与按标准方法测定的砂浆黏结强度相比较，进而评价砂浆的可操作性。

（3）砂浆的吸水量测试　试件尺寸为40mm×40mm×40mm立方体，成型后将试件放入20℃，相对湿度50%的养护室中养护2d。测试前把试件放入烘箱完全干燥后将5个面进行蜡封。测试时将无蜡的一面放在吸满水的饱和聚氨酯海绵（密度25～30g/L）上，分别记录0min、10min、20min、30min、60min、4h、6h、24h、48h、72h试块的质量（每次取3组实验的平均数），最后换算为mg/cm²单位。

（4）砂浆干缩率测试　依据《水泥胶砂干缩试验方法》（JC/T 603—2004）进行，测定干缩率用试样尺寸为 40mm×40mm×160mm，其有效长度 L(mm) 为扣除试件两端钉头埋入长度后的长度值。试件成型后放在室温（20±3）℃，相对湿度60%的室内养护，24h后脱模，测其基准长度 L_0(mm)，每日相同时间测其长度 L_i(mm)。计算公式为 $P=(L_0-L_i)/L \times 100\%$。

（5）砂浆耐水性实验 耐水性试验同样按《胶粉聚苯颗粒外墙外保温系统》(JG 158—2004) 的规定进行。对成型好的测定试件，先标准养护28d（环境温度23℃±2℃，相对湿度50%±5%），浸水7d后，再标准养护1d，然后测定相应黏结强度。

（6）砂浆耐候性实验 测定方法参照 JG 158—2004 的规定进行。测试共制备6个试样，按要求共做20次循环，每次24h。单个循环制度为：

① 升温8h，使试件升温至50℃并恒温在（50±5）℃，恒温时间应不小于5h。

② 降温16h，使试件降温至-20℃并恒温在（-20±5）℃，恒温时间应不小于12h。

在每次冻融循环完成后，观察试样是否出现裂缝、空鼓、脱落等情况。

3 试验结果与分析

将各原材料按表4的配合比进行计算、称量，加入带飞刀的高速混料机混合，制得干混砂浆备用。

表 4　不同岩性机制砂配制的干混砂浆配合比

编号	水泥	砂	胶粉	纤维素醚	木质纤维素
河砂	292	688	15	3	2
花岗岩	292	688	15	3	2
砂岩	292	688	15	3	2
石灰岩	292	688	15	3	2

3.1 砂浆的可操作性

图1显示了不同岩性机制砂砂浆与河砂砂浆在可操作时间1.5h的28d黏结强度值。一般情况下，新拌砂浆放置1.5h后再成型，其黏结强度比标准黏结强度低。从图1可以看出，各砂浆在可操作时间1.5h内黏结强度值均比标准强度值有所下降，但黏结强度均在0.7MPa以上，满足JG 158—2004标准中对可操作时间的要求。

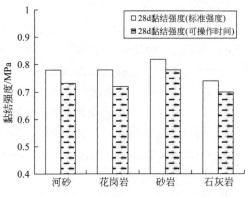

图 1　不同岩性机制砂对砂浆可操作性影响

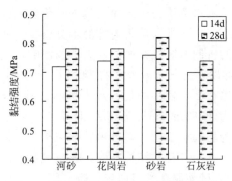

图 2　不同岩性机制砂对砂浆的黏结性能

3.2 不同岩性机制砂对砂浆力学性能的影响

黏结强度是抗裂砂浆一个很重要的力学性能指标。抗裂砂浆应具有一定的黏结力，才能与保温层黏结牢固，使保温砂浆在长期使用中不致开裂或脱落。另外，国标对抗裂干混砂浆的抗折抗压强度虽无特别硬性要求，但砂浆必须有较好的柔韧性，即压折比要小于3。为此，对所配制的不同岩性的机制砂砂浆进行了黏结强度、抗折和抗压强度的测定，并依据抗压和抗折强度的比值计算出压折比。图2和图3显示了不同岩性机制砂的各项力学性能。

根据图2所示，各砂浆14d和28d黏结强度的大小均大于0.7 MPa，其黏结强度相差不大。因此，不同岩性机制砂对砂浆黏结影响不大。

同时，从图3(a)可以看出，三组机制砂砂浆的28d抗压强度大小排序是：河砂＞砂岩＞石灰岩＞花岗岩。由此可知与河砂砂浆相比，各岩性机制砂配制的砂浆比河砂砂浆的抗压和抗折强度都有所降低，这主要是因为河砂表面较为圆滑，粉状颗粒较少，需水量较少；而机制砂颗粒为机械破碎而成，表面粗糙，粉状颗粒（即颗粒大小小于0.075mm石粉）多，因而需水量较多。在此机制砂中的石粉不仅起着填充作用，而且影响着砂浆的工作性能。一般来说石粉含量越多，需水量越大，抗折和抗压强度就越低。因此，影响砂浆强度最主要的因素是在相同稠度下需水量的相对增加。

另外，从图3(b)砂浆的压折比来看，配制砂浆的压折比均小于河砂的。这表明采用机制砂可以提高抗裂砂浆的柔韧性，增强砂浆抗裂性能。

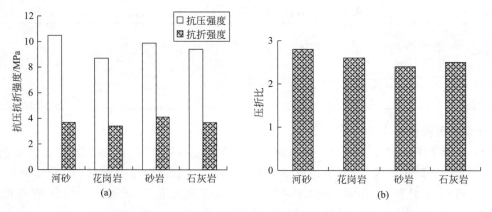

图3 不同岩性机制砂抗裂砂浆的28d抗压抗折强度（a）和28d压折比（b）

3.3 不同岩性机制砂对砂浆吸水率的影响

吸水率从一个方面反映了砂浆防水性能的好坏，进而影响其耐候性能。一般来说，砂浆吸水率小，进入砂浆内部的水分就少，防水效果就好。在此，对比研究了选择的三种不同岩性的机制砂对砂浆的防水效果的影响，其吸水量随时间变化而变化的关系曲线见图4。从图4可以看出，河砂砂浆的2d吸水量为400 mg/cm² 左右，而机制砂砂浆比河砂砂浆的吸水量高出很多，较小的是石灰岩机制砂砂浆，约为600 mg/cm²，最大的是花岗岩机制砂砂浆，约为800 mg/cm²。分析原因可知河砂表面较为圆滑，而经机械破碎、筛分后的机制砂表面较为粗糙、多棱角，且粉状颗粒较多，比表面积大，因而吸水率大。它们之所以吸水率有差异，这与自身的结构有关，还与机制砂的级配、石粉含量有关。

3.4 砂浆耐久性能研究

3.4.1 不同岩性机制砂对砂浆干缩率的影响

为考察机制砂配制抗裂砂浆的收缩特性，特进行了砂浆的干缩性能对比，试验结果如图5所示。从图5可以看出，各岩性人工机制砂砂浆的28d干缩率均比河砂砂浆小，其中石灰

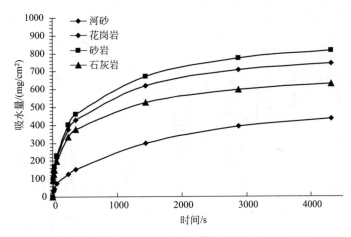

图 4 不同岩性机制砂配制的抗裂砂浆的 2d 吸水量

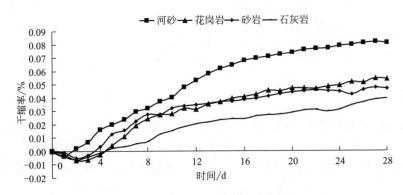

图 5 不同岩性机制砂配制的抗裂砂浆的 28d 干缩率

岩机制砂砂浆 28d 自然干燥收缩率只有 0.04% 左右，这从一方面说明机制砂砂浆的抗裂性能优于河砂砂浆。由于砂浆的水化及自然干燥，水分蒸发，各砂浆试件在早期收缩现象较为明显，但是到了后期干燥收缩趋于平缓。

3.4.2 不同岩性机制砂对砂浆耐水性的影响

一般情况下，砂浆在浸水条件下黏结强度会下降，甚至会出现与墙体基层脱落的现象，特别是长期泡在水里的墙面更要注意这点。因此，砂浆要有很好的耐水性能，浸水黏结强度是一个主要考察的指标。不同岩性机制砂配制的抗裂砂浆试件在浸水前后的黏结强度变化结果如图 6 所示。从图 6 可以看出，浸水后各砂浆的黏结强度有所降低，但都高于 0.7MPa。河砂砂浆浸水黏结强度降幅大些，但机制砂砂浆的降幅不大。这说明石粉填充了砂浆的内部空隙，在一定程度上增强了砂浆的致密度。相对于河砂来讲，说明机制砂有更优异的长期耐水性能。

3.4.3 砂浆的耐候性能

耐候性反映了砂浆抵抗外界气候变化的能力，它是抗裂砂浆耐久性能的一个重要指标。为了加快试验进度，采用《胶粉聚苯颗粒外墙外保温系统》（JG 158—2004）中所规定的方法，经 80 次高温-淋水循环和 20 次加热-冷冻循环后，观其是否出现开裂、空鼓或脱落。实验结果见表 5。从表 5 中可以看出，各砂浆试件经 80 次高温-淋水循环和 20 次加热-冷冻循环后，未出现开裂、空鼓或脱落，耐候性合格。

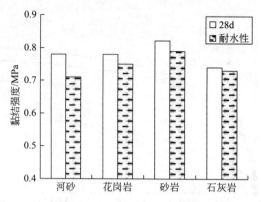

图 6 不同岩性机制砂抗裂砂浆的耐水性能

表 5 不同岩性机制砂配制的抗裂砂浆的耐候性

编号	耐候性实验后试件的完好程度	编号	耐候性实验后试件的完好程度
河砂	无开裂、空鼓、脱落	砂岩	无开裂、空鼓、脱落
花岗岩	无开裂、空鼓、脱落	石灰岩	无开裂、空鼓、脱落

4 结 论

（1）机制砂砂浆在可操作时间内28d黏结强度均大于0.7MPa，可操作性良好。

（2）与河砂砂浆相比，机制砂比河砂砂浆的强度略低，但机制砂降低了砂浆的压折比，提高了柔性，增强抗裂性能。机制砂砂浆有较好的黏结性能，28d黏结强度在本体系中均达到0.7MPa以上。

（3）从防水效果来看，河砂优于机制砂；但从耐水效果来看，机制砂优于河砂。为此，可根据具体要求选择合适的机制砂种类。

（4）各岩性人工机制砂砂浆的28d干缩率均比河砂砂浆小，其中石灰岩机制砂砂浆28d干燥收缩率只有0.04%左右，这从一方面说明机制砂砂浆的抗裂性能优于河砂砂浆。

（5）各砂浆试件耐候性能合格。

参考文献

[1] http：//www.ybshajiang.com/show_3050.html.
[2] 《水泥胶砂强度检验方法（ISO法）》（GB/T 17671—1999）[S].
[3] 《胶粉聚苯颗粒外墙保温系统》（JG 158—2004）[S].
[4] 《水泥胶砂干缩试验方法》（JC/T 603—2004）[S].
[5] Zhou Mingkai, Peng Shaoming, Xu Jian, et al. Effect of stone powder on stone chippings concrete [J]. Journal of Wuhan University of Technology (Materials Sciences Edition) 1996，11（4）：29-34.

浅谈预拌砂浆用机制砂的制备

薛国龙　黄文兴　恽细海

（江苏顺阳建筑新型材料有限公司，江苏，213001）

摘要：随着建筑业不断发展，建筑市场用砂数量越来越大，为了减少对自然资源的破坏，满足建筑用砂的巨大需求，机制砂推广应用成为我国建筑领域的一个迫切任务。预拌砂浆是一种用量大、性能优良的建筑材料，是通过专业化厂家生产，用于建设工程中的各种砂浆拌合物，是我国近年发展起来的一种新型材料。文章主要探讨了制备适用于预拌砂浆的机制砂的原材料选择、制备工艺及机制砂质量控制要点等。

关键词：机制砂；预拌砂浆；制备；石粉

The Preparation of Manufactured Sand

Xue Guolong　Huang Wenxing　Yun Xihai

(Jiangsu Shunyang new building materials Co. Ltd，Jiangsu，213001)

Abstract：With the continuous development of the construction industry, more attention paid on the project quality, more and more sand with higher quality is required, but the natural sand with regular quality is becoming less and less. Therefore, the way to introduce manufactured sand has become an urgent task. Pre-mixed mortar is a kind of architectural material with good performance. It is produced by the professional factory, can be used as mortar mixture. Now, it is becoming an important new type material in China. This paper mainly discusses the raw material selection, preparation process and mechanism of sand quality control condition of sand preparation suitable for pre-mixed mortar.

Keywords：manufactured sand；pre-mixed mortar；preparation；stone powders

为了贯彻执行国家六部委《关于在部分城市限期禁止现场搅拌砂浆工作的通知》精神，2007年国家指定北京、常州等十城市为首批试点预拌砂浆推广应用城市，禁止施工现场配制砌筑抹灰砂浆。经过近几年的推广已初见成效，生产技术工艺日趋成熟，以工厂化生产的预拌砂浆深受广大用户的普遍认可和欢迎。随着施工现场禁止配制砌筑、抹灰砂浆的力度不断加大，全国各地建设预拌砂浆生产基地的步伐不断加快，目前我国大多数企业生产工艺仍以天然砂集料为主。众所周知，天然砂资源是一种地方资源，短时间内不可再生，而且不适合长距离运输，但是我国的基建规模正在逐年提升，对天然砂的需求也在逐年增加，从而导致全国不少地区出现天然砂资源短缺，供需矛盾十分突出，因此天然砂的价格出现波动，严重制约工程建设的发展，所以只要从根本上解决天然砂短缺的现状，必须寻求新的材料来源。2011年由国家质量监督检验检疫总局发布新的国家标准《建筑用砂》（GB/T 14684—2011），已于2012年开始实施，新标准的实施对建筑所需用砂的数量和质量资源利用进行了系统规范，GB/T 14684—2011是在GB/T 14684—2001基础上修订的，其中增加的重要内容就是将机制砂作为建筑用砂之一，并且规范了机制砂的定义、技术要求及检验方

作者简介：薛国龙，男，高级工程师，商品砂浆研究与应用学术分会会员，中国散装水泥推广协会会员，中国墙材革新委员会会员，E-mail：xiaoyongaza@126.com。

法，在将来的建筑用砂领域，机制砂将成为主要来源。但在全国只有少数地区和部门对机制砂有所了解外，多数地区和部门对机制砂的应用还很陌生，而且仅仅限于混凝土中的应用，至于机制砂在预拌砂浆中的应用，大多数地区和行业相知甚少。根据笔者在江苏顺阳建筑新型材料有限公司担任实验室主任期间对机制砂在预拌砂浆中的应用展开深入系统研究，取得了一些理解和体会，并结合自己的工作经验总结出一些机制砂质量控制要点和注意事项，希望机制砂这一新型材料在预拌砂浆中能够得到更好应用。

1 预拌砂浆用机制砂对岩石的要求

岩石是机制砂的主要材料来源，岩石的化学成分与矿物组成决定了机制砂是否存在有害物质，以及是否具有碱集料反应活性。同时，岩石的力学性能对机制砂的压碎值具有直接的关系。我国地质条件十分复杂，岩石资源也很丰富。岩石大致可分为以下四大类型。

（1）山地型：以石灰岩和花岗岩为主。
（2）陆川型：以古河道河床为主。
（3）河川型：以陆地内河床为主。
（4）海底型：以部分沿海地区海滩为主。

各地应根据以上岩石资源分布因地制宜就地取材合理有效利用。根据实践，山地型和河川型岩石是优质的自然资源，尤其是石灰岩岩石含有丰富的碳酸钙物质，能提高预拌砂浆的和易性和施工性能。在不增加外加剂成本的情况下，可实施机械喷浆施工作业，因此石灰岩机制砂在预拌砂浆应用中是比较理想的原材料。在开采选择岩石材料的过程中，应按国标《建筑用碎石、卵石》（GB/T 14685—2011）的试验方法，运用检验检测的手段对其有效控制，使所选择的岩石质量得到有效保障，以及指标控制在一定的范围内。具体检验检测的项目有：含水率、含泥量、泥块含量、压碎指标值。

（1）岩石含水率　岩石材料所含水分的高低将直接影响预拌砂浆的质量，预拌砂浆经混合后如所含水分偏高会造成水泥的加速水化、结块，使储存筒仓放料时易堵塞或者储存时间缩短等现象，所以控制岩石的含水率非常必要。经检测表明，岩石在机械破碎时经过高速摩擦撞击产生一定的热量能消耗部分水分，因此岩石的含水率不宜超过1.5%。岩石的含水率检验检测应按国标《建筑用碎石、卵石》（GB/T 14685—2011）标准中附录C的方法进行。

（2）岩石含泥量　在我国大多数岩石被山皮所覆盖，开采生产过程中难免混入泥土，从而导致预拌砂浆强度降低或造成抹灰基面开裂等现象，因此必须控制岩石中过量的含泥量和泥块含量。首先在开采前应及时清除岩石表面上的泥土，其次对岩石所含泥量和泥块含量按国标《建筑用碎石、卵石》（GB/T 14685—2011）的规定第6.4条和第6.5条进行检验检测，使所含泥量和泥块含量控制在国标中表Ⅰ、表Ⅱ类范围内。

（3）岩石的压碎指标　岩石开采后经机械破碎加工形成一定的颗粒级配的碎石，实践证明，良好的颗粒级配能使后续生产机制砂的细度模数与颗粒级配得到有效控制，所以碎石的粒径应控制在9.5～26.5mm之间，另外岩石进仓堆放时应按国标《建筑用碎石、卵石》（GB/T 14685—2011）的规定中的第6.1条试验方法进行压碎值指标检验检测，其指标符合国标中压碎值指标小于其表6Ⅱ类的规定，同一粒径和压碎值指标的碎石一起堆放并做标识。

2 预拌砂浆用机制砂工艺设备的选择

目前，在我国各地岩石生产除少数地区企业机械化程度较高外，大多数企业生产设备比较落后，效率低，质量差，成本高，从而影响机制砂的推广。提高生产工艺设备性能是各设备制造商面临的重要课题，针对机制砂粒型多呈三角体或方矩体，表面粗糙、棱角尖锐的特点，而且机制砂在混凝土中的应用与在预拌砂浆中的应用有所区别，对机制砂的细度模数与砂的级配要求更高，更具科学性。如果在生产过程中能得到改善，机制砂在预拌砂浆中代替天然砂使用，其性能明显优越，所以选择机制砂设备相当重要。我国在近几年研制的破碎机（立轴式冲击破碎机、圆锥破碎机、高效负支撑颚式破碎机等）种类中，基本能满足机制砂的技术要求。一些厂家普遍选用立轴式冲击破碎机，其优点是生产的机制砂细度模数与砂的级配稳定，破碎中棱角砂所占比例较低，深受厂家的普遍欢迎。

3 预拌砂浆用机制砂的特点和质量控制

3.1 机制砂特点

机制砂通常较粗，其细度模数在 2.6~3.6，颗粒级配是可以调整，其含有一定数量的石粉，外形通常表现为三角体或者方矩体，表面粗糙、棱角尖锐的特点。有许多的机制砂是片状或者颗粒，而且这些颗粒往往是两头较大、中间较小。合理的细度模数与砂的级配直接影响预拌砂浆的质量。既要确保预拌砂浆的各项物理性能符合国家标准，又要满足其施工性能符合现场施工要求，必须两者同时兼顾。那些不能符合国家技术标准的机制砂可以通过技术措施将其加工。在这方面，机制砂要比天然砂具有无可比拟的优势。

机制砂是经机械破碎、筛分制成的粒径小于 4.75mm 的岩石颗粒，其合理的细度模数与砂的级配直接影响预拌砂浆的质量，既要确保预拌砂浆的各项物理性能符合国家标准，又要满足其施工性能符合现场施工要求，必须两者同时兼顾。因此，应按照国标《建筑用碎石、卵石》（GB/T 14685—2011）的规定运用检验检测的方法控制其各项指标，其检验检测的项目为：机制砂的细度模数、颗粒级配及石粉含量。

3.2 机制砂的细度模数与颗粒级配控制

机制砂的细度模数与颗粒级配控制是评定预拌砂浆用砂质量的一个主要指标。随着预拌砂浆技术的不断完善，砂率、水灰比和预拌砂浆的和易性、强度及施工性能的关系越来越受到重视。目前，国内制砂装备采用一次性制砂工艺很难制出符合标准的机制砂。

如果机制砂级配不合理，对预拌砂浆的工作性能和力学性能有以下影响。（1）当机制砂粗颗粒多，细颗粒少时，使固体颗粒的总比表面积减小，容易出现泌水现象，保水性不良；预拌浆中只能形成骨架结构，而骨架之间的空隙没有足够的细颗粒填充，所以砂浆的密实度不好，故预拌浆的抗压强度和抗折强度都较低。（2）当机制砂粗颗粒少，细颗粒多时，固体颗粒比表面积增大，预拌砂浆的稠度较小，流动性不好，需水量增大；同时，细颗粒多，粗颗粒少，这样级配的机制砂在预拌砂浆中没形成骨架结构，大量的细颗粒使机制砂的比表面积增大，使得水泥浆不足以包裹在集料周围，颗粒间的黏结强度降低，部分颗粒呈游离松散状态，故预拌砂浆的抗压强度和抗折强度都低。（3）级配好的机制砂，各级配粒经颗粒均匀分布。机制砂中含有适量的细颗粒，能够填充在表面粗糙，颗粒棱角多的粗颗粒之间，减小了颗粒间的摩擦力，增大了预拌砂浆的流动性能。同时，粗颗粒构成了预拌砂浆中的骨架结构，使机制砂颗粒之间产生嵌挤锁结力；而细颗粒填充在粗颗粒之间，使硬化后颗粒达到密实结构。这样的机制砂能够在硬化后的砂浆中形成骨架密实结构，故预拌砂浆的抗压强度和抗折强度都较高。

由此可见，机制砂的级配对预拌砂浆的和易性有显著影响。在配制预拌砂浆时，应严格控制机制砂的颗粒级配，以满足新拌砂浆的和易性能。在预拌砂浆的配合比中，要以砂的细度模数来调整砂率和单位用水量，单位用水量的大小能反映出机制砂的细度模数与颗粒级配的真实情况，经过实践应用，单位用水量越大，反映 2.36～0.6mm 的百分率含量偏低，0.075mm 以下的百分率含量偏高。反之单位用水量越小，反映 2.36～0.6mm 的百分率含量偏大，0.075mm 以下的百分率偏小。所以在配制预拌砂浆时应考虑机制砂的细度模数与颗粒级配，应符合国标《建筑用砂》（GB/T 14684—2011）规定中表Ⅰ、表Ⅱ区范围内。

一方面，要控制机制砂的破碎方式、筛分环节和扩大每批次生产数量，应按国标《建筑用砂》（GB/T 14684—2011）规定第 6.3 条中试验方法筛分检测三次，以便掌控机制砂的细度模数与颗粒级配并作出调整。另一方面，一旦出现机制砂的细度模数与颗粒级配偏向情况，需添加Ⅱ级粉煤灰或将收尘系统内储存的粉尘调整机制砂的细度模数与颗粒级配，使配制的预拌砂浆达到最佳状态。

3.3 机制砂中的石粉控制

机制砂是由岩石破碎而成，在生产过程中不可避免的产生一定量的石粉，而机制砂中适量的石粉存在可弥补预拌砂浆的和易性差和提高预拌砂浆的密实性，进而能提高预拌砂浆的综合性能作用。但是，在开采过程中难免会带入部分山皮泥土，从而在机制砂中会出现 75μm 以下颗粒中含有泥粉，而泥粉的存在会阻碍水泥的正常水化或者与水泥中的成分发生化学反应，这些负面影响可导致预拌砂浆强度降低、收缩加剧及耐久性下降。常用亚甲基兰既能检验检测机制砂中的石粉含量，又能检验检测机制砂中的泥粉含量，要求机制砂的 MB 值小于 1.4。因此，在开采生产过程中应采取有效措施降低机制砂中的泥粉含量。

4 结束语

机制砂作为新型建设用砂，为资源综合利用开创了新的途径，意义深远。笔者有幸主持参与这项课题的探索与研究，倾注了大量的心血，收获了一些成功经验，已初步掌握了机制砂在预拌砂浆中的应用，以丰富的实践经验解决了机制砂在预拌砂浆应用中出现的疑难杂症。但由于受到我国地域辽阔，各地的岩石种类较多，生产工艺的差异等因素制约，在应用中随时会出现新的问题，还有待于不断探索研究使之完善，同时要求我们在实际应用中不断提高应变能力和创新能力，使这一新型材料在预拌砂浆应用中能安全健康，有序发展。

参考文献

[1] 《建筑用碎石、卵石》（GB/T 14685—2011）[S].
[2] 李志军，邓毅婷，王莉梅等. 机制砂的级配对预拌砂浆硬化前后性能的影响 [J]. 城市建设，2012，(9).
[3] 杨晓艳. 机制砂在预拌砂浆中的应用研究 [D]. 重庆交通大学，2010.
[4] 刘大超，杨晓艳，马世洪等. 石粉含量对预拌砂浆性能影响的试验研究 [J]. 西部交通科技，2009，(10)：20-23.
[5] 强卫，胡亚铃. 石粉对预拌砂浆性能影响的试验研究 [C]. 第二届全国商品砂浆学术交流会论文汇编，2007：187-189.
[6] 《建筑用砂》（GB/T 14684—2011）[S].

第三部分

废弃物利用

复合矿物掺合料活性激发对砂浆力学性能的影响

马保国 田振 李相国 朱艳超 李玉博 王允栋

(武汉理工大学材料科学与工程学院硅酸盐国家重点实验室,武汉,430070)

摘要:本文以粉煤灰-矿粉-水泥胶凝体系砂浆为研究对象,通过对粉煤灰活性激发、复合活性激发,研究砂浆力学性能的变化。活性剂发方法是让粉煤灰与外加剂溶液预混,使外加剂激发粉煤灰的活性,同时达到延迟释放的目的,从而达到提高砂浆早期强度,后期强度稳定的目的。结果表明:激发剂三乙醇胺、氯化钙、硫酸钠之间存在良好的叠加增强效应,能促进砂浆胶凝体系水化,同时保证砂浆体系后期强度的稳定。

关键词:砂浆力学性能;活性剂发;粉煤灰;外加剂;叠加增强效应

Admixture activity stimulate the mechanical properties of mortar

Ma Baoguo Tian Zhen Li Xiangguo Zhu Yanchao Li Yubo Wang Yundong

(State Key Laboratory of Silicate Materials for Architectures, Wuhan University of Technology, Wuhan, 430070, Hubei, China)

Abstract: With fly ash-slag-cement cementitious system used as object, this article studied on the changes of mechanical properties of mortar through stimulating activity and compositely stimulating activity on the fly ash. The active excitation method can let fly ash admixture solution premixed, and make additives stimulate the activity of fly ash in order to delayed its release, so it can improve the early strength of mortar and enable the later strength stable. The results showed that: the good superposition enhancing effect of the three activators, can promote hydration of cementitious mortar system and ensure the stability of the later strength.

Keywords: mechanical properties of mortar; surfactant hair; fly ash; admixture; superimposed enhancement effect

1 前言

混凝土矿物掺合料的研究推动了混凝土技术的发展。粉磨矿渣、粉煤灰等工业废弃物成为水泥基胶凝材料不可或缺的组分和最常用的混凝土掺合料。矿渣、粉煤灰作为混凝土掺合料替代部分硅酸盐水泥,降低水泥工业能耗,缓解废弃物处理压力。粉煤灰在美国饿马大坝工程中首次使用,德国 R. Gnm 首先研究了矿渣对水泥的影响,标志着混凝土掺合料的研究和实际应用。

随着混凝土掺合料工程应用的推广,仅使用一种掺合料逐渐不能满足混凝土性能的要

基金项目:国家"十二五"科技支撑计划(2011BAJ04B02)。
作者简介:马保国(1957—),男,河南开封人,教授,博士,从事新型墙体材料和特种砂浆方面的研究,Tel:027-87160951,E-mail:mbgjob@163.com。
万利,男,材料科学与工程在读硕士。研究方向:生态建筑材料及其应用。

求。人们开始研究矿物掺合料叠加效应、掺合料活性激发及多功能型矿物掺合料。本实验以水泥、矿渣、粉煤灰为胶凝材料体系,通过对比粉煤灰化学激发和复合激发对水泥三元体系砂浆力学性能的影响,得出不同激发剂的激发效果和最佳激发方式,以及不同粉煤灰对水泥三元体系胶砂性能的影响。

2 原材料和试验方法

2.1 原材料

2.1.1 水泥

华新 P·O 42.5 级普通硅酸盐水泥,其化学质量分数如表1。

2.1.2 粉煤灰

阳逻电厂Ⅰ级粉煤灰。细度 45μm 方孔筛筛余 7.3%,烧失量 0.76%,需水量比 0.82%,SO_3 含量为 0.68%。

图 1 粉煤灰 SEM 图

由粉煤灰 SEM 图(图1)可见,粉煤灰表面比较光滑,表面无孔,呈球形,隙滚珠效应比较好,较容易进行活性激发。

2.1.3 矿粉

华新矿粉 S95 级其化学组分见表1。

表 1 原料化学质量分数 %

名称	SiO_2	Al_2O_3	Fe_2O_3	CaO	MgO	TiO_2	Na_2O	K_2O	SO_3	Cl	含碱量
水泥	21.07	3.79	3.19	61.85	3.05	0.24	0.26	0.61	3.26	0.039	0.57
粉煤灰	53.67	33.41	4.33	4.87	0.77	1.46	0.39	1.04	0.69	0.018	1.07
矿粉	33.32	13.59	1.36	41.63	5.72	0.6	0.55	0.46	3.72	0.007	0.85

烧失量 0.37%,比表面积 379m^2/kg,密度 2810kg/cm^3,流动度比 91%,7d 和 28d 活性指数 79% 和 97%。

2.1.4 激发剂

采用用的激发剂种类和基本性质见表2。

表 2 激发剂基本性质

试剂	分子式	分子质量	纯度/%	生产厂家
三乙醇胺	$C_6H_{15}NO_3$	149.19	99	武汉富鑫远科技有限公司
氯化钙	NaCl	58.44	99	武汉富鑫远科技有限公司
硫酸钠	Na_2SO_4	143.06	99	武汉富鑫远科技有限公司

2.1.5 砂

标准砂：厦门艾思欧公司标准砂有限公司生产的ISO标准砂，满足GB 178—1997，其规格为（1350±5）g袋装。

2.2 试验方法

外加剂溶于水，均匀喷洒在粉煤灰上，将喷上外加剂的粉煤灰和矿粉放入混料机，进行预混合水泥、粉煤灰、矿粉和水放入搅拌机搅拌成型拆模，养护测定3d、7d、28d抗折抗压强度（抗折抗压强度测定按照GB/T 17671—1999）实验流程如图2所示。

图2 实验流程

2.3 试验方案

探究不同掺量条件下粉煤灰活性激发效果，并在一定掺量范围内将激发剂复合添加，探讨复合激发剂的效果。实验配比见表3。

表3 实验配比

编号	水泥	矿粉	粉煤灰	水	砂	硫酸钠	氯化钙	三乙醇胺
P0	270	95	85	202	1350			
PS1	270	95	85	202	1350	9		
PS2	270	95	85	202	1350	18		
PS3	270	95	85	202	1350	27		
PS4	270	95	85	202	1350	36		
PL1	270	95	85	202	1350		1.0	
PL2	270	95	85	202	1350		1.9	
PL3	270	95	85	202	1350		3.8	
PL4	270	95	85	202	1350		3.7	
PC1	270	95	85	202	1350			0.06
PC2	270	95	85	202	1350			0.12
PC3	270	95	85	202	1350			0.18
PC4	270	95	85	202	1350			0.24
PSL	270	95	85	202	1350	18	1.9	
PSC	270	95	85	202	1350	18		0.12
PLC	270	95	85	202	1350		1.9	0.12
PSLC	270	95	85	202	1350	18	1.9	0.12

3 试验结果与讨论

3.1 单一激发剂激发

将活性激发剂按粉煤灰质量分5个掺量进行砂浆试验，测量其力学性能。

3.1.1 激发剂硫酸钠对砂浆力学性能的影响

由图3和图4可以看出通过硫酸钠对粉煤灰的活性激发，3d、7d和28d强抗折强度均明显增加；硫酸钠改性剂用量超过粉煤灰的20%后，3d抗折强度增加缓慢，7d抗折强度减小，28d抗折强度增加缓慢；在本实验中改性剂用量为38%时，3d、7d和28d强度变化不明显，后期强度不再增加，改性剂用量过大。

通过硫酸钠对粉煤灰的活性激发，3d抗压强度提高，超过20%；7d抗压强度随硫酸钠用量先增加后减小，28d抗压强度均减小。

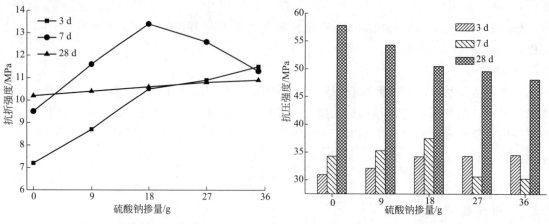

图 3　硫酸钠掺量对砂浆抗折强度的影响　　图 4　硫酸钠掺量对砂浆抗压强度的影响

3.1.2　激发剂氯化钙对砂浆力学性能的影响

由图 5 和图 6 得出随着粉煤灰活性激发剂氯化钙用量的增加，早期强度增加，后期抗折强度轻微减小。

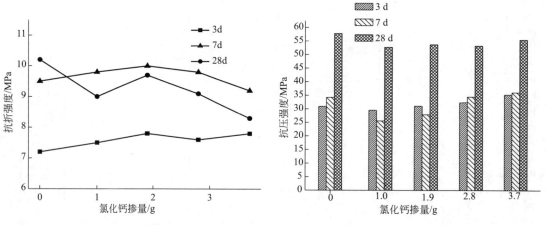

图 5　氯化钙掺量对砂浆抗折强度的影响　　图 6　氯化钙掺量对砂浆抗压强度的影响

氯化钙在掺量低于 2% 时对砂浆 3d、7d 的抗压强度具有明显的增强作用；在氯化钙掺量为 0.8% 时，砂浆在 3d 和 7d 的抗压强度分别为不掺氯化钙时的 118% 和 109%，3d 和 7d 的抗折强度分别为不掺氯化钙时的 118% 和 119%；同时可以看到，随着氯化钙掺量的增加，砂浆在 28d 的抗压强度先降低后增加。

3.1.3　激发剂三乙醇胺对砂浆力学性能的影响

图 7 和图 8 可以得出：粉煤灰改性剂三乙醇胺用量增加，砂浆抗折强度减小，抗压强度增加。三乙醇胺掺量低于 0.03% 条件下对砂浆具有一定的早强作用，并会促进后期强度的增高；掺量为 0.02% 时，3d、7d 和 28d 的抗压强度分别为不掺三乙醇胺时的 111%、107% 和 125%。

3.2　复合激发

对比硫酸钠、氯化钙和三乙醇胺复合对粉煤灰激发后砂浆力学性能的变化，并与单一激发剂激发效果进行比较。

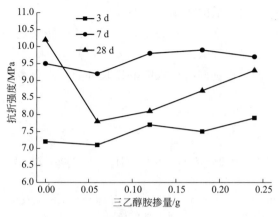

图 7　三乙醇胺掺量对砂浆抗折强度的影响　　　　图 8　三乙醇胺掺量对砂浆抗压强度的影响

由图 9 和图 10 得出：氯化钙和硫酸钠的复合掺入，早强效果比较很明显；三乙醇胺和氯化钙复合掺入可以不同程度地提高砂浆不同龄期的强度，其水化 3d 的抗折强度的增幅最大，为未掺添加剂的 165%，抗压强度增长 122%；三乙醇胺和硫酸钠复合掺入，同样将适量的三乙醇胺与硫酸钠复合掺入可以不同程度地提高粉煤灰-水泥早期和后期的抗压强度；抗压强度的提高幅度均高于单掺硫酸钠或三乙醇胺。

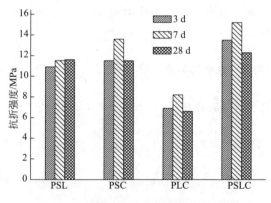
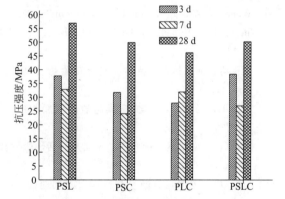

图 9　复合激发对砂浆抗折强度的影响　　　　图 10　复合激发对砂浆抗压强度的影响

三乙醇胺、硫酸钠、氯化钙同时加入，不论是 3d、7d、28d 都比单独掺入或者两个复合掺入的强度要高，并且提高砂浆的后期强度。

4　结　论

（1）在 Ca^{2+} 的作用下，硫酸钠对粉煤灰活性激发后与液相中的活性 Al_2O_3 反应生成 Aft。在粉煤灰颗粒表面形成低密度的纤维状或网络状包裹层，Ca^{2+} 通过包裹层扩散到颗粒内部，使得粉煤灰活性得以继续发挥。由于 $CaSO_4$ 和 AFt 的膨胀作用，可填补砂浆内部水化空隙，提高砂浆的密实度。硫酸钠掺量也不能超过一定的范围，掺量太高时，生成的 AFt 和 $CaSO_4$ 量过多，制品内部会产生微裂纹，导致后期强度降低。作为粉煤灰改性剂使用时，硫酸钠的最佳使用量为 20%。

（2）氯化钙能增加水化硫铝酸钙的生成速度，从而更加促进了砂浆早期强度的增长；氯化钙具有优异的早强性能，微量掺加即可获得均衡的强度增进效果；氯化钙掺量的增加，砂浆后期强度呈降低趋势，以氯化钙作为粉煤灰激发剂合适的用量为2%。

（3）粉煤灰活性激发剂三乙醇胺对砂浆早期和后期强度都有提高，然而三乙醇胺又是一种缓凝剂，过高的掺量导致水泥的严重缓凝，抗压强度降低。

（4）粉煤灰复合激发剂、三乙醇胺、硫酸钠、氯化钙同时加入能够扬长补短，复合激发剂对早期和后期强提高效果明显。

参考文献

[1] 贺行洋，陈益民，苏英．混凝土浆状掺合料物理化学性能的研究［J］．中国建材科技，2006，28（1）：4-7．

[2] Mehta P K，Gjørv O E. Properties of Portland cement concrete containing fly ash and condensed silica-fume［J］. Cement and Concrete Research，1982，12（5）：587-595．

[3] De Schutter G，Taerwe L. General hydration model for Portland cement and blast furnace slag cement［J］. Cement and Concrete Research，1995，25（3）：593-604．

[4] 朱柯，程玉雷．矿物掺合料对机制砂浆性能影响［J］．中国建材科技，2012，34（5）：26-30．

[5] 山宏宇，经冠举，叶青等．矿物掺合料对干粉砂浆性能影响的研究［J］．武汉理工大学学报（交通科学与工程版），2013，55（2）：412-415．

[6] 庄梓豪，余其俊，韦江雄．矿物掺合料对干粉砂浆性能的影响及配比的优化［A］．第二届全国商品砂浆学术交流会论文集，北京：化学工业出版社，2007．

[7] Wang F，Zhu Y，Zhang L. Experimental research of sodium chloride on activity excited ability and binding mode of fly ash portland blend cement［J］. Bulletin of the Chinese Ceramic Society，2009，28（1）：10-14．

[8] 庞传涛，何廷树，高蓓等．复合矿物掺合料对砂浆力学性能的影响［J］．混凝土，2012，34（5）：114-117．

[9] 柯国军，杨晓峰，彭红等．化学激发粉煤灰活性机理研究进展［J］．煤炭学报，2005，30（3）：366-370．

[10] 方军良，陆文雄，徐彩宣．粉煤灰的活性激发技术及机理研究进展［J］．上海大学学报（自然科学版），2002，8（3）：255-260．

[11] 何廷树，卫国强．激发剂种类对不同粉煤灰掺量的水泥胶砂强度的影响［J］．混凝土，2009，31（5）：62-64．

矿物掺合料对三种聚合物改性砂浆性能的影响

王茹　张亮

(先进土木工程教育部重点实验室；同济大学材料科学与工程学院，上海，201804)

摘要：本文研究了三种矿物掺合料（粉煤灰、硅灰、矿渣粉）对三种聚合物改性砂浆的流动性、抗压强度、抗折强度、黏结拉伸强度、吸水率、干缩性能的影响，同时对比了三种聚合物对砂浆性能的影响。结果表明：聚合物改性砂浆中掺加硅灰时，由于增大了用水量，砂浆的力学性能较差；掺加粉煤灰时砂浆的抗折强度较好，掺加矿渣粉时砂浆的抗压强度较好；聚合物的种类对砂浆的性能影响较大，苯丙乳液改性砂浆的性能相比于其他两种砂浆，力学性较差，丁苯乳液改性砂浆的抗压强度较好，苯丙乳胶粉改性砂浆的抗折强度和黏结拉伸强度较好。

关键词：聚合物改性砂浆；粉煤灰；硅灰；矿渣粉

Influence of Mineral Admixtures on the Performance of Three Kinds of Polymer-modified Mortars

Wang Ru　Zhang Liang

(Key Laboratory of Advanced Civil Engineering Material of Ministry of Education; School of Materials Science and Engineering, Tongji University, Shanghai, 201804)

Abstract: The influence of three kinds of mineral admixtures (fly ash, Silica fume and slag powder) on the flowability, compressive strength, flexural strength, bonding strength, water absorption and shrinkage of polymer-modified mortars were studied in the paper. The results show that the mechanical properties will deteriorate when adding silica fume in polymer-modified mortars, due to increased water consumption; the flexural strength of the mortar which added fly ash is the best, while the compressive strength of the mortar which added slag powder is the best. The polymer types have great impact on the performance of mortar, Compared to the other two kinds of polymer-modified mortars, the SAE latex modified mortar has poor mechanical properties, the compressive strength of SBR latex modified mortar is the best, while the flexural and bonding strengths of SAE powder modified mortar is the best.

Keywords: polymer-modified mortar; fly ash; sil ica fume; slag powder

1 前言

聚合物改性砂浆的研究与应用已有80多年的历史。由于聚合物在砂浆中形成网状结构，填充砂浆中大的孔隙，通过聚合物改性的砂浆，可显著提高砂浆的抗折、抗拉和黏结强度，同时由于改善了砂浆的微观结构，砂浆的密实度增强，表现为抗渗、抗氯离子侵蚀的能力提

基金项目："十二五"国家科技支撑计划项目（2012BAJ20B02）。
作者简介：王茹，女，博士，教授，博士生导师，主要研究领域为聚合物水泥基复合材料，E-mail：ruwang@tongji.edu.cn。

高。因此聚合物改性砂浆被广泛用作混凝土修补加固材料、防腐材料及防水保温材料等。目前对于聚合物改性砂浆的研究主要集中在聚合物共混改性砂浆、聚合物种类、掺量对水泥砂浆性能的影响，对于聚合物与矿物掺合料混掺对于砂浆性能的影响的研究还不是很多，有研究发现聚合物和矿物掺合料混掺可提高砂浆和混凝土的性能。本文采用三种矿物掺合料和三种聚合物，研究了矿物掺合料对于聚合物改性砂浆性能的影响。

2 试验

2.1 原料

采用 P·Ⅱ 52.5R 硅酸盐水泥（符合国标 GB 175），其化学组成见表1。实验用砂为标准砂。

表1 水泥的化学组成（质量分数） 单位：%

Na_2O	MgO	Al_2O_3	SiO_2	SO_3	K_2O	CaO	TiO_2	MnO	Fe_2O_3	ZnO	SrO
0.21	1.14	4.99	20.8	2.22	0.66	65.2	0.22	0.05	3.22	0.10	0.13

实验中采用三种聚合物：丁苯乳液、苯丙乳液和苯丙乳胶粉（见表2）。

表2 聚合物技术参数

	固含量/%	pH值	最低成膜温度/℃	玻璃化转变温度/℃	灰分(质量)/%
丁苯乳液	51	7.8~10	15~21	−3	—
苯丙乳液	57	7.0~8.5	1	−6	—
苯丙乳胶粉	—	8.0	0	15	9.5

实验采用三种矿物掺合料：粉煤灰（Ⅱ级，详见表3）、矿渣粉（S95，详见表4）、硅灰（详见表5）。

表3 粉煤灰技术参数

45μm筛余/%	需水量比/%	烧失量/%	含水量/%	三氧化硫/%
18	92	7	1	3

表4 矿渣粉技术参数

Al_2O_3含量/%	SiO_2含量/%	CaO含量/%	比表面积/(m²/kg)
15.1	32.9	37.8	>450

表5 硅灰技术参数

SiO_2含量/%	烧失量/%	含水率/%	需水量比/%	比表面积/(m²/kg)	45μm筛余/%
93.23	1.2	0.3	120	19500	3

2.2 配合比

实验灰砂比是1:3，聚合物的掺量均为水泥质量的10%（以乳液固含量计）。实验中矿物掺合料掺加量（矿物均采用内掺法，即取代部分水泥）如下。

粉煤灰：10%，20%，30%，40%，50%；矿渣粉：10%，20% 30%，40%，50%；硅灰：5%，10%，15%，20%，25%。

通过控制砂浆流动度在 (170±5)mm 来确定水灰比，从而控制水的加入量。

2.3 试验方法

2.3.1 流动度

参照《水泥胶砂流动度测定方法》（GB/T 2419—2005）进行试验。

2.3.2 抗折强度、抗压强度

参照《水泥胶砂强度检验方法》(GB/T 17671—1999) 进行试验。

2.3.3 拉伸黏结强度、干缩率、吸水率

参照《建筑砂浆基本性能试验方法标准》(JGJ/T 70—2009) 进行试验。

3 结果与讨论

3.1 水灰比

图 1 为将砂浆流动度控制在 (170±5)mm 时，测得的水灰比与矿物掺合料掺加量的关系。从图 1 可以看出，聚合物改性砂浆中掺加粉煤灰、矿渣粉时，随着掺量的增加，水灰比呈现下降趋势，粉煤灰和矿渣粉的加入改善了砂浆的流动性，使砂浆水灰比降低；而掺加硅灰时，随着掺量的增加，水灰比呈现明显上升的趋势，因此硅灰的加入降低了砂浆的流动性，使砂浆的水灰比增大。同时，从图 1 可以看出，砂浆水灰比受聚合物的影响也较大，3 种聚合物中苯丙乳液改性砂浆的水灰比最大，丁苯乳液改性砂浆的水灰比最小。

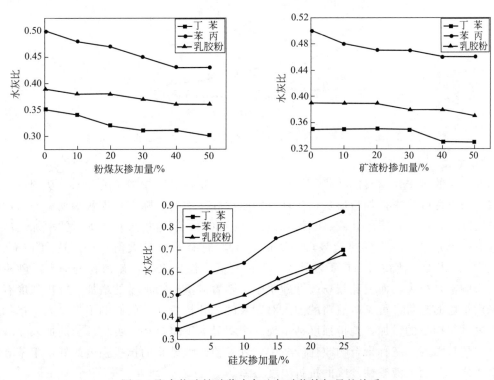

图 1 聚合物改性砂浆水灰比与矿物掺加量的关系

3.2 抗压强度

图 2 表示的是砂浆 28d 抗压强度与矿物掺合料掺加量的关系。从图中可以看出，当聚合物改性砂浆中掺加粉煤灰、硅灰时，随着粉煤灰、硅灰掺加量的增加，砂浆 28d 抗压强度呈现下降趋势，且掺加硅灰时下降幅度更大。掺加矿渣粉时，随着掺量的增加，抗压强度先有一个下降的趋势然后又有一个上升的趋势，在掺量为 30% 时有一个较大值，甚至超过了未掺加矿物时砂浆的强度，相比于其他两种矿物，掺加矿渣粉时砂浆的抗压强度最好。三种聚合物改性砂浆中，丁苯乳液改性砂浆的抗压强度最好，而苯丙乳液改性砂浆的抗压强度最差。

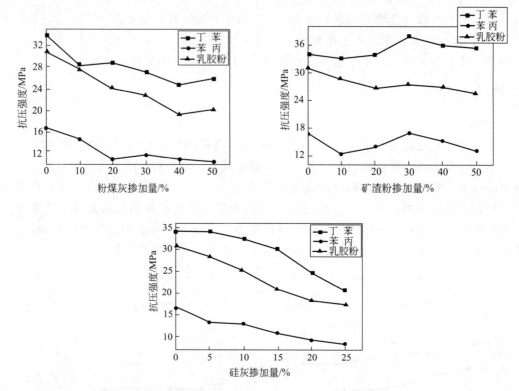

图2 聚合物改性砂浆28d抗压强度与矿物掺合料掺加量的关系

3.3 抗折强度

图3表示的是聚合物改性砂浆28d抗折强度与矿物掺合料掺加量的关系。从图中可以看出在聚合物改性砂浆中掺加粉煤灰,在乳胶粉改性砂浆中时,随着粉煤灰掺加量的增加砂浆抗折强度降低,但是在丁苯乳液、苯丙乳液改性砂浆中,随着粉煤灰掺加量的增加,砂浆抗折强度有一个先增大后降低的趋势,在掺量为30%时有一个最大值,分别达到了8.6MPa和5.0MPa。掺加矿渣粉时,在丁苯乳液、苯丙乳液改性砂浆中,矿渣粉的加入对砂浆抗折强度的影响不是很大,而在乳胶粉改性砂浆中,随着矿渣粉掺加量的增加,抗折强度有一个先下降后平稳的趋势,可见矿渣粉的加入对砂浆的28d抗折强度的影响不是很大。掺加硅灰时,随着硅灰掺量的增加,抗折强度都呈现一个明显的下降趋势,可见硅灰的加入显著降低了砂浆的抗折强度。三种聚合物改性砂浆中,乳胶粉改性砂浆的抗折强度最好,丁苯乳液改性砂浆次之,苯丙乳液改性砂浆的抗折强度最差。

3.4 拉伸黏结强度

图4表示的是聚合物改性砂浆28d拉伸黏结强度与矿物掺合料掺加量的关系。从图中可以看出,聚合物改性砂浆中掺加粉煤灰或矿渣粉时,对砂浆拉伸黏结强度的影响不是很大,随着两种矿物掺合料掺加量的增加,拉伸黏结强度有降低的趋势,但是降低的程度不是很大。但是掺加硅灰时,随着掺量的增加,砂浆的拉伸黏结强度有明显降低的趋势,可见硅灰的加入降低了砂浆的拉伸黏结强度。砂浆的拉伸黏结强度受聚合物种类的影响较大,三种聚合物改性砂浆的拉伸黏结强度有明显的差异,乳胶粉改性砂浆的拉伸黏结强度最好,丁苯乳液改性砂浆的次之,苯丙乳液改性砂浆的最差。

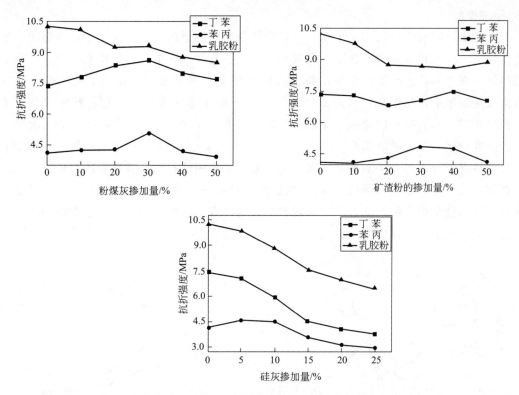

图 3 聚合物改性砂浆 28d 抗折强度与矿物掺合料掺加量的关系

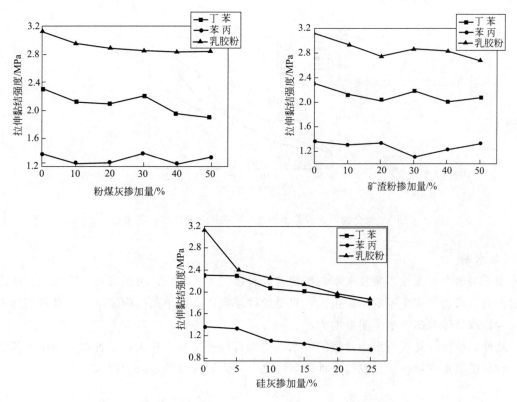

图 4 聚合物改性砂浆拉伸黏结强度与矿物掺合料掺加量的关系

3.5 干缩率

图5是聚合物改性砂浆28d干缩率与矿物掺合料掺加量的关系。从图中可以看出，聚合物改性砂浆中掺加粉煤灰时，在丁苯乳液和苯丙乳液改性砂浆中，干缩率有一个先下降后增大的趋势，在丁苯乳液改性砂浆中，粉煤灰掺量为30%时砂浆干缩率达到最小值，而在苯丙乳液改性砂浆中，粉煤灰掺量为20%时，砂浆干缩率达到最小值；在乳胶粉改性砂浆中掺加粉煤灰时，随着掺量的增加，干缩率先增大后降低，在掺量30%时有一个最大值。在聚合物改性砂浆中掺加矿渣粉时，在丁苯乳液和苯丙乳液改性砂浆中，随着掺量的增加砂浆的干缩率逐渐下降，可见矿渣粉的掺入改善了砂浆的收缩性；而在乳胶粉改性砂浆中随着掺量的增加，收缩率先增大后降低，在掺量为30%时有一个最大值。聚合物改性砂浆中掺加硅灰时，随着硅灰掺量的增加，在三种聚合物改性砂浆中干缩率都是呈现上升的趋势，可见掺加硅灰对砂浆的干缩性能是不利的。

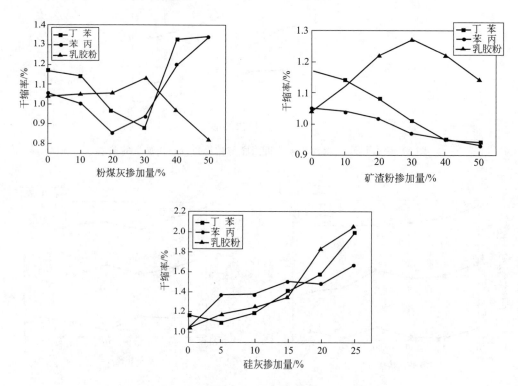

图5 聚合物改性砂浆干缩率与矿物掺合料掺加量的关系

3.6 吸水率

图6为聚合物改性砂浆吸水率与矿物掺合料掺加量的关系。由图可见，粉煤灰、矿渣粉的加入对砂浆的吸水率影响不是很大，只是使砂浆吸水率在小范围内波动，而硅灰的加入则使聚合物改性砂浆的吸水率明显增大。

此外，由图6还可看出，砂的吸水率受聚合物的影响也较大，三种聚合物中丁苯乳液改性砂浆的吸水率最小，乳胶粉改性砂浆次之，苯丙乳液改性砂浆的吸水率最大。

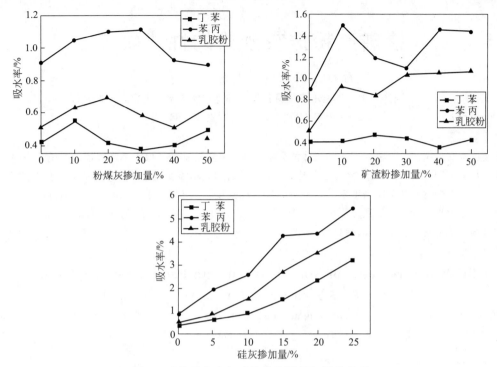

图 6 砂浆吸水率与矿物掺合料掺加量的关系

4 结 论

（1）聚合物改性砂浆中掺加矿物掺合料后，对砂浆性能影响很大。掺加硅灰时，由于砂浆的水灰比增大，所以导致其抗压强度、抗折强度、黏结拉伸强度等力学性能都明显的降低，干缩率、吸水率也明显增大；粉煤灰和矿渣粉都可以使砂浆的水灰比降低，即改善了砂浆的流动性；掺粉煤灰时砂浆的抗折强度相比于掺其他两种矿物的要好，而掺加矿渣粉时砂浆的抗压强度要好，掺粉煤灰和矿渣粉对砂浆的拉伸黏结强度和吸水率的影响不大，对于干缩率的影响则与聚合物种类有关，在不同聚合物改性砂浆中表现不同的影响趋势。

（2）聚合物种类对砂浆的性能影响较大，苯丙乳液改性砂浆在三种聚合物改性砂浆中力学性能最差，而丁苯乳液改性砂浆的抗压强度最高，乳胶粉改性砂浆的抗折强度和拉伸黏结强度最高。

参考文献

[1] 赵维，李东旭，李清海. 聚合物改性砂浆综述 [J]. 材料导报，2010，24（6）：136-140.
[2] Jecongyun Do, Yangscob. Performance of polymer-modified self-leveling mortars with high polymer-cement ratio for finishing [J]. CemConcrRes，2003，33（2）：149-150.
[3] 杨光，顾国芳. 聚合物乳液对水泥砂浆黏结强度的改进作用 [J]. 福建建材，1997，16（2）：32-33.
[4] 黄从运，付冰，陈超. 聚合物砂浆的现状与发展趋势 [J]. 混凝土与水泥制品. 2008，35（4）：61-64.
[5] 谢业明，葛序尧，单远铭. 聚合物改性高强修补水泥砂浆性能的研究 [J]. 工程与建设，2009，12（2）：222-225.
[6] 徐方，朱婧，陈建平等. 矿物掺合料对聚合物改性多孔水泥混凝土的性能影响研究 [J]. 混凝土，2012，34（4）：41-44.
[7] 葛序尧，武志刚，彭勃. 聚合物与粉煤灰改性砂浆性能的研究 [J]. 混凝土，2009，31（6）：110-113.

掺磷渣粉抹灰砂浆的性能研究

陈明[1]　孙振平[1]　杨旭[1]　刘建山[2]

(1. 同济大学先进土木工程材料教育部重点实验室，上海，201804；
2. 襄阳建山科技有限公司，襄阳，441000)

摘要：本文就磷渣粉（SP）对水泥浆体的凝结时间、砂浆流动度、保水率和强度的影响规律进行了试验研究。结果表明：SP 的掺入大幅延长水泥浆体的凝结时间，小幅度提高砂浆的流动度，小幅度降低砂浆的保水率，并影响砂浆的早期强度发展，但对砂浆后期强度影响不大。掺入 30％ 的 SP，再以保水增稠材料，可以制备出保水性优良的强度等级为 MP5、MP10、MP15，甚至 MP20 的抹灰砂浆。

关键词：磷渣粉；抹灰砂浆；强度；保水率

Study on Properties of Mortar Mixed with Phosphorus Slag Powder

Chen Ming[1]　Sun Zhenping[1]　Yang Xu[1]　Liu Jianshan[2]

(1. Key Laboratory of Advanced Civil Engineering Materials，Ministry of Education，Tongji University，Shanghai，201804；2. XiangyangJianshan Technology Co．，Ltd．，Xiangyang，441000)

Abstract：In this paper，the influence of phosphorus slag powder（SP）on the cement setting time，the mortar fluidity，the water retention rate and the strength of mortar were studied. The results showed that the setting time of cement was extended greatly，the mortar fluidity was increased slightly，the water retention rate decreased slightly as the increased of SP. And the early strength of mortar with developed slowly and the late strength developed sustainably and fast. The plastering mortar of MP5，MP10，MP15 and MP20 could be prepared when 30％ of SP and an appropriate amount of bentonite and cellulose ether were incorporated.

Keywords：Phosphorus Slag Powder；Cement mortar；Strength；the Water Retention Rate.

　　矿渣粉和粉煤灰是目前市场最常用的两种优质掺合料，随着建筑行业的不断发展，在不同地区已经出现了优质掺合料矿渣粉和粉煤灰的紧缺。而磷渣是高温电炉提炼黄磷过程中排放的一种工业废渣。电炉法制备黄磷以磷矿石作为原料，以焦炭作为磷的还原剂，以硅石作为磷的成渣剂。提炼黄磷时，成渣剂中 SiO_2 的熔点降低，在 1350～1400℃，与磷矿石中钙化合，形成以硅酸钙为主要成分的熔融炉渣，经高压水淬处理，形成颗粒状磷渣。若经过粉磨就成为具有一定潜在活性的磷渣粉。而且工业上每生产 1t 黄磷，大约产生 8～10t 磷渣。我国 2012 年共开采磷矿石 9500 多万吨，生产近 900 万吨磷，产生的磷渣达 9000 多万吨。加上历年的累积，存量惊人。如此大量的磷渣若不加以妥善处理，堆放不仅占用大量土地，而且污染堆放附近的土壤和水体。本文主要研究磷渣粉作为砂浆掺合料对砂浆性能的影响，并且以磷渣粉作为主要掺合料制备出一系列等级的抹灰砂浆。希望能为磷渣粉作为砂浆掺合料的应用提供可行性依据，对加快磷渣资源化利用以及丰富抹灰砂浆的发展有所裨益。

作者简介：陈明，男，1987 年 6 月生，陕西商洛人，同济大学硕士研究生，主要从事磷渣粉在砂浆中的应用等方面研究。地址：上海市曹安公路 4800 号（邮编 201804）。E-mail：nevergone1988@126.com。基金项目："十二五"国家科技支撑计划项目（2012BAJ20B02）；国家自然科学基金项目（51178339）。

1 试验原料及方法

1.1 试验原料

（1）水泥　南京小野田水泥厂生产的P·O42.5级普通硅酸盐水泥，比表面积为330m²/kg，密度为3000kg/m³，烧失量为4.8%，粒度分布见图和化学成分见表分别见图1和表1。

（2）磷渣粉　本试验采用的磷渣粉为湖北襄樊某厂的磷渣粉（SP），粒度分布和化学组分别见图1和表1。

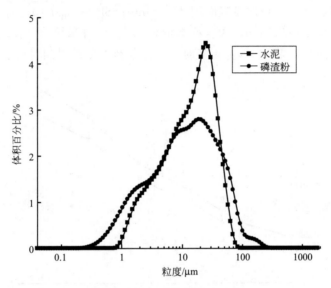

图1　水泥和磷渣粉粒度分布

从图1可知，试验用水泥和SP的粒度分布比较接近，主要集中在30~60μm范围内。从表1可知，SP的主要化学成分是SiO_2、CaO、MgO、Al_2O_3，占到90%以上，同时还含有3.91%的P_2O_5。

表1　水泥、磷渣粉、矿渣粉和粉煤灰的主要化学组分

原料	质量百分比/%											
	SiO_2	CaO	Al_2O_3	Fe_2O_3	MgO	SO_3	K_2O	TiO_2	SrO	MnO	Na_2O	P_2O_5
Cement	20.8	61.3	6.34	3.07	1.03	2.29	0.85	0.29	0.07	20.8	—	—
SP	40.8	45.7	2.57	0.41	3.32	1.56	1.01	0.22	0.07	0.02	0.38	3.91

（3）保水剂　NMA，粉剂，自行研制。

（4）其他原料　砂子：河砂，细度模数为2.4，堆积密度1450kg/m³；水：自来水。

1.2 试验方法

（1）水泥凝结时间测定参照《水泥标准稠度用水量、凝结时间、安定性检验方法》（GB/T 1346—2011）进行。

（2）砂浆流动度测定参照《水泥胶砂流动度测定方法》（GB/T 2419—2005）进行。

（3）砂浆保水率测定参照《建筑砂浆基本性能试验方法标准》（LGL/T 70—2009）进行。

（4）砂浆强度测定参照《水泥胶砂强度检验方法（ISO 法）》（GB/T 17671—1999）的规定进行。

（5）微观结构　水泥内掺 30% 的 SP，按照水灰比 $W/C=0.28$ 制样，水化 28d，用扫描电镜（SEM）对硬化浆体形貌进行观察。

2　试验结果及讨论

2.1　SP 对净浆凝结时间的影响

从图 2 可以看出，水泥浆体的初凝时间和终凝时间都随 SP 掺量的增加而延长：不掺 SP 水泥浆体的初凝时间为 157min，终凝时间为 194min；SP 掺量为 10% 时，初凝时间延长至 202min，终凝时间延长至 224min；磷渣粉掺量为 50% 时，初凝时间延长至 448min，终凝时间延长至 502min。而且如果 SP 掺量更多时，水泥浆体的凝结时间将可能延长更多。

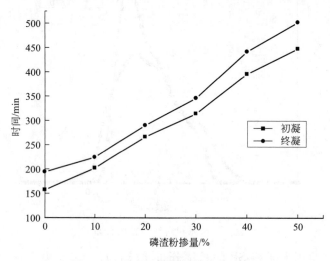

图 2　SP 对水泥浆体凝结时间的影响

一般认为 SP 掺入引起水泥缓凝有几个方面的原因：（1）SP 中的可溶性磷与水泥水化产物 $Ca(OH)_2$ 反应，生成不溶性磷酸钙，包裹在水泥颗粒周围，延缓了水泥的凝结硬化；（2）磷渣中可溶性 P_2O_5 与石膏的复合作用延缓了 C_3A 的整个水化过程，即 C_3A 的水化停留在"六方水化产物"阶段，既不能生成钙矾石 AFt，也不能生成水化铝酸钙 C_3AH_6；（3）SP 颗粒被吸附于硅酸盐水泥水化初期形成的半透水性水化产物薄膜上，致使该层薄膜致密性增加，离子和水通过薄膜的速率降低，引起水泥粒子水化速率降低，进而导致缓凝。此外，当 SP 掺量增加，浆体中水泥用量减少，而 SP 早期活性远低于水泥，故凝结时间进一步延长。

2.2　SP 对砂浆流动度及砂浆保水率的影响

从图 3 可以看出，随着 SP 掺量的增加，砂浆流动度呈现小幅增长的趋势：SP 掺量从 0 增加到 50% 时，砂浆流动度从 160mm 增加到 172mm。从图 4 可以看出随着 SP 掺量的增加，砂浆的保水率略有降低：SP 掺量从 0 增加到 50% 时，砂浆的保水率从 87.4% 降低到 84.5%。

图 3 表明 SP 的掺入会小幅度提高砂浆的流动度，这主要与 SP 颗粒的形貌和水化活性有关。从图 5 可以看出，SP 粉体粗细颗粒比较分明：细颗粒边棱被磨剥，圆行度较粗颗粒

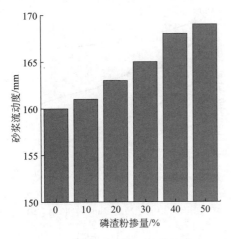

图 3 磷渣粉对砂浆流动度的影响

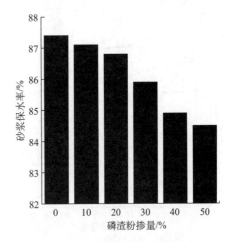

图 4 磷渣粉对砂浆保水率的影响

好一些；粗颗粒多为棱柱状、不规则多边体，较细颗粒棱角分明，但是粗颗粒各表面比较光滑。当掺入 SP 时，SP 中微细颗粒均匀分布在水泥浆内，填充空隙和毛细孔，使水泥颗粒间的水分得以释放，成为自由水，从而提高流动度；同时由于 SP 水化活性较水泥低，在水泥水化初期，SP 几乎不参与反应，SP 颗粒表明光滑对水的吸附很差，所以有效水灰比增大，砂浆的流动度有所增加。也正是由于 SP 粗颗粒棱角分明，表明光滑对水的吸附很差，使得掺 SP 砂浆的保水率小幅度降低。

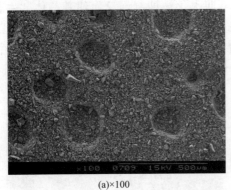

(a)×100

(b)×400

图 5 SP 颗粒的 SEM 图

2.3 SP 对砂浆强度的影响

图 6 是不同掺量的 SP 对砂浆强度的影响。从图 6（a）可以看出，在同一龄期，随着 SP 掺量的增加，砂浆的抗折强度不断降低：SP 掺量由 0 增加到 50% 时，砂浆 3d 抗折强度由 5.4MPa 降到 2.7MPa；28d 强度由 7.4MPa 降到 6.3MPa；同一掺量 SP 的砂浆，随着龄期增长，砂浆的抗折强度不断增大，而且砂浆后期的抗折强度明显增长快：SP 掺量为 30% 时，砂浆 3d 抗折强度只有基准（SP 掺量为 0）的 77.8%，28d 就可以达到基准的 91.9%，到了 90d 砂浆的抗折强度甚至可以达到基准的 105.4%。从图 6（b）可以看出，SP 对砂浆抗压强度的作用效果与 SP 对砂浆抗折强度的作用效果相似：同一龄期，随着 SP 的增加，砂浆的抗压强度不断降低；同一掺量，随着龄期的增长，砂浆抗压强度不断增长。

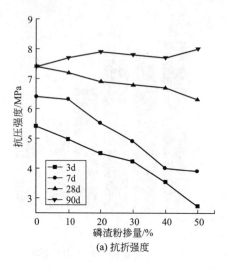 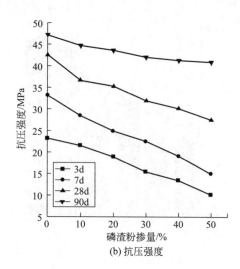

图6 磷渣粉对砂浆强度的影响

从图6可以看出,总体来说SP对砂浆的早期强度影响比较大,随着SP的增加,砂浆的抗折和抗压强度不断降低;但是对砂浆的后期强度影响不大,即使SP掺量达到50%,90d抗压强度也能达到基准的86.8%,而抗折强度甚至超过基准达到105.4%。

SP对砂浆强度的影响主要因为SP活性较低而且具有缓凝作用。掺入SP会抑制水泥的早期水化,使得早期水泥浆体结构疏松,而且SP活性较低,早期几乎不发生水化反应,所以使得砂浆早期强度降低。但正是由于水泥的早期水化被抑制,反而使其晶体"生长发育"条件好,使水化产物的质量显著提高,水泥浆体结构更加紧密,内部孔径变小,孔隙率下降,使砂浆后期强度快速发展,所以SP对砂浆后期强度影响不大。从图7就可以看出,在水化28d时,掺有SP的胶凝体系[图7(b)]硬化浆体的结构较纯水泥[图7(a)]要致密一些。

 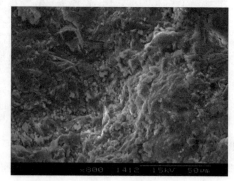

(a) 28d×800-水泥　　　　　　　　　　(b) 28d×800-SP

图7 纯水泥和掺有SP的水泥浆体水化28d的SEM图

2.4 掺SP抹灰砂浆的配制及性能

本试验配制的抹灰砂浆中SP掺量固定为30%,采用不同的胶砂比(胶砂比为0.2～0.5)设计,砂浆稠度控制在90～100mm,砂浆的保水率控制在90.0～92.0%,根据砂浆稠度和保水率调控保水剂掺量。其中抹灰砂浆的配制及性能见表2。

表 2 抹灰砂浆的配合比和性能

编号	胶砂比	胶凝材料/%		保水剂 MRA/%	稠度/mm	保水率/%
		SP	水泥			
DPM2	0.2	30	70	7.5	92	90.3
DPM3	0.3	30	70	5.0	94	92.4
DPM4	0.4	30	70	3.5	95	91.6
DPM5	0.5	30	70	2.5	97	91.3

从图 8 可以看出，在控制砂浆稠度和保水率的条件下，抹灰砂浆的强度随着胶砂比的增大而增大：当胶砂比为 0.2 时，抹灰砂浆 28d 抗压强度达到 6.2MPa，可以达到 MP5 等级要求；而当胶砂比为 0.5 时，抹灰砂浆 28d 抗压强度达到 22.1MPa，可以达到 MP15 等级甚至 MP20 等级要求。试验表明，SP 完全可以用作掺合料来制备不同等级的抹灰砂浆。

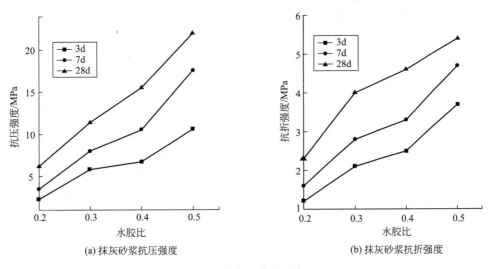

图 8 抹灰砂浆的强度

3 结 论

（1）掺入 SP 会引起水泥的缓凝，而且 SP 掺量越多，缓凝效果越严重；

（2）掺入 SP 会小幅度提高砂浆的流动度，小幅度降低砂浆保水率；

（3）掺入 SP 会大幅度降低砂浆的早期强度，而对砂浆后期强度影响不大；

（4）SP 对砂浆强度影响的主要原因在于：SP 的掺入抑制和延缓了水泥早期水化，使得早期水泥浆体结构疏松；随着水化反应缓慢持续进行，使得晶体"生长发育"得更好，水化产物的质量提高，使得后期水泥浆体结构更加致密；

（5）SP 作为掺合料可以制备出等级为 M5、M10、M15 和 M20 的抹灰砂浆。

参考文献

[1] 刘秋美，曹建新．混凝土生产绿色化的途径——磷渣的使用 [J]．贵州化工，2007，32（5）：5-9．
[2] 程麟，盛广宏，皮艳灵等．磷渣对硅酸盐水泥的缓凝机理 [J]．硅酸盐通报，2005，24（4）：40-44．
[3] 王业江，杨长辉，叶建雄等．磷渣粉在混凝土中的应用研究进展 [J]．混凝土，2010，（11）：95-97．
[4] 刘冬梅，方坤河，吴凤燕等．磷渣开发利用的研究 [J]．矿业快报，2005，21（3）：21-25．

[5] 冷发光,冯乃谦. 磷渣综合利用的研究与应用现状 [J]. 山中国建材科技, 1999 (3): 43-46

[6] 魏莹,李兆锋,李丙明等. 磷渣对水泥混凝土性能的影响及机理探讨 [J]. 硅酸盐通报, 2008, (4): 822-826.

[7] 程麟,盛广宏,皮艳灵等. 磷渣对硅酸盐水泥凝结时间的影响及机理 [J]. 南京工业大学学报, 2004, 26 (5): 5-8, 24.

[8] 杨华山,方坤河,涂胜金. 磷渣粉体颗粒表面粗糙度的定量表征 [J]. 粉煤灰综合利用, 2008, 03: 55-56.

[9] 岑迪钦,陈永瑞,勾成福等. 矿渣与粉煤灰对砂浆流动度及强度的影响 [J]. 粉煤灰, 2007, 19 (5): 3-6.

[10] 刘冬梅,方坤河,石妍等. 磷渣对水泥浆体水化性能和孔结构的影响 [J]. 硅酸盐学报, 2007, 35 (1): 109-113.

[11] 胡鹏刚,徐德龙,宋强等. 磷渣掺合料对水泥混凝土性能的影响及机理探讨 [J]. 混凝土, 2007, (5): 48-49, 52.

钢渣粉在瓷砖填缝剂中的应用

李明利

(厦门路桥翔通建材科技有限公司研发中心,新型材料试验室,厦门,361101)

摘要:填缝剂在建筑装饰中应用广泛。钢渣粉是一种工业副产品,将钢渣粉作为建筑材料大量使用,可以使资源得到综合利用,环保利废。钢渣粉具有活性,可提高其水化反应程度,增加水泥固化物强度;其本身具有一定颜色,减少氧化铁等颜料的使用。通过使用钢渣粉,提高固化物强度,减少水泥用量及其他粉料的消耗。应用聚羧酸粉剂减水剂,改善填缝剂的工作性,提高填缝剂的早后期强度以及减少填缝剂固化后期收缩开裂,提高水泥基砂浆体系的和易性、施工性和温度适应性。

关键词:钢渣粉;固体废弃物;填缝剂;环保

Application of Steel Slag Powder in Tile Grout

LI Mingli

(Research Center, Sunstone Building Material Technology Company, Xiamen, 361101)

Abstract: Grout is widely used in construction and decoration. Steel slag powder is a industrial by-product, using steel slag powder as construction material will comprehensively utilize resources and wastes, thus to protect environment. Steel slag powder has the activity, which can improve the hydration of cement and incerse the strength of the condensate. The powder itself has a certain color, which can reduce the use of some pigments such as iron oxide and so on. The application of steel slag powder will imporve the strength of condensate, reduce the use of cement and other powderlot. The application of polycarboxylate water-reducer can improve the workabily, early and late strength of grout; reduce shrinkage cracking during grout's curing period, as well as improve the workability and thermal adaptability of cement-based mortar system.

Keywords: Steel slag powder; solid waste; grout; environmental protection

1 前言

在现代的建筑物中瓷砖已成为主要的装饰材料,广泛地用于建筑物的内外墙壁及地面的装饰装修,为避免瓷砖之间由于热胀冷缩而产生空鼓,瓷砖与瓷砖之间需预留一定的缝隙,该缝隙需要填充。以往填缝时多用白水泥粉,这些抹在瓷砖缝表面的白水泥并未固化,黏结力和防水性差,脱水后或遇冷缩热胀就会出现裂纹,致使外墙、浴室等墙地砖渗水。

填缝剂也叫勾缝剂,是用于填满在墙壁上或地板上的瓷砖(或天然石料)之间的接缝材料。与瓷砖、石材等装饰材料相配合,提供美观的表面和抵抗外界因素的侵蚀。填缝剂具有黏合性强、收缩小、颜色固着力强,具有防裂纹的柔性、装饰质感好、抗压力耐磨损、抗霉菌的特点,令它能完美地修补地板表面的开裂或破损,它表面还可以上油漆,具有良好的防水性。填缝剂不仅使用方便,还色彩丰富,可自行配制颜色,因而越来越普及。

瓷砖填缝剂的主要组分为胶凝材料、填料和添加剂,胶凝材料赋予填缝剂黏结力,添加剂赋予填缝剂良好的施工性、柔性和其他功能性。现有瓷砖填缝剂使用细砂或重钙粉等惰性材料作为填料,与水泥不发生反应,瓷砖填缝剂的强度全部由水泥和昂贵的化学添加剂产生。

砂和重钙粉为不可再生资源，建筑行业的巨大消耗已经对环境产生了不可逆的破坏，如过度采砂带来的危害。采用工业副产品钢渣粉，可以大量消耗工业废弃物，减少废弃物处理成本，使资源得到综合利用；钢渣粉代替惰性填料，可以减少细砂或重钙粉的使用，减少对不可再生资源的消耗；钢渣粉本身具有一定颜色，可以节省氧化铁颜料的使用。从三方面同时减少对环境的破坏，环保利废。钢渣粉还可以与水泥发生化学反应，增加填缝剂的强度，进一步减少了水泥的使用。

2 试验原材料及方法

2.1 试验原材料

试验用原材料见表1。试样配比见表2。

表1 试验用原材料

种类	规格	产地	作用
闽福水泥	P·O 42.5R	福建闽福建材有限公司	胶凝材料
重钙粉	200目	福建省永定丰田重钙厂	填料
石英粉	200目	福建省漳州炽昌砂业有限公司	填料
钢渣粉	400目	福建省三明钢铁厂	掺合料
灰钙粉	400目	福建省永定丰田重钙厂	填料
粉煤灰	Ⅱ级	漳州后石电厂	掺合料
木质素纤维	H-300	北京弗特恩科技有限公司	导水
纤维素醚	HPMC 100000mPa·s	河南天盛化学工业有限公司	保水增稠
胶粉	醋酸乙烯酯和乙烯-EVA共聚	河南天盛化学工业有限公司	提高黏着力
憎水剂	道康宁有机硅憎水剂	南京磐海商贸有限公司	提高防水性
减水剂	粉末聚羧酸减水剂	上海三瑞，苏州弗克	减水，提高施工性

表2 试样配比

编号	3	4	5	7	8	13	15
水泥	350	350	350	400	400	375	350
重钙	150	150	500	100	100	125	150
石英	500	0	0	450	0	0	0
钢渣	0	500	0	0	450	500	500
灰钙	0	0	150	0	0	0	0
木纤	0	0	0	0	0	4	4
胶粉	10	10	10	10	10	10	10
HPMC	1.5	1.5	1.5	1.5	1.5	1.5	1.5
憎水	1	1	1	1	1	1	1
减水	0.75	0.75	0.75	1.2	1.2	1.2	1.0
水	140	140	158	147	140	146	141

2.2 试验内容

按照《陶瓷墙地砖填缝剂》（JC/T 1004—2006），研究了各种填料组合对填缝剂性能的影响，试样配比见表2。

2.3 试验方法

按照表1中的配方称取各组分，搅拌均匀。将占粉料质量20%的水加入桶中，一边加入上述粉料一边机械搅拌。搅拌成腻子状后，静置熟化10min，再机械搅拌30s，即可使用。

按照《水泥胶砂强度检验方法》(GB/T 17671—1999)制备填缝剂砂浆，观察其工作性能并成型。将保鲜膜覆盖于试模上，24h后脱模，标准试验养护条件（23℃±2℃，RH50%±10%）28 d后测试其抗压抗折强度。

2.4 实际检验（见下图）

3 试验结果与分析

试验结果如表3所示。方案3、4砂浆状态良好，但石英粉做填料砂浆抗压强度略低。方案5无抗折强度不符合标准规定要求的2.5MPa，此外抗压强度偏低，分析原因为重钙粉作为惰性填料，是没有活性的不能产生强度，所以重钙不适宜大掺量掺加。

方案7、8调整水泥与重钙粉用量，砂浆状态都良好，但掺加钢渣粉的砂浆抗折抗压强度显著提升，而掺加石英粉的抗折抗压强度无变化。

方案13、15调整水泥与重钙粉用量，其砂浆状态工作性能都较好，此外添加木质素纤维，砂浆的工作性能更佳。

表3 样品的抗折压强度

编号	抗折强度/MPa	抗压强度/MPa	编号	抗折强度/MPa	抗压强度/MPa
3	5.2	19.4	8	7.2	37.6
4	5.0	25.4	13	4.0	22.0
5	0	16.6	15	5.2	24.3
7	5.6	23.7			

4 试验结论

钢渣粉是一种工业副产品，将钢渣粉作为建筑材料大量使用，可以使资源得到综合利用，环保利废。钢渣粉具有活性，可提高其水化反应程度，增加水泥固化物强度；其本身具有一定颜色，可减少氧化铁等颜料的使用。通过使用钢渣粉，提高固化物强度，减少水泥用量及其他粉料的消耗。

使用掺量低、减水率高、引气适中且气泡稳定、对黏土类杂质不敏感、保坍性能好的粉末聚羧酸减水剂，填缝剂保水效果好，工作性能优良，能够满足施工要求。

使用有机硅憎水剂，可以提高填缝剂的防水性能。

使用可再分散性乳胶粉，可以提高填缝剂柔性，提高黏结强度。

粉剂聚羧酸减水剂是一种新型的高性能减水剂，应用于水泥基干粉材料中，对于改善填缝剂的工作性，提高填缝剂的早后期强度，以及减少填缝剂固化后期收缩开裂有很大的帮助，并且能提高水泥基砂浆体系的和易性、施工性和温度适应性，具有掺量低、减水率高、早强高强、高耐久、绿色环保等优点。

参考文献

[1] 苏新禄，熊勃凌，方海红等．瓷砖石材黏结剂和填缝剂泛碱的原因及防治措施［J］．新型建筑材料，2008，35（3）：33-35.

[2] 吴开胜，张菁燕，管继南．无可见泛碱水泥基瓷砖填缝剂的研制［J］．新型建筑材料，2011，38（1）：51-63.

[3] 胡玲霞，赵潇武，杨飞勇．憎水型水泥基填缝剂的配方研究［J］．化工新型材料，2012，40（9）：141-148.

[4] 陈益民，张洪滔，郭随华等．磨细钢渣粉作水泥高活性混合材料的研究［J］．水泥，2010，37（5）：1-4.

[5] 张峰．不同助磨剂对钢渣粉磨粒径的影响［J］．建材世界，2012，33（4）：45-47.

[6] 陈美祝，周明凯，伦云霞等．钢渣高附加值利用模式分析［J］．中国矿业，2006，15（6）：79-83.

[7] 朱明，胡曙光，丁庆军．钢渣用作水泥基材料的问题研讨［J］．武汉理工大学学报，2005，27（6）：48-51.

[8] 孙宝云．用于水泥和混凝土中的钢渣粉［J］．四川建材，2005，31（3）：34-36.

[9] 朱跃刚，李灿华，程勇．钢渣粉做水泥掺合料的研究与探讨［J］．广东化工，2005，32（11）：59-62.

废混凝土再生混合砂砂浆性能正交试验研究

刘凤利[1]　刘俊华[2]　张承志[1]

(1. 河南大学，材料与结构研究所，河南，开封，475004；
2. 开封大学，土木建筑工程学院，河南，开封，475004)

摘要：利用废混凝土再生粗砂部分取代特细砂得到废混凝土再生混合砂。基于正交试验，研究了水胶比、废混凝土再生粗砂取代率和粉煤灰取代率对废混凝土再生混合砂砂浆稠度、抗压强度和抗折强度的影响。通过层次分析法得出了各因素各水平的影响权重和优选方案，并进行了机理分析。通过综合评分法确定了最优配比。

关键词：废混凝土再生粗砂；特细砂；再生砂浆；正交试验；最优配比

Orthogonal Experimental Analysis on Performance of Recycled Concrete Mixed Sand Mortar

Liu Fengli[1]　Liu Junhua[2]　Zhang Chengzhi[1]

(1. Institute of Material and Structure, Henan University, Henan, Kaifeng, 475004, China;
2. School of Civil Engineering and Architecture, Kaifeng University, Henan, Kaifeng, 475004, China)

Abstract: Recycled concrete mixed sand was made by part of recycled concrete coarse sand instead of ultra fine sand. Based on orthogonal trial, the factors influencing the consistency, compressive strength and bending strength of the mortar, such as the recycled aggregate replacement ratio, the water-binder ratio and the fly ash replacement ratio were investigated. The effect weights of each influencing factor and the optimum design were obtained by AHP method. The mechanisms were analyzed and discussed. And the optimal proportion was obtained by the method of Synthetical judgment.

Keywords: recycled concrete coarse sand; ultra fine sand; recycled mortar; orthogonal experiment; the optimal proportion

引　言

随着我国城镇化建设的不断推进，大规模的建设和拆迁产生了大量建筑垃圾，目前我国每年产生的建筑垃圾超过15亿吨，成为挤占土地、浪费资源、污染环境的重要因素，严重制约了城市的发展和生态文明水平的提升。建筑垃圾资源化利用问题已经得到社会各界的高度关注，并已被列入了"十二五"规划。近年来，一些地方政府、科研院所、高等院校的科研人员相继开展了建筑垃圾再生利用技术的研究及应用工作，其中将建筑垃圾用作再生骨料是一个主要研究方向。废混凝土是建筑垃圾中一种主要成分之一，目前对废混凝土再生细骨料的研究少见，众所周知，将废混凝土破碎后不仅会产生再生粗骨料，也会产生数量可观的

作者简介：刘凤利（1978—），女，山东兖州人，硕士，讲师，高性能水泥基材料。E-mail：lfl@henu.edu.cn，Tel：15937802796。

再生细骨料。万慧文等通过调查统计发现，破碎1t废弃混凝土可以得到0.65 t再生粗骨料和0.33 t再生细骨料。如何"变废为宝"，有效利用这些细骨料成为亟待解决的问题。

另外，在我国天然砂的分布中，细砂居多，四川、河南、上海、黑龙江、山东、北京、内蒙古、宁夏、新疆、广东、广西等地和广大沙漠地区都产特细砂，而缺少中粗砂资源，由于技术原因，在许多地方，特细砂虽然储量丰富，却未得到充分利用，需要高价从外地购买，长途运输中粗砂，此举增加了造价，加重了污染，不符合就地取材的原则。如何解决富产特细砂地区特细砂的大宗利用问题是需要解决的问题。

在广大特细砂产区将特细砂和建筑垃圾再生细骨料合理掺配，研究两种资源科学利用的方法还未见报道。本文将废混凝土破碎为废混凝土再生粗砂，部分取代本地特细砂，得到废混凝土再生混合砂，通过试验，研究废混凝土再生混合砂在砂浆中的应用。本研究既可以开辟新的骨料替代资源，又可以解决建筑垃圾的处理和循环利用，"变废为宝"的同时减少了环境污染，必将带来极其显著的经济效益和社会效益。

1 原材料与试验方法

1.1 原材料

水泥：开封京宇孟电水泥有限公司生产的 P·O42.5 级普通硅酸盐水泥。

细骨料：①废混凝土再生粗砂：本地旧城改造，房屋拆迁产生的废混凝土，经分拣、清洗和晒干后，由颚式破碎机破碎而得，粒径为 0.15～4.75mm 的颗粒。②特细砂：开封段的黄河特细砂。③废混凝土再生混合砂：废混凝土再生粗砂和特细砂掺配得到。不同砂的物理性能指标见表1，筛分析试验结果见表2，级配图见图1。

表 1 细骨料物理性能指标

砂样类别	表观密度/(kg/m³)	堆积密度/(kg/m³)	紧密堆积密度/(kg/m³)	含水率/%	吸水率/%
特细砂	2829	1452	1594	0.2	0.54
废混凝土再生粗砂	2137	1271	1388	3.43	7.50

表 2 细骨料筛分析试验结果

砂样类别		不同筛孔尺寸对应累计筛余百分数/%						细度模数	级配区
		4.75mm	2.36mm	1.18mm	0.6mm	0.3mm	0.15mm		
特细砂		0	0	0.02	0.86	39.17	85.97	1.26	过细砂区
废混凝土再生粗砂		0.19	33.72	52.63	67.08	86.41	93.49	3.33	不合格
废混凝土再生混合砂	40%RC+60%T	0.08	14.03	22.06	28.3	63.44	82.22	2.1	不合格
	60%RC+40%T	0.11	20.59	32.25	41.22	71.09	85.97	2.51	Ⅱ区
	80%RC+20%T	0.15	27.16	42.44	54.15	78.75	89.73	2.92	Ⅱ区

注：表中"$a\%RC+b\%T$"是指以质量比为 $a\%$ 的废混凝土再生粗砂（RC）和 $b\%$ 的特细砂（T）混合得到的废混凝土再生混合砂，其中废混凝土再生粗砂的取代率（$a\%$）分别为 40%、60% 和 80%。

粉煤灰：开封火电厂生产的Ⅱ级粉煤灰，需水量比为 98.6%。其他技术指标符合Ⅱ级粉煤灰的技术要求。试验用水为本地自来水。

1.2 正交试验设计与试验方法

本试验共3个因素，每个因素设定3个水平。废混凝土再生混合砂砂浆配合比采用的因素水平安排，见表3。

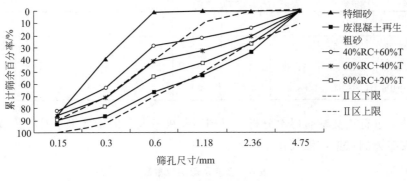

图 1 细骨料级配曲线

表 3 因素水平表

水平 因素	1	2	3
A:水胶比	0.65	0.7	0.75
B:废混凝土再生粗砂取代率/%	40	60	80
C:粉煤灰取代率/%	0	10	20

选用 $L_9(3^4)$ 正交表,试验安排及相应的试验配合比见表4。考察指标为废混凝土再生混合砂砂浆的稠度、抗压强度和抗折强度。

表 4 正交试验安排

试验编号	影响因素				材料用量/(kg/m³)				
	A:水胶比	B:废混凝土再生粗砂取代率/%	C:粉煤灰取代率/%	空列	水泥	粉煤灰	水	废混凝土再生粗砂	特细砂
1	1(0.65)	1(40)	1(0)	1	450	0	292.5	540	810
2	1(0.65)	2(60)	2(10)	2	405	45	292.5	810	540
3	1(0.65)	3(80)	3(20)	3	360	90	292.5	1080	270
4	2(0.7)	1(40)	2(10)	3	405	45	315	540	810
5	2(0.7)	2(60)	3(20)	1	360	90	315	810	540
6	2(0.7)	3(80)	1(0)	2	450	0	315	1080	270
7	3(0.75)	1(40)	3(20)	2	360	90	337.5	540	810
8	3(0.75)	2(60)	1(0)	3	450	0	337.5	810	540
9	3(0.75)	3(80)	2(10)	1	405	45	337.5	1080	270

注:本试验因素之间未考虑交互作用。

试件尺寸为 40mm×40mm×160mm,试件成型与强度测定参考《水泥胶砂强度检验方法》(GB/T 17671—1999),在标准条件下养护至相应的试验龄期时测定其抗压强度和抗折强度。砂浆稠度测定依据《建筑砂浆基本性能试验方法标准》(JCJ/T 70—2009)。

2 试验结果及分析

试验测得各组砂浆试验结果见表5。

表 5 试验结果

试验编号	1	2	3	4	5	6	7	8	9
稠度/mm	33.5	52	66	69	75	66	80	92.5	107
28d 抗压强度/MPa	40.55	34.82	33.72	20	22.16	30.9	20.44	25.95	24.26
28d 抗折强度/MPa	7.54	6.6	6.54	5.4	5.8	6.79	5.02	6.18	6.29

对试验结果进行正交试验层次分析,得到因素极差及各因素各水平对砂浆稠度、抗压强度和抗折强度的影响权重,见表6。

表 6 极差及影响权重表

因素	水平	稠度		28d 抗压强度		28d 抗折强度	
		因素极差	影响权重	因素极差	影响权重	因素极差	影响权重
A:水胶比	A_1(0.65)	42.67	0.1371	12.81	0.2488	1.06	0.1468
	A_2(0.70)		0.19		0.1666		0.1277
	A_3(0.75)		0.2529		0.1611		0.1241
B:废混凝土再生粗砂取代率/%	B_1(40)	18.84	0.0729	2.63	0.0379	0.55	0.0663
	B_2(60)		0.0877		0.0388		0.0686
	B_3(80)		0.0954		0.0416		0.0724
C:粉煤灰取代率/%	C_1(0)	12.00	0.0491	7.03	0.1218	1.05	0.1438
	C_2(10)		0.0583		0.0989		0.1282
	C_3(20)		0.0565		0.0955		0.1217
空列		9.80	—	2.43	—	0.50	—

极差的大小可以衡量试验中相应因素对试验指标影响的大小。极差越大,说明该因素对考核指标造成的影响大,通常是重要因素;而极差越小,说明该因素对考核指标造成的影响小,则往往是不重要因素。某因素不同水平的影响权重反映了该因素水平的变化对试验指标影响的大小,同时各因素对试验结果的影响程度由各水平影响权重之和的大小决定。

2.1 稠度结果分析与讨论

由极差分析结果得出,三因素对稠度影响的主次顺序为:A(水胶比)>B(废混凝土再生粗砂取代率)>C(粉煤灰取代率)。

由正交试验层次分析得出,三因素的各水平对废混凝土再生混合砂砂浆稠度的影响权重,见图2。

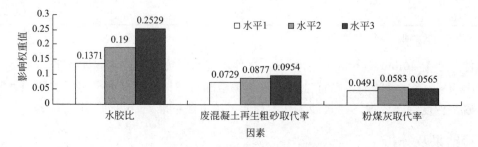

图 2 各因素各水平对砂浆稠度的影响权重

由图 2 可见：对于废混凝土再生混合砂砂浆的流动性。影响顺序为：A(水胶比)＞B(废混凝土再生粗砂取代率)＞C(粉煤灰取代率)。废混凝土再生混合砂砂浆的流动性随水胶比和废混凝土再生粗砂取代率的增大而增大。三种掺量中，粉煤灰取代率为 10% 时砂浆流动性最大。在试验影响因素变化范围内，使废混凝土再生混合砂砂浆流动性最大的最优配比为 $A_3B_3C_2$。结果与极差分析一致。

影响砂浆流动性的因素，主要有胶凝材料的种类和用量，用水量，以及细骨料的种类、颗粒形状、粗细程度与级配等。在砂浆体系中，可以将细骨料看作是颗粒相，而水泥等胶凝材料浆体看成是液相。新拌砂浆的流动性主要是胶凝材料浆体的运动，流动性主要取决于胶凝材料浆体的黏度，浆体越黏稠，砂浆的流动性越小，水胶比越大，胶凝材料浆体的黏度越小，在浆体量相同时所制得砂浆的流动性越大。试验结果表明，水胶比增大可以明显提高废混凝土再生混合砂砂浆的稠度。

随着废混凝土再生粗砂取代率的增大，砂浆流动性增大。原因在于：由图 1 可见，随着废混凝土再生粗砂取代率的增大，废混凝土再生混合砂的级配渐佳，当取代率为 80% 时，其级配曲线完全落在Ⅱ区，级配最好。骨料级配越好，其空隙率越小，用以填充空隙所需胶凝材料浆体量越少。胶凝材料浆体量一定时，骨料表面包裹的胶凝材料浆体越厚，砂浆流动性越好。另外，由表 2 可见，随着废混凝土再生粗砂取代率的增大，废混凝土再生混合砂的细度模数逐渐增大，即砂越粗，其比表面积降低。胶凝材料浆体量相等时，骨料表面包裹的胶凝材料浆体层越厚，砂浆流动性越好。由此带来的有益作用大于废混凝土再生粗砂颗粒粗糙、多棱角、表面多孔和高吸水率对砂浆流动性造成的不利作用。

粉煤灰取代率对废混凝土再生混合砂砂浆稠度的影响较小。刘数华等认为，粉煤灰对混凝土工作性能的改善。主要是通过其中的玻璃微珠及细小颗粒的形态效应及微集料效应进行的。得出结论：粉煤灰的掺入使混凝土的工作性能得到增强。本试验选用的开封火电厂Ⅱ级粉煤灰需水量比为 98.6%，由图 2 可见，粉煤灰取代率为 0 时砂浆流动性最小，取代率为 10% 和 20% 时流动性增大，后二者结果相差较小。

2.2 抗压强度结果分析与讨论

由极差分析结果得出，三因素对抗压强度影响的主次顺序为：A(水胶比)＞C(粉煤灰取代率)＞B(废混凝土再生粗砂取代率)。

由正交试验层次分析得出，三因素的各水平对废混凝土再生混合砂砂浆 28d 抗压强度的影响权重，见图 3。

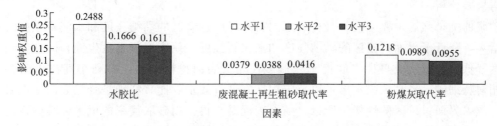

图 3　各因素各水平对 28d 抗压强度的影响权重

由图 3 可见：对于废混凝土再生混合砂砂浆的 28d 抗压强度，在试验影响因素水平变化的范围内，影响顺序为：A（水胶比）＞C（粉煤灰取代率）＞B（废混凝土再生粗砂取代率）。废混凝土再生混合砂砂浆的抗压强度随水胶比和粉煤灰取代率的增大而减小，随废混凝土再生粗砂取代率的增大而增大。在试验影响因素变化范围内，使废混凝土再生混合砂砂浆抗压强度最大的最优配比为 $A_1B_3C_1$。结果与极差分析一致。

水胶比的增大使废混凝土再生混合砂砂浆试件内部孔隙率增大，导致受压时砂浆试体中有效承压面积减小，另外，受压时孔隙处易形成应力集中，使抗压强度降低。

胶凝材料用量固定时，随着粉煤灰取代率的增大，水泥的用量降低，早期参与水化的水泥量降低。早期水化产物数量降低，早期强度降低。粉煤灰中的活性组分与水泥的水化产物发生二次水化反应，对后期强度有一定的贡献。

在所选范围内，随着废混凝土再生粗砂取代率的增大，废混凝土再生混合砂的级配更趋合理，细度模数增大，砂越粗。由骨料性能对砂浆强度的影响可知，级配越好，骨料的空隙率越小，骨架越紧密；砂越粗，骨料总表面积减小，因此当胶凝材料浆体量和水胶比固定时有足够的胶凝材料浆体填充空隙、包裹骨料表面，使水泥石和骨料间较好地黏结，使抗压强度提高。另一方面，废混凝土再生粗砂的吸水率大于特细砂的吸水率，随着废混凝土再生粗砂取代率的增大，其高吸水性有利于改善骨料与水泥石间界面过渡区的性能，使界面过渡区强度增大，从而提高了砂浆的抗压强度。

2.3 抗折强度结果分析与讨论

由极差分析结果得出，三因素对抗折强度影响的主次顺序为：A（水胶比）＞C（粉煤灰取代率）＞B（废混凝土再生粗砂取代率）。

由正交试验层次分析得出，三因素的各水平对废混凝土再生混合砂砂浆抗折强度的影响权重，见图4。

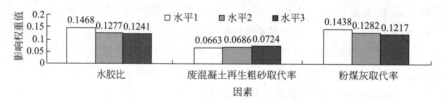

图 4　各因素各水平对 28d 抗折强度的影响权重

由图 4 可见：对于废混凝土再生混合砂砂浆的抗折强度，各因素影响顺序为：A（水胶比）＞C（粉煤灰取代率）＞B（废混凝土再生粗砂取代率）。废混凝土再生混合砂砂浆的抗折强度随水胶比和粉煤灰取代率的增大而减小，随废混凝土再生粗砂取代率的增大而增大。在试验影响因素变化范围内，使废混凝土再生混合砂砂浆抗折强度最大的最优配比为 $A_1B_3C_1$。结果与极差分析一致。

砂浆的抗折强度主要取决于骨料与水泥石间界面过渡区的黏结强度和水泥石强度。水胶比的增大，降低了界面过渡区的黏结强度和水泥石强度，使废混凝土再生混合砂砂浆试件抗折强度降低。废混凝土再生粗砂由于粒形多棱角、表面粗糙多孔，有利于其与水泥石的黏结；相对特细砂，较高的吸水率可以一定程度降低有效水胶比，特别是骨料表面水泥浆的水胶比，改善界面过渡区的性能。所以，随着废混凝土再生粗砂取代率的增大，其砂浆抗折强度提高。粉煤灰取代部分水泥后，水化产物量降低，胶结作用下降，废混凝土再生混合砂砂浆抗折强度降低。李俊等的研究表明：粉煤灰单掺会降低再生骨料混凝土的强度和弹性模量，且粉煤灰对再生骨料混凝土抗折强度的影响，比对其他力学性能的影响更加显著。本实验结果与其一致。

3 最优配比

由以上分析可见，各因素对不同指标（稠度、抗压强度、抗折强度）的影响程度不尽相同，有时甚至是互相矛盾的，比如：为达到较好的流动性，所需水胶比在常用水胶比范围内一般越大越好；而要提高强度，所需水胶比在常用水胶比范围内一般越小越好。因此各指标达到较优值所对应的优选配比一般不相同，所以，根据正交试验结果，采用综合评分法进行各指标相互协调，同时达到较优值的最优配比的确定，过程如下。

对普通砂浆和混凝土而言，拌合物的和易性和硬化后强度是首要考察的重要指标，且一般在工程中主要利用其抗压强度。因此，主要以稠度、28d抗压强度和28d抗折强度三个指标的正交试验结果为依据，通过综合评分法确定最优配比。

美国加利福尼亚大学控制论教授扎得在1965年发表论文指出：若对论域（研究的范围）U中的任一元素x，都有一个数$A(x)\in[0,1]$与之对应，则称A为U上的模糊集，$A(x)$称为x对A的隶属度。当x在U中变动时，$A(x)$就是一个函数，称为A的隶属函数（隶属度属于模糊评价函数里的概念：模糊综合评价是对受多种因素影响的事物做出全面评价的一种十分有效的多因素决策方法，其特点是评价结果不是绝对地肯定或否定，而是以一个模糊集合来表示）。隶属度$A(x)$越接近于1，表示x属于A的程度越高，$A(x)$越接近于0，表示x属于A的程度越低。用取值于区间$[0,1]$的隶属函数$A(x)$表征x属于A的程度高低，这样描述模糊性问题比起经典集合论更为合理。

正交试验考察稠度、28d抗压强度和28d抗折强度三个指标，采用$L_9(3^4)$正交表共9个配合比，做了9次试验。每个指标都得到9个试验结果（即为该指标的论域U），不同试验结果即为U中的任一元素x，令$A(x)$表示模糊集"砂浆性能好"的隶属函数，A表示模糊集"砂浆性能好"，由于本试验3个指标皆越大越好，故当x取U中最小值时，$A(x)=0$，表明x不属于模糊集A（即"砂浆性能不好"）；当x取U中最大值时，$A(x)=1$，表明x完全属于A（即"砂浆性能好"）；当试验结果中的最小值<x<试验结果中的最大值时，$0<A(x)<1$，且x越接近试验结果中的最大值，$A(x)$越接近1，x属于A的程度就越高。因此，某指标各试验结果x对A（即"砂浆性能好"）的隶属度$A(x)$按公式（1）计算。

$$A(x)=\frac{x-指标试验结果最小值}{指标试验结果最大值-指标试验结果最小值} \quad (1)$$

由式（1）可见，指标试验结果最大值的隶属度$A(x)$为1，最小值的隶属度$A(x)$为0，所以$0\leqslant$指标隶属度$A(x)\leqslant1$。根据理论知识和实践经验取稠度、28d抗压强度和28d抗折强度的权重分别为0.4、0.4和0.2。则废混凝土再生混合砂砂浆每次试验的综合评分按式（2）计算：

$$每次试验综合评分=稠度隶属度\times0.4+28d抗压强度隶属度\times0.4$$
$$+28d抗折强度隶属度\times0.2 \quad (2)$$

每次试验评分结果和以综合评分作为总指标进行的直观分析见表7。

若选取稠度、28d抗压强度和28d抗折强度的权重分别为0.3、0.4和0.3。用上述方法得到的因素主次顺序为：A（水胶比）>C（粉煤灰取代率）>B（废混凝土再生粗砂取代率），得到的最优组合为：$A_1B_3C_1$，由此带来的砂浆流动性低的问题可以通过增加由于再生骨料吸水率高引起的附加水来解决。

表 7　废混凝土再生混合砂砂浆每次试验评分结果和综合评分的直观分析

试验编号	A	B	C	空列	稠度/mm	抗压强度/MPa	抗折强度/MPa	稠度 $A(x)$	抗压强度 $A(x)$	抗折强度 $A(x)$	综合评分
1	1	1	1	1	33.5	40.55	7.54	0.000	1.000	1.000	0.60
2	1	2	2	2	52	34.82	6.6	0.252	0.721	0.627	0.51
3	1	3	3	3	66	33.72	6.54	0.442	0.668	0.603	0.56
4	1	4	4	4	69	20	5.4	0.483	0.000	0.151	0.22
5	2	1	2	3	75	22.16	5.8	0.565	0.105	0.310	0.33
6	2	2	1	4	66	30.9	6.79	0.442	0.530	0.702	0.53
7	2	3	4	1	80	20.44	5.02	0.633	0.021	0.000	0.26
8	2	4	3	2	92.5	25.95	6.18	0.803	0.290	0.460	0.53
9	3	1	3	4	107	24.26	6.29	1.000	0.207	0.504	0.58
k_1	0.557	0.36	0.553	0.503							
k_2	0.36	0.457	0.437	0.433							
k_3	0.457	0.557	0.383	0.437							
极差 R	0.197	0.197	0.170	0.070							
主次				A(水胶比)=B(废混凝土再生粗砂取代率)>C(粉煤灰取代率)							
优水平	A_1	B_3	C_1								
优组合				$A_1B_3C_1$							

4　结　论

（1）在试验所取水平范围内，三因素中水胶比是影响废混凝土再生混合砂砂浆稠度、抗压强度和抗折强度的主要因素，与普通砂浆类似，随水胶比的增大，稠度增大而抗压强度和抗折强度减小；废混凝土再生粗砂取代率对废混凝土再生混合砂砂浆稠度的影响较大，对抗压强度和抗折强度的影响最小，三者均随废混凝土再生粗砂取代率的增大而增大；粉煤灰取代率为10％时废混凝土再生混合砂砂浆达到最大稠度，随粉煤灰取代率的增大抗压强度和抗折强度逐渐减小，粉煤灰的掺入对废混凝土再生混合砂砂浆的强度有较大劣化作用。实际工程中，粉煤灰掺量的确定应以满足工程对再生砂浆工作性、强度和造价的基本要求为依据。

（2）综合考虑三指标：稠度、抗压强度和抗折强度的重要程度，对正交试验结果运用综合评分法，得到的最优配比为 $A_1B_3C_1$，由此带来的砂浆流动性低的问题可以通过增加由于再生骨料吸水率高引起的附加水来解决。

（3）以废混凝土再生粗骨料加工过程中产生的废混凝土再生细骨料与特细砂互相掺配，一举三得，既可以充分利用再生资源和特细砂资源；又可以减少污染、保护环境；还可以开辟新的骨料资源，缓解优质骨料日渐枯竭的现状。因此，具有较好的环境、社会和经济效益。

参考文献

[1] 赵申．建筑垃圾：放错地方的资源——首届中国城市建筑垃圾管理与资源化国际论坛撷英［N］．中华建筑报，2013，07（02）：002．

[2] 代红延．注重低碳环保、开辟新型建筑垃圾处理体系［EB/OL］．中国城市低碳经济网，2012-11-30．

[3] 万慧文,水中和,林宗寿等.再生混凝土的环境评价[J].武汉理工大学学报,2003,25(4):17-20.

[4] 李光瑞.特细砂混凝土的力学性能研究[D].郑州:郑州大学,2007.

[5] 《水泥胶砂强度检验方法》(GB/T 17671—1999)[S].

[6] 《建筑砂浆基本性能试验方法标准》(JGJ/T 70—2009)[S].

[7] 刘凤利,刘俊华,张承志.废陶瓷再生砂对砂浆抗压强度影响的试验研究[J].混凝土,2012,267(1):96-99.

[8] 张承志.商品混凝土[M].北京:化学工业出版社,2006:548-550.

[9] 刘数华,方坤河,申海莲等.粉煤灰对混凝土的需水量、坍落度和泌水性的影响[J].粉煤灰综合利用,2005(3):47-48.

[10] 李俊,尹健,周士琼等.粉煤灰与矿渣对再生骨料混凝土力学性能影响的研究[J].混凝土,2005,188(6):80-86.

[11] 百度百科.隶属度函数[EB/OL].http://baike.baidu.com/view/3977584.htm?fromId=1806495.

脱硫石膏基轻质保温材料的制备和性能研究

陈勇[1]　蒋青青[2]　张毅[1]　李东旭[1]

(1. 南京工业大学材料科学与工程学院，江苏，南京，210009；
2. 江苏尼高科技有限公司，江苏，常州，213015)

摘要：本文以建筑脱硫石膏为原料，分别通过物理发泡和化学发泡两种方式制备发泡石膏制品。通过测定石膏制品的抗压强度、导热系数、干密度等性能指标，来评定发泡石膏工艺。结果表明，利用物理发泡法时，随着发泡剂稀释倍数的增加，发泡剂的发泡倍数下降，并且泡沫的孔径也随之增大。随着稀释倍数的增加，制备的泡沫黏度及稳定性也有一定幅度的下降，发泡倍数与泡沫的稳定性存在一定的联系，稀释倍数以100为宜。而在影响因素方面，各性能影响主次顺序为泡沫掺量＞水胶比＞HPMC掺量；化学发泡法制备发泡石膏制品时，发泡剂掺量直接影响发泡脱硫石膏的干密度、强度等性能，随着发泡剂掺量的增加，发泡脱硫石膏的干密度下降，强度下降，化学法制备发泡石膏制品时，发泡剂掺量为7%为宜。

关键词：材料工程；脱硫石膏；物理发泡；化学发泡 发泡剂；保温材料

Study of preparation and performance of gypsum-based light thermal insulation material

Chen Yong[1]　Jiang Qingqing[2]　Zhang Yi[1]　Li Dongxu[1]

(1. College of Material Science and Engineering, Nanjing University of Technology, Nanjing, 210009, Jiangsu;
2. NIGAO Science & Technology Co, Ltd, Changzhou, 213015, Jiangsu)

Abstract: This paper studied preparing gypsum product using FGD product by means of physical foaming and chemical foaming method. Compressive strength, thermal conductivity and bulk density were tested to evaluate the performance of gypsum product. The result shows that with the increasing dilutions of the foaming agent, foaming multiple decreases, and the diameter of the bubble is also increased. And with increasing dilutions, the viscosity and stability of the foam also have a certain level of decline, 100 is the preferably dilution. Besides among the dosage of foam, W/C and dosage of HPMC, dosage of foam is the most important aspect to the performance, dosage of HPMC influences little; Performance of gypsum product such as the bulk density, strength can be influenced by dosage of foam while using chemical foaming method. Both bulk density and strength decrease while the foam is more, the best dosage is 7%.

Keywords: material engineering; FGD gypsum; physical foaming; chemical foaming; foaming agent

1 前言

随着全球环境的恶化和能源危机的影响日益加剧，人们对节能、环保的意识也与日俱增，而政府部门也相继出台了相应严格的建筑节能标准，使得节能建筑短时间内在我国得到大力推广及应用。作为建筑节能主要途径的墙体保温材料，目前也炙手可热，市场发展潜力无限。

石膏基轻质保温材料是以工业副产石膏脱硫石膏为主要原料，辅以少量的外加剂、发泡剂经过特殊的制备工艺而得到石膏基制品，具有质量轻、保温性能优异、防火、尺寸稳定以及调节湿度等特点。节能、环保、利废的新型建材是今后建筑材料的发展重点。石膏基轻质保温材料利用燃煤后的固体废弃物烟气脱硫石膏为主要原料，变废为宝，为固体废弃物的综合利用开辟了一条新途径具有良好的经济、社会和环保效益。

目前，保温隔热材料多为发泡制品，其发泡手段一般分为物理发泡和化学发泡。物理发泡主要分为两步走，第一步，将脱硫石膏浆体与外加剂混合均匀制备成匀质的石膏基胶凝材料；第二步，加入制备好的泡沫再次搅拌均匀得到泡沫脱硫石膏。物理发泡，泡沫能够稳定存在主要是因为：当气泡上升露出水面与空气进行接触时，表面活性剂就吸附在液面两侧，形成了双分子气泡水膜，具有一定的机械强度，泡沫不易破灭，得以存留，甚至存留很长的时间，一般情况下泡径可以控制在 0.1 mm 左右；化学发泡，实际就是指在浆体中发生化学反应产生气体，产生的气体在脱硫石膏浆体中形成密闭的气孔，通过脱硫石膏的硬化作用固泡，从而得到泡沫脱硫石膏制品。

本研究将为脱硫石膏用作石膏基轻质保温材料的原料做一个探索研究，研究合适的制备工艺，研究不同条件对石膏基制品性能的影响。

2　原材料及试验方法

2.1　原材料

（1）脱硫石膏　本研究中所使用的脱硫建筑石膏来自苏州望亭电厂，经煅烧后的商品脱硫建筑石膏。表1是脱硫建筑石膏的化学成分，从表中可知，脱硫建筑石膏的主要化学成分为 SO_3 和 CaO。表2是脱硫建筑石膏的基本性能，从中可知脱硫建筑石膏的凝结时间及 2h 强度。

图1是矿物成分图，从图中可以清晰地看出，脱硫建筑石膏中以晶体形态存在的主要物质是 $CaSO_4 \cdot 0.5H_2O$。

表 1　脱硫建筑石膏的化学成分

化学成分	SO_3	CaO	SiO_2	Al_2O_3	MgO	Fe_2O_3	LOI
含量/%	50.11	34.37	3.8	2.36	0.31	0.2	8.02

表 2　脱硫建筑石膏基本性能

标准稠度用水量/%	凝结时间/min		强度/MPa	
	初凝时间	终凝时间	抗折强度	抗压强度
0.54	10	23	3.9	8.4

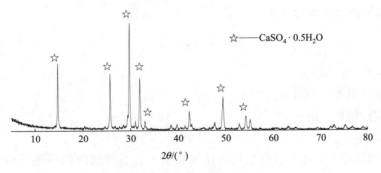

图 1　脱硫石膏的 XRD 图

（2）发泡剂　物理发泡剂，茶皂素发泡剂、韩国 AOS 发泡剂、常州蛋白类发泡剂；化学发泡剂，双氧水，国药集团化学试剂有限公司生产，含量为 30%，无色透明液体，分析纯。各种发泡剂的发泡倍数和 1h 泌水量如表 3 所示。

表 3　不同泡沫剂/水比时发泡倍数和 1 h 泌水量

	浓度	1∶50	1∶75	1∶100	1∶125	1∶150
发泡倍数	A	28.8	26.8	26.8	20.0	20.8
	B	40.0	36.0	28.0	29.6	27.2
	C	28.8	22.4	22.8	19.2	20.8
泌水量/mL	A	59	51	52	89	87
	B	52	60	75	75	82
	C	52	60	75	75	82

（3）缓凝剂　一水合柠檬酸：国药集团化学试剂有限公司生产，无色结晶或颗粒，分析纯；三聚磷酸钠：广东光华科技股份有限公司生产，白色粉末，分析纯；石膏专用缓凝剂：苏州兴邦化学建材有限公司生产，灰白色粉末。

（4）纤维　射阳县丝丝缘化纤有限公司生产，长径比为 6 的短状聚丙烯纤维。

（5）其他外加剂　硬脂酸钠：国药集团化学试剂有限公司生产，白色粉末，化学纯；MnO_2：西陇化工股份有限公司生产，分析纯，含量≥85%；纤维素醚 HPMC：羟甲基纤维素醚，陶氏化学。

2.2　试验方法

2.2.1　石膏制品基本性能测定

标准稠度用水量的测定，按照《建筑石膏净浆物理性能的测定》（GB/T 17669.4—1999）的实验过程，记录料浆扩展直径等于 180mm±5mm 时的加水量即为测试所需的标准稠度用水量。

凝结时间测定，按照《建筑石膏净浆物理性能的测定》（GB/T 17669.4—1999）标准进行。

强度测试，本次试验中测定石膏 2h 强度已经烘干后强度，按照《建筑石膏力学性能的测定》（GB/T 17669.3—1999）标准进行。

2.2.2　干密度测定

本试验采用整体试件烘干法测定干密度。试验室条件下至第三天，取试件一组 3 块，用钢尺精确测量长、宽、高三个方向的尺寸，计算出试件的体积，将试件放入电热鼓风干燥箱内，在（40±2）℃下保温 24 h，烘至恒重。在烘干过程中间隔 4 h，前后两次质量差不超过试件质量的 0.5%便可认为达到恒重，按下式计算干密度：

$$r_0 = \frac{M_0}{V} \times 10^6$$

式中　r_0——干密度，kg/m^3；

M_0——试件烘干后质量，g；

V——试件体积，mm^3。

2.2.3　导热系数

实验采用 DRE-2C 导热系数测试仪测试相变材料和石膏试块的导热系数和比热。DRE-2C 导热系数测试仪采用瞬态平面热源法，仪器基于 TPS 瞬态平面热源技术，用 Hot Disk

图 2 DRE-2C 导热系数测定仪及 Hot Disk 探头

作为探头的导热系数测定仪。DRE-2C 导热系数测试仪实验装置如图 2 所示。本仪器采用筛选数据法取线性段上的数据进行线性拟合，从而得到导热系数值。

2.2.4 材料表征测定

XRD 测试，型号 D8-FOCUS，仪器参数为：加速电压为 30kV，电流为 20mA，扫描角度范围 5°～80°，2°/min，步长值为 0.02。

3 试验方案

本次试验采用了正交试验 L9（3^3）的方法，以水胶比、泡沫掺量、纤维素醚掺量为三种不同因素，再选取 0.55、0.6、0.65 为水胶比的 3 个水平；泡沫掺量的三个水平分别为 $3m^3/m^3$（即泡沫体积与脱硫石膏浆体体积的比值）、$4m^3/m^3$、$5m^3/m^3$；纤维素醚掺量的三个水平分别为 3‰、6‰、9‰。按规定的配合比进行试验，表 4 为正交试验因素水平表；表 5 为正交试验配合比表。

表 4 正交试验因素水平表

因素	水平		
	1	2	3
A	3	4	5
B	0.55	0.6	0.65
C	3‰	6‰	9‰

注：A 为泡沫量（m^3/m^3）；B 为水胶比；C 为纤维素醚 HPMC（‰）。

表 5 试验配合比

试验编号	A/(m³/m³)	B/%	C/‰
1	1(3)	1(0.55)	1(3)
2	1(3)	2(0.6)	2(6)
3	1(3)	3(0.65)	3(9)
4	2(4)	1(0.55)	2(6)
5	2(4)	2(0.6)	3(9)
6	2(4)	3(0.65)	1(3)
7	3(5)	1(0.55)	3(9)
8	3(5)	2(0.6)	1(3)
9	3(5)	3(0.65)	2(6)

4 结果与讨论

4.1 物理发泡制备石膏制品

根据方案，本次试验中，测定了发泡石膏的干密度、导热系数、抗压强度等性能，实验结果如表6所示。

表6 试验数据

编号	干密度/(kg/m³)	导热系数/[W/(m·K)]	抗压强度/MPa
1	469.8	0.1688	1.84
2	413.0	0.1409	1.98
3	376.6	0.1241	1.38
4	362.5	0.1207	1.34
5	387.5	0.1250	1.35
6	282.3	0.0796	0.44
7	303.6	0.0900	0.56
8	300.0	0.1052	0.61
9	268.2	0.0933	0.48

根据表6，分别计算出干密度实验结果极差R_1、强度实验极差R_2、导热系数极差R_3，结果如表7所示。

表7 极差分析结果

极差	泡沫量	水胶比	HPMC掺量
R_1	129.2	69.6	8
R_2	1.181	0.547	0.305
R_3	0.04843	0.0275	0.0053

从表7可以看出，对泡沫脱硫石膏干密度、抗压强度、热导率的影响主次顺序为：泡沫掺量＞水胶比＞HPMC掺量。从图3中泡沫量对泡沫脱硫石膏的干密度的影响可以看出，随着泡沫掺量的增加，干密度随之降低，这是因为相同体积的浆料中，加入的泡沫越多，在拌合物中产生的微细闭合气泡量也越多，孔隙率也增大，导致干密度降低，但继续增大泡沫掺量，干密度降低的幅度减小，因为试件的体积尺寸问题，单位体积内能容纳的泡沫量有限，当超过这个限额，泡沫过多会产生严重的消泡现象。多次试验显示，当泡沫量超过5m³/m³时，脱硫石膏中的胶凝组分凝固硬化速度变慢，由于泡沫的破裂成型过程中塌模现

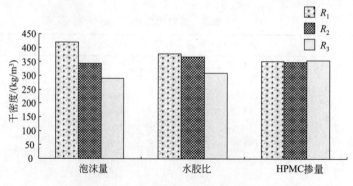

图3 各因素对干密度的影响

象严重，成型试件的中心部位下凹，从而影响泡沫脱硫石膏的凝固成型。

从图4中泡沫量对泡沫脱硫石膏的抗压强度的影响可以看出，随着泡沫掺量的增加，干密度随之降低，随着干密度的降低，泡沫脱硫石膏的抗压强度降低。这是因为相同体积的浆料中，加入的泡沫越多，在拌合物中产生的微细闭合气泡量也越多，孔隙率也增大，导致干密度降低，从而影响抗压强度的降低，但继续增大泡沫掺量，干密度降低的幅度减小，抗压强度的变化幅度也减小。因为试件的体积尺寸问题，单位体积内能容纳的泡沫量有限，当超过这个限额，泡沫过多会产生严重的消泡现象。多次试验显示，当泡沫量超过 $5m^3/m^3$ 时，脱硫石膏中的胶凝组分凝固硬化速度变慢，由于泡沫的破裂成型过程中塌模现象严重，成型试件的中心部位下凹，由于消泡后脱硫石膏胶凝材料聚集在一起，泡沫脱硫石膏的受到压力时，各面的承载能力有所不同。

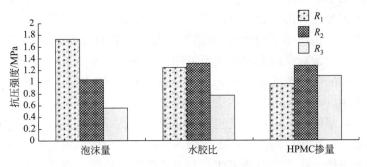

图4　各因素对抗压强度的影响

从图5中泡沫量对泡沫脱硫石膏的导热系数的影响可以看出，随着泡沫掺量的增加，干密度随之降低。相同体积的浆料中，加入的泡沫越多，在拌合物中产生的微细闭合气泡量也越多，孔隙率也增大，泡沫石膏内部的气孔增加，热能传递过程中界面增多，传递过程中能量的损耗变大，从而使泡沫石膏的导热系数降低，但继续增大泡沫掺量，由于泡沫的破裂成型过程中塌模现象严重，成型试件的中心部位下凹，脱硫石膏凝固硬化在一起，泡沫脱硫石膏中的热能传递的界面较少，对泡沫脱硫石膏的导热系数有一定影响。

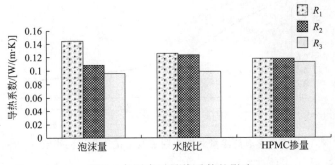

图5　各因素对导热系数的影响

4.2　化学发泡制备石膏制品

4.2.1　水灰比对化学发泡脱硫石膏性能的影响

试验过程中选用0.65、0.67、0.69、0.71、0.73、0.75六种不同的水灰比，并且在发泡剂掺量为5%、6%、7%时，研究了水灰比对发泡石膏的性能的影响。主要是孔隙率方面的影响，结果如图6所示。

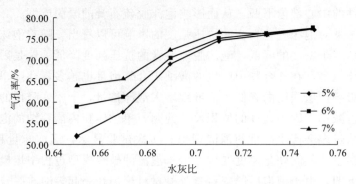

图 6 水灰比对发泡脱硫石膏气孔率的影响

从图 6 中可以看出，随着水灰比的增加，发泡脱硫石膏的气孔率呈正比的趋势增加，不论发泡剂掺量如何变化，都符合这一趋势，说明水灰比的增加对发泡脱硫石膏气孔率的增加有很大影响。当水灰比低于 0.69 时，发泡剂掺量的变化对发泡脱硫石膏的气孔率影响较大，三种不同发泡剂掺量对应的发泡脱硫石膏气孔率相差较大；当水灰比高于 0.69 时，发泡剂掺量的变化引起的气孔率变化很小。当水灰比达到 0.73 时，三种发泡剂掺量对应的发泡脱硫石膏气孔率相近。由于水灰比的增加，脱硫石膏浆体变稀，浆体中产生的氧气形成的气孔表面张力减弱，浆体中产生的氧气更加容易形成气孔并且长大，这样使得发泡脱硫石膏的气孔率大大增加。当水灰比增加到一定比例时，由于单位体积内气孔的体积有限，多余的气体会涨破已经形成的气孔变成石膏浆体，和新产生的气体结合形成气孔。

随着气孔率的上升，石膏制品的各项其他的性能也随着下降，比如强度、干密度、导热系数等。

4.2.2 发泡剂掺量对化学发泡脱硫石膏性能的影响

本文研究了发泡剂掺量对发泡脱硫石膏强度的影响，试验研究中选用的水灰比为 0.75，纤维掺量为 0.1%，石膏缓凝剂掺量为 0.02%，硬脂酸钠掺量为 2.4%，催化剂掺量为 0.1%，结果如图 7 所示。

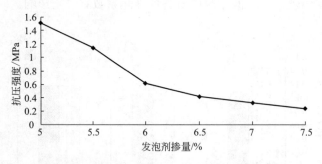

图 7 发泡剂掺量对发泡脱硫石膏抗压强度的影响

从图 7 中可以看出，随着发泡剂掺量的增加，发泡脱硫石膏的干密度下降，强度下降。发泡剂掺量为 5% 时，发泡脱硫石膏强度达到 1.51MPa；当发泡剂掺量为 7.5% 时，发泡脱硫石膏的强度就只有 0.24MPa 了。随着发泡剂掺量的增加，单位时间内产生的气体量增加，使脱硫石膏浆体单位时间内产生的气孔更多，胶凝组分的体积减小，强度降低；在水灰比条件相同的情况下，脱硫石膏浆体的表面张力相同，因此，发泡剂掺量的增加，产生的气体总量增加，相同体积发泡脱硫石膏中的气孔增加，干密度下降，强度降低。

4.2.3 纤维掺量对化学发泡脱硫石膏性能的影响

本文研究了纤维掺量对发泡脱硫石膏抗压强度的影响，试验研究中选用的水灰比为 0.73，发泡剂掺量为 7% 和 7.5%，石膏缓凝剂掺量为 0.02%，硬脂酸钠掺量为 2.4%，催化剂掺量为 0.1%，结果如图 8 所示。

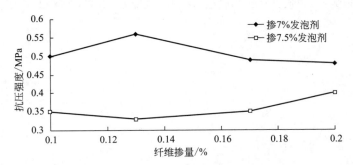

图 8 纤维掺量对发泡脱硫石膏抗压强度的影响

从图 8 中可以看出，纤维掺量对发泡脱硫石膏抗压强度的影响，由图可知：纤维的掺量变化对发泡脱硫石膏的抗压强度有一定影响。发泡剂掺量为 7% 时，纤维掺量为 0.13% 时，发泡脱硫石膏的抗压强度最大为 0.56MPa；发泡剂掺量为 7.5% 时，纤维掺量为 0.2% 时，发泡脱硫石膏的抗压强度最大为 0.4MPa。由于纤维比较细小，掺量略微的改变，其数量的变化很大，因此，适量的纤维可以帮助发泡脱硫石膏的气孔形成良好的气孔结构，从而增加发泡脱硫石膏的抗压强度。

5 结 论

（1）物理发泡法制备发泡石膏制品，随着发泡剂稀释倍数的增加，发泡剂的发泡倍数下降，并且泡沫的孔径也随之增大。随着稀释倍数的增加，制备的泡沫黏度及稳定性也有一定幅度的下降，从泌水量的增加可以看出。但也并非稀释倍数越低越好，稀释倍数太低会影响发泡倍数，泡沫量减少，泌水量增加，出现泡少液多的现象。发泡倍数与泡沫的稳定性存在一定的联系，综合各方面考虑本研究中优选发泡剂的稀释倍数为 100 倍进行研究分析。

（2）泡沫掺量对泡沫脱硫石膏的影响较大，随着泡沫掺入量的增加，泡沫脱硫石膏的干密度呈现出下降趋势，导热系数也随干密度呈下降趋势，强度也呈一定幅度的降低。不同种类的发泡剂对泡沫脱硫石膏也有一定影响，茶皂素发泡剂和蛋白类发泡剂相对更适应脱硫石膏体系。

（3）发泡剂掺量直接影响发泡脱硫石膏的干密度、强度等性能，随着发泡剂掺量的增加，发泡脱硫石膏的干密度下降，强度下降，化学法制备发泡石膏制品时，发泡剂掺量为 7% 为宜。

（4）从工艺角度来看，化学发泡法比物理发泡过程要简洁，更加省时省力。

参考文献

[1] 徐凤刚，田贺忠，郝吉明. 燃煤电厂烟气脱硫石膏综合利用途径及潜力分析 [J]. 中国电力，2006（02）：64-69.

[2] 徐莉，唐欧靖，陈元峻. 利用宝钢电厂脱硫石膏研制粉刷石膏产品 [J]. 粉煤灰，2007（03）：23-24.

[3] 袁宗文,董梅,金鑫.脱硫废弃物——脱硫石膏的利用前景[J].辽宁化工,2007(11):764-766.
[4] 贺鸿珠,钟世云,陈维灯.脱硫石膏应用技术现状及其发展趋势[J].粉煤灰,2009(06):35-37.
[5] 闫振甲,何艳君.泡沫混凝土实用生产技术[M].北京:化学工业出版社,2006.
[6] 李术军.泡沫混凝土在国内外建筑工程中的应用[J].民营科技,2008(7):192.
[7] 刘阳,唐明,宋学君.混凝土发泡剂研究进展[J].混凝土,2012,(9):57-58.

发泡剂和水膏比对石膏基泡沫混凝土性能的影响

雷东移　黄斌　张毅　李东旭

（南京工业大学材料科学与工程学院，材料化学工程国家重点实验室，江苏南京，210009）

摘要：以 H_2O_2 为化学发泡剂，采用化学催化的方法制备石膏基泡沫混凝土。对泡沫混凝土的干密度、气孔率、力学性能、导热系数、微观形貌进行了研究。结果表明：随发泡剂双氧水的掺量或水膏比的增加，干密度、抗压强度、导热系数逐渐降低，气孔率逐渐升高，泡沫混凝土孔径逐渐变大，连通孔逐渐增多；随水膏比增加，不同发泡剂含量试样的干密度之间的差异越来越小，最终生成的气泡的平均直径越大，气泡的级配越差；适当的水膏比可使泡沫混凝土不仅具有较大的气孔率，而且还具有良好的孔径分布。

关键词：泡沫混凝土；干密度；气孔率；微观形貌

Study on the effect of foaming agent and water-gypsum ratio on gypsum-based foaming concrete

Lei Dongyi　Huang Bin　Zhang Yi　Li Dongxu

(State Key Laboratory of Materials-oriented Chemical Engineering, College of Materials Science and Engineering, Nan jing University of Technology, Nan jing, 210009, China)

Abstract: Prepare gypsum-based foaming concrete by chemical catalysis, the H_2O_2 as the chemical foaming agent. Dry density, porosity, mechanical property, thermal conductivity and microstructure of foaming concrete were studied, the results showed: With the increasing of foaming agent or water-gypsum ratio, dry density, compressive strength, thermal conductivity decreased, the porosity increased gradually, pore size of foaming concrete became large, communicating hole increased gradually. With the increasing of water-gypsum ratio, difference of dry density of samples of different foaming agent content became smaller, the resulting average diameter of bubbles became larger, the gradation of bubbles was worse, the suitable water gypsum ratio not only had a large porosity, but also had a good pore size distribution.

Keywords: foaming concrete; dry density; porosity; microstructure

1 引言

能源危机的日益加剧和建筑节能政策的实施，推动了墙体保温材料特别是无机保温材料的快速发展，无机保温材料具有防火性能好、阻燃性强、与基层墙体黏结强度高等优点，可很好地满足墙体保温材料的要求，应用发展前景广阔。

本文以工业副产石膏脱硫建筑石膏、发泡剂、催化剂、缓凝剂、聚丙烯纤维、稳泡剂为主要原材料，采用化学催化的方法制备自主发泡的石膏基发泡材料，主要研究发泡剂 H_2O_2 和水膏比对泡沫混凝土的性能影响。

2 实 验

2.1 主要原料脱硫建筑石膏的基础性能

脱硫建筑石膏：来自苏州望亭电厂煅烧脱硫建筑石膏。表1是脱硫建筑石膏的基本性能，由表1可知，该脱硫建筑石膏性能指标均达到国家标准优等品要求。

表1 脱硫建筑石膏基本性能

标准稠度用水量/%	凝结时间/min		强度/MPa	
	初凝	终凝	抗压强度	抗折强度
0.55	8	11	7.7	3.8

图1是脱硫建筑石膏的XRD图，从图1中可以看出，该脱硫建筑石膏的主要矿物组成为 $\beta\text{-}CaSO_4 \cdot 0.5H_2O$。

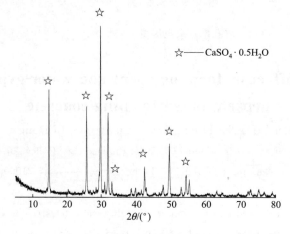

图1 脱硫石膏的XRD图

2.2 样品制备和分析方法

发泡原理：利用 MnO_2 催化 H_2O_2 的化学反应产生的 O_2 在石膏浆体中产生大量气泡从而达到自主发泡。

样品制备：称取一定质量的煅烧脱硫石膏粉，掺入一定比例的水、双氧水、聚丙烯纤维、缓凝剂和稳泡剂等外加剂并混合均匀后，掺入催化剂 MnO_2，以适当的搅拌速度搅拌10~15s后，将石膏浆体注入10cm×10cm×10cm模具，放在空气中养护1d后拆模得到泡沫混凝土试样。

干密度测试：将常温下养护3d的试样在40℃烘至恒重，按JC/T 266—2011中第7.3.1中的规定进行测定。

气孔率的测试：以标稠状态硬化后的干密度与泡沫混凝土的干密度的差与标稠状态硬化后的干密度的比值作为气孔率的测定方法。

力学性能测试：将常温下养护3d的试样在40℃烘至恒重，按JC/T 266—2011中第7.3.3中的规定进行测定。

导热系数测试：采用DRE-2C导热系数测试仪进行测试，DRE-2C导热系数测试仪采用瞬态平面热源法，仪器基于TPS瞬态平面热源技术，用Hot Disk作为探头的导热系数测定仪。

X射线衍射分析：采用多晶X射线衍射仪（XRD）测定煅烧脱硫石膏粉的物相组成，试验采用粉末试样衍射方法，测试条件为：CuKα，衍射角为 5°～80°，管电压 40kV，管电流 40mA，扫描速度 2Deg/min，发射狭缝 $SS=$ 散射狭缝 $DS=1°$，接收狭缝 $RS=0.3$ mm。

微观形貌分析：对泡沫混凝土表面形貌 SEM 分析，对试样喷金后，采用荷兰 FEI Quanta 200 环境扫描电子显微镜进行微观形貌的测定。

3 结果与讨论

3.1 发泡剂和水膏比对石膏基泡沫混凝土干密度的影响

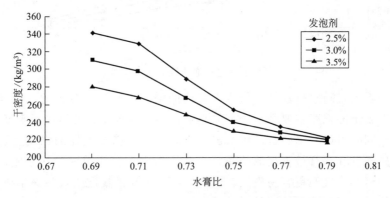

图 2 发泡剂和水膏比对泡沫混凝土干密度的影响

由图 2 可知，随发泡剂双氧水的掺量或水膏比的增加，泡沫混凝土的干密度逐渐降低，双氧水掺量在 2.5%～3.5% 之间且水膏比在 0.69～0.79 之间变化时，干密度在 217～341 kg/m³ 之间。从图中可知随水膏比的增加，试样的干密度逐渐降低，这是因为随水膏比增加，发泡浆体变稀，发泡阻力变小。同时能看出，随水膏比的增加，不同发泡剂含量试样的干密度之间的差异越来越小，这是因为水膏比增加时，发泡剂在发泡浆体中被进一步稀释，发泡剂在发泡浆体中所占比例更小，浆体过稀不利于气泡的保存，致使硬化的试块中的气孔率之间的差异也越来越小，则使干密度之间的差异越来越小。

3.2 发泡剂和水膏比对石膏基泡沫混凝土气孔率的影响

从图 3 可以看出，随着双氧水的掺量或水膏比的增加，泡沫混凝土的气孔率逐渐增加。同时也很容易发现当水膏比低于 0.73 时，发泡剂含量对气孔率的影响明显高于水膏比 0.73 以上的，当水灰比达到 0.79 时，发泡剂的含量对气孔率的影响已不明显。这是因为水膏比越大，发泡浆体稠度越小，由发泡剂所产生的气泡的液膜越薄，气泡更容易破裂，由发泡剂

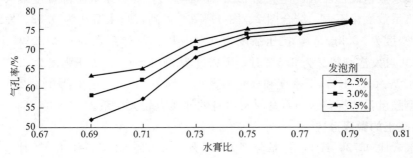

图 3 发泡剂和水膏比对泡沫混凝土气孔率的影响

产生的气体所产生的压力大于大气压时,甚至未来得及形成气泡,就直接排入空气中。因此,适当的水膏比可使泡沫混凝土不仅具有较大的气孔率,而且还具有良好的孔径分布。

3.3 发泡剂和水膏比对石膏基泡沫混凝土力学性能的影响

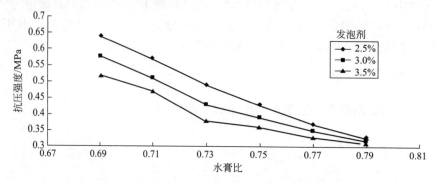

图 4 发泡剂和水膏比对泡沫混凝土力学性能的影响

从图 4 可以看出,随双氧水的掺量或水膏比的增加,泡沫混凝土的抗压强度逐渐降低。这是因为泡沫混凝土的强度主要受干密度的影响,随发泡剂掺量的增加干密度逐渐降低,强度也随之降低。同时可以看出随水膏比增加,不同发泡剂掺量试样的强度差别也越来越小,这是因为干密度和气孔率有最直接的关系,水膏比越大,浆体越稀,气泡成长的阻力越小,气泡的表面张力越小,气泡更容易破裂。因此,高水膏比的情况下,最终生成的气泡的平均直径越大,气泡的级配越差,抗压强度越低。

3.4 发泡剂和水膏比对石膏基泡沫混凝土导热系数的影响

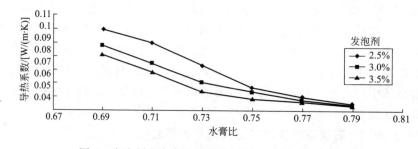

图 5 发泡剂和水膏比对泡沫混凝土导热系数的影响

从图 5 可以看出,导热系数与发泡剂的掺量和水膏比呈明显的反比关系,其关系类似于气孔率与发泡剂和水膏比之间的关系。由于空气的热导率远低于石膏的,泡沫混凝土的气孔率越高,导热系数越低。当水膏比从 0.71 上升到 0.75,导热系数下降幅度最大,水膏比继续增加,导热系数变化不大。结合图 2、图 4、图 5 得到,当水膏比为 0.73、发泡剂掺量为 2.5%时,干密度为 289kg/m³,抗压强度为 0.49MPa,导热系数为 0.0732W/(m·K);当水膏比为 0.73 且发泡剂掺量为 3.5%时,干密度为 248kg/m³,抗压强度为 0.38MPa,导热系数为 0.0541W/(m·K),干密度和导热系数均达到 JG/T 041—2011 中 4.2.3 发泡水泥板性能指标,但强度没达标,这与石膏材料本身的性质有较大关系。

3.5 泡沫混凝土的微观形貌

图 6 为水膏比 0.73,H_2O_2 掺量分别为 2.5%、3.0%、3.5%和 4.0%时泡沫混凝土的孔形貌 SEM 照片。

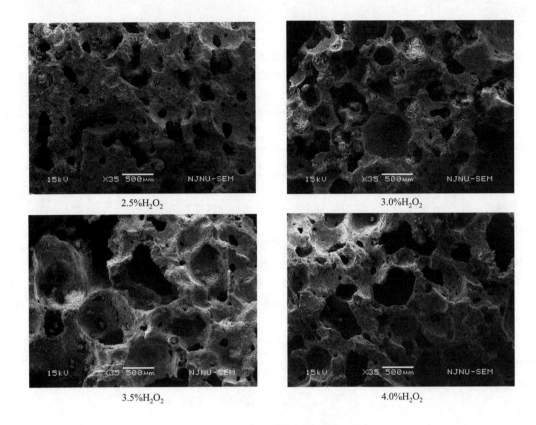

图 6 泡沫混凝土孔形貌

从图 6 可以看出，当双氧水掺量为 2.5％时，泡沫混凝土比较密实，随着双氧水掺量的增加，发泡能力逐渐增强，泡沫混凝土孔径逐渐变大；当发泡剂掺量超过 3.5％时，其孔径明显增大，部分孔径达到了 1 mm 以上，同时连通孔也逐渐增多。泡沫混凝土气孔形态有连通孔和封闭孔两种，其保温性能和其孔结构有较大的关系。一般来说，封闭孔越多且孔径大小均匀的泡沫混凝土的保温效果较好。

4 结 论

（1）随发泡剂掺量或水膏比的增加，泡沫混凝土的干密度逐渐降低，且随水膏比增加，不同发泡剂含量试样的干密度之间的差异越来越小。

（2）随着双氧水的掺量或水膏比的增加，泡沫混凝土的气孔率逐渐增加，适当的水膏比可使泡沫混凝土不仅具有较大的气孔率，而且还具有良好的孔径分布。

（3）双氧水的掺量或水膏比的增加，泡沫混凝土的抗压强度降低，高水膏比的情况下，最终生成的气泡的平均直径越大，气泡的级配越差，抗压强度低。

（4）导热系数和发泡剂的含量和水膏比呈明显的反比关系，干密度和导热系数均达到发泡水泥板性能指标时，强度没达标，这与石膏材料本身的性质有较大关系。

（5）泡沫混凝土气孔形态有连通孔和封闭孔两种，随着双氧水掺量的增加，泡沫混凝土孔径逐渐变大，连通孔也逐渐增多。

参考文献

[1] 《泡沫混凝土》(JC/T 985—2005)[S].
[2] 马保国,赵志广,蹇守卫等.泡沫混凝土干密度试验研究[J].混凝土,2012,6:3-6.
[3] 毛晓红.张婷,张丹等.水料比对泡沫混凝土性能影响的试验研究[J].水科学与工程技术,2012,3:68.
[4] Alena Vimmroá, Martin Keppert, Luboš Svoboda, Robert Çerny. Lightweight gypsum composites: Design strategies for multi-functionality. Cement & Concrete Composites, 2011, 33: 84-89.
[5] 向仁科,石宗利,谢建海.石膏泡沫混凝土的性能研究[J].新型建筑材料,2011,9:9-10.
[6] 潘志华,程麟,李东旭.新型高性能泡沫混凝土制备技术研究[J].建筑石膏与胶凝材料,2002,5:2-3.
[7] 李森兰,王建平,路长发等.发泡剂与其泡沫混凝土抗压强度的关系探析[J].混凝土,2009,11:78-79.
[8] 郭立英,赵芸平,张大伟.泡沫混凝土的制备及强度影响研究[J].混凝土,2011,10:134-135.
[9] 单星本,文婧,周运灿等.泡沫混凝土抗压强度影响因素研究[J].低温建筑技术,2013,6:8.
[10] 周顺鄂,卢忠远,严云.泡沫混凝土导热系数模型研究[J].材料导报,2009,23(3):71-73.
[11] 朱明,王方刚,张旭.泡沫混凝土孔结构与导热性能的关系研究[J].武汉理工大学学报,2013,35(3):22-24.
[12] 《复合发泡水泥板外墙外保温系统应用技术规程》(JG/T 041—2011)[S].
[13] 管文.孔结构对泡沫混凝土性能影响的研究[J].新型墙材,2011,4:24-26.

乳胶粉和纤维素醚对稻壳砂浆性能的影响

杨海静 张丽华 孙振平

(同济大学先进土木工程材料教育部重点实验室,上海,201804)

摘要:本文就乳胶粉和纤维素醚对稻壳砂浆的干表观密度、立方体抗压强度、软化系数和吸水率的影响规律进行了试验研究。研究表明:乳胶粉和纤维素醚可明显改善砂浆的和易性,乳胶粉可以降低稻壳砂浆的干表观密度和吸水率;纤维素醚可以提高稻壳砂浆的软化系数,降低吸水率,同时对稻壳砂浆的立方体抗压强度也无明显的不良影响。

关键词:稻壳砂浆;乳胶粉;纤维素醚;耐水性

The Influence of Emulsion Powder and Cellulose Ethers on Rice Husk Mortar

Yang Haijing Zhang Lihua Sun Zhenping

(Key Laboratory of Advanced Civil Engineering Materials, Ministry of Education, Tongji University, Shanghai, 201804)

Abstract: The influence of emulsion powder and cellulose ethers on dry bulk density, cube compressive strength, softening coefficient and water absorption of rice husk mortar was investigated. The results indicate that emulsion powder and cellulose ethers can improve workability of fresh mortar, emulsion powder can reduce dry bulk density and water absorption; cellulose ethers increases softening coefficient and reduces water absorption, meanwhile it dose not have apparent adverse effect on cube compressive strength of rice husk mortar.

Keywords: rice husk mortar; emulsion powder; cellulose ethers; water resistance

建筑物的节资利废和节能环保制是建筑业可持续发展的重要影响因素,开发研制环保节能型的建筑材料对建筑业的可持续发展至关重要。稻壳是水稻加工后的主要副产品,广泛存在于农村地区。稻壳主要应用于以下几个方面:(1)能源。稻壳中的可燃物含量达到70%以上,发热量约为标准煤的50%,是廉价的能源。(2)稻壳板。用稻壳制备的稻壳板坚韧耐腐蚀,耐压磨。(3)水玻璃。稻壳经过炭化后的产物——稻壳灰,可以作为制作水玻璃的廉价原料。此外,稻壳可应用于生产耐火砖,轻质建筑材料,绝热材料和阻燃剂等。但这几方面的应用由于技术或者经济效益等因素的限制,并没有真正得到推广。

稻壳表面粗糙,摩擦力大,绝热性好,密度低,且具有一定的多孔性和韧性。稻壳中富含纤维素、木质素和二氧化硅,其脂肪和蛋白质的含量较低。用稻壳制备砂浆既减少了农业废弃物随意堆放导致的占用土地及环境污染问题,又节约了砂浆的制作成本。在稻壳砂浆中加入引气剂,乳胶粉和纤维素醚等外加剂可以很好地改善稻壳砂浆的性能,使制备出的稻壳

作者简介:杨海静,女,1991年出生,同济大学在读硕士,主要从事建筑结构与功能材料的相关研究。基金项目:"十二五"国家科技支撑计划项目(2012BAJ20B02);国家自然科学基金项目(51178339)。E-mail:yanghaijings@163.com。

砂浆具有良好的工作性能，力学性能和耐水性能。利用稻壳制备砂浆既经济又环保，符合建筑业可持续发展的战略要求。

乳胶粉可以提高砂浆的黏结性，对砂浆性能影响较大，但是其成本较高，因此需要找到合理的掺量范围。纤维素醚在砂浆中起到保水增稠作用，能明显改善施工性能，提高砂浆的流动性，保水性和抗垂性，可防止稻壳砂浆离析，从而获得均匀一致的可塑体。本文通过试验研究乳胶粉和纤维素醚对稻壳砂浆的干表观密度、立方体抗压强度、软化系数和吸水率的影响，旨在探讨乳胶粉和纤维素醚在稻壳砂浆中的合理掺量，为工业生产提供技术参考。

1 试验原材料和试验方法

1.1 试验原材料

水泥，P·Ⅱ52.5级，产自南京江南-小野田水泥有限公司。稻壳，产自江苏盐城，堆积密度为50～60kg/m³，用$Ca(OH)_2$饱和溶液浸泡24h后晾干备用。乳胶粉，产自瓦克公司的8031H，固含量为99%。纤维素醚，羟丙基甲基纤维素醚，产自上海迪诺医药科技有限公司，黏度为100000mPa·s。引气剂，十二烷基硫酸钠，化学纯。稳泡剂，硬脂酸锌，化学纯。

1.2 试验方法

1.2.1 砂浆搅拌工艺

（1）按照配合比准确称量各材料，用湿布擦拭搅拌锅，搅拌机叶片和刮刀；

（2）将称量好的稻壳倒入搅拌锅内，加入预加水，搅拌1min；

（3）停拌90s，在第一个45s内加入水泥和稳泡剂，人工搅拌均匀后，在第二个45s内加入水，引气剂，乳胶粉和纤维素醚，人工搅拌均匀；

（4）开启搅拌机，搅拌2min后，立即成型。

在第三步操作中，预先将引气剂，乳胶粉和纤维素醚溶解在一部分称量好的水中，加入时要将残留在容器壁上的材料用剩下的水全部冲入锅内。

1.2.2 砂浆性能测试方法

（1）砂浆干表观密度和软化系数，测定方法按照《建筑保温砂浆试验方法》（GB/T 20473—2006）要求进行。

（2）立方体抗压强度和砂浆吸水率，测定方法按照《建筑砂浆基本性能试验方法》（JGJ 70—2009）要求进行。

2 试验结果及分析

2.1 乳胶粉掺量对稻壳砂浆性能的影响

乳胶粉的掺入能够为砂浆引入少量气泡，气泡的滚珠效应可以增加稻壳砂浆的流动性，继而改善砂浆的和易性。同时，乳胶粉还可以提高稻壳砂浆的黏结性，增加稻壳与胶凝材料之间的黏结力。但是由于乳胶粉的价格较高，从砂浆的经济性考虑，需要研究探讨乳胶粉的合适掺量。

保持稻壳砂浆的基本配合比为：水泥∶稻壳∶引气剂∶稳泡剂∶纤维素醚＝100∶15∶0.3∶0.5∶0.2的情况下，乳胶粉对稻壳砂浆干表观密度、立方体抗压强度、软化系数和吸水率的影响规律如图1所示。

由图1（a）和图1（b）可知：乳胶粉掺量为1.0%时，砂浆的干表观密度比不掺乳胶

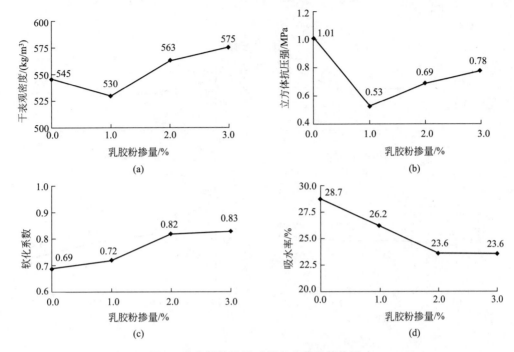

图1　乳胶粉的掺量对稻壳砂浆性能的影响

粉时降低了2.8%，立方体抗压强度降低了47.5%。乳胶粉掺量分别为2.0%和3.0%时，砂浆的干表观密度逐渐增大，比不掺乳胶粉时分别增大了3.3%和5.5%，立方体抗压强度虽然也略有上升，但仍然低于不掺乳胶粉的情况。由图1（c）和图1（d）可知，随着乳胶粉掺量的增加，砂浆的软化系数逐渐增大，吸水率逐渐降低。乳胶粉掺量为2.0%时，砂浆的软化系数比不掺乳胶粉时增大了18.8%，吸水率降低了17.8%。乳胶粉掺量为3.0%时，砂浆的软化系数和吸水率的变化不再明显。

首先，随着乳胶粉掺量的增加，乳胶粉加水后成膜，由于机械搅拌作用，高分子膜包裹住了空气，在稻壳砂浆搅拌时引入了少量气泡使其干表观密度下降，砂浆孔隙率增大，抗压强度也随之下降。随着乳胶粉掺量的继续增大，乳胶粉成膜强化砂浆内聚力的作用要大于引入气泡的作用。其次，随着乳胶粉掺量的增加，较大孔隙的微观结构被聚合物填充或被连续的聚合物膜封闭，它的存在阻挡了材料浸水后水分沿材料孔隙的扩散，改善了稻壳与水泥浆体之间的界面黏结能力，从而提高了稻壳砂浆的黏结性。

2.2　纤维素醚掺量对稻壳砂浆性能的影响

稻壳砂浆保水性差，容易产生离析，涂抹在墙体表面时，墙体的吸水率高，会发生严重失水现象，不但影响稻壳砂浆的正常硬化，而且会影响稻壳砂浆与墙面的黏结程度，导致墙面开裂脱落。纤维素醚是由纤维素制成的具有醚结构的高分子化合物，它在砂浆中起到保水增稠作用，能明显改善施工性能，提高保水性、流动性和抗垂性，可防止砂浆离析，从而获得均匀一致的可塑体。

保持稻壳砂浆的基本配合比为：水泥∶稻壳∶引气剂∶稳泡剂∶乳胶粉＝100∶15∶0.3∶0.5∶2.0的情况下，纤维素醚对稻壳砂浆的干表观密度、立方体抗压强度、软化系数和吸水率的影响规律，如图2所示。

由图2（a）和图2（b）可知：随着纤维素醚掺量的增加，砂浆的干表观密度和立方体

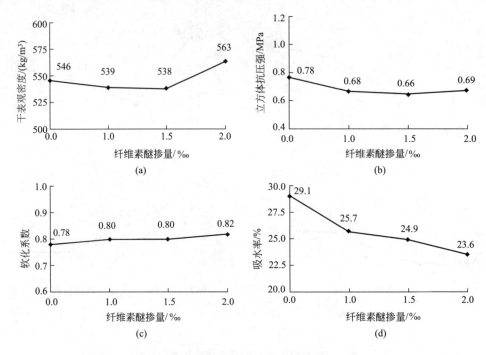

图 2 纤维素醚的掺量对稻壳砂浆性能的影响

抗压强度呈先下降后上升的趋势。纤维素醚掺量为1.5‰时,砂浆的干表观密度比不掺纤维素醚时降低了1.4%,立方体抗压强度降低了15.3%。纤维素醚掺量为2.0‰时,砂浆的干表观密度比不掺纤维素醚时增大了3.1%,立方体抗压强度变化不再明显。由图2(c)和图2(d)可知:随着纤维素醚掺量的增加,砂浆的软化系数逐渐增大,吸水率逐渐降低。纤维素醚掺量为2.0‰时,砂浆软化系数比不掺纤维素醚时增加了5.0%,吸水率降低了18.9%。

这是因为加入纤维素醚可以改善砂浆的保水性,提高稻壳砂浆孔隙率,优化砂浆中的孔隙结构,从而降低了砂浆的干表观密度、立方体抗压强度和吸水率,提高了软化系数,改善砂浆的耐水性。

综合分析图1和图2可得,乳胶粉和纤维素醚都有轻微的引气作用,可以降低稻壳砂浆的干表观密度,提高砂浆的保温性能,同时两者又可以提高稻壳砂浆的软化系数,增强稻壳砂浆的耐水性。但是乳胶粉对稻壳砂浆软化系数的影响比纤维素醚更大一些。

3 结 论

(1)稻壳砂浆中掺入乳胶粉和纤维素醚,会降低稻壳砂浆的干表观密度,提高软化系数。

(2)在对稻壳砂浆耐水性改善作用相近的情况下,纤维素醚对砂浆立方体抗压强度的不利影响比乳胶粉要小。

(3)在制备稻壳砂浆时,可以调节乳胶粉和纤维素醚的掺量来满足不同工程所用砂浆的需求。当乳胶粉和纤维素醚的掺量分别为2.0%和2.0‰时,可以制备出性能优异且成本低的稻壳砂浆。

参考文献

[1] A. A. Boateng, D. A. Skeete. Incineration of rice hull for use as a cementitious material: the Guyana experience [J]. Cement and Concrete Research, 1990, 20 (5): 795-802.

[2] N. W. Choi, I. Mori, Y. Ohama. Development of rice husks-plastics composites for building materials [J]. Waste Manage, 2006, 26 (2): 189-194.

[3] 张丽华, 孙振平. 稻壳应用于建筑材料生产的相关问题探讨 [J]. 粉煤灰, 2013, 25 (03): 18-21.

[4] 张义顺, 李艳玲, 徐军等. 纤维素醚对砂浆性能的影响 [J]. 建筑材料学报, 2008, 03: 359-362.

脱硫灰对矿粉性能的影响及其改性试验研究

万利[1,2] 赵青林[1,2] 甘万贵[3] 唐岚[3] 王迪[1]

[1. 硅酸盐建筑材料国家重点实验室，武汉理工大学，湖北，武汉，430070；
2. 武汉理工大学材料科学与工程学院，湖北，武汉，430070；
3. 武汉钢铁（集团）公司冶金渣分公司，湖北，武汉，430080]

摘要：随着人们生活质量的提高，我国对 SO_2 排放量的控制程度逐年加强，因此作为脱硫工业的主要副产品，脱硫灰的应用问题也越来越受到人们的关注。为了节省堆放场地，保护生态环境，并达到脱硫灰高附加值利用的目的，本文拟对脱硫灰进行改性，并将其掺入矿粉中改善矿粉活性。研究表明，经适当工艺改性处理后，脱硫灰性状有所改善，不仅强度提高，且凝结时间不缓凝。

关键词：脱硫灰；改性；强度；缓凝

随着国家对 SO_2 排放量的要求越来越严格，脱硫装置已遍布行业内各大企业，但对于干法/半干法脱硫工艺形成的主要副产品——脱硫灰来讲，依旧存在着利用途径少、工业附加值低的应用瓶颈。目前，国内外对脱硫灰的研究主要集中在密封填埋材料、路面基层材料等应用的领域，其带来的经济效益不明显。若能将脱硫灰脱硫掺入矿粉中，应用于基础工程的建设中，可实现脱硫灰高附加值的利用，同时也有利于脱硫装置的推广，为生态环境的保护作出贡献。

1 实验方法及实验用原材料

1.1 实验方法

水泥标准稠度用水量和凝结时间按《水泥标准稠度用水量、凝结时间、安定性检验方法》（GB 1346—2001）进行。水泥胶砂抗折、抗压强度实验参照《水泥胶砂强度检测方法》（GB/T 17671—1999）进行，试件规格为 40mm×40mm×160mm。试件成型完后在温度为 (20±2)℃、相对湿度为 90% 的标准条件下养护，24h 后脱模，然后放入 (20±2)℃ 的水中养护至规定龄期测定抗折抗压强度。

1.2 实验用原材料

（1）水泥 本试验采用的水泥为武汉某水泥厂生产的 P·O 42.5 水泥，其化学成分见表 1，主要物理性能见表 2。

表 1 原材料的化学成分　　　　　　　　　　　　　　　　　　　　单位：%

成分	CaO	SiO_2	Al_2O_3	Fe_2O_3	MgO	SO_3	烧失量
水泥	58.81	21.64	8.00	3.20	1.14	1.84	3.67
矿粉	40.43	32.81	14.90	0.24	7.07	2.05	0.29
脱硫灰	52.40	0.36	0.11	0.35	1.23	24.96	18.51
粉煤灰	5.72	53.75	25.46	5.27	1.12	0.92	2.53

表 2 水泥的主要技术指标

标准稠度/%	凝结时间/(h:min)		抗折强度/MPa		抗压强度/MPa	
	初凝	终凝	3d	28d	3d	28d
27.8	3:10	4:17	5.6	8.8	21.7	47.6

（2）矿粉　矿粉取自武汉钢铁（集团）公司，为磨细矿渣粉，其化学成分见表1，主要物理性能见表3。

表3　矿粉的主要技术指标

密度/(kg/m³)	比表面积/(m²/kg)	活性指数/%		流动度比/%	含水量/%
		7d	28d		
2900	418	76	98	97	0.10

（3）脱硫灰　本试验采用的是武汉钢铁集团三烧车间的NID（Novel Integrated Desulfurization）烟气脱硫工艺产生的脱硫产物，其化学成分见表1。该脱硫灰中主要物相组成为：$CaSO_3 \cdot 1/2H_2O$含量为25.67%，$CaSO_4 \cdot 2H_2O$含量为23.02%，$Ca(OH)_2$含量为28.72%，该产物具有高钙高硫的特点。

2　试验结果及讨论

在充分了解脱硫灰基本物化性能的基础上，本试验从水泥-矿渣-脱硫灰复合胶凝体系入手，探讨脱硫灰对水泥性能的影响，拟使脱硫灰与矿粉中的掺入量为1:49时不影响矿粉的质量。

2.1　原状脱硫灰对矿粉性能的影响

为对比改性后脱硫灰的效果，首先研究了原状脱硫灰对矿粉性能的影响。在固定水泥用量的前提下，脱硫灰取代0.5%、1%、1.5%和2%的胶凝材料，具体配合比见表4。实验中通过改变脱硫灰与矿粉的比例，测定其力学性能及工作性能，以研究脱硫灰对矿粉性能的影响。

表4　水泥、矿粉、原状脱硫灰体系试验配合比

编号	水泥	矿粉	脱硫灰	标准稠度/%
A1	50%	49.5%	0.5%	28.6
A2	50%	49%	1%	29.2
A3	50%	48.5%	1.5%	29.8
A4	50%	48%	2%	29.7

2.1.1　脱硫灰对水泥凝结时间的影响

水泥凝结时间的快慢直接影响混凝土的浇灌和施工进度，测定水泥的初凝时间和终凝时间能较合理地评价其可施工性。图1为脱硫灰掺量对水泥凝结时间的影响。由图1可以看

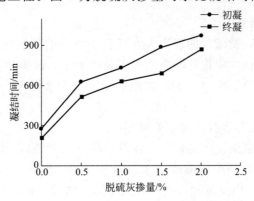

图1　脱硫灰掺量对水泥凝结时间的影响

出，脱硫灰加入后会大大延长水泥的凝结时间，这对与水泥的工作性能是极为不利的。一旦掺入脱硫灰，水泥的凝结时间显著延长。在脱硫灰掺量增加至2%时，水泥的凝结时间随其掺量增大而延长，与空白样相比，初凝时间最长延长11h以上，终凝时间延长12h左右。综合对脱硫灰矿物组成分析结合文献对脱硫灰缓凝原因的分析，导致该类脱硫灰延缓水泥凝结硬化的原因是其含有大量的$CaSO_3 \cdot 0.5H_2O$，同时也存在一定量的氯、磷等，均会造成水泥缓凝。

2.1.2 脱硫灰对水泥力学性能的影响

水泥的力学性能对混凝土建筑、路桥等的施工质量有很大的影响，尤其是其抗压强度，决定着建筑的承载能力。脱硫灰的直接加入，也会导致水泥的力学性能发生一定的变化，这对于脱硫灰在水泥中的应用有着很大的影响。掺入脱硫灰后，水泥的胶砂强度变化情况如图2和图3所示。

通过图2与图3综合对比分析可以发现，脱硫灰对水泥的强度有一定的降低作用，且脱硫灰掺量越高，水泥强度越低。此外，还可以发现：

（1）脱硫灰对水泥在各个龄期抗压强度的影响程度相近。在图2中3条抗压强度线下降的幅度基本一致，由此可看出，在28d龄期内，随脱硫灰掺量的增加，水泥抗压强度降低，即脱硫灰不仅影响水泥的早期强度，而且对28d后期强度也有一定影响。

（2）脱硫灰对水泥抗折强度的影响略好于其对水泥抗压强度的影响。在3个不同龄期中，仅有水泥的3d抗折强度变化较大，其他两组变化较小。

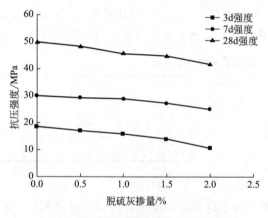

图2 脱硫灰掺量对抗压强度的影响

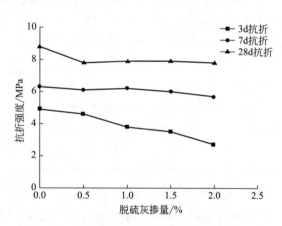

图3 脱硫灰掺量对抗折强度的影响

2.2 脱硫灰的改性实验研究

由前期相关试验可知，脱硫灰的加入大大延长了体系的凝结时间，降低了体系的强度，为此必须将脱硫灰进行改性才能很好的应用于矿粉体系中。试验共采用了4种改性方法，改性后的脱硫灰分别标记为A、B、C、D。试验的配比均为水泥50%，矿粉49%，改性脱硫灰1%。

2.2.1 改性脱硫灰对水泥标准稠度用水量的影响

由于脱硫灰本身就具有细度大的特点，在其取代部分矿粉后会因为增大了整体的比表面积而导致整个体系达到标准稠度所需的用水量有所增加，但各组改性灰的影响却不完全一样，具体实验结果见图4。由图可知，改性方式不同，造成脱硫灰比表面积改变，从而使得其对标准稠度用水量具有不同的影响。

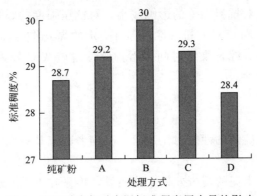

图 4　改性脱硫灰对水泥标准稠度用水量的影响

2.2.2　改性脱硫灰对矿粉凝结时间的影响

原状脱硫灰的加入对于水泥混凝土最大的危害在于对其凝结时间的急剧延缓，为了观察缓凝情况在脱硫灰经改性后有无缓解，试验测试了掺不同改性脱硫灰类型水泥的凝结时间。具体试验结果见图5。由图可知，脱硫灰经改性后对水泥矿粉体系依旧存在一定的缓凝效果。对于凝结时间的延缓而言，改性效果最好的为D组，初凝283min，终凝362min，和未掺脱硫灰的相比凝结时间最为接近；效果最差的为B组，缓凝依旧十分明显，初凝达到504min，终凝长达634min。而其他的两种方式效果一般。

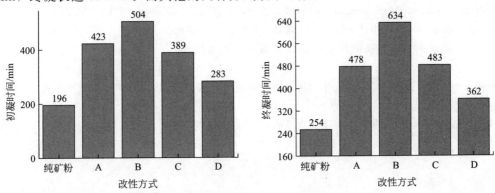

图 5　改性脱硫灰对水泥初凝时间（左）和终凝时间（右）的影响

2.2.3　改性脱硫灰对矿粉力学性能的影响

根据原材料性状检测可知矿粉的28d活性达到了98%，为使脱硫灰的掺入不会降低矿粉的品质，本试验也需检测对应矿粉的活性来衡量改性的效果，具体结果见图6。由图可以

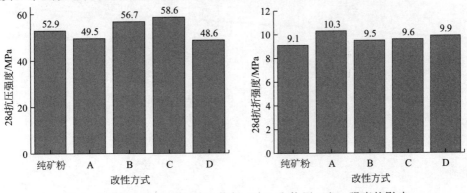

图 6　改性脱硫灰对矿粉28d抗折（右）和抗压（左）强度的影响

看出，脱硫灰的改性工艺对抗折强度的影响较小，对抗压强度的影响较为明显；与纯矿粉组相比，改性后的脱硫灰 B 和 C 对矿粉活性改善有一定的提升作用，而改性脱硫灰 A 和 D 对于矿粉活性改善没有帮助。综合凝结时间来看，改性脱硫灰 C 效果比较理想，能在改善缓凝效果的同时提高矿粉活性。

3 结 论

通过对原状及改性脱硫灰的性能对比试验，分别考察了其对水泥力学性能和工作性能的影响，实验得出以下结论：

(1) 原状脱硫灰对于水泥的缓凝效果十分明显，掺量在 0.5% 或以上时，终凝时间超过了 10h，必须加以改性才能达到改进矿粉性能的目的。

(2) 从四种改性的效果来看，采用 C 工艺效果十分明显，具有较好的可行性，对水泥凝结时间虽有一定影响，但在国标要求的范围内，且能略微提高水泥的强度，在后期将进一步优化改性工艺并探讨其改性机理，以期能为脱硫灰的高附加值利用提供可借鉴的方法。

参考文献

[1] 范志勇. 干法烟气脱硫渣在水泥与道路材料中的应用研究 [D]. 武汉：武汉理工大学，2010.
[2] Mingkai Zhou, Qinglin Zhao, Xiao Chen, Zhiyong Fan. The performance and strength mechanism of stabilized aggregate containing special cement with desulfurization residue [A]. ICAMMM 2011 Materials and Computational Mechanics [C], 深圳，2011，11：18-20.
[3] 万百千, 路新瀛. 用固硫渣作土壤固化剂的可行性研究 [J]. 粉煤灰综合利用，2002，16 (3)：21-22.
[4] 宋拙夫, 朱跃, 张铁柱. 干法、半干法烟气脱硫技术脱硫渣的综合利用 [J]. 电站系统工程，2002，18 (2)：49-50.
[5] 钱骏, 徐强. 干法脱硫灰渣的性能及应用探索 [J]. 粉煤灰，2003，15 (5)：43-46.

第四部分

特种砂浆

可再分散乳胶粉对自流平地坪砂浆的性能影响及机理研究

施展[1,2] 刘加平[1,2]

(1. 江苏省建筑科学研究院有限公司,江苏,南京,210008;
2. 高性能土木工程材料国家重点实验室,江苏,南京,210008)

摘要:研究了掺量为0~4%的可再分散乳胶粉对自流平地坪砂浆的1d强度、28d强度、耐磨性、拉伸黏结强度等性能的影响,并使用扫描电镜观察了各龄期水化产物及聚合物形貌,分析其作用机理。研究结果表明,掺入可再分散乳胶粉,改善了水化产物形貌,填充粗大孔隙,铰接无机粒子,改善界面结构,形成一个互穿的无机——有机复合空间网络结构,砂浆28d强度有所提高,耐磨性、拉伸黏结强度明显改善。

关键词:建筑材料;自流平;可再分散乳胶粉;耐磨性

Study of Effects and Mechanism of Redispersible Emulsoid Powders on Self-leveling Floor Mortar

Shi Zhan[1,2] Liu Jiaping[1,2]

(1. Jiangsu Research Institute of Building Science Co., Ltd, Jiangsu, Nanjing, 210008;
2. State Key Laboratory of High Performance Civil Engineering Materials, Jiangsu, Nanjing, 210008, China)

Abstract:Study the tension and pressive strength, abrasion resistance and tensile adhesive strength of redispersible emulsoid powders on self-leveling floor mortar with different content, observe the morphology of hydration products and polymers with SEM, analyze the mechanism of emulsoid powders. The result show that the 28d strength, abrasion resistance and tensile adhesive strength has improved obviously.

Keywords:building materials;self-leveling;redispersible polymer powders;abrasion resistance

1 引 言

水泥基自流平地坪砂浆是20世纪八十年代发展起来的,是一种以无机胶凝材料为基材,与超塑化剂等外加剂及细砂等混合而成的建筑地面材料,使用时只需按规定的水灰比加水拌合均匀,靠浆体在自重作用下流动形成平整表面。可用于大型仓库、生产车间、房屋、楼道、地下车库等地面终饰层,也可用于旧地面、起砂地面的修补,还可用于地面找平及在找平层上进行其他装修的地面工程,是一种具有广阔应用前景的新型地面材料。

由于水泥基材料固有的脆性,自流平地坪砂浆中通常需加入可再分散乳胶粉改善其抗折强度、抗裂性、黏结强度、耐磨性、韧性等性能以达到其使用要求。本文研究了掺量为0~4%的可再分散乳胶粉对自流平地坪砂浆的1d强度、28d强度、耐磨性、拉伸黏结强度等性能的影响,并使用扫描电镜观察了各龄期水化产物及聚合物形貌,分析其作用机理。

作者简介:施展(1979—),男,硕士,工程师,从事外加剂应用技术研究。

2 原材料及试验方法

2.1 原材料

水泥：江南小野田水泥有限公司生产的 P·Ⅱ 52.5 级硅酸盐水泥，比表面积 $3680cm^2/g$，密度 $3.13g/cm^3$，化学组成见表1。

粉煤灰：江苏华能电厂生产的Ⅰ级低钙灰，比表面积 $3204cm^2/g$，化学组成见表1。

砂：河砂，筛分成 0～0.6mm 和 0.6～1.18mm 两种级配。

减水剂：江苏苏博特新材料有限公司生产的 PCA®-100P 粉体聚羧酸减水剂。

可再分散乳胶粉：江苏苏博特新材料有限公司生产的 SJJ®-JF（Ⅱ）可再分散乳胶粉。

表1 水泥和粉煤灰的化学组成

名称	化学成分/%					
	SiO_2	Al_2O_3	CaO	MgO	Fe_2O_3	Loss
水泥	21.74	5.06	66.6	0.88	3.56	1.26
粉煤灰	49.44	34.12	4.89	1.12	3.52	1.90

试验砂浆配合比见表2。

表2 自流平砂浆配合比　　　　　　　　单位：kg

水泥	粉煤灰	粗砂	细砂	水	减水剂
0.7	0.3	0.35	0.65	0.34	0.002

2.2 试验方法

强度按《水泥胶砂强度检验方法（ISO法）》（GB/T 17671—1999）测试；耐磨性参照《水泥胶砂耐磨性试验方法》（JC/T 421—2004）测试；拉伸黏结强度按《地面用水泥基自流平砂浆》（JC/T 985—2005）测试。

3 试验结果

3.1 乳胶粉对砂浆强度的影响

在标准试验条件下将试件养护至1d、28d龄期，测试砂浆的抗压强度和抗折强度。掺入不同掺量的可再分散乳胶粉后，自流平砂浆的1d、28d强度见图1和图2。

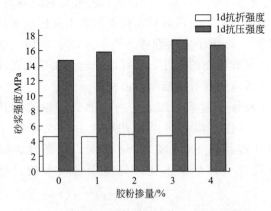 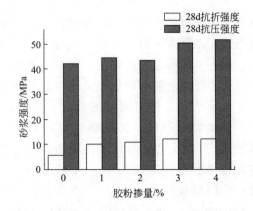

图1 胶粉掺量对自流平砂浆1d强度的影响　　　图2 胶粉掺量对自流平砂浆28d强度的影响

试验结果表明，掺入胶粉后砂浆 1d 抗折强度基本没有变化，抗压强度有所提高，抗压强度的提高可能是由于浆体中含气量的下降，并非是胶粉真正的作用。

掺入胶粉后砂浆 28d 抗折强度和抗压强度都有明显提高，且强度均随着胶粉掺量的提高而提高。这是由于自流平砂浆中掺入可再分散乳胶粉提高了砂浆的保水性，在标准规定的 23℃±2℃，相对湿度 50%±5% 的养护条件下能够保证水泥的水化，并且有机物对水泥基体产生了增强作用，从而提高了强度。

3.2 乳胶粉对砂浆拉伸黏结强度的影响

测试了可再分散乳胶粉掺量 0~4% 的自流平砂浆的拉伸黏结强度，试验结果见图 3。

试验结果表明，随着掺量的增加，自流平砂浆的拉伸黏结强度同时提高，并且破坏均发生在自流平砂浆内部或与拉拔接头的黏合处，而不在砂浆与基材的界面处，表明黏结性能良好。

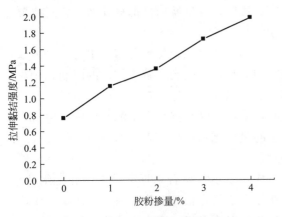

图 3　胶粉掺量对砂浆拉伸黏结强度的影响　　图 4　胶粉掺量对自流平砂浆耐磨性的影响

（未掺胶粉的砂浆磨耗量记为 100%）

3.3 乳胶粉对砂浆耐磨性能的影响

自流平砂浆一般需要承受行人脚步、家具脚轮或者是车轮的静态、动态应力，因此需要具有一定的耐磨性。其磨损形式主要是疲劳磨损和磨粒磨损。

掺入可再分散乳胶粉后自流平砂浆的耐磨性见图 4。

耐磨试验后试件的磨损状况见图 5。

从图 4 的结果可以看出，掺入可再分散乳胶粉后，自流平砂浆的耐磨性有显著提高，随着胶粉掺量的提高，试件的磨耗量不断降低。从图 5 可以看出，未掺胶粉时，试件表面单纯表现为剥落，掺加胶粉后，试件表面可见试验机花轮磨头的压痕，说明试件的变形增大，而

图 5　耐磨试验后试件的磨损状况

剥落减少。

自流平砂浆中掺入可再分散乳胶粉,形成的柔性网络结构增加了砂浆的内聚性,提高了砂浆的韧性。在磨损过程中,砂浆的变形增加,而损伤减小,抵抗动态应力的能力提高;当损伤发生时,胶粉形成的聚合物膜可以阻碍裂缝的扩展,减少浆体的剥落,从而减少磨粒的数量。

4 机理分析

4.1 聚合物结构形成过程

可再分散乳胶粉在自流平砂浆中二次分散成膜,与水泥水化产物共同形成结构,其过程包括物理和化学两种过程。

4.1.1 物理过程

胶粉聚合物在水泥砂浆内部形成连续性聚合物薄膜,且砂浆内部部分孔隙被密封或覆盖填充,Ohama 认为其硬化过程分为三个阶段。

第一个阶段:在水泥砂浆搅拌过程中,乳液中的聚合物颗粒均匀分布在水泥砂浆中以布朗运动的形式自由移动。随着水分的蒸发,颗粒的移动自然受到了越来越多的限制,水与空气的界面张力促使它们逐渐排列在一起,形成了聚合物水泥浆体。在这一体系中,水泥结合了聚合物分散体系中的水分,生成水化物。同时,聚合物颗粒沉积在水泥水化物(包括未水化水泥颗粒)的表面,这一过程类似于水泥相中的氢氧化钙与矿料表面的硅酸盐反应,形成一层硅酸钙凝胶的过程。

第二个阶段:随着水量的减少,水泥凝胶结构在发展,聚合物逐渐被限制在毛细孔中,随着水化反应的进一步进行,毛细孔中的水分在减少,聚合物分散体失去水分而凝胶化,并进一步干燥,在水泥水化物(包括未水化水泥颗粒)表面聚集,聚合物薄膜大致形成。

第三个阶段:聚合物薄膜处于水泥水化物之间或水泥水化物与骨料之间,随着水化过程的不断进行,水分的进一步减少,最终聚合物薄膜形成连续的聚合物网络结构,由于聚合物独特的黏结性,聚合物网络结构使得聚合物与水泥水化物黏结成包裹状的坚硬固体。水泥水化物与聚合物薄膜相互渗透,因而改善了砂浆的结构形态。

4.1.2 化学过程

当聚合物与水泥及水在一起搅拌时,它们之间就发生相互作用。聚合物的水解产物会与水泥浆体体系中的阳离子反应生成如—$COOCa^{2+}$ 型的化合物。这种离子键型的产物产生了黏结强度,这种作用对聚合物成膜和水泥水化过程均有明显影响。除此以外,聚合物与水泥体系之间也可通过氢键、范德华力相互作用,对水泥石的结构强度起一定的作用。聚合物消耗了部分钙离子,导致浆体内的氢氧化钙含量降低,延缓了水泥水化过程,其改性的水泥浆体中会形成棒状钙矾石晶体。聚合物颗粒的分散效果使得浆体中聚合物颗粒之间的平均自由程减小甚至消失,促使硬化浆体内裂缝的传递更加复杂,抗折压强度比增大,韧性提高。

可以认为,胶粉聚合物与水泥浆体既有化学反应,也存在物理作用,两种反应综合作用的结果影响着水泥浆体的各种性能。

聚合物分子之间相互黏结,在水泥水化物的空隙之间形成空间立体网状结构,并占据除骨料和水泥浆以外的绝大部分空间。除聚合物分子之间相互连接的接触面外,聚合物分子的其余外表面都是与骨料、水泥水化物颗粒相互黏结的接触面。由于聚合物具有较强的流动性和渗透性,较易渗透到水泥浆中的孔隙中去,并填充这些孔隙,使砂浆中的孔隙减少很多,增加了砂浆的密实度。由此可知,在聚合物水泥砂浆中,水泥水化物颗粒和聚合物颗粒各自形成的空间立体网状结构,相互黏结穿插和交织,又形成了一个更紧密、更牢固的有机-无机复合空间立体网状结构。在这两个立体网的所有相互接触面上,都有较强的结合力将两者黏结在一起。

4.2 微观结构分析

通过扫描电镜(SEM)观察了自流平砂浆成型 1d、7d、28d、60d 后的微观结构。不同时期的砂浆微观结构体现出不同的宏观性能。

4.2.1 水化 1d 砂浆的微观结构

水化 1d 的砂浆部分扫描电镜照片见图 6。

图 6 水化 1d 的扫描电镜照片

图 6 中可见到圆形和薄壁空心的粉煤灰微珠,以及大量有机物粒子与水泥颗粒连续堆积在一起。

1d 龄期时,砂浆的结构主要由早期的水泥水化产物构成,聚合物粒子呈松散堆积状态,此时尚无法发挥聚合物的增强作用,因此在 1d 强度的试验中,掺加可再分散乳胶粉的试件强度与未掺胶粉的试件相差不大。

4.2.2 水化 7d 砂浆的微观结构

水化 7d 的部分扫描电镜照片见图 7~图 10。

图 7 中可以看到有机物粒子包裹的粉煤灰微珠,从有机物粒子间隙生长出的针状、纤维状的水化产物。图 8 中可以明显看到一张连续的有机物薄膜。图 9 中显示水化生成的氢氧化钙晶体表面也黏附有有机物粒子。图 10 中可以看到不同的颗粒表面均黏附有有机物膜,并且有机物在不同粒子连通,形成了桥接。

图 7 水化 7d 的扫描电镜照片(一)　　　　图 8 水化 7d 的扫描电镜照片(二)

水化7d时已经可以发现聚合物对砂浆的改性作用。首先在某些部位聚合物形成了连续的薄膜，成为了继水泥石后第二个空间骨架，并且这是一个柔性的骨架；其次聚合物改善了水化产物的形貌，由于聚合物颗粒的填充，影响强度的粗大水化产物不易形成，水化产物只能在聚合物颗粒间隙结晶生长；第三，聚合物包裹在不同颗粒的表面，并且在颗粒之间也有聚合物连接，形成了柔性的"铰"结构，减少了砂浆的脆性，提高了砂浆的韧性。

图9　水化7d的扫描电镜照片（三）

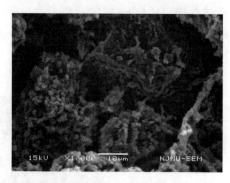
图10　水化7d的扫描电镜照片（四）

4.2.3　水化28d砂浆的微观结构

水化28d的部分扫描电镜照片见图11、图12。

图11中左上角有大量纤维状、网状的产物，是CSH凝胶和有机物相互交织形成的复杂的空间网状结构。左下角可见部分柱状晶体，是水化生成的氢氧化钙，表面依然黏附着有机物粒子。图中有大量水化程度很低的粉煤灰微珠。图片正下方有一个直径约 $20\mu m$ 的孔，但已经被有机物的空间网状结构所填充。图12更清楚地显示了聚合物膜填充孔隙的情况。

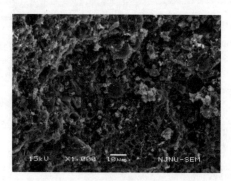
图11　水化28d的扫描电镜照片

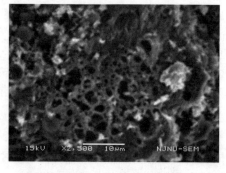
图12　被聚合物网所填充的孔隙

水化28d时，聚合物对砂浆的改善作用进一步体现，聚合物形成的空间网状结构填充了砂浆中较大的孔隙，从而减少了水分迁移，提高了砂浆的抗渗性。并且孔隙中的弹性聚合物膜可以减少水结冰时的冻胀压力，改善砂浆的抗冻性。

4.2.4　水化60d砂浆的微观结构

水化60d的部分扫描电镜照片见图13、图14。

图13中可见到部分水化的粉煤灰，大量纤维状的水化产物，柱状、块状的晶体，网片状的有机物膜。图14中可以看到，聚合物在骨料和砂浆基体之间成膜，改善了骨料与基体间的界面黏结。

水化60d时，聚合物已经形成了大量的薄膜，但由于聚灰比不够高，聚合物薄膜并没有

图 13 水化 60d 的扫描电镜照片（一）

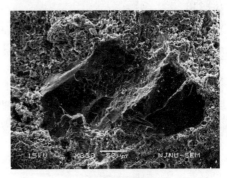

图 14 水化 60d 的扫描电镜照片（二）

形成连续的结构。分散的聚合物薄膜分别填充了孔隙，包裹水化产物，改善了骨料与砂浆的界面。

综上所述，可再分散乳胶粉掺入自流平砂浆后，早期仅是颗粒分散堆积在浆体中，砂浆的结构主要是由水泥水化形成，胶粉的影响很小。随着水化的进行，胶粉逐渐在水化产物周围、集料与水泥石的界面黏附、成膜，改善了界面的结构，提高了界面区的密实度。有机物粒子的堆积、成膜，限制了粗大水化产物的生成，增强了水泥水化产物之间以及界面区与水泥浆体的黏结力，从而提高了砂浆的强度。聚合物薄膜与水化产物相互交织形成的双重网状结构提高了砂浆的内聚力，受到外力作用时，聚合物薄膜可以推迟微裂缝的形成，并且阻止微裂缝合并为贯穿裂缝，提高了砂浆的耐磨性和抗冲击性。自流平砂浆浇筑时，砂浆与基层混凝土的界面被砂浆中的水分润湿后，胶粉在两者的界面处同样可以形成聚合物膜，使砂浆获得对混凝土基层的黏结性能。

5 结 论

（1）可再分散乳胶粉对砂浆 1d 强度基本无影响，在干燥养护条件下可以提高砂浆 28d 抗压和抗折强度。

（2）掺加可再分散乳胶粉可以提高砂浆的拉伸黏结强度，并且破坏均不发生在砂浆与基材的界面处。

（3）掺加可再分散乳胶粉可以明显降低砂浆的磨耗量，改善磨损时砂浆的外观状况。

（4）胶粉聚合物与水泥浆体搅拌后同时发生物理作用与化学作用，最终形成一个互穿的无机——有机复合空间网络结构。

（5）SEM 照片显示，胶粉聚合物改善了水化产物形貌，填充粗大孔隙，铰接无机粒子，改善界面结构，全面提高了砂浆性能。

参考文献

[1] 科博尔. Vinnapas 可再分散乳胶粉优化的自流平水泥地坪材料[J]. 化学建材, 1999, 15（5）: 32-34.

[2] 陈瑜, 张大千. 水泥混凝土路面磨损机理及其耐磨性[J]. 混凝土与水泥制品, 2004, 31（2）: 16-19.

[3] 张杰. 可再分散乳胶粉在自流平地坪材料中的应用[J]. 化学建材, 2003, 19（6）: 28-30.

[4] Yoshihiko Ohama. Polymer-based Admixtures[J]. Cement and Concrete Composites, 1998, 20（2）:

189-212.

[5] 钟世云,袁华.聚合物在混凝土中的应用[M].北京:化学工业出版社;2003:157-160.

[6] 龙军,俞珂,李国鼎.聚合物与水泥水化物之间的相互作用[J].混凝土,1995,17(3):35-37,41.

[7] Musarrat Ullah Khan Afridi, Zia Ullah Chaudhary, Yoshihiko Ohama, et al. Effects of polymer modification on the formation of high sulphoaluminate or ettringite-type (AFt) crystals in polymer-modified mortars [J]. Cement and Concrete Research, 1994, 24 (8): 1492-1494.

建筑磷石膏基粉刷石膏的研究与制备

马保国 李玉博 郅真真 卢斯文

(武汉理工大学硅酸盐材料与工程国家重点实验室,湖北,武汉,430070)

摘要：研究了羟基酸类（柠檬酸、柠檬酸钠、酒石酸）、蛋白类（EC缓凝剂）及磷酸盐类（多聚磷酸钠）不同种类缓凝剂对建筑磷石膏的缓凝效果和强度损失，及HPMC掺量对保水性能的影响，并对比了萘系减水剂与三聚氰胺系减水剂的减水效果。结果表明：蛋白类EC缓凝剂在掺量0.25%时，凝结时间为70min左右，强度损失最少；HPMC掺量为0.1%时，保水率为93.5%；三聚氰胺系减水剂效果较好，掺量为0.5%时减水率达到15.9%；配制粉刷石膏满足JC/T 517—2004标准。

关键词：建筑材料；缓凝剂；减水剂；保水剂；粉刷石膏

Phosphorus Gypsum-based Plaster Research and Preparation

Ma Baoguo Li Yubo Zhi Zhenzhen Lu Siwen

(State Key Laboratory of Silicate Materials for Architectures, Wuhan University of Technology, Wuhan, 430070, Hubei, China)

Abstract: Studied on hydroxy acids (citric acid, sodium citrate, tartaric acid), proteins (EC retarder) and phosphates (sodium polyphosphate) different types of retarders on phosphogypsum retarding effect and the strength loss and properties of contents of HPMC to water retention, and compared with melamine naphthalene superplasticizer water reducing superplasticizer effect. The results showed that: protein EC retarder dosage of 0.25% in the setting time of 70min or so, with minimal loss of strength; HPMC content is 0.1%, water retention rate of 93.5%; melamine superplasticizer better, doped volume was 0.5% water reduction rate reached 15.9%; formulated plaster meet JC/T517—2004 standard.

Keywords: building materials; retarder; superplasticizer; aquasorb; plaster

1 概述

磷石膏是湿法生产磷酸过程中排出的硫酸钙固体沉淀物，其反应式为：

$$Ca_5F(PO_4)_3 + 5H_2SO_4 + nH_2O \longrightarrow 3H_4PO_3 + 5CaSO_4 \cdot nH_2O + HF$$

每生产1吨P_2O_5约排放4.5～5.5吨磷石膏，2011年产量为6800万吨，累计堆积已超过3.0亿吨，占用大量的土地资源，并且渣场维护和运营成本高昂，再加上长期堆存时磷石膏中的可溶磷、氟、有机物以及少量砷、镉、汞等有害重金属化学物质随水分沥出或在雨水作用下溶出，产生酸性废水，引起土壤、水系、大气的严重污染，从而给人类的生存环境造成严重危害。

研究开发磷石膏的应用途径是解决磷石膏的有效方法，其中，磷石膏基粉刷石膏是利用磷石膏制备具有黏结力强、保温隔热性能好、不易空鼓开裂、调湿、环保等诸多优点，可广

基金项目：国家"十二五"科技支撑计划（2011BAJ04B02）。
作者简介：马保国（1957—），男，河南开封人，教授，博士，从事新型墙体材料和特种砂浆方面的研究，Tel：027-87160951，E-mail：mbgjob@163.com。

泛应用于室内新型墙体和顶棚抹灰工程的粉刷石膏材料，目前市场上存在的粉刷石膏以建筑石膏为原料，成本较高，价格昂贵。磷石膏产品价格低廉性能完全可以满足粉刷石膏的配制用料要求。因此，开发磷石膏基粉刷石膏既大量利用了磷石膏，实现资源化再利用，又可以制备价格低廉性、能满足要求的粉刷石膏材料。

2 原料与实验方法

建筑磷石膏为湖北省钟祥市春祥化工有限公司生产，其成分见表1。

表1 建筑磷石膏的主要化学成分

Na_2O	MgO	Al_2O_3	SiO_2	P_2O_5	SO_3	K_2O
0.12	0.07	1.16	7.46	0.83	42.92	0.54
CaO	TiO_2	Fe_2O_3	SrO	BaO	烧失量	总计
30.68	0.11	0.38	0.05	0.07	15.62	99.99

建筑石膏性能测试：建筑石膏凝结时间、标准稠度、强度测定参照《建筑石膏》（GB 9776—2008）进行。

XRD测试：试样经丙酮固定后，置于（50±1）℃烘箱中干燥至恒重后，置于玛瑙研钵中磨至要求细度的粉末进行测试。采用日本理学D/MAX-RB型X射线衍射仪，Cu $K_α$ 辐射，管压为40kV，电流为20mA，单色器：石墨；步长：0.02°/setp。

形貌测试：试样水化至一定龄期，无水乙醇终止水化，真空干燥，取原始断面，采用日本电子株式会社的JSM-5610LV扫描电子显微镜。测试条件：加速电压：20KV，束流：60nA。

3 结果与分析

3.1 缓凝剂的研究与选择

测定了不同掺量柠檬酸、柠檬酸钠、EC缓凝剂（自制蛋白类缓凝剂）、酒石酸、多聚磷酸钠对建筑磷石膏的缓凝效果及强度影响。

由图1、图2显示，随着缓凝剂掺量的增加，凝结时间会不同程度的延长。不同缓凝剂在同等掺量相比，缓凝效果EC缓凝剂最好，其次为多聚磷酸钠、柠檬酸钠、酒石酸，最差的为柠檬酸。EC缓凝剂当掺量为0.23%时，初凝时间可达到60min，终凝时间为70min。

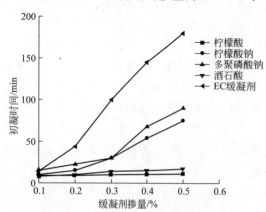

图1 不同缓凝剂不同掺量的初凝

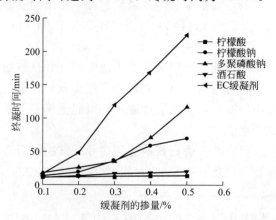

图2 不同缓凝剂不同掺量的终凝

由图3、图4显示，缓凝剂会降低建筑磷石膏强度，随着缓凝剂的增加，呈现出不同程度的降低。不同缓凝剂在同等掺量时比较，EC缓凝剂强度损失最小，其次为柠檬酸、酒石酸、多聚磷酸钠、柠檬酸钠。对于缓凝效果较好的EC缓凝剂掺量0.23%时，抗折强度为5.0MPa，抗压强度为11.6MPa，强度损失少。

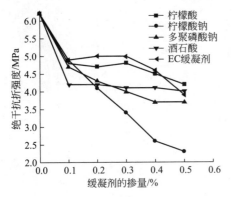
图3　不同缓凝剂不同掺量的抗折

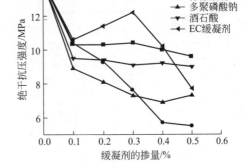
图4　不同缓凝剂不同掺量的抗压

对比不同类型缓凝剂的缓凝效果及强度损失，不同种类的缓凝剂缓凝效果不尽相同，蛋白质类优于磷酸盐类优于羟基酸类。

由图5形貌扫描图像显示，图（a）空白试样；图（b）试样晶体形貌与图（a）相比变化不大，细长状石膏晶体，错综交叉，结构致密、均匀，晶体生长较好；图（c）试样晶体形貌与图（a）相比，晶体明显变粗变短，错综交叉程度降低；图（d）试样晶体形貌与图（a）相比，晶体呈片状或短棒状，均匀性差，结构疏松。

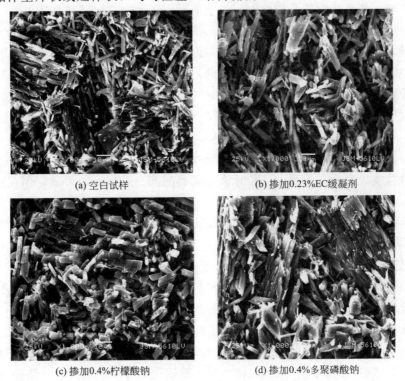

图5　不同缓凝剂石膏水化体SEM图像

从图 6 掺加不同缓凝剂的水化体 XRD 图像分析，几种水化体的主要晶相为二水硫酸钙，从峰的强度分析，图（a）组空白样的峰值最高，其次是图（c）组、图（b）组、图（d）组。各种缓凝剂对水化体的物相影响不大。

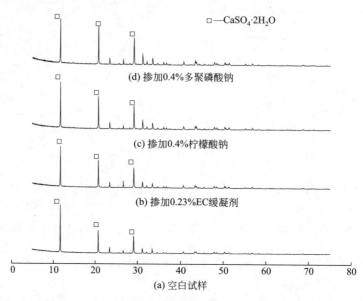

图 6　不同缓凝剂的 XRD 图像

不同种类的缓凝剂在建筑磷石膏中缓凝效果差异较大与其缓凝机理不同有关。蛋白质类缓凝剂缓凝机理为蛋白质与二水石膏表面的钙离子结合，覆盖在新生二水石膏晶核表面，降低晶核的表面能，使晶核生长受到抑制。由于蛋白质覆盖在二水石膏晶体表面，使二水石膏晶体相互接触受到屏蔽，延迟了结晶网络的形成，使其水化进程减缓。主要延缓初凝时间，一旦达到初凝，石膏水化将会加速，较短时间内就达到终凝，对石膏晶体形貌影响较小。

羟基酸类缓凝剂缓凝方式与蛋白质类不同，羟基酸会选择性地吸附在生长最快的长轴方向，形成一种络合物，影响结晶基元在该轴方向上的叠合速率，该轴方向上的晶体生长受到抑制，从而改变了不同晶面的相对生长速率，导致晶型的转变，另外其缓凝效果与 pH 有关，pH 值为 8～10 的弱碱性条件下缓凝效果最好。由于建筑磷石膏为酸性，pH 为 4～5，因此柠檬酸及酒石酸在建筑磷石膏基体中缓凝效果不佳，柠檬酸钠有效果但强度损失严重。

无机磷酸盐类缓凝剂在掺量 0.4% 时满足缓凝时间≥60min 的要求，但强度损失严重，抗压强度仅为 7.0MPa，不能广泛应用。

以上实验结果表明，EC 缓凝剂效果最佳，当掺量为 2.3% 时满足粉刷石膏标准 JC/T 517—2004 要求，并强度损失最小。

3.2　减水剂的选择

图 7 测定了萘系减水剂和三聚氰胺类减水剂对建筑磷石膏的减水性能及强度的影响。

由上实验结果显示，在减水率和强度增强率方面，三聚氰胺类减水剂优于萘系减水剂，三聚氰胺类减水剂在掺量为 0.7% 时，强度可达到 22.8MPa，提高 62.8%。

图 8 显示不同减水剂石膏水化体 SEM 图像显示，图（a）晶体结构致密，错综交叉，晶体为细长状；图（b）相对于图（a）晶体较粗，致密性明显不及图（a），结构较为疏松。

从不同减水剂的 XRD 图像分析（图 9），两种水化体的主要物相为二水硫酸钙相，从峰

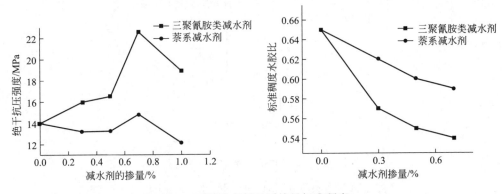

图 7　不同减水剂不同掺量标准稠度

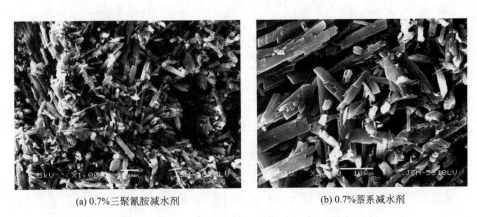

(a) 0.7%三聚氰胺减水剂　　　(b) 0.7%萘系减水剂

图 8　不同减水剂石膏水化体 SEM 图像

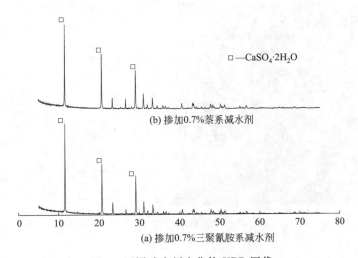

图 9　不同减水剂水化体 XRD 图像

值的强度看，图（a）试样的峰值明显强于图（b）试样，说明三聚氰胺系减水剂的试样水化更完全，结构更致密。

3.3　保水剂的选择

不同掺量的 HPMC 对石膏保水率的影响如图 10 所示。

结果显示，随着保水剂 HPMC 的增加，石膏浆体的保水率增加的，当 HPMC 掺量为

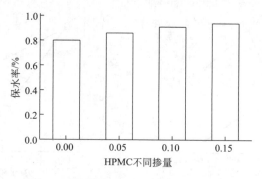

图 10　不同掺量 HPMC 对保水率的影响

0.1%时，石膏浆体的保水率 91.5%，满足 JC/T 517—2004 标准要求。

3.4　建筑磷石膏基粉刷石膏的制备

按照上述实验结果，缓凝剂选择 EC 缓凝剂，掺量为 0.23%；减水剂选择三聚氰胺类减水剂，掺量为 0.7%；保水剂采用 HPMC，掺量为 0.1%。粉刷石膏的基本性能见表 2。

表 2　粉刷石膏的基本性能

初凝时间/min	终凝时间/min	可操作时间/min	标稠用水量	绝干抗折强度/MPa	绝干抗压强度/MPa
65	76	46	0.58	5.8	13.9

以上测试结果显示，建筑磷石膏满足 JC/T 517—2004 粉刷石膏标准要求。

图 11 为建筑磷石膏基粉刷石膏 SEM、XRD 图像显示，水化体主要为二水硫酸钙相，峰值较高，水化晶体多为细棒状、结构致密，均匀性好。

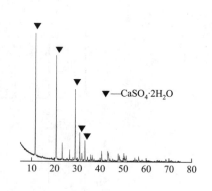

图 11　建筑磷石膏基粉刷石膏 SEM 及 XRD 图像

4　结　论

（1）在酸性建筑磷石膏基体中，缓凝剂缓凝效果的比较：蛋白类 EC 缓凝剂最好，掺量 0.23 时，满足凝结时间要求，强度损失最少；无机磷酸盐类多聚磷酸钠次之，掺量 0.4% 时，能满足凝结时间要求，但强度损失严重；羟基酸类最差，柠檬酸及酒石酸不能满足凝结时间要求，柠檬酸钠在掺量为 0.4% 时，满足凝结时间要求，但强度损失严重。

（2）研究了萘系及三聚氰胺类减水剂，与萘系减水剂相比，三聚氰胺类减水剂性能优越,掺量为0.7%时,减水率达到10%,强度可提高提高62.8%。

(3) 保水剂采用HPMC,掺量为0.1%时,满足保水率≥0.90要求。

(4) 缓凝剂选择EC缓凝剂,掺量为0.23%;减水剂选择三聚氰胺类减水剂,掺量为0.7%;保水剂采用HPMC,掺量为0.1%,均匀混合,配制得到建筑石膏基粉刷石膏满足粉刷石膏行业标准。

参考文献

[1] 茹晓红.磷石膏基胶凝材料的制备理论及应用技术研究[D].武汉:武汉理工大学,2010.
[2] 钱红萍,张朝晖.脱硫粉刷石膏配制技术及应用研究[J].新型建筑材料,2012,39(1):9-11.
[3] 彭家惠,张建新,陈明凤.大分子缓凝剂对建筑石膏水化进程的影响及缓凝机理[J].硅酸盐学报,2008,36(7):896-898.
[4] 吴莉.缓凝剂对对建筑石膏水化过程和硬化体微结构的影响[J].新型建筑材料,2003,30(8):1-3.
[5] 彭家惠,白冷.柠檬酸对建筑石膏缓凝作用影响因素的研究[J].重庆建筑大学学报,2007,29(2):110-112.
[6] 《粉刷石膏》(JC/T 517—2004)[S].

半水石膏对硅酸盐水泥-铝酸盐水泥饰面砂浆泛白的影响

王培铭 薛伶俐 朱绘美 张国防

(同济大学先进土木工程材料教育部重点实验室，上海，201804)

摘要：利用浸水法研究了半水石膏对硅酸盐水泥-铝酸盐水泥混合体系饰面砂浆泛白性能的影响。结果表明，半水石膏可显著提高硅酸盐水泥-铝酸盐水泥砂浆的抗泛白能力。在本试验范围内，无论是1d养护还是7d养护，在硅酸盐水泥-铝酸盐水泥-半水石膏三元体系中，无泛白砂浆的半水石膏含量范围为25%～30%，无硅酸盐水泥时，半水石膏含量范围更低一些。

关键词：半水石膏；硅酸盐水泥；铝酸盐水泥；饰面砂浆；泛白；等级分布

The Effect of Hemihydrate Gypsum on Efflorescence Resistance of Decorative Mortars of the Mixed System of Portland Cement and Calcium Aluminate Cement

Wang Peiming Xue Lingli Zhu Huimei Zhang Guofang

(Key Laboratory of Advanced Civil Engineering Materials, Ministry of Education, Tongji University, Shanghai, 201804)

Abstract: The effect of hemihydrate gypsum on efflorescence of decorative mortars of the mixed system of Portland cement and calcium aluminate cement were researched by water immersion. The results indicated that hemihydrate gypsum can significantly improve the efflorescence resistance of decorative mortars of the mixed system of Portland cement and calcium aluminate cement. In the area we have tested, no matter they were cured for 1day or 7days, the mortars showed no efflorescence when the content of hemihydrate gypsum ranged from 25% to 30% in the ternary system of Portland cement, calcium aluminate cement and hemihydrate gypsum, and when there was no Portland cement, the content of hemihydrate gypsum would be lower.

Keywords: hemihydrate gypsum; Portland cement; calcium aluminate cement; decorative mortar; efflorescence; grade distribution

1 前 言

无机饰面砂浆最常用的胶凝材料为硅酸盐水泥，但硅酸盐水泥饰面砂浆极易泛白，影响美观效果。硅酸盐水泥饰面砂浆泛白主要是由于原材料中的可溶性盐及水泥水化产生的$Ca(OH)_2$随着水分通过孔隙迁移到砂浆表面，与空气中的CO_2发生反应生成沉淀，使非白色表面形成白斑而引起的。在硅酸盐水泥中适量添加铝酸盐水泥，对饰面砂浆的抗泛白性能有很大的改善作用，这是因为铝酸盐水泥的主要矿物组成为CA和CA_2，其主要水化产物为水

基金项目：国家"十二五"科技支撑计划(2012BAJ20B02)，国家自然科学基金(51102182)。

作者简介：王培铭(1952—)，男，山东人，教授，博导，E-mail: tjwpm@126.com；Tel: 021-69582140。

化铝酸钙晶体和铝胶,在水化过程中不会生成 $Ca(OH)_2$。殷庆立、胡冲等人发现以铝酸盐水泥为主,硅酸盐水泥及硬石膏为辅的三元体系饰面砂浆比硅酸盐水泥-铝酸盐水泥二元体系饰面砂浆表现出更好的抗泛白性能。由此推测,石膏在胶凝体系中起到了关键作用。石膏的作用主要体现在两个方面:一是掺入石膏替代了部分水泥,使得会产生泛白的成分减少;二是石膏能与铝酸盐水泥及硅酸盐水泥反应生成钙矾石,消耗硅酸盐水泥水化生成的 $Ca(OH)_2$ 从而减少泛白成分。但石膏对饰面砂浆泛白影响规律还不明确。本文研究半水石膏对硅酸盐水泥-铝酸盐水泥混合体系饰面砂浆泛白性能的影响,探讨其影响规律。

2 试 验

2.1 原材料

铝酸盐水泥:Ternal White(记作 CAC);硅酸盐水泥:52.5 白水泥(记作 PC);石膏:α-半水石膏(记作 H);可再分散乳胶粉:乙烯-醋酸乙烯共聚物;石英砂:40～70 目与 70～100 目,两种细度石英砂的比例为 3:2;柠檬酸;氧化铁红颜料。铝酸盐水泥及硅酸盐水泥的成分含量及技术指标如表 1 及表 2 所示。

表 1 铝酸盐水泥及白色硅酸盐水泥化学组成   单位:%

水泥	SiO_2	Al_2O_3	Fe_2O_3	MgO	CaO	Na_2O	K_2O	SO_3
CAC	0.65	68.76	0.18	0.00	29.44	0.15	0.09	0.083
PC	19.4	3.39	0.14	1.02	61.2	0.50	1.84	3.16

表 2 铝酸盐水泥及白色硅酸盐水泥性质

原材料	白度/%	比表面积/(m²/kg)	凝结时间		抗压强度/MPa		抗折强度/MPa	
			初凝/min	终凝/min	3d	28d	3d	28d
CAC	≥92	410	60	180	77.5	81.6	7.9	12.6
PC	≥88	335	140	170	38	59	6.3	9.2

2.2 试验配合比

胶砂比为 1:4,可再分散乳胶粉掺量(外掺)为无机胶凝材料总量的 9%,颜料掺量(外掺)为无机胶凝材料总量的 3%,柠檬酸掺量(外掺)为无机胶凝材料总量的 0.5%,拌合水的用量根据新拌砂浆流动度确定,流动度控制在 (170±5)mm。铝酸盐水泥(CAC)、硅酸盐水泥(PC)及石膏(H)的总量不变,试验中改变三种胶凝材料的比例,铝酸盐水泥含量为 0～100%,增量为 5%。石膏含量为 0～30%(石膏含量超过 30%,砂浆耐水性差,浸水 8h 后易开裂或从底板剥落),在铝酸盐水泥的含量为 0～75% 时,石膏含量增量为 5%;在铝酸盐水泥的含量为 80%～100% 时,石膏含量增量为 2%。改变硅酸盐水泥含量使得无机胶凝材料总量保持不变。砂浆的无机胶凝材料组成含量如表 3 所示。

表 3 砂浆的无机胶凝材料组成

胶凝材料	无机胶凝材料含量/%	
CAC	0～75,增量为 5	80～100,增量为 5
H	0～30,增量为 5	0～20,增量为 2
PC	改变含量,使得无机胶凝材料总量保持不变(和为 100)	

2.3 试验方法

参照《水泥胶砂强度检验方法》(GB/T 17671—1999)进行搅拌。采用浸水法进行测试。具体方法：涂敷在150mm×70mm×5mm的水泥纤维板上(5±1)mm，刮涂前用苯丙乳液对石棉水泥板进行封闭处理，每一配比成型6块，每个养护龄期测试3块。将试块在标准养护条件(23±2)℃、RH(50±5)%下养护至1d和7d时，将试块浸在水中，8h后取出晾干，观察试块的泛白情况。砂浆泛白等级根据表4判定。

表4 砂浆泛白评定等级

泛白等级	0	1	2	3
含义	无泛白	微量泛白	明显可见泛白	严重泛白

3 试验结果与分析

图1与图2分别为石膏含量0~30%时，铝酸盐水泥-硅酸盐水泥-石膏混合体系饰面砂浆1d及7d养护龄期浸泡8h后泛白等级分布图。图3和图4分别为1d及7d养护龄期砂浆浸泡8h后的目测泛白照片，其中图3(a)、图4(a)为0级("无泛白")，图3(b)和图4(b)为3级("严重泛白")。

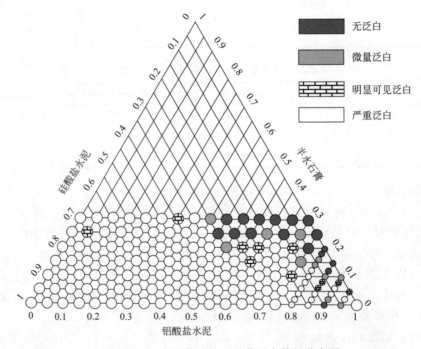

图1 养护1d三元体系饰面砂浆泛白等级分布图

从图1可以看出，无泛白(泛白等级为0)砂浆的配比大多落在硅酸盐水泥含量为0~30%，半水石膏含量为20%~30%围成的平行四边形区域内(图1虚线框)，图3(a)显示了目测"无泛白"的一例1d养护砂浆(10%硅酸盐水泥，25%半水石膏)。硅酸盐水泥含量大于30%时，无论半水石膏含量如何，砂浆都出现严重泛白，图3(b)显示了目测"严重泛白"的一例(100%硅酸盐水泥)。在硅酸盐水泥含量小于30%时，对每一种硅酸盐水泥含量来说，砂浆的抗泛白能力随着石膏含量的增大而提高，在铝酸盐水泥含量大于45%时，

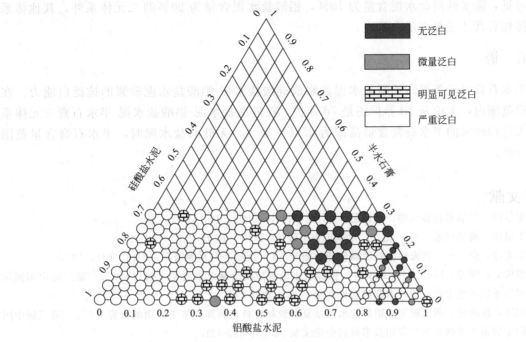

图 2 养护 7d 三元体系饰面砂浆泛白等级分布图

对每一个铝酸盐水泥含量来说也是这样。

对比图 2 和图 1，发现砂浆 7d 养护龄期抗泛白能力较 1d 养护龄期时有所提高，但是，无泛白（泛白等级为 0）砂浆的配比也是大多落在硅酸盐水泥含量为 0～30%，半水石膏含量为 20%～30% 围成的平行四边形区域内（图 2 虚线框），图 4（a）显示了目测"无泛白"的一例 7d 养护砂浆（10% 硅酸盐水泥，25% 半水石膏）。在硅酸盐水泥含量大于 30% 时，无论半水石膏含量如何，砂浆都出现严重泛白，图 4（b）显示了目测"严重泛白"的一例（100% 硅酸盐水泥）。与 1d 养护不同的是，硅酸盐水泥含量为 20%～25%，石膏含量为 15% 时，砂浆的泛白等级仍保持 0 级（即"无泛白"）。尽管不掺硅酸盐水泥时，半水石膏含量可缩小而仍使泛白程度为 0 级，但是缩小至 5% 时，泛白程度上升。如不掺半水石膏（100% 铝酸盐水泥）时，砂浆"明显可见泛白"（7d 养护的），甚至"严重泛白"（1d 养护的）。

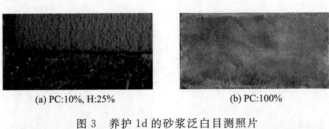

(a) PC:10%, H:25%   (b) PC:100%

图 3 养护 1d 的砂浆泛白目测照片

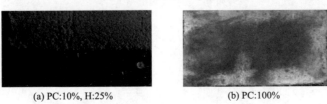

(a) PC:10%, H:25%   (b) PC:100%

图 4 养护 7d 的砂浆泛白目测照片

可见，除了硅酸盐水泥含量为10％，铝酸盐水泥含量为90％的二元体系外，其他体系均应掺加石膏才能提高泛白等级。

4 结 语

半水石膏可显著提高铝酸盐水泥砂浆或硅酸盐水泥-铝酸盐水泥砂浆的抗泛白能力。在本试验范围内，无论是1d养护还是7d养护，在硅酸盐水泥-铝酸盐水泥-半水石膏三元体系中，无泛白砂浆的半水石膏含量范围为25％～30％。无硅酸盐水泥时，半水石膏含量范围更低一些。

参考文献

[1] 张量译. 外墙彩色砂浆的泛碱问题 [J]. 建设科技，2007，10：59.
[2] 王培铭. 商品砂浆 [M]. 北京：化学工业出版社，2007：14-15.
[3] 李光球，薛亮亮. 饰面砂浆抗泛碱性能的研究 [J]. 混凝土与水泥制品，2012，(6)：53-55.
[4] 殷庆立，胡冲，Loris Amathieu等. 铝酸盐水泥对抑制泛碱效果的初步探讨 [C].//第三届中国国际建筑干混砂浆生产应用技术研讨会论文集. 2008：272-276.
[5] 胡冲，段鹏选，苗元超等. 铝酸盐水泥基复合胶凝材料在装饰砂浆中应用的研究 [C].//第三届中国国际建筑干混砂浆生产应用技术研讨会论文集. 2008：115-121.
[6] 刘光华，张俊生. 高铝水泥及其在化学建材中的应用 [A]. 商品砂浆的研究与应用. 北京：机械工业出版社，2005：291.
[7] 朱绘美. 纳米材料对水泥基饰面砂浆性能的影响 [D]. 上海：同济大学，2010：1-103

改性淀粉醚对柔性瓷砖胶相关性能的影响

黄莉红[1,2]　孙振平[1]　张茂新[2]

(1. 同济大学材料科学与工程学院，上海，201804；

2. 上海尚南贸易有限公司，上海，200003)

摘要：就改性羟丙基淀粉醚（简称"淀粉醚"）与两种不同黏度的羟丙基甲基纤维素醚复配使用对柔性瓷砖胶相关性能的影响进行了试验研究。结果表明，在适量增加纤维素醚总量的基础上，提高淀粉醚的取代率可以改善砂浆的保水率，同时淀粉醚可显著增加柔性瓷砖胶的开放时间，改善其抗滑移性能，但会降低砂浆的黏结强度，此缺点可通过配方调整予以弥补，并对改性淀粉醚影响柔性瓷砖胶相关性能的机理进行了简要阐述。

关键词：淀粉醚；柔性瓷砖胶；保水率；开放时间；抗滑移

Effect of Modified Hydroxypropyl Starch Ether on the Properties of Flexible Tile Adhesive

Huang Lihong[1,2]　Sun Zhenping[1]　Zhang Maoxin[2]

(1. School of Materials Science and Engineering, Tongji University, Shanghai, 201804, China;

2. Shanghai Shangnan Trade Co., Ltd., Shanghai, 20003)

Abstract: This paper represents the effect of modified hydroxypropylstarch ether (SE) on some properties of flexible tile adhesive (FTE), the result shows that the water retention ratio can be modified by increasing SE replacement while the total amount of cellulose ether (CE) increased. Furthermore SE can increase open time and modify slip resistance of FTE, while reduce FTE's adhesive strength which can be compensated by optimizing FTE's formulation. The mechanism of those properties affected by modified SE is also briefly discussed.

Keywords: Starch ether; Flexible tile adhesive; Water retention; Open time; Slip resistance

1　前　言

干混砂浆，又称干粉砂浆，是由胶凝材料、细骨料、添加剂等固体材料组成，按照精确配方，经工厂准确配料和均匀混合而制成的砂浆半成品。在工地上，工人只要按推荐比例，在干混砂浆中加水并进行搅拌达到所需的和易性，就可以方便地施工。在干混砂浆配方体系中，添加剂掺量虽低，但却起着极其重要的作用，比如改善砂浆拌合物的流变特性或施工性，以及提高硬化砂浆的黏结强度与耐久性等。

淀粉醚和纤维素醚一样，是干混砂浆的重要添加剂之一。淀粉醚种类众多，主要包括羧甲基淀粉（CMS）、羟丙基淀粉醚（HPS）、羟乙基淀粉醚（HES）、阳离子淀粉醚等，国内

基金项目："十二五"国家科技支撑计划项目（2012BAJ20B02）；国家自然科学基金项目（51178339）。

作者简介：黄莉红，女，从事干粉砂浆添加剂研究。E-mail：huanglihong@greenchem.cn。

厂家生产较多的是羟丙基淀粉醚，它可以通过淀粉和环氧丙烷或环氧氯丙烷在碱性条件下反应制得。羟丙基有良好的亲水性，能提供淀粉醚极佳的保水性能。同时羟丙基为非离子性，受电解质的影响小，能在较宽的酸碱 pH 值条件下使用。而且取代醚键的稳定性高，在水解、氧化、交联等化学反应过程中取代基都不会脱落，利用这种性质，对其进行复合变性加工、控制取代度，可以得到不同特性的产品，因此特别有利于作建筑砂浆的添加剂。用于改性的原材料淀粉来源于天然产物，是一种广泛的可再生资源，淀粉基产品比纤维素醚等产品更为经济，为降低干混砂浆产品的成本创造了条件。

本文将改性羟丙基淀粉醚与两种不同黏度的羟丙基甲基纤维素醚进行复配，探讨其对柔性瓷砖胶相关性能的影响，以期找到相关规律，从而促进淀粉醚在瓷砖胶等技术砂浆的应用。

2 原材料与试验方法

2.1 原材料

1. 水泥。海螺 P·O42.5 水泥，其物理力学性能见表1。

表1 水泥物理力学性能

密度/(g/cm³)	细度0.08mm筛筛余/%	凝结时间/(h:min)		抗压强度/MPa		抗折强度/MPa	
		初凝	终凝	3d	28d	3d	28d
3.1	2.6	2:40	4:05	23	46.2	4.5	7.4

2. 骨料。石英砂 0.15～0.3mm，0.3～0.6mm，市售。
3. 细填料。325目重钙粉，市售。
4. 纤维素醚。羟丙基甲基纤维素醚CE，其中CE1黏度为15000cps（2％溶液，20℃），CE2黏度为40000cps（2％溶液，20℃），上海尚南贸易有限公司提供。
5. 淀粉醚。改性羟丙基淀粉醚（SE），上海尚南贸易有限公司提供。
6. 甲酸钙。市售化工产品。
7. 纤维。JRS木质纤维，上海尚南贸易有限公司提供。
8. 乳胶粉。醋酸乙烯-乙烯可再分散乳胶粉，上海尚南贸易有限公司提供。

2.2 试验方法

保水率。参照《建筑砂浆基本性能试验方法标准》（JGJ/T 70—2009）中"7保水性试验"规定的方法进行。

开放时间和拉伸黏结强度。均按照《陶瓷墙地砖胶黏剂》（JC/T 547—2005）中相关测试方法进行测试，其中拉伸黏结强度测试所用砂浆先晾置10min，再进行后续测试操作。

抗滑移性能。参考瓦克内部测试方法进行测定。

2.3 试验配比

本试验通过测试淀粉醚对两种不同黏度的纤维素醚的取代率及淀粉醚和纤维素醚总掺量变化来研究其对于柔性瓷砖胶相关性能的影响，表2为本试验所用具体配方，该配方均能通过《陶瓷墙地砖胶黏剂》（JC/T 547—2005）标准所规定的测试。

表 2 柔性瓷砖胶配合比

原材料	瓷砖胶					
	A-1	B-1	C-1	A-2	B-2	C-2
水泥/g	400	400	400	400	400	400
砂(0.3~0.6mm)/g	100	100	100	100	100	100
砂(0.15~0.3mm)/g	350	350	350	350	350	350
碳酸钙/g	122.5	120.5	120.5	122.5	120.5	120.5
SE/g	0.75	1.25	1.75	0.75	1.25	1.75
CE1/g	2.25	3.75	3.25			
CE2/g				2.25	3.75	3.25
甲酸钙/g	3.5	3.5	3.5	3.5	3.5	3.5
纤维/g	1	1	1	1	1	1
乳胶粉/g	20	20	20	20	20	20
水/g	280	280	280	280	280	280
SE 和 CE 的总掺量/%	0.3	0.5	0.5	0.3	0.5	0.5
SE 的取代率/%	25	25	35	25	25	35

3 结果与讨论

3.1 改性淀粉醚对瓷砖胶保水率的影响

保水率是指新拌水泥浆体经滤纸吸水后所保留的水量与总用水量的比值。而 CE 在砂浆中的主要作用是显著提高水泥浆体的保水性，从而保证水泥砂浆有足够的可施工性时间，更重要的是能将水分保持在砂浆中以提供足够的水分进行水化。与 CE 不同，SE 的作用主要提高砂浆的稠度，而对砂浆的保水性能改善不大。图 1 显示，柔性瓷砖黏结剂的保水率随 SE 对 CE 替代率不同而产生变化。当 CE 黏度较低时（A-1），采用淀粉醚取代 25% 的 CE，砂浆保水率为 90.4%，若维持 CE 与 SE 总掺量不变，提高 SE 取代率保水率可能会有所下降，故实际应用中，均通过增加 CE 与 SE 总掺量（B-1，此时 SE 取代率不变）或者同时提高 SE 的替代率（见 C-1，此时 CE 掺量增加，同时 SE 比例上升）来获得性价比平衡，由图可见此时其砂浆初始保水率（实际指拌合后 5min 时的保水率）均有所增加，但 10min，15min 与 20min 的保水率均为 B-1 最高。在 CE 高黏度体系中，采用 SE 取代 25% 的 CE 其砂浆保水率为 88.3%（A-2），与 A-1 相比较低。这说明 CE 黏度越高，CE 与 SE 总掺量越低，此时 SE 会使其保水率有所降低。故此时仍然可以通过增加 CE 与 SE 总掺量来获得平衡。由此可见，在适量增加 CE 和 SE 的总掺量的基础上增加 SE 的取代率可以改善砂浆的

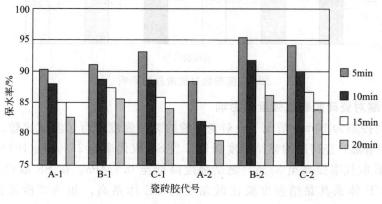

图 1 淀粉醚对保水率的影响

保水率。

3.2 改性淀粉醚对瓷砖胶开放时间的影响

砂浆的开放时间是指砂浆在拌合后能在一定时间内保持其初始工作性的能力。而SE在建筑砂浆中一个主要作用便是延长砂浆的开放时间。由图2可见，两种黏度CE的瓷砖胶体系中，随着SE取代率的增加，其开放时间均显著延长，当掺量为35％时，其开放时间分别能够达到45min（C-1）与50min（C-2）。当SE掺量为25％时，其高黏度CE体系（A-2）的开放时间比低黏度CE体系（A-1）要延长5min。

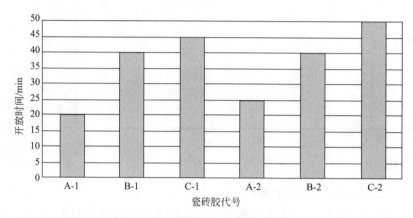

图2 淀粉醚对开放时间的影响

3.3 改性淀粉醚对瓷砖胶抗滑移性能的影响

图3显示了淀粉醚取代率对瓷砖胶抗滑移性能的影响。由图所示，淀粉醚取代率由25％（A-1、B-1与A-2、B-2）提高至35％（C-1与C-2）时，其抗滑移性能均得到了提高，这是因为淀粉醚的掺加增加了砂浆的屈服值，而砂浆为抵抗其屈服值，其所增加砝码之力必然增加，即提高了抗滑移性能。淀粉醚对抗滑移性能的提高也是其能在瓷砖胶中应用的主要原因。但与不同黏度纤维素醚复配对抗滑移性能是否造成差别，本次试验中没有明显体现。

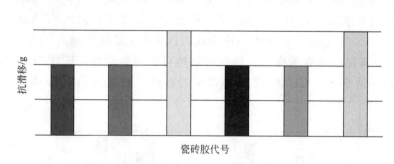

图3 淀粉醚对抗滑移的影响

3.4 改性淀粉醚对瓷砖胶黏结强度的影响

将晾置时间控制为10min情况下，对瓷砖胶的黏结强度进行了测试比较。如图4所示，随SE取代率的增加，瓷砖胶的黏结强度降低。当SE取代率为25％时（B-1），黏结强度为0.9MPa，将SE取代率提高至35％，黏结强度降低至0.7MPa。在SE取代率相同的条件下，高黏度的CE体系其黏结强度要比低黏度的CE体系高，如A-2砂浆比A-1砂浆高0.1MPa，而B-2与C-2要分别比B-1与C-1各高0.3MPa。

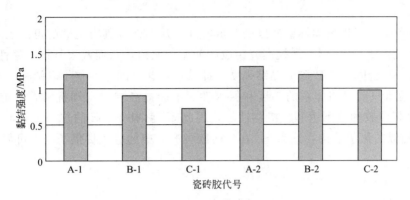

图 4 淀粉醚对黏结强度的影响

3.5 机理分析

与直链淀粉相比，支链淀粉所占比例更大，是有着 α-1, 4 和 α-1, 6 支链的多链结构（图 5），当 SE 溶于水后会均匀分散在水泥砂浆体系中，由于 SE 分子呈网状结构，且带负电，因此会吸附带正电的水泥颗粒，作为过渡桥梁可以将水泥连接起来（图 6），从而赋予浆体较大的屈服值（图 7），起到提高抗下垂或抗滑移的作用（图 8）。

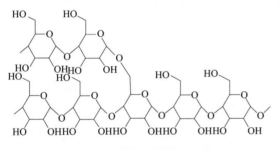

图 5 支链淀粉醚结构图（一）

图 6 支链淀粉醚结构图（二）

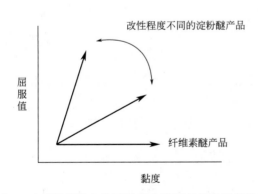

图 7 改性淀粉醚产品可赋予砂浆更高的屈服值范围

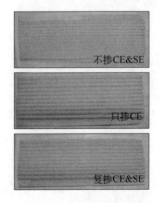

图 8 抗滑移性能的比较

4 结 论

（1）在 CE 掺量较低的情况下，SE 取代 CE 会降低瓷砖胶的保水率，且 CE 黏度越高，保水率降低越明显。但在适量增加 CE 掺量的基础上，增加 SE 的取代率可以改善瓷砖胶的保水率。

(2) 掺 SE 可显著延长柔性瓷砖胶的开放时间，从而保证其有足够的可施工时间。

(3) 与 CE 相比，SE 可显著提高瓷砖胶的初始屈服值，从而改善其抗滑移性能。

(4) 掺加 SE 会降低瓷砖胶的黏结强度，此缺点可通过配方调整予以弥补。

(5) CE 通常只能提高体系的黏度和保水性而不能提高抗下垂和抗滑移性能，而 SE 可以有效地提高瓷砖胶的抗下垂和抗滑移性能，因此 SE 弥补了 CE 的这一不足与缺陷，同时 SE 与 CE 有相似的化学结构，这为 SE 在瓷砖胶类产品中的应用提供了一个可靠的保障。

参考文献

[1] 王培铭. 商品砂浆 [M]. 北京：化学工业出版社, 2008.
[2] 王培铭. 商品砂浆的研究与应用 [M]. 北京：机械工业出版社, 2006.
[3] 赵明, 张有德, 邵自强等. 羟丙基甲基纤维素与淀粉醚复配体系性能的研究 [J]. 纤维素科学与技术, 2011, 19 (2)：30-34.
[4] 黄晓庆, 李广良, 朱伟琴等. 改性淀粉在建筑材料中的应用及实例 [J]. 化学与黏合, 2006, 43 (3)：183-187.
[5] 张力田. 变性淀粉 [M]. 广州：华南理工大学出版社, 1991.
[6] 曾丽娟, 蓝仁华. 木薯淀粉在建筑涂料中的应用 [J]. 涂料工业, 2004, 34 (8)：11-13.

外加剂对水泥基注浆材料流变性能的调控作用

张欢[1] 邓最亮[2,3] 王伟山[2,3] 傅乐蜂[2,3] 郑柏存[1]

(1. 华东理工大学,上海,200232; 2. 上海建筑外加剂工程技术研究中心,上海,200237;
3. 上海三瑞高分子材料有限公司,上海,200237)

摘要:本文以黏度法选择了减水剂在水泥基材料中的最佳分散掺量,以净浆流动度法选定了缓凝剂的最佳掺量。在固定两种外加剂掺量的条件下,研究了温度、时间对水泥浆体流变性能的影响。实验结果表明:水泥浆体的剪切应力随着温度升高而增加,随着反应时间变化不大;浆体的表观黏度随着温度升高而增加、随着反应时间变化较小。减水剂与缓凝剂的共同作用可以减小水泥浆液的屈服应力和表观黏度,显著改善水泥浆体的流变性能。

关键词:减水剂;缓凝剂;剪切应力;表观黏度

The adjust and control of admixtures on the rheological behavior of cementitious grout

Zhang Huan[1] Deng Zuiliang[2,3] Wang Weishan[2,3] Fu Lefeng[2,3] Zheng Baicun[1]

(1. Advanced Sports Material R&D Center, East China University of Science and Technology, Shanghai, 200232;
2. Shanghai Engineering Research Center of Construction Admixtures, Shanghai, 200237;
3. Shanghai Sunrise Polymer Material Co. Ltd., Shanghai, 200237)

Abstract: The appropriate dosage of superpasticizer was approached in cementitious grout by means of viscosity. And the appropriate dosage of retarder was approached by means of cement paste fluidity. The effects of temperature and time on the rheological behavior of cement paste with fixed dosage of superplasticizer and retarder were investigated. The results show that: the shear stress and the apparent viscosity of cement paste increase obviously with the increase of temperature, while the shear stress and the apparent viscosity of cement paste increase without significantly with the delay of time. The shear stress and the apparent viscosity of cement paste present a sharply descend incorporating with superplasticizer and retarder.

Keywords: superplasticizer; retarder; shear stress; apparent viscosity

引言

水泥基注浆材料是目前注浆工程中使用最广泛的无机注浆材料,具有抗压强度高、来源广泛等特点,但水泥浆体易沉淀析水、稳定性较差,同时在实际工程施工中还会出现回浆返浓现象。回浆返浓现象指的是在某段灌浆过程中,用钻杆用做射浆管时,虽然钻杆旋转并进行提升,但还是会出现孔内浆液吸水不吸浆。其产生的原因在于在注浆过程中由于孔口封闭、摩擦生热及浆液循环而导致的管内高温,通常可使浆液温度在几分钟之内上升10℃,同时高温随之会带来压力上升,在高温高压作用下浆液流动性、可注性变差,严重的会发生浆液堵管现象,从而发生钻杆难以拔出的工程质量问题。因此,水泥基注浆材料在高温下流动性的保持对工程质量控制显得尤为重要,浆体必须满足在注浆操作的1~2h内具有流动性，以保证注浆钻杆可自由移动。

张景富等人采用赫切尔-巴尔克莱模式本构关系确立了在不同井温下水泥浆体流变模型，探讨了温度对流变性能的影响规律及其本质。结果表明：温度对水泥浆流变性能的影响比较复杂，大致规律为随温度的升高流变参数呈阶段性变化。温小栋等人发现在一定掺量下，蔗糖在高温下缓凝效果比低温下强。S. Al Martini 等人研究了不同化学外加剂对高温下水泥浆液的黏时变流变特性。发现在高温下 C_3A、C_4AF 的反应是坍落度损失的主要原因而导致混凝土工作性能不能保持，只添加减水剂不能抵消因高温而引起的水化加速；水泥浆液表现出剪切变稀，随着剪切应力的增加，水泥颗粒发生剪切取向。Jean-Yves Petit 研究了时间和温度共同作用下水泥砂浆的工作性。他们发现不同掺量外加剂存在下，温度对水泥砂浆的影响是明显不同的。

聚羧酸减水剂作为第三代水泥分散剂，对水泥浆体具有良好的分散效应，可以使水泥浆体在低水灰比下具有高流动性，可以减少水泥浆体沉淀析水的问题发生；蔗糖是水泥基材料中常用缓凝剂，可以有效延缓水泥水化反应的进行。本文通过在水泥基注浆材料中掺加减水剂以及缓凝剂，以期改善水泥浆液的流变性，并研究浆体在温度、时间变化下的流变性能。

1 实验部分

1.1 原材料

水泥：海豹42.5水泥，上海南方水泥厂生产，水泥的化学成分见表1。

表1 水泥主要化学成分（质量分数） 单位：%

SiO_2	Al_2O_3	CaO	MgO	Fe_2O_3	K_2O	Na_2O	Ti_2O	MnO	LOI
23.40	8.06	57.60	3.12	2.04	0.64	0.25	0.33	0.17	1.34

减水剂：VIVID-500聚羧酸减水剂，上海三瑞高分子化学有限公司生产，分子特性见表2，化学结构见图1。

表2 聚羧酸盐减水剂的分子特性

Sample	Length of side chain(n)	Density of side chains(b:a)	M_n/(g/mol)	M_w/(g/mol)	PDI (M_w/M_n)	Solid content /%
PCE	$n_{45}:n_{22}=1:2.5$	2:1	18643	34822	1.87	40.0

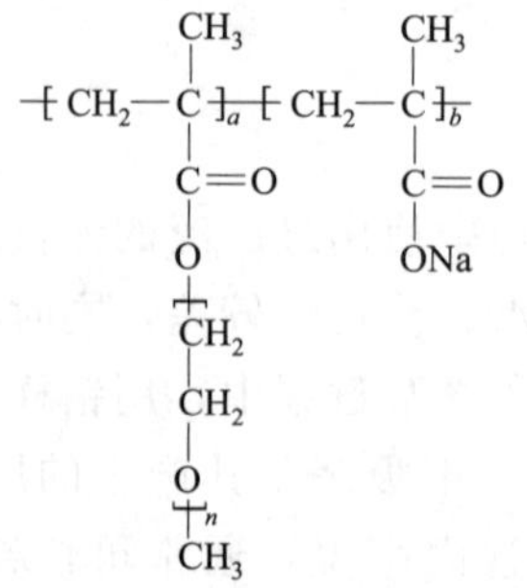

图1 聚羧酸盐的化学结构

缓凝剂：蔗糖（$C_{12}H_{22}O_{11}$），分析纯。

1.2 实验方法

1.2.1 水泥浆体黏度测试法

使用泥浆黏度计进行。先将黏度计润洗，将搅拌好的水泥浆体桶过筛网注入下口堵住的黏度计漏斗中，在漏斗下方放置 500mL 量筒，挪开漏斗下口封堵物，开始计时，当待水泥浆注满量筒时，停止计时，这个时间即为水泥浆体的流出时间。流出时间越短表明水泥浆体的黏度越小。

1.2.2 水泥净浆流动度、经时流动度测试

水泥净浆流动度、经时流动度实验参照《混凝土外加剂匀质性试验方法》（GB/T 8077—2000）规定的方法。

1.2.3 流变实验

水泥 200g，聚羧酸减水剂掺量为水泥含量的 0.5%，缓凝剂蔗糖掺量为减水剂掺量的 1%。采用水泥净浆搅拌机快速搅拌 2min，取样进行流变性能测试。用滴管吸取一定量的悬浮液置于流变仪［锥板旋转流变仪，R/S-CPS，美国 Brookfield 公司，转子 C50-1（直径 50 mm，锥角 1º，样品体积 0.7 mL）］平板上，调整椎板距离。浆液于 1000 s^{-1} 下预剪切 1 min 后，静止 30s，剪切速在 2 min 内从 0 上升到 1000 s^{-1}，测得悬浮液的流变曲线（剪切应力-剪切速率），同时得到表观黏度-剪切速率关系曲线。

2 结果与讨论

2.1 减水剂掺量对水泥浆体黏度的影响

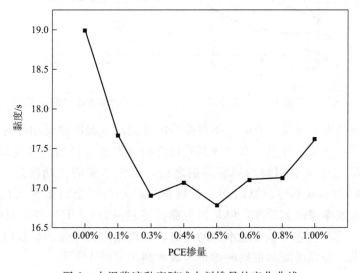

图 2 水泥浆液黏度随减水剂掺量的变化曲线

图 2 表明了水泥浆体黏度随减水剂掺量的变化，由图可以看出，不掺加减水剂的水泥浆体黏度最大，随着减水剂掺量的增加，浆体黏度呈现先下降后上升的趋势，当减水剂掺量为 0.5% 时，水泥浆体的黏度最小，即此时减水剂的分散效果最好。

在水泥浆体中，相邻水泥颗粒上带有相反电荷，能产生静电引力从而导致颗粒絮凝。大量的水存在于凝聚体表面，较少量的水用以减小水泥浆体的黏度。聚羧酸减水剂是一种梳型结构的高分子聚合物，其主链上的—COO—可吸附在水泥颗粒表面上，产生静电斥力作用，同时其侧链可伸展在空中产生空间位阻效应，两种作用方式可使得水泥颗粒能均匀分布在水

溶液中。当聚羧酸减水剂掺量增加时，相应的静电斥力和空间位阻作用也在增强，从而导致了水泥浆体中游离水量在增加，表现为黏度的下降；而当聚羧酸减水剂掺量达到一定量时，游离水分子不再增加，而多余的聚羧酸分子则会造成单位体积中分子数量的增加，反而会使得黏度增加。

2.2 缓凝剂的最佳掺量

高温引起的水泥浆液凝结时间缩短所造成的水泥浆液工作性能变差，通常添加缓凝剂以改善这一现象。在本实验中，选取了使用普遍的蔗糖缓凝剂。蔗糖对硅酸盐水泥的作用机理在于羟基（—OH）吸附在水泥颗粒表面与其水化产物的表面上的O_2—形成氢键。另一方面，羟基（—OH）又与水分子（H_2O）通过氢键缔合，在水泥颗粒及其水化产物表面形成一层稳定的溶剂化水膜，阻止了水与水泥颗粒的接触，从而抑制了水泥的水化过程。

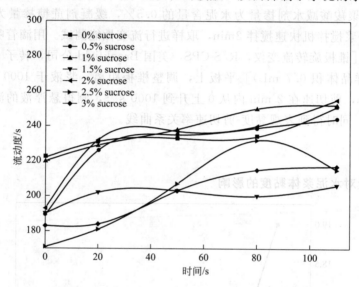

图3　缓凝剂-聚羧酸系减水剂复合作用下的水泥净浆流动度

图3显示了在减水剂掺量一致时，不同掺量的蔗糖对水泥净浆流动度的影响。由图3可知，在仅有减水剂存在的条件下，水泥净浆有较好的流动度，初始流动度及2h内经时流动度均大于220mm。在加入不同掺量的缓凝剂之后，水泥净浆的流动度发生了较大的变化，从171mm变化到259mm不等。原因在于蔗糖掺量较小时，会对水泥水化起到延缓作用，可以进一步提高水泥净浆的流动度，但是当蔗糖掺量过高时，OH—与水泥颗粒表面的螯合作用会越来越强，反而会进一步促进水泥的反应，表现出水泥净浆的呈现出减小的趋势。

根据实验结果，选择缓凝剂蔗糖的掺量为减水剂用量的1％。

2.3 流变实验

2.3.1 外加剂对流变性能的影响

由图4、图5可知，减水剂及减水剂和缓凝剂复合作用下的水泥浆液并未改变流体特性。但是二者的加入可显著降低水泥浆液的剪切应力及表观黏度。减水剂是一种有效的分散剂，在较低掺量下，便可以达到较小的剪切应力。实验中使用的减水剂为聚羧酸减水剂，其分子呈梳型，具有较长侧链。其与水泥颗粒作用包括静电斥力及空间位阻。静电斥力作用是在水泥颗粒表面形成负电荷，通过电荷排斥分散水泥颗粒；空间位阻作用是通过长侧链的位阻作用达到完全分散。

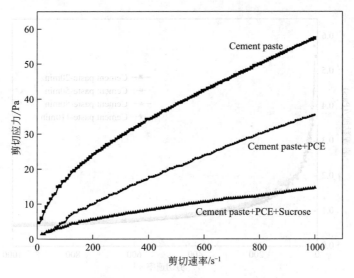

图 4 水泥浆液剪切应力随剪切速率变化曲线

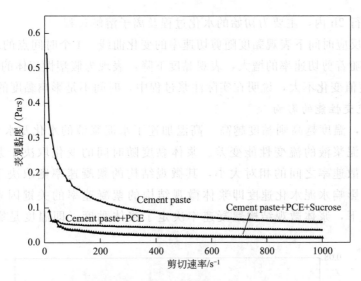

图 5 水泥浆液表观黏度随剪切速率变化曲线

图 5 为表观黏度随着剪切速率变化的流变曲线，从图中可以观察到明显的剪切变稀现象，对于水泥浆液类的悬浮液，这一现象很普遍，表现出假塑性。在较低的剪切速率时，水泥颗粒及其水化产物颗粒间的吸引力要远远大于剪切应力，从而导致凝聚物的产生。随着剪切速率的增加，剪切应力逐渐增加，当剪切应力大于颗粒间吸引力时，凝聚物分散成小颗粒。随着水化反应的进行，减水剂逐渐释放，用于减小水泥浆液的黏度。

2.3.2 反应时间对流变性能的影响

水泥颗粒的水化过程可在很大程度上影响水泥浆液的流动性，水泥颗粒遇水后，随即发生水化反应，水泥四种熟料矿物铝酸三钙（C_3A）、铁铝酸四钙（C_4AF）、硅酸三钙（C_3S）、硅酸二钙（C_2S）被水化成钙矾石、水化硅酸钙、氢氧化钙等。随时间的推延，初始形成的浆状体经过凝结硬化，由可塑体逐渐转变为坚固的石状体。为了研究时间对水泥浆液流变性能的影响，延长了搅拌时间至 110min，搅拌开始 20min 第一次取样，以后每隔 30min 取一

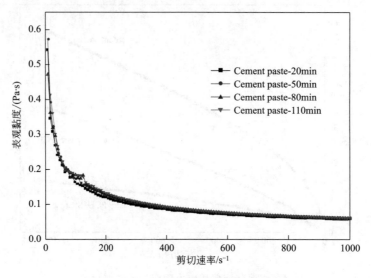

图 6 时间对水泥浆液表观黏度的影响

次样。在实验进行 2h 内,主要为初始的水化过程及离子溶解过程。

图 6 为不同反应时间下表观黏度随剪切速率的变化曲线。4 个时间点的表观黏度曲线整体趋势一致,即随着剪切速率的增大,表观黏度下降,表现为假塑性流体的性质。但是20~110min 其的黏度值变化不大,说明在实际注浆过程中,时间不是影响黏度的主要因素。

2.3.3 温度对流变性能的影响

由图 7 可知,温度越高则黏度越高。高温加速了水泥浆液的水化及水分的蒸发,因此在高温环境下水泥浆液的流变性能变差。浆体黏度随时间的变化取决于浆体微观结构絮凝速率与剪切分散速率之间的相对大小,其微观结构的絮凝速率则取决于水泥的水化速度。温度是影响影响水泥水化速度即浆体微观结构的絮凝速率的关键因素。在剪切分散速率相同的情况下,浆体微观结构絮凝速率决定了浆体黏度,即温度是影响浆液黏度的最主要因素。

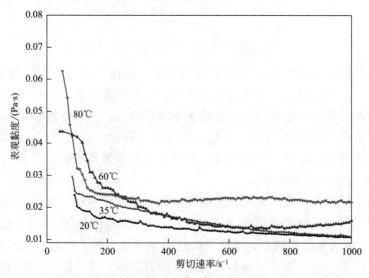

图 7 温度对水泥浆液表观黏度的影响

通常认为水泥浆液属于宾汉姆流体。宾汉姆流体的本构方程为：
$$\tau = \tau_B + \eta_P \gamma$$

式中，τ、τ_B 为剪切应力、屈服应力（Pa），γ 为剪切速率（s^{-1}），η_P 为塑性黏度（Pa·s）。剪切应力 τ 小于屈服应力 τ_B，体系没有流动性，类似固体；剪切应力大于屈服应力，体系才发生流动，体现塑性。

采用 Bingham 流变模型对不同温度下相同反应时间的水泥浆液进行拟合，结果如下：

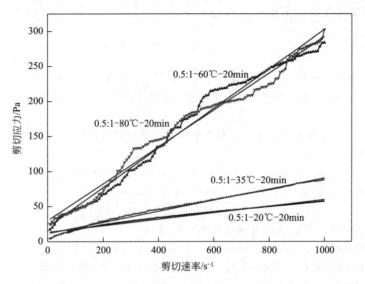

图 8 不同温度下水泥浆液在水化 20min 剪切应力随剪切速率变化曲线

由图 8 可知，随着剪切速率的增大，剪切应力逐渐增大，所有悬浮液均表现出了非牛顿流体行为，且剪切应力随着温度的升高而增大。在常温下，宾汉姆流型与实验结果较吻合，但是在高温下黏度的变化未呈现规律性，与宾汉姆流型拟合结果出入较大。

图 9 为拟合过宾汉姆流型拟合的曲线的斜率，对应于浆液的黏度。由图可知，随着反应温度的升高，浆液的表观黏度呈现上升的趋势，且从常温（20℃、35℃）到高温下（60℃、

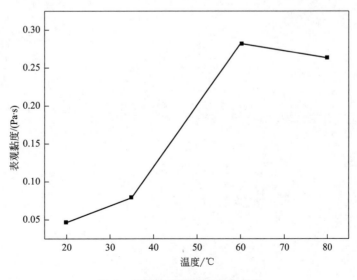

图 9 表观黏度随温度变化曲线

80℃）黏度的增加值很大。可以做出这样的推论，温度是影响黏度的最主要因素。

3 结 论

减水剂和缓凝剂的加入可显著降低水泥浆液的剪切应力与表观黏度。

水化时间对水泥浆液流变性能的影响不显著，而温度才是影响水泥浆体流变性的关键性因素，水泥浆液的剪切应力与表观黏度随着温度升高而增大。同时缓凝剂与减水剂的复合作用可以减少水泥浆体在高温下的流变性能损失。

参考文献

[1] 刘文永. 注浆材料与施工工艺 [M]. 北京：中国建材工业出版社，2008：43-46.

[2] 张景富，徐明，高丽丽等. 温度及外加剂对水泥浆流变性的影响 [J]. 钻井液与完井液，2003，20 (3)：35-38.

[3] 温小栋，马保国，许永和等. 环境温度下蔗糖类缓凝剂对浆体性能的影响 [J]. 江苏大学学报，2009，30 (2)：205-208.

[4] S. Al Martini，M Nehdi. Coupled effects of time and high temperature on rheological properties of cement pastes incorporating various superplasticizers [J]. Journal of Materials in Civil Engineering，2009，21 (3)：392-401.

[5] Jean-Yves Petit，Eric Wirquin，Kamal H. Khayat. Effect of temperature on the rheology of flowable mortars [J]. Cement and Concrete Composites，2010，32 (1)：43-53.

[6] 何涛，赵青林，徐奇威等. 不同外加剂对水泥基灌浆材料流变性能的影响 [J]. 硅酸盐通报，2010，29 (3)：728-733.

[7] 西德尼·明德斯. 注浆材料与施工工艺 [M]. 北京：化学工业出版社，2005：156-162.

[8] 何宏荣，郭伟，秦鸿根. 减水剂和缓凝剂对水泥净浆流动性流变的影响 [J]. 广东建材，2012，28 (1)：20-22.

[9] Marta García-Maté，et al. Rheological and hydration characterization of calcium sulfoaluminate cement pastes [J]. Cement and Concrete Composites，2012，34 (8)：684-691.

UEA膨胀剂对水泥基灌浆料性能的影响及机理分析

张毅[1]　李伟[1]　张菁燕[2]　李东旭[1]

(1. 南京工业大学材料科学与工程学院，江苏，南京，210009；
2. 常州市建筑科学研究院股份有限公司，江苏，常州，213015)

摘要：以硅酸盐水泥作为胶凝材料制备水泥基灌浆材料，采用内掺入一定量膨胀剂（简称UEA）来补偿水泥基灌浆材料的早期收缩，测试水泥基灌浆材料的各项性能，研究掺有膨胀剂和早强剂的硅酸盐水泥的水化机理。研究结果表明，通过内掺膨胀剂可以解决灌浆材料收缩问题，掺有膨胀剂的硅酸盐水泥早期后期的水化产物并没有发生改变，膨胀剂的加入生成了有利于水化试样较少收缩的钙矾石晶体，其中以活性硅酸铝（$SiO_2 \cdot 2Al_2O_3$）、活性氧化铝（Al_2O_3）为早期膨胀源，明矾石 $[KAl_3(SO_4)_3(OH)_6]$ 为中期膨胀源，具有较稳定的膨胀作用。

关键词：材料工程；水泥基灌浆料；膨胀剂；水化产物；收缩

Study on the Effect of UEA Expansive Agent on the Performance of Cement-based Grouting Mortar and Mechanism Analysis

Zhang Yi[1]　Li Wei[1]　Zhang Jingyan[2]　Li Dongxu[1]

(1. College of Material Science and Engineering, Nanjing University of Technology, Nanjing, 210009, Jiangsu, China; 2. Changzhou Architectural Scientific Research Institute Co. Ltd., Changzhou, 213015)

Abstract: This issue is based on matrix of Portland cement to make grouting mortar. The grouting material with the 6% addition of UEA expansive, the shrinkage problem can be solved. The research results of microstructure can be concluded as following: The hydration products of Portland cement mixed with UEA expansive did not change, just a change in the number. It has activated aluminum silicate ($SiO_2 \cdot 2Al_2O_3$) and activated alumina (Al_2O_3) as early expansion source, and the alunite $[KAl_3(SO_4)_3(OH)_6]$ as a source of medium-term expansion. The hydration products of Portland cement mixed with UEA expansive was having more stable expansion.

Keywords: cement-based grouting materials, expansive agent, hydration products, shrinkage

1 概述

早强高流动水泥基无收缩灌浆料是一种由水泥、骨料、细填料、膨胀剂、高效减水剂、消泡剂、早强剂等改性剂组成的一种混合物，加水拌合后具有自流性好、快硬、早强、高强、无收缩、微膨胀等特点，可用于混凝土构件及建筑的快速修补、设备基础的二次灌浆，

基金项目："十二五"国家科技支撑计划课题（课题编号：2011BAE14B06）、江苏省新型环保重点实验室开放课题（课题编号：AE201007）。

作者简介：张毅（1987—），男（汉族），博士后，研究生学历，主要从事化学建材、相变储能建材方面的研究。E-mail: zynjut@163.com。

客运专线盆式橡胶支座的灌注和支座锚栓孔的灌注等领域，具有广阔的应用前景。

外国学者对于水泥基灌浆材料的研究比较系统全面，除了偏向灌浆材料的配置、实际施工性能方面，更注机理方面的研究。经过多年的发展，我国水泥基灌浆材料的应用已经从传统的机械设备的二次灌浆发展到地脚螺栓锚固、混凝土结构的加固、改造和修补及预应力混凝土孔道灌浆等新的领域，同时国内学者对水泥基灌浆砂浆的配制、性能、机理等方面也进行了较深入的研究，并取得了一定的科研成果。如中国建材研究院研制成功的无收缩超早强二次灌浆系列产品，已在全国许多进口设备安装工程中得到应用，关于无收缩灌浆料也申请了较多专利，并且对于聚合物和矿物掺和料在灌浆料中的应用进行了较为深入的研究。

本文通过以硅酸盐水泥为胶凝材料，研究膨胀剂对水泥基灌浆料的性能改善作用，使灌浆料在满足规范要求的同时具有早强高强、高流动性、微膨胀等特点，并通过微观分析手段对灌浆料硬化后的结构性能进行了分析。

2 原材料与实验方法

2.1 原材料

芜湖海螺P·O52.5硅酸盐水泥；石英砂，分为40～70目粗砂和70～140目细砂，按质量比为1∶1混合，过1.25mm方孔筛；400目重钙粉；UEA膨胀剂，主要的矿物组成为活性二氧化硅，明矾石和石膏；膨胀剂的化学成分见表1。

表1 膨胀剂的化学成分 单位：%

成分	SiO_2	SO_3	Al_2O_3	CaO	Fe_2O_3	K_2O	MgO	Na_2O	Loss
膨胀剂	40.01	19.85	14.93	11.03	4.69	3.09	3.49	1.17	1.74

改性剂：瓦克 VINNAPAS-5044N 乳胶粉；羟丙基纤维素醚，黏度指数为 H-TK80000mPa·s；聚羧酸减水剂；消泡剂；早强剂，主要成分为甲酸钙。

2.2 实验方法

流动度实验：参照《水泥基灌浆材料应用技术规范》（GB/T 50448—2008）进行；

抗压强度试验：按现行《水泥胶砂强度检验方法（ISO法）》（GB/T 17671）中的有关规定执行；

灌浆料竖向膨胀率试验：参照《混凝土外加剂应用技术规范》（GB 50119—2003）和《膨胀水泥膨胀率试验方法》（JC/T 313—2009）进行试验；

样品制备过程：水胶比（以质量计）固定为0.40时，用净浆搅拌机将纯硅酸盐水泥和掺有6%膨胀剂的硅酸盐水泥分别制成浆体，在40 mm×40mm×40 mm的试模内浇注并振动成型。在温度为（20±2）℃、相对湿度≥90%的环境下养护24 h后脱模，然后放入温度为（20±1）℃的水中养护到指定龄期。取到达龄期的水泥试块，破碎后浸于无水乙醇中终止水化，45℃下低温烘干24h，研磨一定程度后，取出置于干燥器中用于XRD测试；取达到龄期的水泥石试块，破碎后浸于无水乙醇中终止水化，45℃下低温烘干24h，取出置于干燥器中，用两面胶粘在样品台上，样品镀金，用于SEM测试。

3 结果与讨论

3.1 膨胀剂对灌浆料性能的影响

水泥基灌浆料加水拌合搅拌以后流动性较高，必然带来一定程度的收缩。针对这一问题，本实验采用内掺入一定量 UEA 膨胀剂来补偿水泥基灌浆材料的早期收缩，掺入量分别为 2％、6％、10％和 14％，其中掺入量为取代水泥质量的百分比，并观察水泥基灌浆材料的各项性能，实验结果见图 1、图 2 和图 3。

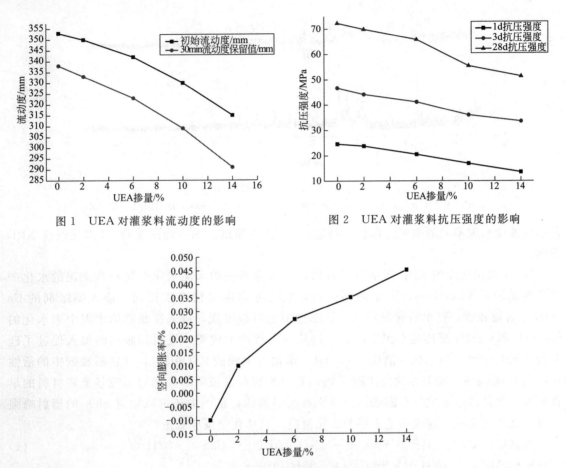

图 1　UEA 对灌浆料流动度的影响　　　　　图 2　UEA 对灌浆料抗压强度的影响

图 3　UEA 对灌浆料 24h 竖向膨胀率的影响

实验结果表明：随着 UEA 掺量的增加，水泥基灌浆材料的初始流动度和 30min 流动度保留值逐渐降低，可以初步判断 UEA 膨胀剂中的矿物组分产生水化反应，导致水泥水化体系水化产物增多、体系稠度增加，出现流动度变小的情况。当掺量为 6％时，灌浆料的初始流动度为 342mm，30min 流动度保留值为 330mm，如果掺量继续增大，将不能满足《水泥基灌浆材料应用技术规范》中Ⅱ型的要求。实验结果表明：随着 UEA 掺量增加，水泥基灌浆材料的 1d、3d 和 28d 强度逐渐降低，这说明 UEA 替代普通硅酸盐水泥以后，尽管膨胀剂中的矿物组分参与水化反应，但对灌浆料的早期和后期强度产生不利的影响。当掺量超过 6％时，灌浆料的 1d、3d 和 28d 强度已经不符合《水泥基灌浆材料应用技术规范》的要求。

实验结果表明：当向灌浆材料中掺入 UEA，随着 UEA 掺量的增加，灌浆 24h 竖向膨胀率不断增大，最终使得灌浆料表现为膨胀状态，其中掺大于 6％膨胀剂灌浆材料 24h 膨胀率为≥0.02％，且当掺量为 6％时，灌浆材料的 24h 膨胀率为 0.027％，满足标准要求。

3.2　膨胀剂影响硅酸盐水泥水化机理的研究

为了研究硅酸盐水泥加入膨胀剂后的水化产物及膨胀机理，对纯硅酸盐水泥和掺有膨胀

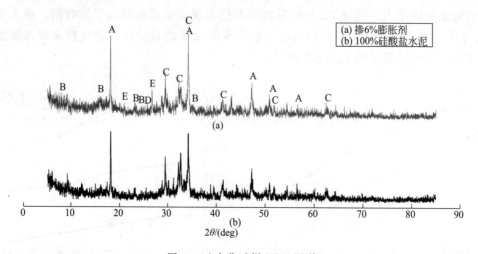

图 4　3d 水化试样 XRD 图谱
A：$Ca(OH)_2$；B：$3CaO \cdot Al_2O_3 \cdot 3CaSO_4 \cdot 32H_2O$；C：$Ca_3SiO_5$；D：$CaSO_4$；E：$SiO_2$

剂的硅酸盐水泥不同龄期时的水化产物进行了 XRD 测试。图 4 为灌浆料 3d 水化试样 XRD 图谱。

从 3d 水化试样的 XRD 图谱可以看出，掺入膨胀剂的水泥水化产物和纯水泥的水化产物都生成较多 $Ca(OH)_2$、少量的钙矾石，但与纯水泥水化产物相比，掺入膨胀剂的 $Ca(OH)_2$ 含量较少，钙矾石含量较多，从图谱中也可以发现，掺入膨胀剂的水泥中未水化的 Ca_3SiO_5 和 $CaSO_4$ 要比纯水泥中的少。这从一定程度上说明，说明膨胀剂的加入促进了硅酸盐水泥 Ca_3SiO_5 的水化且消耗了 Ca_3SiO_5 水化所生成的 $Ca(OH)_2$，并且膨胀剂中的活性矿物组分与 $CaSO_4$ 参与水化并生成了钙矾石，从而可以说明膨胀剂对水泥基灌浆材料的早强膨胀效果是由于生成具有膨胀性的钙矾石而引起的，从图中还可以知道 SiO_2 的衍射峰强度没怎么发生变化，这说明还未掺与水化反应，具体化学反应如下：

$$Al_2O_3 + 3Ca(OH)_2 + 3CaSO_4 \longrightarrow 3CaO \cdot Al_2O_3 \cdot 3CaSO_4 \cdot 32H_2O \tag{1}$$

$$SO_2 \cdot 2Al_2O_3 + 7Ca(OH)_2 + 6CaSO_4 + 55H_2O \longrightarrow$$
$$2[3CaO \cdot Al_2O_3 \cdot 3CaSO_4 \cdot 32H_2O] + C-S-H \tag{2}$$

灌浆料 28d 水化试样如图 5 所示。由 28d 水化试样的 XRD 图谱可以看出，掺入膨胀剂的水泥和纯水泥都生成大量的 $Ca(OH)_2$，且 Ca_3SiO_5 大部分已经参与了水化进程，只剩下很少的部分，石膏基本上已经完全参与了反应，已经看不到其特征衍射峰，且主要的水化产物依然为 $Ca(OH)_2$ 和钙矾石，然而纯水泥的水化产物中钙矾石的含量几乎已经没有什么变化，而对于掺有膨胀剂的水泥水化产物还有一定少量钙矾石生成，这说明膨胀剂中仍然有一定数量的活性矿物组分参与水化反应并生成钙矾石，从而使得水泥基灌浆料一直处于膨胀不收缩的状态，具体反映方程式如下：

$$KAl_3(SO_4)_2 \cdot (OH)_6 + 13Ca(OH)_2 + 5CaSO_4 + 78H_2O \longrightarrow$$
$$3(3CaO \cdot Al_2O_3 \cdot 3CaSO_4 \cdot 32H_2O) + 2KOH \tag{3}$$

所以从上述结果表明，掺入 6% 的膨胀剂对水泥水化产物和纯硅酸盐水泥水化产物基本相同，都存在 $Ca(OH)_2$、水化硅酸钙、钙矾石等水化产物，然而掺入膨胀剂的硅酸盐水泥水化生成更多的钙矾石来补偿水泥石的收缩，所以用 6% 膨胀剂制备水泥基灌浆材料的性能可以达到最佳。

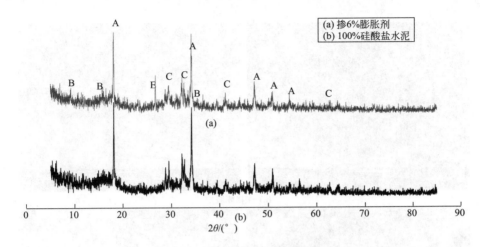

图 5 28d 水化样 XRD 图谱

A：$Ca(OH)_2$；B：$3CaO \cdot Al_2O_3 \cdot 3CaSO_4 \cdot 32H_2O$；C：$Ca_3SiO_5$；D：$CaSO_4$；E：$SiO_2$

为了进一步观察膨胀剂的加入对水泥水化产物的影响，对纯硅酸盐水泥和掺有膨胀剂的硅酸盐水泥 3d 和 28d 水化试样进行了 SEM 分析，见图 6 和图 7。

从 3d SEM 图谱中可以看出，未掺有膨胀剂的水化试样和掺有膨胀剂的水化试样都已经有一定程度的水化，但仍有未水化的熟料颗粒；未掺有膨胀剂水化试样的水化产物之间的连接不是很紧密，结构疏松，然而掺有膨胀剂的水泥水化试样已经明显发生水化反应，凝胶粒子相互连接交织成网络结构的网状凝胶和絮状凝胶，凝胶产物相互连接成整块，整体结构致密，并且有大量的钙矾石晶体。这说明，膨胀剂的掺入有助于水泥水化反应，并且生成具有

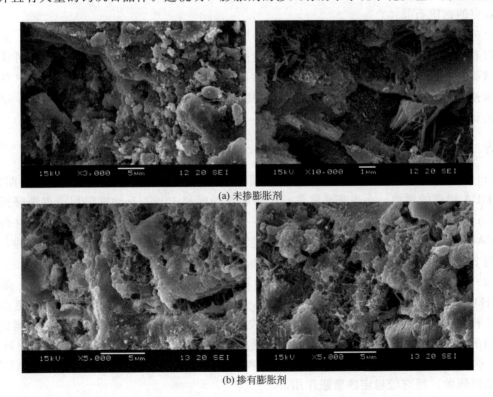

(a) 未掺膨胀剂

(b) 掺有膨胀剂

图 6 水化 3d 的 SEM 照片

(a) 未掺膨胀剂

(b) 掺有膨胀剂

图 7 水化 28d 的 SEM 照片

膨胀效应的钙矾石晶体。

分析可以发现，未掺有膨胀剂和掺有膨胀剂的水化试样都基本完成了水化，从图中都可以看到大量絮状的水化硅酸钙凝胶，凝胶粒子相互连接交织成网络结构的网状凝胶和絮状凝胶，凝胶产物相互连接成整块，然而对于掺有膨胀剂的 28d 水化试样中发现了要比未掺有膨胀剂多的钙矾石晶体，这说明膨胀剂的加入生成了有利于水化试样较少收缩的钙矾石晶体。

4 结 论

（1）本实验采用内掺入一定量膨胀剂（简称 UEA）来补偿水泥基灌浆材料的早期收缩，随着 UEA 掺量的增加，水泥基灌浆材料的初始流动度和 30min 流动度保留值逐渐降低，随着 UEA 掺量的增加，水泥基灌浆材料的 1d、3d 和 28d 强度逐渐降低，当向灌浆材料中掺入 UEA，随着 UEA 掺量的增加，灌浆 24h 竖向膨胀率不断增大，且当掺量为 6% 时，灌浆材料的 24h 膨胀率为 0.027%，满足标准要求。

（2）掺入 6% 的膨胀剂对水泥水化产物和纯硅酸盐水泥水化产物基本相同，都存在 $Ca(OH)_2$、水化硅酸钙、钙矾石等水化产物，掺入膨胀剂的硅酸盐水泥水化生成更多的钙矾石来补偿水泥石的收缩，掺有膨胀剂的硅酸盐水泥净的水化相和水泥结构的物相测试，早期后期的水化产物并没有发生异变，只是数量上有所改变，该膨胀剂是以活性硅酸铝（$SiO_2 \cdot 2Al_2O_3$）、活性氧化铝（Al_2O_3）为早期膨胀源，明矾石 [$KAl_3(SO_4)_3(OH)_6$] 为中期膨胀源，具有较稳定的膨胀作用。

参考文献

[1] 郭勇,黄宗凯. 超高强无收缩自密实灌浆料的研究与应用 [J]. 江西建材, 2007, 27 (2): 15-16.

[2] 俞锋,朱华. 早强微膨胀水泥基灌浆料的性能研究 [J]. 混凝土与水泥制品, 2012, 39 (11): 6-9.

[3] K. H. Khayat. Viscosity-enhancing admixtures for cement-based materials-An overview [J]. Cement and Concrete Composites, 1998, 20 (2): 171-188.

[4] M. Sahmaran, N. Özkan, B. Keskin, et al. Evaluation of natural zeolite as a viscosity-modifying agent forcement-based grouts [J]. Cement and Concrete Research, 2008, 38 (7): 930-937.

[5] M. Jamal Shannag. High-performance cementitious grouts for structural repair [J]. Cement and Concrete Research, 2002, 32 (5): 803-808.

[6] 刘小兵,臧军,刘圆圆等. 水泥基无收缩灌浆料发展应用 [J]. 粉煤灰, 2011, 23 (4): 32-34.

[7] 陈富银,游宝坤. 无收缩超早强灌浆剂的性能及其应用 [J]. 中国建筑材料科学研究院学报, 1991, 3 (2): 54-57.

[8] 同济大学. 一种掺有低温稻壳灰的水泥基无收缩灌浆材料及使用方法 [P]. 中国, CN201210179337.4, 2012, 9, 26.

[9] 沈阳建筑大学. 高抗折水泥基灌浆料 [P]. 中国, CN201110324054.X, 2012, 6, 20.

[10] 中冶建筑研究总院有限公司. 一种水泥基超高强无收缩灌浆料 [P]. 中国, CN200910087110.5, 2010, 12, 22.

[11] 戴民,聂元秋,吴解放等. UEA/硅灰石粉对水泥基灌浆料性能的影响 [J]. 混凝土, 2010, 32 (3): 74-76.

[12] 俞锋,朱华. 早强微膨胀水泥基灌浆料的性能研究 [J]. 混凝土与水泥制品, 2012, 39 (11): 6-9.

[13] 林荣峰. 聚羧酸高性能灌浆料试验研究 [D]. 山东:山东建筑大学, 2012.

聚羧酸超分散剂对压浆料特性影响的研究

李雄英[1,2]　田润竹[1,2]　徐涛[1,2]　张明良[1,2]

(1. 上海三瑞高分子材料有限公司砂浆助剂事业部，上海，200232；
2. 上海建筑外加剂工程技术研究中心，上海，200232)

摘要：本文研究了压浆料搅拌设备类型、分散剂塑化速度、分散剂适应性对压浆料流动性的影响。研究表明：搅拌设备的剪切速度、分散剂塑化速度是决定压浆料分散速度的主要因素，影响压浆剂适应性的关键水泥矿物组分为铝酸三钙；压浆料专用助剂 SD-600P-E 采用高速制浆机分散 3min，能配制出满足《公路桥涵施工技术规范》(JTG/T F50—2011) 的压浆料。

关键词：压浆料；剪切速度；塑化速度

Research on influence of superplasticizer on properties of grouting materials

Li Xiongying[1,2]　Tian Runzhu[1,2]　Xu Tao[1,2]　Zhang Mingliang[1,2]

(1. Shanghai Sunrise Polymer Material Co., Ltd, Shanghai, 200232;
2. Shanghai Engineering Research Center of Construction Admixtures, Shanghai, 200232)

Abstract: Influence of mixing equipment types, reacting speed and adaptability of superplasticizer on fluidity of grouting materials was researched. Shear rate of mixing equipment and reacting speed determine the fluidity of grouting materials. Tricalcium aluminate highly affects the adaptability of grouting agent to different kinds of cement. Grouting agent prepared with SD-600P-E, mixed in 3minutes by High speed pulping machine can meet Technical Specificaiton for Construction of Highway Bridge and Culvert (JTG/T F50—2011).

Keywords: grouting materials; shear rate; reacting speed

1　引　言

预应力混凝土因成功应用钢筋的抗拉性能和混凝土抗压性能，而避免混凝土出现裂缝，使得其在国内外结构工程中得到了广泛的应用。预应力技术主要有先张法和后张法两种，随工程的大型化、复杂化，施工技术不断提升，后张法在高速公路桥梁的施工中得到了广泛使用。

后张法预应力结构体系中，张拉筋束后进行的孔道灌浆是其施工中的关键工序之一。孔道灌浆的作用主要有：(1) 把钢材封闭在一种碱性环境里，防止锈蚀；(2) 填充套管以避免水进入孔道而引起冰冻；(3) 在力筋和结构混凝土之间提供黏结力；(4) 使混凝土截面完整。因而，良好的孔道压浆质量可提高后张法预应力结构的安全性和耐久性，延长结构的使用寿命。孔道灌浆质量的好坏直接决定了整个结构工程的使用寿命，因而国家对此加大管理力度，2011年《公路桥涵施工技术规范》(JTG/T F50—2011) 对此做出了详细要求。新规

作者简介：李雄英，女，1985年7月生人，上海三瑞高分子材料有限公司砂浆助剂事业部，销售经理，上海建筑外加剂工程技术研究中心，E-mail：xiongying@sunrisechem.com.cn。

范极大提升了孔道灌浆材料-压浆料的性能，尤其表现为低水灰比0.26～0.28下的新拌性能上，如流动度、泌水率。

自2011年公路桥涵施工技术规范出台后，各省市分别出台了相应的地方标准，对压浆料性能进行了补充说明。其中，浙江省发布的《浙江省公路桥梁预应力孔道压浆技术指南》在行业标准的基础上对压浆料的搅拌时间和搅拌速率进行规范，使得压浆料在转速1000r/min以上，搅拌3min后流动度能够达到相关要求而成为一个较大的难点。同时，由于工程项目现场处于对成本和运输距离的考虑，会有很大部分工程会采购压浆剂，而压浆剂与水泥的适应性成为另外一个较大的难点。

研究表明，压浆料流动度主要是由分散剂塑化后发挥作用而来，因而，分散剂塑化速度是决定压浆剂满足新桥标流动度的所需要的搅拌时间的关键；而压浆剂与水泥的适应性实际上也是分散剂与水泥的适应性。因而，本文主要研究了分散剂塑化速度与适应性对压浆料流变性能的影响，要考核指标初始、30min、60min流动度，24h自由泌水率，3h毛细泌水率等。

2 试 验

2.1 原材料

压浆剂与水泥混合配制成压浆料，而压浆剂主要由矿物掺合料、减水组分、膨胀组分等组成，具体原材料的具体情况见表1。

表1 试验所采用的原材料

材料名称	型号	生产厂商
水泥	P·O42.5	上海海豹水泥(集团)有限公司 重庆拉法基水泥有限公司 上海海螺水泥销售有限公司 山东鲁能水泥有限公司
塑性膨胀剂	P·O52.5	广东越秀水泥集团有限公司 上海海螺水泥销售有限公司 河南迪特曼建材有限公司
矿渣	S115	宝钢发展宝田公司
粉煤灰	一级	宝钢发展宝田公司
硅灰	920	上海天恺硅粉材料有限公司
聚羧酸粉体分散剂	SD-600P-E SD-600P-F 样品B 样品S 样品X	上海三瑞高分子材料有限公司

2.2 试验方法

试验中主要使用了压浆料锥形漏斗、1000mL量筒、毛细泌水测定仪、压力泌水测定仪、顺序扫描X射线荧光光谱仪，见图1；而测试方法详见2011年《公路桥涵施工技术规范》(JTG/T F50—2011)。

压浆料的搅拌设备主要有胶砂搅机、高速分散机（涂料用）和高速制浆机。具体的搅拌搅拌方式详见表2。压浆料搅拌仪器见图2。

(a) 压浆料流动度测试漏斗

(b) 毛细泌水率测试仪

(c) 充盈度管

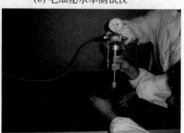
(d) 压力泌水率测试仪

图 1　压浆料性能测试设备

表 2　压浆料搅拌方式

搅拌方式	搅拌时间/min	搅拌步骤
胶砂搅拌机搅拌	10	1) 将 3000g 压浆料, 580g 水加入到胶砂搅拌机 2) 低速搅拌 1min 3) 高速搅拌 5min 4) 加入 100g 水,高速搅拌 3min 5) 调至低速搅拌并缓慢沿锅壁加入 160g 水,搅拌 1min
高速分散机搅拌	4	1) 将 3000g 压浆料、680g 水加入搅拌锅 2) 1000r/min,1min 3) 加水 160g 水 4) 3000r/min,2min 5) 2000r/min,1min
高速分散剂搅拌	6	1) 将 3000g 压浆料、680g 水加入搅拌锅 2) 1000r/min,1min 3) 加水 160g 水 4) 3000r/min,4min 5) 2000r/min,1min
高速制浆机	3	1) 将 3000g 压浆料、840g 水加入搅拌锅 2) 5000r/min,1min 3) 8000r/min,2min

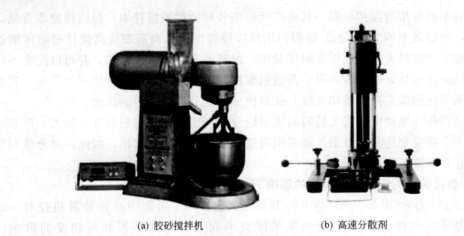

(a) 胶砂搅拌机　　(b) 高速分散剂

(c) 高速制浆机

图 2　压浆料搅拌仪器

2.3　试验方案

在本文研究中，压浆料性能研究均采用 2700g 水泥和 300g 压浆剂配制成进行，试验所采用的水灰比为 0.28，即用水量 840g。本文首先研究了不同搅拌方式对压浆料流动度的影响，再研究了分散剂塑化速度对压浆料流动度的影响，然后研究了分散剂适应性对压浆料流动度的影响，最后研究了采用压浆料专用超分散剂 SD-600P-E 配制压浆料。

3　结果和讨论

3.1　搅拌方式对压浆料流动度的影响

采用 SD-600P-F 制备的压浆料用不同的搅拌方式的实验结果见表 3。

表 3　压浆料在不同搅拌方式下的流动度

性能测试	胶砂搅拌机 10min	高速分散机 4min	高速制浆机 3min
初始流动度/损失/s	15.52	21.31	20.47
30min 流动度/s	18.78	20.97	23.47
30min 流动度损失/s	2.26	-0.34	3.00

由表 3 可见，同种配方在不同的搅拌方式下压浆料的流动度区别非常大，胶砂搅拌机搅拌 10min 能够达到标准需要，但是采用高速分散机搅拌 4min，高速制浆机 3min 内不能满足标准需要。不同搅拌设备主要差异在于搅拌速度，旋转半径，从而导致剪切速度不同。胶砂

搅拌机是试验中最常用的搅拌仪器，其可广泛应用各种砂浆的搅拌中；但因转速非常低，剪切速度较慢，使分散剂的溶解-分散-吸附作用发挥很缓慢，从而需要提高搅拌时间才能达到分散效果。高速分散机大量应用于涂料试验中，因转速高，剪切速度快，并可以配合不同的转盘使用，从而达到良好的分散效果。高速制浆机在江浙地区属于较常使用的设备，其能够在较短的时间内达到非常高的剪切速度，从而使分散剂分散效果得到快速发挥。

压浆料达到相应流动度所需要的时间主要跟分散剂塑化速度和剪切速度相关，但单纯提高剪切速度并不能完全达分散效果，如采用高速分散机和高速制浆机，因此，对分散剂塑化速度的研究非常重要。

3.2 分散剂塑化速度对压浆料流动度的影响

采用分散剂 SD-600P-E、SD-600P-F 及竞品 B、X，分别采用高速分散机搅拌 4min，6min，高速制浆机搅拌 3min，实验结果见研究不同类型的对压浆料流动度的影响，见表4～表6。

表4 不同分散剂采用高速分散机分散 4min 后的流动度

压浆料应用评估	SD 600P-E	SD-600P-F	B	X
初始流动度/s	16.75	21.31	23.32	17.65
30min 流动度/s	18.54	20.97	20.69	18.16
30min 流动度损失/s	1.79	−0.34	−2.63	0.51
浆体状态	无泌水、无扒底	无泌水、无扒底	无泌水、无扒底	无泌水、无扒底

分散剂减水机理为溶解-吸附-空间位阻作用，因而不同品种分散剂因其主链锚固基团的设计和侧链密度等具体分子设计不同，因而其发挥减水效果所用的时间不尽相同。由表4、表5可见，SD-600P-E 能够在较短的时间内发挥减水效果，其在高速分散机下分散 4min 能够满足标准需要，而其他品种的分散剂高速分散 4min 后，减水效果未能充分发挥，待其高速分散 6min 后，其分散效果得以充分发挥。因此，分散剂自身的塑化速度对压浆料流动性的影响非常大。而快速塑化对于干粉砂浆而言是非常重要的性能指标。

表5 不同分散剂采用高速制浆机分散 6min 后的流动

压浆料应用评估	SD 600P-E	SD-600P-F	B	X
初始流动度/s	15.23	16.40	19.67	16.47
30min 流动度/s	18.00	15.44	20.34	18.45
30min 流动度损失/s	2.77	−0.96	0.67	1.98
浆体状态	无泌水、无扒底	无泌水、无扒底	无泌水、无扒底	无泌水、无扒底

表6 不同分散剂采用高速制浆机分散 3min 后的流动度

压浆料应用评估	SD 600P-E	SD-600P-F	B	X
初始流动度/s	15.37	20.47	20.12	17.37
30min 流动度/s	18.65	23.47	21.34	15.6
30min 流动度损失/s	3.28	3	1.22	−1.77
浆体状态	无泌水、无扒底	无泌水、无扒底	无泌水、无扒底	无泌水、无扒底

由表6可见，SD-600P-E 在压浆料中采用高速制浆机分散 3min 后，其流动度能够满足相关要求。

3.3 分散剂适应性对压浆料流动度的影响

水泥主要的矿物组成为硅酸三钙、硅酸二钙、铝酸三钙和铁铝酸四钙，其中，铝酸三钙对羧酸吸附非常大，会导致羧酸掺加量增加且流动性损失大。本文对不同水泥矿物组分进行了分析，结果见表7，而不同分散剂对不同水泥所配制的压浆料流动度影响见图3。

表7 不同品种水泥矿物组分

水泥品种	水泥矿物组成												
	CaO	SiO$_2$	Al$_2$O$_3$	SO$_3$	Fe$_2$O$_3$	MgO	K$_2$O	TiO$_2$	SrO	P$_2$O$_5$	Na$_2$O	BaO	MnO
基准水泥	61.59	21.64	4.25	3.91	3.74	2.92	0.86	0.29	0.13	0.19	0.09	0.01	0.26
拉法基 P·O42.5	58.19	23.44	5.41	4.25	3.60	2.32	0.92	1.19	0.06	0.16	0.16	0.06	0.12
海螺 P·O42.5	59.65	24.29	5.37	3.74	3.56	1.51	0.91	0.33	0.15	0.11	0.10	0.09	0.06
粤秀 P·O42.5	56.49	22.37	8.86	4.76	3.81	1.61	0.93	0.46	0.09	0.11	0.12	0.01	0.13
南方 P·O42.5	57.91	23.02	6.64	3.80	2.90	3.44	0.94	0.34	0.24	0.11	0.24	0.09	0.19
海螺 P·O52.5	62.53	21.97	4.57	3.91	3.53	1.88	0.79	0.28	0.19	0.06	0.16	0.01	0.06

由表7和图3可见，同种分散剂条件下，三氧化铝的含量影响着浆体的流动度。三氧化铝含量高，则铝酸三钙含量高，铝酸三钙水化速度非常快，其水化产物会对聚羧酸分散剂形成包裹作用，且自身与聚羧酸分散剂形成竞争吸附，从而影响着浆体的流动度。

不同水泥因矿物组分不同而使其与压浆料适应性不同，而优良的水泥品质能节约分散剂

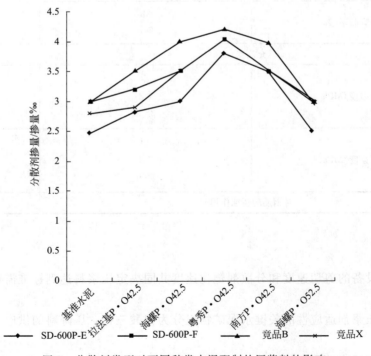

图3 分散剂类型对不同种类水泥配制的压浆料的影响

掺量且所配制的压浆料性能更加优异,因而低铝酸三钙的水泥是首选。压浆剂在推广过程中对水泥的适应性强弱直接决定了其使用范围,而压浆料的选用更利于控制各组分,降低因水泥变化而带来各种技术风险,但会增加运输成本。

由图3可见,在同种水泥情况下,不同种类的分散剂因分子结构不同,从而对水泥的适应能力不同,其中,SD-600P-E因其优异的适应能力,其在各种水泥情况下掺量最低。

3.4 SD-600P-E 配制的压浆料性能

采用压浆料专用分散剂 SD-600P-E,高速制浆机搅拌 3min,能用不同品种水泥配制出满足《公路桥涵施工技术规范》(JTG/T F50—2011)的压浆料,具体各项指标因泥品种而异,其中采用海螺 P·O52.5 水泥所配制的压浆料,并采用高速制浆机按照标准程序测试结果见表8。

表8 压浆料检测结果

项目		测试值
水胶比		0.28
凝结时间/h	初凝	7
	终凝	18
流动度(25℃)/s	初始流动度	14.56
	30min 流动度	15.24
	60min 流动度	16.04
泌水率/%	24h 自由泌水率	0
	3h 钢丝间泌水率	0
压力泌水率/%	0.22MPa(孔道垂直高度≤1.8m 时)	1.3
	0.36MPa(孔道垂直高度>1.8m 时)	1.8
自由膨胀率/%	3h	0
	24h	0
充盈度		合格
抗压强度/MPa	3d	33.56
	7d	52.45
	28d	74.80
抗折强度/MPa	3d	6.50
	7d	8.92
	28d	11.85
对钢筋的锈蚀作用		无锈蚀

4 结论

(1) 搅拌设备的剪切速度和分散剂塑化速度共同决定压浆料达到标准需要流动的度的分散时间。

(2) 影响压浆剂适应性的关键水泥矿物组分为铝酸三钙,压降料的供应方式更能保证其性能稳定性。

(3) 分散剂适应性强能提高压浆剂适应范围,并降低成本。

(4) 压浆料专用助剂 SD-600P-E 采用高速制浆机分散 3min，能配制出满足《公路桥涵施工技术规范》（JTG/T F50—2011）的压浆料，对多种水泥具有优异的适应性。

参考文献

[1] 李国平. 预应力混凝土结构设计原理 [M]. 北京：人民交通出版社，2000：107-138.

[2] 冯大斌，董建伟，孟履祥. 后张预应力孔道灌浆现状 [J]. 施工技术，2006，35（4）：49-51.

[3] 张志勇，胡劲松，李永强. 新型压浆材料在孔道压浆实践中的研究 [J]. 城市道桥与防洪，2011（07）：265-266.

[4] 王超峰. 后张法预应力混凝土孔道灌浆工艺及其应用 [J]. 公路交通科技，2005，22（2）：78-81.

[5] 王月华，翁智财，曾志. 管道压浆材料工作性能试验研究 [J]. 铁道建筑，2008（1）：100-101.

[6] BEN C GERWICK, JR. CONSTRUCTION OF PRESTRESSED CONCRETE STRUCTURES [M]. 第二版. 黄棠，王能远等译. 北京：中国铁道出版社，1999.

[7] 冯大，栾贵臣等. 后张预应力混凝土施工手册 [M]. 北京：中国建筑工业出版社，1997，7.

[8] 徐向锋. 孔道压浆性能试验及施工质量的研究 [D]. 东南大学，2005.

[9] Stefania Grzeszczyk. Effect of superplasticizers on the rheological properties of fly ash suspensions containing activators of the pozzolanic reaction [J]. Cem. &Concr. Res. 2000，30（8）：1263-1266.

[10] 丁庆军，管学茂，胡曙光. 混合材对超细灌浆水泥流变性能的影响 [J]. 长江科学院院报，2002，19（02）：22-26.

聚氨酯保温板系统中水泥玻纤界面黏结砂浆的性能研究

邱建华[1]　蒋俊辉[2]　刘小泉[1]

(1. 江苏尼高科技有限公司，江苏，常州，213141；
2. 广西建筑工程质量检测中心，广西，南宁，530011)

摘要：通过优化黏结砂浆配方，配制新型高分子乳液界面剂，研究了聚合物黏结砂浆-界面剂-水泥玻璃纤维布的砂浆黏结体系安全性能和耐久性能。结果表明：聚合物黏结砂浆与水泥玻璃纤维界面浸水黏结强度偏低；通过在水泥玻璃纤维界面涂刷界面剂，能增加砂浆与该界面干黏结强度和浸水黏结强度；苯丙类乳液天坝2000界面剂能显著增强水泥玻璃纤维界面与黏结砂浆的黏结性能和耐水性能。聚合物黏结砂浆-天坝2000界面剂-水泥玻璃纤维界面的黏结系统安全性能和耐久性能优良，可以应用于工程。

关键词：聚氨酯保温板系统；黏结砂浆；界面；黏结强度

The research of the special mortal system on cement fiberglass interface

Qiu Jianhua[1]　Jiang Junhui[2]　Liu Xiaoquan[1]

(1. Jiangsu NiGao science and Thechnology Co., Ltd. Jiangsu, Changzhou, 213141, China；
2. Guangxi Construction Engineering Quality Inspection Center, Guangxi, Nanning, 530011, China)

Abstract: The safety performance and durability of the mortar -interface agent -cement mortar bonding glass fiber cloth system was studied, by optimizing the adhesive mortar formulation and preparing a new polymer emulsion interface agent; The result was: the bonding strength between polymer adhesive mortar and cement glass fiber interface is low. Brushing interface agent can increase its dry adhesive strength and wet adhesive strength. Acrylic-based emulsion Tianba 2000 interface agent can significantly enhance the adhesion of cement mortar with glass fiber interface adhesion properties and water resistance. Polymer adhesive mortar -Tianba 2000 interface agent -cement glass fiber interface bonding system has excellent safety performance and durability. So it can be applied in engine.

Keywords: polyurethane insulting system; bonding mortar; interface; bonding strength

1　前　言

水泥玻璃纤维复合材料凭借其耐温、耐热、不燃、机械强度高等优点，已经成为建筑、交通、国防等行业不可缺少的原材料。利用水泥玻璃纤维布与聚氨酯保温材料复合，制备成复合聚氨酯保温板已经在聚氨酯保温节能领域发挥了重要作用。水泥玻璃纤维布是通过玻璃纤维薄毡、水泥、细砂和乳液混合，高温烘干制备而成。玻璃纤维在制备过程中通常会加入淀粉润滑剂，该物质长期浸水容易分解，不利于玻璃纤维基材的耐水性能。工程应用也表明：采用普通砂浆体系直接将以水泥玻璃纤维布为界面的聚氨酯复合保温板粘贴于建筑外墙

作者简介：邱建华（1984—），男，工学硕士，Email：65628234@163.com。

的聚氨酯保温系统逐渐出现了界面黏结砂浆空鼓、保温板材脱裂的现象，严重降低了聚氨酯保温系统安全稳定性和保温节能效果。

为解决以上问题，本文通过优化黏结砂浆配方，研制新型高分子乳液界面剂，形成聚合物黏结砂浆-界面剂-水泥玻璃纤维布的砂浆黏结体系，显著增强了水泥玻璃纤维基材的黏结性能和耐水性能，提高了以该基材为复合面的聚氨酯保温系统的安全性能和耐久性能。

2 实验部分

2.1 原材料

水泥：P·O42.5水泥，盘固水泥集团公司生产；砂：天然砂0.3~0.6mm；粉煤灰：常州国电生产的Ⅰ级粉煤灰；胶粉：瓦克公司2350胶粉；纤维素醚：60000mPa·s甲基纤维素，浙江中维有限公司生产；乳液500J和天坝2000，易来泰国民淀粉化学（上海）有限公司生产。

2.2 试验方法

基本性能：湿容重、与水泥砂浆板黏结强度、与水泥玻璃纤维界面黏结强度、抗压强度和抗折强度，参照《膨胀聚苯板薄抹灰外墙外保温系统》（JG 149—2003）测试。

系统性能：水泥玻璃纤维-界面剂-聚合物砂浆系统安全性能和耐久性能，参照《硬泡聚氨酯防水技术规程》（GB 50404—2007）中保温系统耐候性要求测试。

3 结果与讨论

3.1 黏结砂浆配方优化

砂浆浸润性差、黏结强度低和刚性太大是黏结砂浆剥离空鼓的重要原因，配合比中影响其性能的主要因素为纤维素醚和胶粉。纤维素醚能改进砂浆润滑性、黏稠度和抗垂流性，有利于砂浆施工性能和浸润性能。胶粉能明显改善砂浆与不同基材的黏结强度，同时还可提高砂浆内聚强度，减小弹性模量，增加砂浆柔韧性。

3.1.1 纤维素醚及胶粉性能研究

分别改变纤维素醚掺量和胶粉掺量，研究了其组分变化对黏结砂浆综合性能的影响。其中，纤维素醚对黏结砂浆性能影响见表1，胶粉对黏结砂浆性能影响如图1所示。

由表1可知：增加纤维素醚用量，有利于砂浆湿容重和压折比降低，但不利于其自身最终强度和拉伸黏结强度发展。其主要原因是纤维素醚具有缓凝和引气作用，圆润气泡的引入必然降低拌合物湿容重，降低砂浆的强度，与此同时却能增加砂浆的柔韧性。

表1 纤维素醚对黏结砂浆性能影响

纤维素醚掺量	湿容重/(g/L)	与水泥砂浆板黏结强度/MPa	与水泥玻璃纤维界面黏结强度/MPa	抗折强度/MPa	抗压强度/MPa	压折比
0.9‰	1808	1.2	0.115（界面破坏）	7.2	24.3	3.4
1.2‰	1708	1.0	0.114（界面破坏）	7.0	20.6	2.9
1.5‰	1652	0.9	0.113（界面破坏）	6.4	18.3	2.8
1.8‰	1572	0.9	0.110（界面破坏）	5.7	15.4	2.7

由图1可知：掺加胶粉能显著增加砂浆黏结强度，但当其掺量超过1.5%时，增加效果基本饱和，且砂浆与玻璃纤维界面耐水黏结并不理想。胶粉遇水后，其颗粒以布朗运动的方

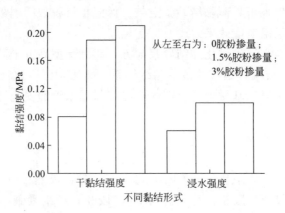

图 1　胶粉对黏结砂浆性能（与水泥玻纤界面黏结）影响

式在水中分散，随着水泥水化和水分的蒸发，乳胶颗粒相互靠近，逐渐凝聚形成乳胶膜，这种凝聚结构可以包裹于颗粒界面，改善界面结构，从而提高了砂浆界面黏结力。砂浆与玻璃纤维界面耐水性差的原因可能是水泥玻璃纤维本身耐水性差引起。

3.1.2　优化砂浆配比及基本性能

根据纤维素醚和胶粉研究结果，优化确定了黏结砂浆最终配比，并测试了其相关性能。砂浆优化配比见表2，性能见表3。

表 2　优化砂浆配比

配方	水泥	砂	乳胶粉	纤维素醚	FA	其他助剂
黏结砂浆	280	720	15	1.5	10	1

表 3　优化砂浆配比性能

项目	拉伸黏结强度（与水泥砂浆）/MPa		拉伸黏结强度（与水泥玻纤面）/MPa		压折比
	原强度	耐水	原强度	耐水	—
技术要求	≥0.6	≥0.4	≥0.1	≥0.1	—
测试结果	1.23	1.07	0.18	0.10	2.7

3.2　乳液界面剂制备及性能研究

水泥玻璃纤维布是通过玻璃纤维薄毡、水泥、细沙和乳液混合，高温烘干制成。玻璃纤维在制备过程中通常会加入淀粉润滑剂，该物质长期浸水容易分解，不利于玻璃纤维基材的耐水性能。为增加该基材的黏结性能，改善玻璃纤维的耐水性能显得尤为重要。采用乳液涂刷界面，形成保护隔离膜，不仅能改善该基材使用环境，而且还有利于黏结砂浆与该基材润湿紧密接触，增加界面黏结。

3.2.1　界面剂制备及其性能研究

采用不同乳液，配制了3种不同界面剂，研究了其对黏结砂浆与水泥玻璃纤维界面黏结性能的影响。三种界面剂依次为：500J（1）（固含量为60%），500J（2）（固含量为80%）和天坝2000（固含量为60%）。测试了上述优化黏结砂浆在RH=60%，$T=23℃$条件下养护7d与聚氨酯复合板的干黏结强度和浸水2d，晾干4h的浸水黏结强度。

由图2可知：在水泥玻璃纤维界面涂刷界面剂，能增加砂浆与该界面干黏结强度和浸水

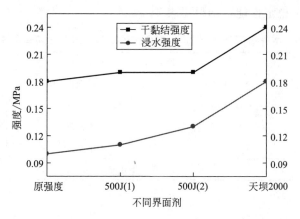

图 2 不同界面剂对黏结砂浆性能影响

黏结强度；同种界面剂，固含量越高，对砂浆与该界面的黏结强度也越有利；三种界面剂中，天坝2000界面剂对水泥玻璃纤维界面的增强效果最理想，主要是因为天坝2000界面剂为苯丙类乳液，而500J界面剂为醋酸乙烯类乳液，苯丙类乳液耐水性能优于醋酸乙烯类乳液。

3.2.2 界面剂涂刷有效期研究

测定界面剂有效时间，对工程应用具有重要意义。在水泥玻璃纤维界面上，涂刷3种不同界面剂，分别晾干时间4h和8h后，进行黏结砂浆抹面，测试了不同晾干时间下砂浆黏结性能。

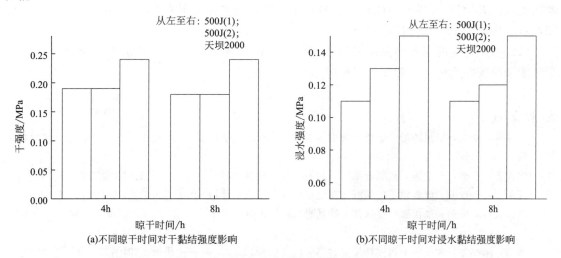

(a) 不同晾干时间对干黏结强度影响　　　(b) 不同晾干时间对浸水黏结强度影响

图 3 界面剂晾干时间对黏结性能的影响

由图3可知：涂刷三种界面剂时，当晾干时间由4h增加到8h后，黏结砂浆干黏结强度和浸水黏结强度变化不大。如此表明：界面剂涂刷后，晾干时间在4~8h内仍然有效。

3.3 水泥玻璃纤维-界面剂-聚合物砂浆系统性能研究

保温板在实际应用中，环境因素对界面系统的影响更为复杂。在保温复合板的水泥玻璃纤维布敷面上涂刷上述研制的界面剂，晾干4h后采用优化的黏结砂浆粘贴聚氨酯保温板并用其抹面，形成以水泥玻璃纤维-界面剂-聚合物砂浆为体系的保温系统。模拟环境影响因素（温度变化和湿度变化），参照《硬泡聚氨酯防水技术规程》（GB 50404—2007），测试该黏结体系耐久性能和安全稳定性能，结果见表 4。

表 4 水泥玻璃纤维-界面剂-聚合物砂浆系统耐久性和安全性能

测试项目	性能指标		结果
外观质量	砂浆开裂	不允许	未见开裂
	砂浆粉化	不允许	无
	砂浆剥落	不允许	无
	砂浆空鼓	不允许	未见开裂
拉伸强度/MPa	≥0.1，且破坏界面不在黏结层		0.21（保温层破坏）

4 结 论

优化黏结砂浆配方，研制新型高分子乳液界面剂，形成了聚合物黏结砂浆-界面剂-水泥玻璃纤维布的新型砂浆黏结体系，得到如下结论：

（1）调整纤维素醚和胶粉掺量，优化了黏结砂浆配方，配制了满足《硬泡聚氨酯防水技术规程》（GB 50404—2007）要求的聚合物黏结砂浆，其比例为：水泥∶砂∶乳胶粉∶纤维素醚∶粉煤灰∶助剂＝280∶720∶15∶1.5∶10∶1。

（2）聚合物黏结砂浆与水泥玻璃纤维界面浸水黏结强度偏低；通过在水泥玻璃纤维界面涂刷界面剂，能增加砂浆与该界面干黏结强度和浸水黏结强度。

（3）同种乳液界面剂，固含量越高，对砂浆与水泥玻璃纤维界面的黏结强度也越有利；苯丙类乳液天坝 2000 界面剂能显著增强水泥玻璃纤维界面与黏结砂浆的黏结性能和耐水性能，且其涂刷晾干 4～8h 后依然有效。

（4）采用优化的聚合物黏结砂浆-天坝 2000 界面剂-水泥玻璃纤维界面为黏结系统，安全性能和耐久性能优良，能满足工程应用。

参考文献

[1] 任德斌，魏欢，贾洪涛等．玻璃纤维增强水泥复合板的力学性能［J］．沈阳建筑大学学报（自然科学版），2008，24（6）：1005-1009．

[2] 沈荣熹，崔琪，李清海．新型纤维增强水泥基复合材料［M］．北京：中国建材工业出版社，2004．

[3] 邱菊生，钟智丽．改善电子玻璃纤维布电绝缘性能的研究［J］．产业用纺织品，2009，27（10）：1-5．

[4] 赵振波，郑娟荣，潘国强．建筑抹灰砂浆耐久性的影响因素及改善措施［J］．混凝土，2013，35（5）：130-134．

[5] 张磊，张小冬，黄莹等．高性能聚合物修补砂浆的研究［J］．硅酸盐通报，2010，31（8）：988-991．

[6] 王培铭．纤维素醚和乳胶粉在商品砂浆中的作用［J］．硅酸盐通报，2005，26（5）：136-139．

[7] 陈明风，王春阳，彭家惠等．柔性黏结砂浆的性能影响因素分析［J］．新型建筑材料，2003，30（10）：23-25．

[8] 梅迎军，李志勇，梁乃兴等．纤维和聚合物对水泥砂浆早期开裂的防治及作用研究［J］．重庆交通大学学报（自然科学版），2008，27（6）：408-412．

早强型聚羧酸减水剂在硅酸盐水泥修补砂浆中的应用

毛永琳

(江苏博特新材料有限公司,南京,210008)

摘要:详细描述了早强型聚羧酸减水剂在硅酸盐水泥基修补砂浆中的应用情况,试验结果表明早强型聚羧酸减水剂可使硅酸盐水泥修补砂浆4h抗压强度提高579%,且砂浆30min流动度大于240mm,砂浆后期强度无倒缩。由其配制的修补砂浆4h抗压强度达6.31MPa,30min流动度270mm,28d黏结强度1.2MPa,28d干燥收缩率0.03%。

关键词:聚羧酸减水剂;修补砂浆;早强;干燥收缩

the Early-strength Polycarboxylate Admixture's Applications in Portland Cement Repair Morta

Mao Yonglin

(Jiangsu Bote New Materials Co., Ltd., Nanjing, 210008)

Abstract: The early-strength polycarboxylate admixture's applications in Portland cement repair mortar were described. Experimental results show that the early-strength polycarboxylate admixture can make the Portland cement repair mortar 4h compressive strength increased by 579%, and the 30min mortar greater than 240mm. The 4h compressive strength of repair mortar with the early-strength polycarboxylate admixture is 6.31MPa, and 28d cohesional strength is 1.2MPa. The 30min fluidity is 270mm. The 28d drying shrinkage rate is 0.03%.

Keywords: polycarboxylate admixture; repair mortar; early-strength; drying shrinkage

1 前言

建筑物在服役的过程中会由于环境作用、自然灾害、外力冲击等作用不可避免产生一定程度的破坏,影响使用功能,适宜的修补措施延长建筑物的服役龄期,节约资源。针对混凝土结构物较常用的修补材料主要有两大类:环氧树脂修补材料和水泥基修补砂浆。水泥基修补砂浆由于其成本低廉、原料广泛、施工方法简洁、耐久性好等特点被广泛采用。考虑到待修补建筑物一直处于服役状态,修补材料的快速凝结硬化、与建筑物快速结合服役的能力尤为重要。快硬水泥具有凝结硬化快、体积稳定性高等特点,大量应用于早强快硬型修补砂浆中,然而其产量小、产地集中、价格高昂等问题制约了其大面积推广应用。普通硅酸盐水泥货源充足、材料易得,但早期强度发展慢,很难满足修补砂浆的快硬要求。可见,如何提高普通硅酸盐水泥的凝结硬化速度是开发高早强硅酸盐水泥修补砂浆的关键。

聚羧酸减水剂具有减水率高、保坍效果好、收缩变形小和水泥适应性强的特点,已经广

作者简介:毛永琳,男,硕士研究生,高级工程师,主要从事高性能混凝土(砂浆)与应用技术研究。江苏省硅酸盐学会房材专业委员会委员。

泛地应用于水泥砂浆和混凝土中。随着我国对聚羧酸减水剂研发的深入，聚羧酸减水剂的功能化取得了快速发展。早强型聚羧酸减水剂不仅具有聚羧酸减水剂的所有特点，还兼具促硬早强功能。表1列出了早强型聚羧酸减水剂的性能指标，其加快了水泥的凝结速度，使混凝土的凝结时间提前1h以上。

表1 早强型聚羧酸减水剂 PCA Ⅴ 检测性能指标

	固体掺量/%	减水率/%	含气量/%	凝结时间/min		抗压强度比/%				28d 收缩率比/%
				初凝	终凝	1d	3d	7d	28d	
PCA Ⅴ	0.20	27.3	2.1	308	362	220	170	164	151	93

2 原材料性能指标及配合比

2.1 水泥

水泥采用 P·Ⅱ 52.5 硅酸盐水泥，其物理性能指标见表2。

表2 水泥物理力学性能

需水量比/%	凝结时间/(h:min)		力学性能/MPa					
			抗折强度			抗压强度		
	初凝	终凝	3d	7d	28d	3d	7d	28d
26.4	2:40	3:50	5.87	7.25	9.85	29.5	45.8	67.2

2.2 砂

砂采用长江江砂，细度模数为2.5，最大粒径小于5mm，属Ⅱ区中砂。

2.3 外加剂

江苏博特新材料有限公司生产的早强型聚羧酸减水剂，其性能指标列于表1中。早强剂为市售工业品。

2.4 水

水为可饮用自来水，符合《混凝土拌合水用水标准》。

2.5 修补砂浆设计要求及基本配合比

修补砂浆设计标号大于M60，并且满足在常温（15~20℃）养护4h抗压强度大于4.5MPa要求。为了方便施工，要求修补砂浆30min后扩展度大于240mm。考虑到砂浆的施工基体体积变形已达到稳定值，为了取得良好的界面黏结性能，要求砂浆的28d收缩小于500微应变。根据上述要求，笔者设计砂浆基本配合比见表3。

表3 修补砂浆基本配合比

水泥/(kg/m³)	膨胀剂/(kg/m³)	砂/(kg/m³)	水/(kg/m³)
920	80	1000	280

3 试验结果

3.1 PCA Ⅴ 对修补砂浆早强性能影响

基于修补砂浆的设计要求，笔者以30min流动性保留值、4h抗压强度作为早强组分优选评价指标。重点考察了早强型聚羧酸减水剂与早强剂在修补砂浆中的作用，并以试验结果确定最佳的修补砂浆配方。

表4列出不同早强组分对修补砂浆的改性效果，可见PCAⅤ具有最佳的改性效果，不仅提高砂浆的早期力学性能，同时也未表现其他早强剂提高流动性损失、后期强度倒缩等问题。掺入PCAⅤ后，修补砂浆的4h抗压强度较基准组提高了，具有显著的促强作用。

表4 不同早强组分对修补砂浆的改型效果

序号	早强组分		流动度/mm		抗压强度/MPa				
	种类	掺量	0min	30min	4h	5h	6h	1d	28d
1	无		320	290	0.78	1.23	2.66	15.7	65.2
2	PCAⅤ	0.3%	330	260	5.30	7.72	9.43	25.5	67.5
3	碳酸钾	1%	325	120	2.06	2.60	3.64	16.1	48.6
4	氯化钙	1%	320	225	3.05	5.51	7.88	23.2	57.1
5	硫酸铝	1%	295	195	2.20	3.00	4.61	19.1	54.5
6	三乙醇胺	0.04%	330	260	0.98	1.79	2.49	17.7	64.3

注：除第2组外，其他各组均掺加0.3%C的普通聚羧酸减水剂PCAⅠ；试验及养护环境温度为20℃。

早强型聚羧酸减水剂PCAⅤ有别于其他减水剂的最大特点为超长的侧链结构，如图1所示。超长侧链结构的聚羧酸减水剂具有更优的空间位阻效应，使其单个分子的分散能力提高，有效降低了减水剂分子在水泥颗粒表面的富集程度，使得水泥颗粒在充分分散的同时，留存更多的水化活性点，进一步加速水泥的凝结硬化过程。由于，此过程并未有新的水化产物产生，所以对水泥的长期力学性能并未表现出常规早强剂的倒缩现象。

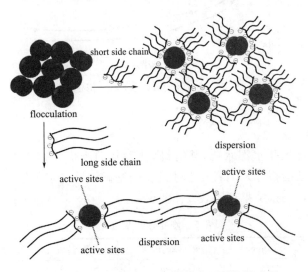

图1 早强型聚羧酸减水剂分散水泥颗粒示意图

图2列出了PCAⅤ对水泥净浆放热速率的影响。可见，PCAⅤ使水泥的水化放热速率明显提前。PCAⅤ使水泥的放热速率在水化160min后开始上升，而纯水泥的放热速率在350min左右开始上升，PCAⅤ使水泥的放热速率在650min左右达到峰值，而纯水泥的放热峰值在1000min左右才能达到。

3.2 PCAⅤ对修补砂浆收缩性能影响

图3示出了PCAⅤ对修补砂浆收缩变形的影响，修补砂浆的养护制度为1d拆模后放入水中养护7d，后放入温度（20±1）℃、RH=65%的环境中干燥养护。PCAⅤ使修补砂浆的水养膨胀值提高，在干燥养护时能够降低砂浆的收缩。PCAⅤ的低界面张力和低碱含量对

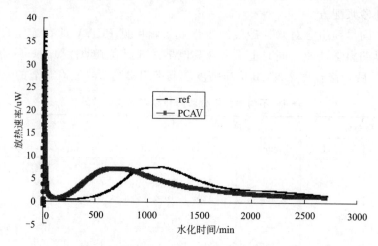

图 2　PCA V 对水泥净浆放热速率的影响

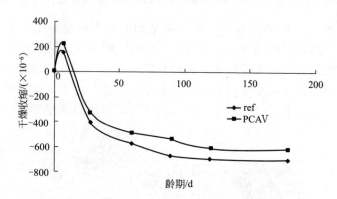

图 3　PCA V 对修补砂浆收缩变形的影响

其减少收缩作用有益。

3.3　修补砂浆性能检测

PCA V 能够加速硅酸盐水泥水化，降低修补砂浆的干燥收缩变形，并通过与膨胀剂复合，优化修补砂浆的性能指标。笔者在上述试验的基础上，确定了修补砂浆的最终配方，并对其性能进行了测试，测试结果列于表5、表6中。

表 5　修补砂浆配合比

水泥/(kg/m³)	膨胀剂/(kg/m³)	砂/(kg/m³)	水/(kg/m³)	PCA V/(kg/m³)
920	80	1000	280	3

表 6　修补砂浆性能指标

	流动度 mm		抗压强度 MPa			抗折压强度 MPa			28d 黏结强度 MPa	28d 收缩率/(×10⁻⁶)
	3min	30min	4h	1d	28d	4h	1d	28d		
修补砂浆	340	270	6.31	26.5	64.3	1.52	5.27	12.5	1.2	329

注：本数据中所有时间均由加水拌合时间为起点；本数据是基于20℃温度环境下所获得的数据。

4　结　论

PCA V 的促强作用使硅酸盐水泥作为快硬修补砂浆的胶凝材料成为可能，并且低界面张力和低碱含量使 PCA V 能够降低修补砂浆的干燥收缩,有助于提高修补砂浆的界面黏结性能,减少开裂,提高耐久性。最终确定的修补砂浆产品可以保证在 20℃ 的环境条件下 4h 抗压强度达到 6.31MPa,可施工时间达到 30min 以上,28d 收缩 329 微应变。

参考文献

[1] 田鹏龙,徐龙贵,王春久等. 可再分散乳胶粉及粉末添加剂改性的混凝土修补砂浆 [J]. 新型建筑材料,2008.11:9-13.

[2] 黄从运,张明飞,蔡肖. 聚合物改性硫铝酸盐水泥修补砂浆的耐硫酸盐腐蚀性研究 [J]. 化学建材,2007.3:27-29.

[3] SPIRATOS N,JOLICOEUR C. Trends in chemical admixtures for the twenty-first century [A]. MALHOTRA V M ed. 6th CANMET/ACI International Conference on Superplasticizers and Other Chemical Admixtures in Concrete [C]. USA:American Concrete Institute,SP - 195,2000:1 - 16.

[4] RAN Qiangping,MIAO Changwen,LIU Jiaping,et al. Performance and mechanism of a multi-functional superplasticizer for concrete [J]. Mater Transact,2006,47 (6):1599 - 1604.

[5] RAN Qianping. Research on structure, adsorption, dispersion of comb copolymer and its working mechanism [D]. Nanjing:Nanjing Univerisity,2007.

KLJ渗透结晶型防水涂料的研制

陆富 崔巩 刘建忠 周华新

(江苏博特新材料有限公司，江苏，南京，211103)

摘要：选取了四种活性化学物质与水泥、石英砂、填料及钙离子补偿剂进行组合，利用正交设计的试验方法对活性化学物质配方进行优化，从而初步研制出 KLJ 渗透结晶型防水涂料。经一系列的性能测试，结果表明 KLJ 防水涂料的各项性能指标均已达到或超过了国家标准。

关键词：渗透；结晶；防水涂料；正交设计

Development of KLJ Cement-based permeable crystallization type waterproof material

Lu Fu Cui Gong Liu Jianzhong Zhou Huaxin

(Jiangsu Bote New materials Co. Ltd.，Nanjing，211103，China)

Abstract：Four chemically active components were particularly chosen to compound the KLJ cement-based permeable crystallization type waterproof material. The optimum proportion of the waterproof mixtures including cement, sends, filler and Ca^{2+} compensation agent were obtained from the result of the analysis of orthogonal design. Its properties were investigated in accordance with the National Standard GB 18445—2001, and the main tests, impermeability and self-repairing ability were undertaken.

Keywords：permeability；crystallization；waterproofing material；orthogonal design

1 前 言

混凝土是一种非均质多孔的脆性材料，其内部存在着大量的孔隙与裂缝，这些微观缺陷都将成为后期混凝土的渗水通道。因此如果能在混凝土孔隙与微裂纹中生长出不溶性结晶体，将孔隙与微裂纹堵塞，就能提高混凝土的防水、抗渗能力，渗透结晶型防水涂料就是利用这一原理来达到防水的目的。这种防水涂料是由水泥、石英砂及填料为基材，掺入多种活性化学物质组成，是一种刚性防水涂料。当与水混合涂刷于混凝土表面上，材料中的活性化学物质便会在浓度梯度的作用下向混凝土内部渗透，与水泥水化产物发生反应，并促使未水化水泥水化，生成不溶性结晶体，堵塞、封闭毛细孔通道，从而提高混凝土抗渗能力。

我国自 20 世纪 80 年代从国外引入该类材料，从 90 年代起，开始在许多重大工程中进行广泛应用。但到目前为止，所应用的这类产品早期多从国外直接进口，现在则多为进口国外的核心母料后在国内进行再加工的半国产化商品。本文选取了多种活性化学物质进行组合，并利用正交设计试验方法对基本配方进行优化，研制出 KLJ 渗透结晶型防水涂料，并按照国标 GB 18445—2001 的要求，对该材料的各项性能指标进行了测试。

作者简介：陆富，男，助理工程师，主要从事高性能混凝土与应用技术研究。

2 原材料和试验方法

2.1 试验原材料

2.1.1 基体材料

P·O42.5水泥（海螺水泥有限公司生产）；Ⅱ区中砂，细度模数为2.6；5～20mm玄武岩碎石；自来水。

2.1.2 防水涂料用材料

P·Ⅱ52.5水泥（小野田水泥厂生产）；60～200目精制石英砂；硅灰（比表面积为20000m^2/kg，SiO_2含量90%以上）；钙离子补偿剂（分析纯）；活性渗透结晶物质A、B、C和D，均为白色粉末；PCA聚羧酸减水剂（公司自主生产）。

2.2 试件制备

表1 混凝土配合比

水泥	砂	碎石	水
240	818	1130	192

采用表1中混凝土配合比成型抗渗试件，1d后脱模，用钢丝刷将试件的上下表面刷毛，然后清洗表面，除去表面明水，使试件处于饱和面干状态。防水涂料按照1:0.4的质量比与水混合均匀，用刷子涂刷到试件背水面，分两次涂刷，第二次涂刷在第一次涂刷后手触感觉为干时进行。按照规定的1.2kg/m^2用量涂刷试件表面。涂刷完毕后即将涂层试件放入标准养护室养护至规定龄期测试第一次抗渗压力，待测试一次抗渗压力时全部试块被水击穿后再放入标准养护室，养护至规定龄期后进行二次抗渗压力测试。

2.3 试验方法

所有性能测试方法均按照GB 18445—2001的规定要求进行。力学性能按照GB/T 17671规定进行。

3 试验设计

本文根据以上选取的涂料用材料，初步确定了防水涂料组分为：成膜物质——P·Ⅱ52.5水泥、骨架组分——60～200目精细石英砂、填充组分——硅灰、钙离子补偿剂、结晶沉淀剂A、络合助剂B、成膜助剂C、络合剂D。前期已初步确定活性化学物质之外的各组分的用量，现利用正交设计，对组成防水材料的活性组分配比进行优化。考虑四种活性化学物质的掺量为影响因子，结晶沉淀剂A取1%～4%，络合助剂B取1%～9%，成膜助剂C取2%～12%，络合剂D取0.3%～2.4%。表2为相应的各试验因素所对应的水平值。

表2 正交试验各因素水平取值表

水平 \ 因素	A 结晶沉淀剂	B 络合助剂	C 成膜助剂	D 络合剂
1	1	1	2	0.3
2	2	3	4	1.2
3	4	9	12	2.4

表 3 正交试验方案

编号	水泥	石英砂	填料	钙离子补偿剂	A	B	C	D
C-1					1	1	2	0.3
C-2					1	3	4	1.2
C-3					1	9	12	2.4
C-4					2	1	12	1.2
C-5	40	30	14	5	2	3	2	2.4
C-6					2	9	4	0.3
C-7					4	1	4	2.4
C-8					4	3	12	0.3
C-9					4	9	2	1.2

每个因素取 3 个水平，利用 4 因素 3 水平正交表（$L_9 3^4$）来进行试验，即利用 4 因素 3 水平正交试验来优化新型防水材料的基本配方。表 3 是根据正交试验表（$L_9 3^4$）确定出的具体方案。

4 试验结果与分析

按照表 3 中所列的各组配比配制防水涂料，然后分别进行砂浆抗折强度、抗压强度、第一次抗渗压力（7d、28d）以及 56d 二次抗渗压力。表 4 中所列的为各组对应的自身强度和抗渗压力试验结果。

表 4 正交试验及测试结果　　　　　　　　　　　　　　　　　　　单位：MPa

编号	28d 抗折强度	28d 抗压强度	7d 抗渗压力	28d 抗渗压力	56d 二次抗渗压力
基准	—	—	0.3	0.4	0.3
C-1	5.51	27.12	0.5	0.7	0.6
C-2	5.24	27.04	0.6	0.9	0.7
C-3	3.82	22.66	0.6	0.9	0.7
C-4	4.15	24.11	0.7	1.0	0.8
C-5	5.09	30.73	0.8	1.4	1.2
C-6	5.41	28.93	0.5	0.6	0.4
C-7	4.92	29.10	1.0	2.1	1.4
C-8	4.39	26.11	0.6	0.9	0.8
C-9	4.47	27.61	0.9	1.6	1.1

防水性能的好坏是衡量防水涂料质量最为关键的指标，本文采用抗渗压力作为涂料配方优化的主要参照指标，自身强度作为辅助性参照指标。相对于普通防水涂料，渗透结晶型防水涂料表现出良好的永久性防水能力和独特的自我修复能力，具体表现为抗渗测试时不仅具有较高的一次抗渗压力，还具有较高的二次抗渗压力，因而要同时考虑到其一次抗渗压力和二次抗渗压力两个指标。

根据表 4 中的 7d 和 28d 抗渗压力试验结果计算相应的个水平均值 K_i（$1 \leqslant i \leqslant 3$）和因素极差 R_j（$1 \leqslant j \leqslant 4$）。表 5 是相应的计算结果表。

由表 5 中极差 R 和均值 K 的计算结果可知，影响 7d 及 28d 抗渗压力的因素主次顺序为 D＞A＞C＞B。从极差值 R 的变化可以看到，D 组分的变化程度最大，其次为 A 组分，这说明说明结晶沉淀及及络合剂对抗渗压力的影响是非常显著的。下面对各因素分开讨论。

表 5 正交试验结果计算

龄期	平均值与极差	A	B	C	D
7d抗渗压力/MPa	Ⅰ	1.7	2.2	2.2	1.6
	Ⅱ	2	2	2.1	2.2
	Ⅲ	2.5	2	1.9	2.4
	$K_1 = Ⅰ/3$	0.57	0.73	0.73	0.53
	$K_2 = Ⅱ/3$	0.67	0.67	0.70	0.73
	$K_3 = Ⅲ/3$	0.83	0.67	0.63	0.80
	极差 $R = K_{max} - K_{min}$	0.17	0.07	0.10	0.27
28d抗渗压力/MPa	Ⅰ	2.5	3.8	3.7	2.2
	Ⅱ	3	3.2	3.6	3.5
	Ⅲ	4.6	3.1	2.8	4.4
	$K_1 = Ⅰ/3$	0.83	1.27	1.23	0.73
	$K_2 = ⅡQ/3$	1.00	1.07	1.20	1.17
	$K_3 = Ⅲ/3$	1.53	1.03	0.93	1.47
	极差 $R = K_{max} - K_{min}$	0.70	0.23	0.30	0.73

对于因素 A，随着结晶沉淀剂 A 掺量的增加，涂层混凝土 7d 和 28d 抗渗压力都有提高，当结晶沉淀剂掺量为 4% 甚至更高时，涂层混凝土试件具有很高的抗渗性能。但由于结晶沉淀剂与钙离子补偿剂反应，所以掺量量不宜过大，否则后期不会发挥作用，甚至会引起副作用，因此结晶沉淀剂 A 掺量取 4%。

对于因素 B，络合助剂 B 对涂层混凝土抗渗性能的影响最不显著，但 B 本身作为防水剂在工程中应用广泛，所以可取中间值，即络合助剂 B 掺量为 3%。

对于因素 C，随着成膜助剂 C 掺量的提高，7d 及 28d 抗渗压力呈现先平缓后降低的趋势，掺量较高时对抗渗压力有不利影响，主要原因为其 C 的作用是将水化产物黏结在一起形成一个完整的网状结构，增加了防水涂料表面的致密性与疏水性，掺量较高时，多余的成膜助剂只是起到表面成膜的作用，而渗透结晶防水涂料的主要特点为活性化学物质以水为载体渗透到混凝土内部孔隙。而成膜助剂掺量较高时，早期阻止了外部水分向内部渗透，使得渗透结晶过程不能继续。所以取成膜助剂 C 掺量为 4%。

对于 D，络合剂 D 是这四个因素中影响最大的，随着络合剂掺量的增加，7d 和 28d 抗渗压力均呈现出递增的趋势，28d 抗渗压力表现尤为明显。络合剂的作用为以水为载体渗透到混凝土内部，与金属离子如 Ca^{2+} 等发生螯合作用，生成络合物，遇到结晶沉淀剂，再次发生反应，生成水化硅酸钙等与水化产物相似的物质，并且络合剂继续与其他金属离子进行螯合作用，所以络合剂起到的只是搬运作用。由于络合剂为有机高分子，况且吸水性较大，掺量较高时，会使得防水涂料在搅拌过程中和易性不好，容易发生结团现象。掺量高时，抗渗压力增加没有早期显著，所以建议络合剂 D 掺量为 1.2%。

综上所述，结合渗透结晶型防水涂料配方的不同因素变化对水泥砂浆涂层时间抗渗性能的影响趋势图，可以知道，经过正交试验，初步确定了正交试验的最佳水平优化组合：结晶沉淀剂 A 加入量为 4.0%，络合助剂 B 为 3.0%，成膜助剂 C 为 4.0%，络合剂 D 为 1.2%。

5　KLJ 防水涂料性能评价

参照 GB 18445—2001 所述的试验方法对所研制的 KLJ 渗透结晶型防水涂料的安定性、凝结时间、力学性能等物理化学性能进行测试，得到如表 6 所示的测试结果。由表 6 中数据可知，KLJ 渗透结晶型防水涂料的各项指标均已达到或超过了标准的技术要求。

表 6　KLJ 渗透结晶型防水涂料的性能测试结果

序号	试验项目		性能指标		试验结果
			Ⅰ	Ⅱ	
1	安定性		合格		合格（试饼法）
2	凝结时间	初凝时间/min，≥	20		284
		终凝时间/h，≤	24		7.5
3	抗折强度	7d/MPa，≥	2.80		3.95
		28d/MPa，≥	3.50		6.07
4	抗压强度	7d/MPa，≥	12.0		18.81
		28d/MPa，≥	18.0		24.71
5	湿基面黏结强度/MPa，≥		1.0		1.67
6	28d 抗渗压力/MPa，≥		0.8	1.2	1.4
7	第二次抗渗压力(56d)/MPa，≥		0.6	0.8	1.1
8	渗透压力比(28d)/%，≥		200	300	350

6　结　语

（1）运用正交设计试验方法对渗透结晶具有活性能力的多种化学物质进行优化组合，成功研制出了 KLJ 渗透结晶型防水涂料。该涂料的制备工艺简单，取材方便，可以进行大规模实际应用。

（2）经过系列测试，KLJ 渗透结晶型防水涂料的各项性能指标均已达到或超过了国家标准，是一种性能优良的水泥基渗透结晶型防水涂料。

参考文献

[1]　薛绍祖. 国外水泥基渗透结晶型防水材料的研究与发展 [J]. 中国建筑防水，2001，18（6）：9-12.
[2]　沈春林. 水泥基渗透结晶型防水材料 [M]. 北京：化学工业出版社，2005，8.
[3]　王子明，梅一飞. 水泥基渗透结晶型防水材料的研究 [A]. 中国硅酸盐学会 2003 年学术年会新型建筑材料论文集. 北京：中国建材工业出版社，2003.
[4]　谷青华. 水泥基渗透结晶防水涂料的研究 [D]. 北京：北京工业大学，2002.
[5]　蒋正武，唐家骁. 水泥基渗透结晶型防水材料在大坝中的应用 [J]. 新型建筑材料，2001，28（8）：21-22.
[6]　Anon. Australian waterproofing agent used in Hong Kong project [J]. Civil Engineers Australian，2002，74（6）：45-52.
[7]　崔巩，刘建忠，高秀利等. 水泥基渗透结晶型防水材料渗透结晶性能评测方去研究现状 [J]. 中国建筑防水，2010，27（16）：35-38.

利用硫铝酸盐水泥和硅灰制备超早强自密实砂浆

马保国　胡迪　朱艳超

(武汉理工大学　硅酸盐建筑材料国家重点实验室，湖北，武汉，430070)

摘要：本文通过测定硫铝酸盐水泥净浆的流动性、凝结时间、水化热、XRD 和 DTG 分析来研究了硅灰和硫酸铝对硫铝酸盐水泥水化历程的影响；通过测定砂浆的早期抗折和抗压强度研究了添加不同功能的外加剂对砂浆性能的影响。实验结果表明：硅灰和硫酸铝降低了硫铝酸盐水泥净浆的流动性并缩短了其凝结时间，同时促进了早期的水化过程并提高了早期水化产物量。本文制备的硫酸盐水泥砂浆可以在没有外力的作用下进行重力灌浆，砂浆 2h 和 24h 的抗压强度分别达到了 26 和 58MPa，并具有微孔分布均匀且微膨胀性的优良性能。

关键词：建筑材料；硫铝酸盐水泥；超早强；外加剂

Ultra High Early Strength Self-compacting Mortar Based on Sulfoaluminate Cement and Silica Fume

Ma Baoguo　Hu Di　Zhu Yanchao

(State Key Laboratory of Silicate Materials for Architectures, Wuhan University of Technology, Wuhan, 430070, Hubei, China)

Abstract: The influences of silica fume and aluminum sulfate on hydration process of sulfoaluminate cement were carried out by ring flow, setting time, hydration heat, XRD and DTG analysis. In addition, mortar mixtures with different functional additive have been studied through compressive strength, flexural strength at early age. The results show that the addition of silica fume and aluminum sulfate reduces the fluidity and shortens the setting time of sulfoaluminate cement paste, promoting hydration process and increasing hydration products at early age. The sulfoaluminate cement mortar can carry out gravitational grouting without outside force, the compressive strength of 2 hours and 24 hours have reached 26 and 58MPa respectively, and have good micro-expansion and tiny pore distribution characterization.

Keywords: building materials; sulfoaluminate cement; ultra high early strength; functional additives

1　前　言

现代施工技术通常以减少施工过程中模板和预制件的循环使用周期为发展方向。使用这一施工流程的关键因素在于利用超早强混凝土和砂浆在短时间内产生强度从而减少模具的使用。例如，高铁作为一种现代化的交通运输工具具备安全、可靠和快速的特点，近年来在许多国家得到了快速的发展。而高架桥取代了路基成为了建设高速铁路线路的主要承载形式。

基金项目：国家"十二五"科技支撑计划（2011BAJ04B02）。
作者简介：马保国（1957—），男，河南开封人，教授，博士，从事新型墙体材料和特种砂浆方面的研究，Tel：027-87160951，E-mail：mbgjob@163.com。

在高架桥的箱梁架设过程中，需要使用具有高流动性且早强的砂浆来固定盆式橡胶支座。因此，所使用的砂浆要求能在灌浆过程中在重力的作用下具有自密实的能力，而不需要施加外力作用。另外，根据客运专线盆式橡胶支座暂行技术条件，还要求所用的砂浆2h和1d的抗压强度分别超过20MPa和50MPa。

据报道，环氧砂浆可作为锚固料来连接桥梁的上下部结构。然而，环氧砂浆对于环境温度特别敏感，并且它的耐久性不如以无机材料为原料的砂浆。因此，类似超早强水泥、超细矿物和早强性化学外加剂被用于生产超早强混凝土和砂浆。

作为一种超早强水泥，硫铝酸盐水泥由于其在工业生产过程中产生的CO_2要少于普硅水泥而在近年来受到了越来越多的关注；并被广泛地应用于建筑工程、快速修复以及抗渗工程等。而硅灰作为一种替代水泥的矿物添加剂，已经被广泛应用于制备高性能混凝土（HPC）。硅灰具有超细颗粒效应，改善了砂浆和混凝土中的孔隙结构。在水泥中掺入硅灰可以提高水泥的水化速率，这是因为它能释放OH^-并使OH^-进入孔隙流体。

因此，考虑到实际工程的需求和硫铝酸盐水泥及硅灰的特点，本文采用硫铝酸盐水泥和硅灰作为胶凝材料制备了一种超早强自密实砂浆（USCM），研究了硫铝酸盐水泥浆体的特性及其水化过程及砂浆的宏观物理性质和微观特征，并通过优化使砂浆达到超早强自密实的特点，而适用于锚固桥梁支座。

2 实 验

2.1 原材料

硫铝酸盐水泥（SAC），湖北安陆特种水泥制造有限公司生产，符合国标 GB 20472—2006 要求。表1列出所用水泥的化学成分分析。硅灰（SF），来源于硅铁合金厂，部分取代硫铝酸盐水泥，其化学成分也见表1。砂浆中所使用的细骨料为石英砂，控制其粒径在0.15~1.18mm 之间。外加剂：(a) 由 BASF SE 生产的 MELFLUX® 2651F 型粉状高效减水剂（PCs）；(b) 粉状早强剂：分析纯硫酸铝 [$Al_2(SO_4)_3$，以下缩写为 AS]；(c) 粉状保水剂：由 Wacker 化学部生产的羟丙基甲基纤维素（HPMC）；(d) 天汇特种建材有限公司生产的长 6mm 直径 $15\mu m$ 的聚丙烯纤维（PPF）；(e) 有机硅类消泡剂：MUNZING-CHEMIE 生产的 AGITAN® P803。

表1 硫铝酸盐水泥和硅灰的化学成分分析

	SiO_2	Al_2O_3	CaO	Fe_2O_3	MgO	TiO_2	MnO	P_2O_5	Cr_2O_3	ZrO_2	K_2O	SO_3	Cl^-	LOI
SAC	5.53	21.95	50.01	1.16	0.97	0.62	0.01	0.05	0.03	0.03	0.12	18.97	0.02	0.37
SF	88.52	1.23	1.15	2.61	—						1.12	—	0.01	3.66

2.2 净浆拌制

水灰比设定为0.29，净浆配合比如表2所示。用上口直径36mm、下口直径60mm、高60mm 的圆锥形模具测试净浆流动度。凝结时间按照国标 GB/T 1346—2011 的要求用维卡仪测量。水化热测定使用德国 Tony 公司生产的差示水化量热仪（敏感度为 0.2J/g，7338型）测定，检测的目的是测量浆体的热传递。XRD 测试使用日本 Rigaku 公司生产的 D/MAXRB 型 X 射线衍射仪，使用铜靶 K_α 射线进行检测，扫描速率为 $10°/min$，2θ 角变化范围为 $5°\sim 70°$。使用德国 NETZSCH 集团生产 STA449c/3G 型差示扫描量热仪进行热重分析。

表2 净浆和砂浆的配合比

组别	硫铝酸盐水泥	硅灰	硫酸铝	减水剂	石英砂	保水剂	纤维	消泡剂	水灰比
A	300	—	—	—	—	—	—	—	0.29
B	285	15(5%)	—	—	—	—	—	—	0.29
C	270	30(10%)	—	—	—	—	—	—	0.29
D	255	45(15%)	—	—	—	—	—	—	0.29
B3	285	15(5%)	0.9(0.3%)	—	—	—	—	—	0.29
C3	270	30(10%)	0.9(0.3%)	—	—	—	—	—	0.29
D3	255	45(15%)	0.9(0.3%)	—	—	—	—	—	0.29
B5	285	15(5%)	1.5(0.5%)	—	—	—	—	—	0.29
C5	270	30(10%)	1.5(0.5%)	—	—	—	—	—	0.29
D5	255	45(15%)	1.5(0.5%)	—	—	—	—	—	0.29
MC5	900	100(10%)	1.5(0.5%)	3(0.3%)	1000	—	—	—	0.29
MC5/0.1	900	100(10%)	1.5(0.5%)	3(0.3%)	1000	1(0.1%)	—	—	0.29
MC5/0.2	900	100(10%)	1.5(0.5%)	3(0.3%)	1000	2(0.2%)	—	—	0.29
MC5/0.3	900	100(10%)	1.5(0.5%)	3(0.3%)	1000	3(0.3%)	—	—	0.29
MC5/0.2/0.5	900	100(10%)	1.5(0.5%)	3(0.3%)	1000	2(0.2%)	5(0.5%)	—	0.29
MC5/0.2/0.75	900	100(10%)	1.5(0.5%)	3(0.3%)	1000	2(0.2%)	7.5(0.75%)	—	0.29
MC5/0.2/1.0	900	100(10%)	1.5(0.5%)	3(0.3%)	1000	2(0.2%)	10(1.0%)	—	0.29
MC5/0.2/0.75/1	900	100(10%)	1.5(0.5%)	3(0.3%)	1000	2(0.2%)	7.5(0.75%)	0.1(0.01%)	0.29
MC5/0.2/0.75/2	900	100(10%)	1.5(0.5%)	3(0.3%)	1000	2(0.2%)	7.5(0.75%)	0.2(0.02%)	0.29
MC5/0.2/0.75/3	900	100(10%)	1.5(0.5%)	3(0.3%)	1000	2(0.2%)	7.5(0.75%)	0.3(0.03%)	0.29

2.3 砂浆拌制

砂浆按照水∶胶凝材料∶砂＝0.32∶1∶1的比例进行拌制。砂浆的配合比见表2。将USCM砂浆在不进行任何振捣的情况下倒入40mm×40mm×160mm的模具中。抗折和抗压强度按照国标GB/T 17671—2005进行测定。研究表明，砂浆的体积收缩和线性收缩都用相似的结果。本文按照国标GB 50119—2003和建材行业标准JC 313—82对25mm×25mm×280mm的棱柱状砂浆样品进行膨胀率测试。将砂浆试块在（20±1）℃、相对湿度94%的环境下养护24h后，使用Quantachrome公司的孔隙率测试仪测定其孔隙率和孔径分布。

3 结 果

3.1 净浆性能

3.1.1 流动性

流动度数值如图1所示。从流动性测定结果可以看出随着硅灰掺量的增加净浆的流动度随之减小。硅灰的加入导致流动度的下降可以归因于硅灰具有更大的表面积。由于水泥细度越高其需水量也越大，而硅灰比水泥颗粒更细，所以随着硅灰掺量的增加，胶凝材料比表面积也随之增大，从而导致净浆的流动度相应减小。相比不加入AS的组分，净浆中掺加AS会导致净浆流动度的损失更大。流动度的降低是由于水泥在AS的活化下具有更强的反应活性。掺入SF和AS所带来的流动性损失问题可以通过调整高效减水剂的掺量来解决。

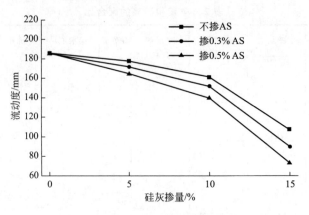

图1　SF和AS对净浆流动度的影响

3.1.2　凝结时间

图2和图3为硫铝酸盐水泥净浆的凝结时间与硅灰和硫酸铝掺量的关系。SF的加入及其掺量的增加对浆体初凝时间的影响不明显，但当加入AS时净浆的初凝时间明显缩短（图2）。SF和AS对终凝时间的影响与它们对初凝时间的影响有相似的趋势，但相比而言，SF和AS缩短终凝时间的效果更加显著（图3）。实验结果表明，AS可以显著地促进硫铝酸盐水泥的水化。AS可以加速硫铝酸盐水泥的凝结是因为它增大了水泥的表面活性。从图2和图3可以看出在水泥净浆中加入10％的硅灰和0.5％的硫酸铝使初凝时间和终凝时间分别从45min和85min缩短到15min和33min。水泥的凝结速度快使得超早强砂浆得以实现。

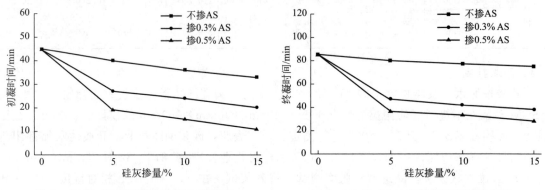

图2　SF和AS对净浆初凝时间的影响　　　　图3　SF和AS对净浆终凝时间的影响

3.1.3　水化热分析

为了探究SF和AS对硫铝酸盐水泥水化过程的影响，测定了掺加10％SF的样品（样品C）以及掺加10％SF＋0.5％AS的样品（样品C5）的水化热，并将结果与空白试样（样品A）进行了对比。图4所示为三组样品24h内的水化热曲线。可以看到，空白试样出现了两个明显的放热峰，第一放热峰出现在0.9h左右，峰值为7.8J/(g·h)；而第二放热峰则出现在4h左右，其峰值为3.1J/(g·h)。与之相似的，C样品的水化热曲线上也有两个明显的放热峰，第一放热峰相比空白组提前（在0.6h左右）且峰值达到10.3J/(g·h)，要高于空白试样。第二放热峰时间与空白试样大致相同，但峰值更低，只有2.2J/(g·h)。这说明SF可以略微缩短水泥水化的诱导期和凝结时间。从图4还可以看出，C5样品的水化热曲线从水化过程开始时就始终高于空白试样；并且其第二放热峰峰值为10.0J/(g·h)，要远高于空白试样和样品 C。图 5 显示的是三组样品水化过程中的累积放热量。由图 5 所示，AS 能显著提高硫铝酸盐水泥的水化放热量，尤其是早期的水化热。这表明在硫铝酸盐水泥浆体中掺加 SF 和 AS 可以使净浆获得更高的早期强度，从而提供了一种制备超早强砂浆的手段。

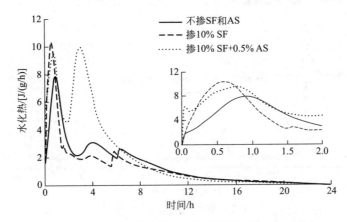

图 4　净浆水化放热速率曲线（内嵌曲线为 2h 内水化热曲线）

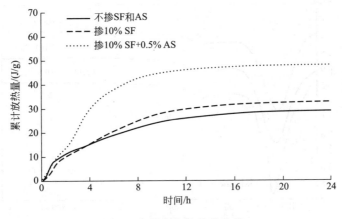

图 5　净浆水化放热量曲线

3.1.4　XRD 分析

样品 A、C 和 C5 的 2h 的水化产物 XRD 图谱如图 6 所示。样品 C 的钙矾石衍射峰值要略微高于空白试样 A。加入 SF 可以提高水泥早期的水化，这是因为 SF 作为一种化学惰性填料存在时它表面的成核效应造成的。所以，SF 可以促进 SAC 的早期水化。C5 样品钙矾石峰值远高于空白组 A 和样品 C，这说明掺加 AS 能生成更多的钙矾石。因此，AS 的存在可以促进 SAC 的水化并使水泥砂浆具有更高的硬度。

3.1.5　热分析

掺加 SF 和 AS 的 SAC 早期的水化样品也用 DTG 进行了测定。图 7 显示了空白试样 A、样品 C 和样品 C5 水化 2h 后的 DTG 曲线。可以看出，三组样品均在 120℃ 左右出现一次质量损失，其主要原因是钙矾石晶体失水；而 270℃ 左右的质量损失则是由于单硫型水化硫铝酸钙的脱水。样品 C 的峰值与空白组 A 类似，但是样品 C5 在加入 AS 的情况下出现了更多的质量损失，这说明样品 C5 生成了更多的钙矾石并在 120℃ 转化为单硫型水化硫铝酸钙，而在 270℃ 时有更多的单硫型水化硫铝酸钙失去结晶水。所以掺加硫酸铝可以增加水化产

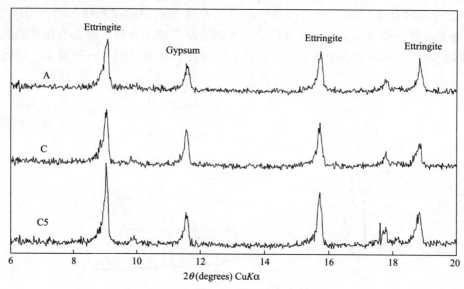

图6 空白组A（不掺SF和AS）、样品C（掺10%SF）
和样品C5（掺10%SF+0.5%AS）2h的XRD图谱

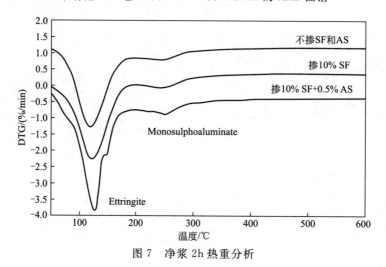

图7 净浆2h热重分析

物，并提高硫铝酸盐水泥的力学性能。

3.2 砂浆性能

3.2.1 砂浆抗压强度

图8显示了不同配比下的USCM在不同龄期的抗压强度。从图中可以看到掺加羟丙基甲基纤维素降低了砂浆的28d抗压强度；加入聚丙烯纤维在各龄期均能提高砂浆的抗压强度；加入消泡剂则可以显著提高其抗压强度。样品MC5、样品MC5/0.2、样品MC5/0.2/0.75和样品MC5/0.2/0.75/2的2h抗压强度分别为18.5MPa、16.8MPa、21.2MPa和27.6MPa。可以通过调整聚丙烯纤维和消泡剂的掺量使USCM的2h抗压强度超过20MPa。

3.2.2 砂浆抗折强度

图9所示为不同样品在不同龄期的抗折强度，可以看到外加剂对砂浆抗折强度的影响与对抗压强度表现出相似的趋势。但掺加聚丙烯纤维可以明显提高砂浆各龄期的抗折强度，而加入消泡剂则可以获得更高的抗折强度。

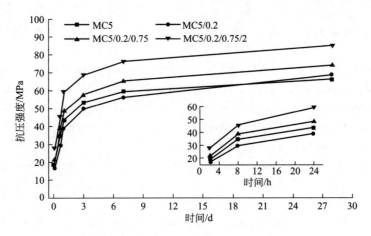

图 8　砂浆各龄期抗压强度（内嵌曲线为 24h 内的抗压强度）

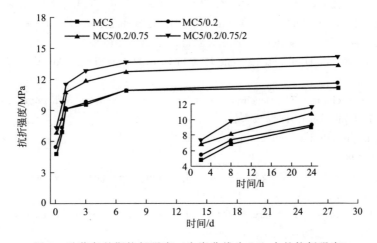

图 9　砂浆各龄期抗折强度（内嵌曲线为 24h 内的抗折强度）

4　结　论

加入 SF 和 AS 缩短了 SAC 凝结时间的同时也造成了净浆流动性的损失。掺加 SF 可以加快 SAC 的水化速度是因为 SF 表面的成核效应引起的。由于可以促进硫铝酸盐水泥水化形成钙矾石，所以加入 AS 可以明显增加 SAC 的水化热并提高水化产物（钙矾石）的结晶度。这些结果说明掺加 SF 和 AS 是一种获取超高早期强度砂浆的可靠手段。

通过引入特殊外加剂，制备了高早强 USCM。USCM 所需的性能，包括流动度、力学性能都已经实现。采用 HPMC 控制砂浆的泌水率，提高砂浆的保水能力；消泡剂降低砂浆中气泡的表面张力，减少砂浆中大气泡的数量。本研究证实掺加 0.2％羟丙基甲基纤维素，0.75％的聚丙烯纤维，0.01％~0.03％的消泡剂可以配制超早强自密实砂浆。

参考文献

[1] Kwang Ho Sho, Sang Joon Park, Yong Jic Kim, et al. Utilization of separator bag filter dust for high early strength cement production [J]. Constr. Build. Mater., 2011, 25 (2)：318-322.

[2] 查炎鹏，盛喜忧，王万金等. 超早强支座砂浆凝胶体系的配制研究 [J]. 混凝土，2010，32（8）：

118-121.

[3] 张勇,杨富民. 高速铁路架梁施工中自流平支座砂浆的研究及应用[J]. 铁道建筑,2011,51(4):24-26.

[4] 董洪晶,环氧树脂砂浆在支座垫石中的应用[J]. 公路,2008,53(4):94-98.

[5] Y K Jo. Basic Properties of epoxy cement mortars without hardener after outdoor exposure [J]. Constr. Build. Mater.,2008,22(6):911-920.

[6] Andrea Saccani, Vittorio Magnaghi. Durability of epoxy resin-based mterials for the repair of damaged cementitious composites [J]. Cem. Concr. Res.,1999,29(1):95-98.

[7] Stéphane Berger, Céline Cau Dit Coumes, Patrick Le Bescop. Influence of a thermal cycle at early age on the hydration of calcium sulphoaluminate cements with variable gypsum Contents [J]. Cem. Concr. Res.,2011,41(1):149-160.

[8] Korpa A, Kowald T, Trettin R. Hydration behaviour, structure and morphology of hydration phases in advanced cement-based systems containing micro and nanoscale pozzolanic additives [J]. Cem. Concr. Res.,2008,38(7):955-962.

[9] Eethar Thanon Dawood, Mahyuddin Ramli. High strength characteristics of cement mortar reinforced with hybrid fibres [J]. Constr. Build. Mater.,2011,25(2):240-247.

[10] K Sobolev, M Arikan. High volume mineral additive ECO-cement [J]. Am. Ceram. Soc. Bull.,2002,81(1):39-43.

[11] K Sobolev, A Yeginobali. The development of high-strength mortars with improved thermal and acid resistance [J]. Cem. Concr. Res.,2005,35(3):578-583.

[12] Gartner E. Industrially interesting approaches to "Low-CO_2" cements [J]. Cem. Concr. Res.,2004,34(1):489-498.

[13] Sharp J H, Lawrence C D, Yang R. Calcium sulphoaluminate cements-low energy cements, special cements or what [J]. Adv. Cem. Res.,1999,11(1):3-13.

[14] Popescu C D, Muntean M, Sharp J H. Industrial trial production of low energy belite cement [J]. Cem. Concr. Comp.,2003,25(7):689-693.

[15] P K Mehta. Investigation on energy-saving cements [J]. World. Cem. Technol.,1980,5(1):166-172.

[16] Xinghua Fu, Chunxia Yang, Zongming Liu, et al. Studies on effects of activators on properties and mechanism of hydration of sulphoaluminate cement [J]. Cem. Concr. Res.,2003,33(2):317-324.

[17] A M Neville. Properties of concrete [C]. 4th. ELBS and Longman, Malaysia, 1996.

[18] Z Bayasi, J Zhou. Properties of silica fume concrete and mortar [J]. ACI. Mater. J.,1993,90(4):349-356.

[19] Ji Yajun, Jong Herman Cahyadi. Effects of densified silica fume on microstructure and compressive strength of blended cement pastes [J]. Cem. Concr. Res.,2003,33(10):543-548.

[20] Sidney Diamond, Sadananda Sahu, Niels Thaulow. Reaction products of densified silica fume agglomerates in concrete [J]. Cem. Concr. Res.,2004,34(10):625-632.

[21] Wadsö L. Applications of an eight-channel isothermal conduction calorimeter for cement hydration studies [J]. Cem. Int.,2005,5(1):94-101.

[22] Burak Felekoğ, lu Selc, uk Türkel, et al. Effects of steel fiber reinforcement on surface wear resistance of self-compacting repair mortars [J]. Cem. Concr. Comp.,2007,29(3):391-396.

[23] Lura P, Durand F, Jensen O M. Autogenous strain of cement pastes with super absorbent polymers [A]. Proceedings of International RIELM Conference on Volume Changes of Hardening Concrete: Testing and Mitigation [C]. Denmark, 2006.

[24] Syed Ali Rizwan, Thomas A Bier. Blends of limestone powder and fly-ash enhance the response of self-compacting mortars [J]. Constr. Build. Mater., 2012, 37 (3): 398-403.

[25] Laure Pelletier-Chaignat, Frank Winnefeld, Barbara Lothenbach, et al. Influence of the calcium sulphate source on the hydration mechanism of portland cement-calcium sulphoaluminate clinker-calcium sulphate binders [J]. Cem. Concr. Comp., 2011, 33 (5): 551-561.

[26] Rodger S A, Double D D. The Chemistry of hydration of high alumina cement in the presence of accelerating and retarding admixtures [J]. Cem. Concr. Res., 1984, 14 (1): 73-82.

[27] J A Larbi, A L A Fraay, J M J M Bijen. The chemistry of the pore fluid of silica fume-blended cement systems [J]. Cem. Concr. Res., 1990, 20 (4): 506-516.

[28] Eethar Thanon Dawood, Mahyuddin Rmli. High strength characteristics of cement mortar reinforced with hybrid fibres [J]. Constr. Build. Mater., 2011, 25 (2): 240-247.

蒸压加气混凝土用砌筑胶浆在其表面失水规律的研究

马保国　周浩　朱艳超

(武汉理工大学硅酸盐建筑材料国家重点实验室，武汉，430070)

摘要：为了解砌筑胶浆在蒸压加气混凝土表面失水规律，设计不同温度和不同混凝土干密度因素的实验来探讨。结果表明，单一温度和干密度，失水率的变化呈现出增大的趋势，而当到达35min以后，失水明显趋于稳定。单一干密度，随温度的升高，失水率逐渐变高，但增幅随时间的推移逐渐变小。单一温度，随干密度的增大，失水率逐渐变小，但变化幅度很小。

关键词：砌筑胶浆；失水率；温度；干密度

The Research of Dehydration Law in Masonry mortar on Autoclaved aerated concretes Surface

Ma Baoguo　Zhou Hao　Zhu Yanchao

(State Key Laboratory of Silicate Materials for Architectures，Wuhan University of Technology，Wuhan，430070)

Abstract：To understand the masonry mortar in autoclaved aerated concrete surface dehydration law, design different temperatures and dry density of concrete experiments to investigate factors. The results showed that a single temperature and dry density, water loss rate of change showed an increasing trend, and when arrived 35 minutes later, dehydration significantly stabilized. Single dry density, with increasing temperature, water loss rate gradually increases, but the increase over time becomes smaller. Single temperature, with the dry density increases, the water loss rate became smaller, but the change only slightly.

Keywords：Masonry mortar；water loss rate；temperature；dry density

国家"十二五"科技支撑计划规定：新型墙体材料产量要占墙体材料总量60%以上，建筑应用比例则要达70%以上。加气混凝土作为用量巨大的新型墙体材料，其原材料选取方便，不以破坏环境为代价，且保温隔热、质轻、吸声、防火、抗震、施工方便等优点，而得到广泛使用。而其具有空隙率高、吸水速度慢、吸水量大，孔洞多为椭圆形结构等特点，导致使用普通砂浆在砌筑时抹灰容易出现抹灰层空鼓、开裂、剥落等质量问题，严重影响其正常使用。

砌筑材料由水泥基构成，成型后处于塑性状态，在一定环境下，表层水分丢失，若水分丢失速率高于其内部水分迁移到表面速率，则容易导致砌筑材料开裂，研究与之配套使用的砌筑材料在其表面的失水曲线很有必要，塞守卫、马保国提出在抗裂砂浆中加入耐碱纤维，可形成一种均匀分布的网络体系，使其内部应力分散，避免应力集中引起的开裂；塞守卫、马保国等分析纤维素醚的种类及其在干混砂浆的主要作用和保水性等性能的评价方法，提出

基金项目：国家"十二五"科技支撑计划（2011BAJ04B02）。

作者简介：马保国（1957—），男，河南开封人，教授，博士，从事新型墙体材料和特种砂浆方面的研究，Tel：027-87160951，E-mail：mbgjob@163.com。

了薄层结构中纤维素醚改性砂浆的分层水化机理。以下研究基于纤维素醚改性胶浆,采用无机胶凝材料砂浆的检测方法中的试模,研究了在不同温度(0℃、5℃、10℃、15℃、20℃、25℃、30℃、35℃、40℃)下砌筑胶浆在蒸压加气混凝土表面的失水率和砌筑胶浆在不同干密度(B03、B04、B05、B06、B07)下表面的失水率。采用定量的方法,得到单位面积砌筑胶浆的失水率变化,结果准确,排除其他因素的干扰。

1 试 验

1.1 原材料与试验配比

胶凝材料:武汉华新水泥的 P·O 42.5 普通硅酸盐水泥,其物理性能见表1,化学成分分析见表2。

表1 水泥物理性能

细度(80μm)/%	标准稠度用水率/%	凝结时间/h		抗压强度/MPa		抗折强度/MPa	
		初凝	终凝	7d	28d	7d	28d
3.20	26.75	2.70	2.95		25.98		6.35

表2 水泥的化学组成

SiO_2	Al_2O_3	Fe_2O_3	CaO	MgO	TiO_2	SO_3	Loss
21.04	6.94	2.36	61.27	1.32	0.19	1.94	3.76

掺合料:粉煤灰,华能Ⅱ型;硅灰,武汉钢铁密致硅灰,灰钙粉,工业级,纯度90%以上。

外加剂:乳胶粉,瓦克公司生产5010N型可再分散乳胶粉;HPMC湖北福德精细化工厂,黏度10000Pa·s;K12,上海化学试剂有限公司生产。

1.2 试验方法

砌筑胶浆的制备:将称量好的原料放入称量器皿中干混1~2min,再放入搅拌锅用程控净浆搅拌机搅拌均匀,配方见表3。

表3 加气混凝土专用砌筑胶浆配方

配方	水泥	粉煤灰	硅灰	灰钙粉	纤维素醚	乳胶粉	K12	水
质量/%	32.2	27.9	7.1	4.3	0~2.0	0~1.6	0~2.2	22.6~28.4

模具的选择:试模为标准 DIN 18555《无机胶凝材料砂浆的检测方法》中的试模,直径为100mm,高度为25mm。

试验步骤:将干试模的净重记为 m_1,将胶浆倒入试模中刮平称重记为 m_2,将试模倒扣与蒸压加气混凝土接触,上面盖上2kg重物。经过不同时间测定模具的重量记为 m_3,失水量 $= m_3 - (m_2 - m_1)$,计算单位面积失水率。

2 结果与讨论

2.1 温度对砌筑胶浆在蒸压加气混凝土表面失水的影响

图1为温度变化由−5℃~40℃,变化梯度为5℃时,砌筑胶浆在蒸压加气混凝土(干密度等级为B05)表面失水率的变化情况。由图1单独曲线的大致走向可以看出,随着时间的推移,失水率的变化呈现出增大的趋势,而当到达35min以后,失水明显趋于稳定,这说明在一定时间内,砌筑胶浆一直向蒸压加气混凝土界面输送水分,直至其界面吸水达到饱和为止。

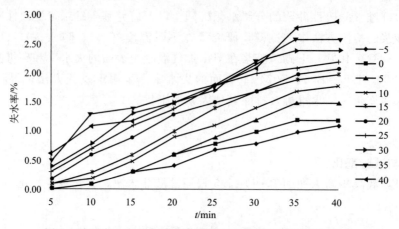

图 1 随温度改变砌筑砂浆在蒸压加气混凝土表面的失水率

由图 1 中的同一时间点失水率可以看出，失水率的大小同温度有明显关系，且当温度升高时，失水率大致保持了增大的趋势，到达饱和状态时仍然保持该规律。可见，在温度逐渐升高时，砌筑砂浆在蒸压加气混凝土表面的失水也表现出增大的趋势，直至饱和为止。

2.2 砌筑砂浆在不同干密度加气混凝土表面失水率

图 2 为在温度分别为 5℃、15℃、25℃、35℃时砌筑胶浆在蒸压加气混凝土表面的失水

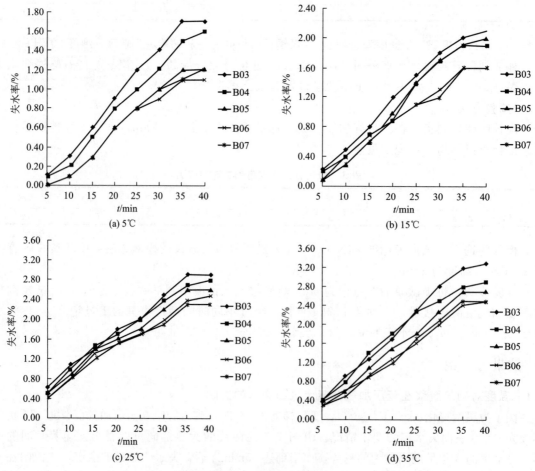

图 2 砌筑胶浆在加气混凝土表面的失水状况

状况。由图 2 可以看出：
(1) 5℃下，失水率 B03＞B04＞B05≈B06≈B07；
(2) 15℃下，失水率 B03＞B04≈B05＞B07＞B06；
(3) 25℃下，失水率 B03≈B04＞B05＞B06＞B07；
(4) 35℃下，失水率 B03＞B04＞B05＞B06＞B07。

比较 (1)、(2)、(3)、(4) 可得到如下结论：在不同梯度温度 5℃、15℃、25℃、35℃下，蒸压加气混凝土干密度对对失水率的影响不尽相同，但总体趋势是随其干密度的增大失水率呈现出减小的趋势，出现约等于的情况是由于温度对其失水率影响的程度与干密度对其影响的程度的不同导致。

Kunhanandan Nambiar 和 Ramamurthy 认为吸水率和吸附速率更能反映加气混凝土的渗透性，而随着孔隙中宏孔的增加，水蒸气渗透性有很大提高而吸附速率却有下降的趋势。

介于试验中给定的砌筑胶浆配方这一特定环境来看，温度和干密度两项因素确实对其失水率有一定的影响。但是，这一考量仅仅对该配方适用，因为原材料、水灰比、外加剂等对失水率的影响也尤为重要。改变它们，可能会有其他的规律，这会在今后的实验中系统的研究。

3 结 论

(1) 确定单一温度和干密度，随着时间的推移，失水率的变化呈现出增大的趋势，而当到达 35min 以后，失水明显的趋于稳定，说明蒸压加气混凝土早期吸水主要发生在胶凝材料的初凝之前。

(2) 确定单一干密度，随温度的升高，失水率逐渐变高，但增幅随时间的推移逐渐变小，说明温度对失水率有一定的影响，但最终到 35min 后，混凝土表面吸水饱和，失水将变得缓慢并随胶凝材料的初凝而停止。

(3) 确定单一温度，随干密度的增大，失水率逐渐变小，但变化幅度很小，说明干密度对失水率影响不大，主要表现在表观气孔略有改变。

(4) 砌筑胶浆在蒸压加气混凝土表面失水受多种因素影响，在今后应注重对蒸压加气混凝土孔结构的研究，分析其吸水规律，从而对配套砂浆的生产提出更合理的依据。

参考文献

[1] 方承志. 加气混凝土的十大特征 [J]. 新型建筑材料，2005，32 (1)：55-57.
[2] 齐子刚，姜勇. 我国加气混凝土行业现状及发展趋势 [J]. 墙体革新与建筑节能，2008，13 (1)：22-24.
[3] 李长风，刘家平，刘建忠等. 聚丙烯砂浆抗裂与收缩开裂的关系 [J]. 混凝土，2009，31 (8)：94-96.
[4] 蹇守卫，马保国. KH外墙抗裂砂浆复合抗裂技术分析 [A]. 第三届全国商品砂浆学术交流会论文集，武汉：化学工业出版社，2009：33-37.
[5] 蹇守卫，马保国，苏雷等. 纤维素醚改性砂浆的研究进展 [J]. 硅酸盐通报，2011，30 (3)：560-566.
[6] 蹇守卫，孔维，马保国等. 纤维掺量及长度对水泥净浆失水率的影响 [J]. 武汉理工大学学报，2013，35 (5)：33-36.
[7] E. K Kunhanandan Nambiar, K. Ramamurthy. Sorption characteristics of foam concrete [J]. Cement and Concrete Research，2007，37 (9)：1341-1347.

轻质泡沫混凝土的制备及其压缩力学性能研究

刘斌武[1,2]　钟世云[1]

(1. 同济大学　先进土木工程材料教育部重点实验室，上海，201804；
2. 同济大学　材料科学与工程学院，上海，201804)

摘要：采用矿粉和粉煤灰取代部分水泥作为胶凝材料、纤维、纤维素醚等原料，以及使用机械发泡方式制备表观密度在100～500kg/m³的低密度泡沫混凝土，然后对低密度泡沫混凝土的压缩力学性能及能量吸收进行研究。结果表明：表观密度对泡沫混凝土的工程压溃应力和密实应变 ε_D 有很大的影响，表观密度越大，工程压溃应力 σ_{cr}^* 大，密实应变 ε_D 越小，泡沫混凝土吸收的能量随着应变量的增大而增加。在相同应变量下，表观密度高的泡沫混凝土的吸收的能量比表观密度低的泡沫混凝土多，表观密度对泡沫混凝土的吸能效率及理想吸能效率影响较小。

关键词：泡沫混凝土；表观密度；工程压溃应力；能量吸收；能量吸收率

Preparation Method and Compressive Mechanical Properties of Light-weight Foamed Concrete

Liu Binwu[1,2]　Zhong Shiyun[1]

(1. Key Laboratory of Advanced Civil Engineering Materials, Ministry of Education,
Tongji University, Shanghai, 201804.
2. School of Materials Science and Engineering, Tongji University, Shanghai, 201804)

Abstract: Light-weight foamed concrete with density from 100kg/m³ to 500kg/m³ have been developed from fibers, cellulose ether and Portland cement, is partially replaced by activated coal gangue and mineral powder, using mechanical pre-foaming process. Compressive mechanical properties and energy absorption are studied in this paper. Results indicate that the dry density of the light-weight foamed concrete has a remarkable influence on the engineering crushing stress and densification strain, with the increase of the dry density, the engineering crushing stress will increase, but the densification strain will decrease, and the energy absorption of the foam concrete will increase as well. In the same strain, the absorption of energy of the foam concrete with the high dry density is more than the low dry density. And the dry density of the light-weight foamed concrete has little influence on the absorbability efficiency of energy and ideal absorbability efficiency of energy.

Keywords: foamed concrete; the dry density; the engineering crushing stress; energy absorption; the absorbability efficiency

1　引　言

泡沫混凝土是一种典型的多孔工程材料，与泡沫金属和泡沫塑料相比，泡沫混凝土便于制备成本低廉，且具有一定的建筑强度。最近的研究还表明，泡沫混凝土的应用范围不仅仅局限于用作墙体保温材料、还可用作防火材料、抗震材料、吸声材料等，具备普通混凝土不

基金项目："十二五"国家科技支撑计划项目（2012BAJ20E02）。
作者简介：刘斌武，男，硕士研究生，email：liubw568@163.com。

能胜任的特殊性能。超轻多孔的泡沫混凝土作为一种新型的多功能结构在动态冲击能量吸收方面表现出了卓越的性能，而其压缩力学性能在吸能方面极为重要，本文采用矿粉和粉煤灰取代部分水泥制备功能用超轻泡沫混凝土，其表观密度控制在 $100\sim500kg/m^3$ 的低密度泡沫混凝土，然后对不同表观密度的泡沫混凝土的压缩力学性能及其能量吸收和能量吸收率进行了初步研究。

2 原料及试验方法

2.1 原材料

水泥由上海海豹水泥厂生产的 42.5 级普通硅酸盐水泥，符合 ASTM 标准的 I 型硅酸盐水泥，矿粉由上海宝田公司生产提供，粉煤灰为符合 ASTM C618—1989 的 F 级粉煤灰，胶凝材料化学组成见表 1 所示；聚乙烯醇纤维（PVA）由上海博宁工程纤维材料有限公司生产，其相关性能见表 2 所示；发泡剂采用蛋白质类泡沫混凝土用发泡剂，并按照与水以 1∶10 的体积比进行稀释，发泡后密度为 $18kg/m^3$；纤维素醚由赫克力士化工公司提供的羟丙基甲基纤维素醚，白色粉末，其 2% 的水溶液 20℃ 时的黏度为 $400\sim600mPa\cdot s$；普通自来水。

表 1 胶凝材料的化学组成

胶凝材料	SiO_2	Al_2O_3	Fe_2O_3	CaO	MgO	SO_3	K_2O	TiO_2	Na_2O	MnO	SrO	P_2O_5
水泥	20.52	7.63	2.60	60.14	2.59	2.53	0.61	0.32	0.23	—	—	—
粉煤灰	48.9	33.8	5.08	6.49	0.67	0.51	0.88	1.24	—	0.06	0.19	0.26
矿粉	33	15.2	0.28	41.3	7.55	1.36	0.29	0.59	—	0.21	0.09	

表 2 聚乙烯醇纤维（PVA）性能参数

牌号	密度/(kg/m^3)	拉伸强度/MPa	弹性模量/GPa	断裂伸长率/%
MPH-Ib	1.3	1200~1500	31~40	7~15

泡沫混凝土制备配合比如表 3 所示。

表 3 泡沫混凝土配合比

编号	水泥/(kg/m^3)	粉煤灰/(kg/m^3)	矿粉/(kg/m^3)	水/(kg/m^3)	纤维素醚/(kg/m^3)	纤维/(kg/m^3)	泡沫/L	湿表观密度/(kg/m^3)
A1	59.38	59.38	29.69	81.65	1.485	1.188	2748	282
A2	81.94	81.94	40.97	112.7	2.049	1.639	2266	362
A3	109.2	109.2	54.6	150.2	2.730	2.184	1661	458
A4	139.7	139.7	69.85	192.1	3.493	2.794	737.3	561

2.2 泡沫混凝土制备

本研究中采用预制泡沫的方法制备泡沫混凝土。具体的制备工艺如下：先将水泥、粉煤灰和矿粉干拌 1min，然后再放入泡沫混凝土搅拌机中搅拌 2min，然后将在水中分散均匀的纤维混合液加入搅拌机中，搅拌 5min。在搅拌的同时，将加水稀释率为 1∶10 的发泡剂加入机械发泡机中制备泡沫，将制好的泡沫按一定量加到料浆中一起再搅拌，并实时测量泡沫混凝土浆料湿容重，最后将满足目标湿容重要求的泡沫混凝土浇注到模具中成型。

2.3 试样成型、养护及测试方法

本次试验使用的模具规格为 100mm×100mm×100mm，将搅拌均匀的泡沫混凝土浆料直接浇注到模具中（禁止震动），然后将成型好的泡沫混凝土带模在温度 20℃±1℃，湿度 95%±5% 的标准养护条件下静置 3d 后脱模，脱模后继续标养至 28d。龄期到后将试样放到 60℃的烘干箱中进行烘干 2d。然后对泡沫混凝土的表观密度（ρ^*）进行测量，然后分别将试样置于力学试验机加载平台上，使用直径为 50.80mm 的压头对试样进行压缩力学试验。本次压缩力学试验使用的仪器为电子万能力学试验机，型号为 CMT4204，试验加载速度为 76.2mm/min。

3 结果与讨论

3.1 泡沫混凝土压缩应力应变特征及力学性能

多孔混凝土受压行为应力应变曲线如图 1 所示，当应变很小（小于 5%）时，曲线呈线弹性；在材料进入压溃平台区时，与弹性区交接处对应的应力定义为工程压溃应力 σ_{cr}^*，随后出现一个随着应变增大应力变化不大的平台，屈服平台的应力将在 σ_{el}^* 上下的范围内震荡，该应力平台对于多孔混凝土应用于减振、耗能结构上具有重要意义。最后，当材料胞体完全压坏，即材料应变达到压溃平台区与密实区交接处的密实应变时，胞壁破坏叠合在一起，形成了密实区，应力随应变陡增。泡沫材料的弹性坍塌，主要是由孔壁的弹性屈曲造成，对于脆性孔壁，这种弹性屈曲在微观上显示的是微裂纹的产生与扩展，直至孔壁断裂失效并使应力重新分布的过程。因此，对于多孔混凝土，由于其孔壁材料为弹脆性材料，其坪应力值 σ_{el}^* 并非表现为一个常数，而是在一定的范围内振荡。

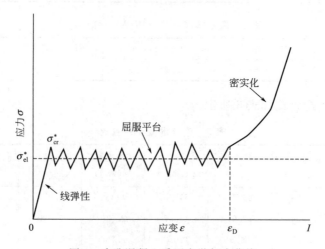

图 1 多孔混凝土受压力学行为曲线

试验测得四组试样的表观密度（ρ^*）分别为 160kg/m³、259kg/m³、330kg/m³、451kg/m³。

泡沫混凝土的压缩工程应力应变曲线呈现出三个区域：线弹性区、压溃平台区和密实区，从图 2 可以得到，随着表观密度的增大，泡沫混凝土的工程压溃应力 σ_{cr}^* 也相应增大，但压缩至致密段的最大应变量 ε_D 减小，屈服平台段的长度越短。由此可见，表观密度是泡沫混凝土的一个重要的结构特征参数，它对泡沫材料的力学性能有较大影响。

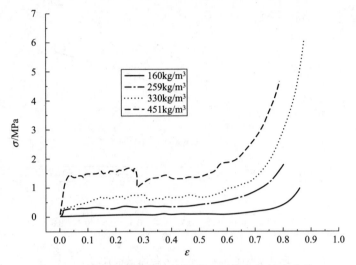

图2 不同表观密度的泡沫混凝土压缩力学行为曲线

3.2 泡沫混凝土的吸能性能

图3为泡沫混凝土在不同表观密度的压缩应变与能量吸收的关系图。从图中可以得出，泡沫混凝土吸收的能量随着应变量的增大而增加；在相同应变量下，泡沫混凝土的表观密度越大，其吸收的能量越多。

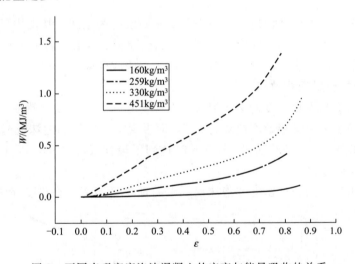

图3 不同表观密度泡沫混凝土的应变与能量吸收的关系

图4为表观密度为 $160kg/m^3$ 的泡沫混凝土的应力与能量吸收的关系图，从图中可以看到，在能量吸收曲线上两个拐点 a 和 b。拐点 a 以前，吸能较慢，它对应着应力应变曲线的线弹性这一段，泡沫混凝土的吸收能量较小。拐点 a 以后到拐点 b 之前的这段低应力阶段，吸能能力随应力的增加而迅速增大，它对应着应力应变曲线的平台阶段，这时，由于泡孔骨架的屈服、断裂，泡沫混凝土可以在应力变化范围不大的范围内产生很大的应变，从而吸收大量的能量。拐点 b 以后，能量增加的趋势变缓，它对应着应力-应变曲线的压实阶段，这一阶段应力虽然迅速增大，但由于应变增加的速率很小，因此能量增加的速率不大，它表示此时的能量吸收效率已经很低了。从以上分析可以得到图中拐点 b 处是从平台阶段到压实阶段的转变区域。在实际应用中，总是要求缓冲材料的平台应力小于被保护物品所要求的最大

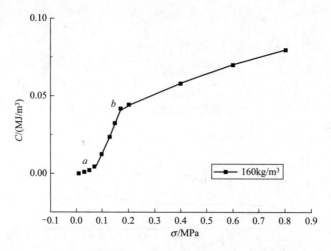

图 4 泡沫混凝土的应力与能量吸收的关系

应力 σ_{max}，如果坪应力 $\sigma_{el}*$ 高于这一应力，则不能充分利用缓冲材料的吸能能力，起不到保护作用；如果坪应力 $\sigma_{el}*$ 低于这一应力，则有可能在能量被完全吸收之前被压实，导致应力迅速上升超过 σ_{max}，而不能有效起到缓冲吸能保护的目的。因此，在实际应用中，要求泡沫混凝土的能量吸收图中拐点 b 处所对应的应力尽可能接近于 σ_{max}，此时的吸能能力才比较大。

图 5 为不同表观密度泡沫混凝土的应力与能量吸收的关系图。从图中可以得出，随着泡沫混凝土的表观密度增加，能量吸收图的拐点 a、b、c、d 向图的右上方移动，且拐点处对应的应力依次增加。随着应力增加，表观密度越大，吸收的能量越多。

3.3 泡沫混凝土的能量吸能效率

由图 6 可知，不同表观密度的泡沫混凝土在应变为 0.5 时，吸能效率达到最大；表观密度较高的泡沫混凝土最大吸能效率值约为 0.5，而表观密度较低的泡沫混凝土的最大吸能效率为 0.4，且泡沫混凝土在应变为 0.5～0.6 时达到了最佳吸能状态，因此，表观密度对其最佳吸能状态影响较小。

由图 7 可看出，不同表观密度的泡沫混凝土的理想吸能率均在应变量为 0.05 左右时达

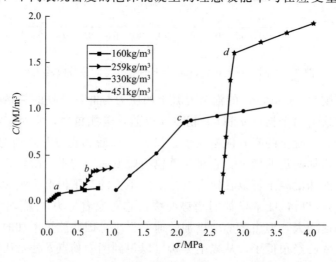

图 5 不同表观密度泡沫混凝土的应力与能量吸收的关系

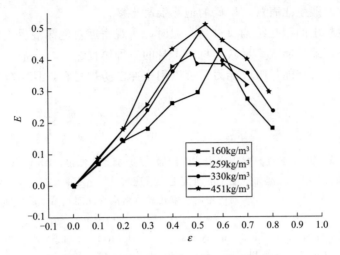

图 6　不同表观密度泡沫混凝土的吸能效率

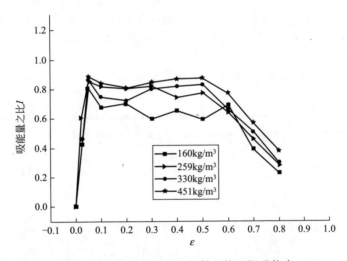

图 7　不同表观密度泡沫混凝土的理想吸能率

到最大值，其最高值约 0.86，然后随着应变量在 0.1~0.5 之间逐渐增加时，不同表观密度的泡沫混凝土的理想吸能率大小基本保持稳定，最后随着应变量进一步增加时，不同表观密度的泡沫混凝土的理想吸能率逐渐降低。由上述可以得出，当泡沫混凝土的胞孔结构及材料类似时，其理想吸能效率曲线的最大值随泡沫混凝土表观密度的变化改变不明显，这说明理想吸能效率反映了材料本身的一种属性。

4　结　论

（1）采用矿粉和粉煤灰取代部分水泥、纤维、纤维素醚等原料，以及使用机械发泡方式制备出了表观密度在 100~500kg/m³，工程压溃应力 σ_{cr}^* 为 0.1~3MPa 的低密度泡沫混凝土。

（2）表观密度对泡沫混凝土的工程压溃应力和密实应变 ε_D 有很大的影响，表观密度越大，工程压溃应力 σ_{cr}^* 越大，密实应变 ε_D 越小，即压溃平台区应力增大且平台区范围变窄。

（3）泡沫混凝土吸收的能量随着应变量的增大而增加，在相同应变量下，表观密度高的泡沫混凝土的吸收的能量比表观密度低的泡沫混凝土多。

（4）当泡沫混凝土的胞孔结构及材料类似时，表观密度对泡沫混凝土的吸能效率及理想吸能效率影响较小，即吸能效率反映了材料本身的一种属性。

（5）泡沫混凝土具有能量吸收能力，可以用作冲击防护材料，且结合其力学性能，可为工程设计提供参考。

参考文献

[1] 赵凯，王肖钧，刘飞等．多孔材料中应力波的传播［J］．爆炸与冲击，2011，31（1）：108-112．
[2] 刘小艳，王新瑞，刘磊等．泡沫混凝土的研究进展及应用［J］．混凝土，2012（6）：34-36．
[3] Lorna J Gibson, MichaelF Ashby. 刘培生译．多孔固体结构与性能，第二版［M］．北京，清华大学出版社，2003．
[4] Chridtensen R M. Mechanies of low density materials［J］. Mech. Phys. Solids. 1986（34）：563-578．
[5] Warren W E, Kraynik A M. The linear elastic properties of open-cell foams［J］. Appl. Phys. 1988（55）：341-346．
[6] 吴震．EPS多孔混凝土力学性能试验及三维数值模拟研究［D］．上海：上海交通大学，2012，3-6．
[7] McIntyre A, Anderton G E. Fracture properties of arigid polyurethane foam over a range of densities［J］. Polymer, 1979（20）：247．
[8] Ashby M F. The mechanical properties of cellular solids［J］. Metallurgical Transaction A. 1983（14A）：1755．
[9] Miltz J, Gruenbaum G. Evaluation of cushioning properties of plastic foams from compressive measurements［J］. Polymer Engineering and Science, 1981（21）：1010-1014．

玻化微珠无机保温砂浆的制备和性能研究

贺志冬 徐玲玲

(南京工业大学材料科学与工程学院，江苏，南京，210009)

摘要：本文以玻化微珠为轻骨料，以水泥与粉煤灰质量比为 7∶2 混合作为胶凝材料，以重钙为填充材料，并以纤维、HPMC、可再分散胶粉、防水剂作为外加剂制作砂浆制品。通过测定砂浆制品的抗压强度、抗折强度、干密度等性能指标，来评定各影响因素对砂浆的作用。结果表明，水料比是干密度、抗压强度、抗折强度、抗裂强度，以及吸水率的最大影响因素，其次是玻化微珠。而抗拉强度的最大影响因素是玻珠的用量，水料比则是影响抗拉强度最小的因素。

关键词：无机；保温砂浆；玻化微珠；水料比

Study of preparation and performance of Inorganic Thermal Insulating Mortar of Glazed HollowBead

He Zhidong　Xu Lingling

College of Material Science and Engineering, Nanjing University of Technology, Nanjing, 210009, Jiangsu)

Abstract: In this paper, glass beads as lightweight aggregate, Cement and fly ash as a mass ratio of 7∶2 mixture of cementitious material, and fiber, HPMC, redispersible powder, water repellent admixtures produced as mortar products. Mortar products by measuring compressive strength, flexural strength, dry density, and other performance indicators to assess the impact of factors on the role of the mortar. The results show that the ratio of water to the dry density, compressive strength, flexural strength, rupture strength, and water absorption maximum impact factor, followed by glass beads. The tensile strength of the biggest factor is the amount of the spheres, the ratio of water is the smallest factor affecting the tensile strength.

Keywords: inorganic; insulation mortar; glass beads; ratio of water to material

1 前言

我国是一个能源资源紧缺的国家，为实现我国提出的可持续性发展的目标，实施建筑节能具有深远的意义。建筑节能的主要途径之一是采用保温隔热材料改善建筑围护结构的热工性能。研究开发新型的保温隔热材料可直接获得较高的经济效益，被认为是周期短、见效快、投资少的有效途径。随着建筑节能的提出，保温砂浆的研制已受到越来越多的人的重视。国外对保温砂浆的研究有过许多报道，美国、德国等欧洲国家都已制定了相关的标准并使之实施。保温砂浆按化学成分分为有机保温砂浆和无机保温砂浆。有机保温砂浆广泛应用于夏热冬冷地区。从多年的使用来看，有机保温砂浆虽然保温隔热性能良好，但是还存在着一些缺陷，比如整个体系的耐候性差、易老化、收缩开裂等。无机保温砂浆作为目前市场上的一种新型保温材料，以其独特的优越性能，解决了这些问题。开发优质高效，低成本的无

作者简介：贺志冬，1990 年生，男（汉族），硕士生，主要从事无机保温砂浆的研究，Email：664542273@qq.com。

机保温材料，特别是以粉煤灰为主的复合型低成本高效保温材料，实现产业化，来代替现在的有机保温系统，可提高建筑保温节能效率和工艺技术水平，确保工程质量，降低成本和保护生态环境。

无机保温砂浆是指具有绝热保温性能的低密度多孔无机颗粒，为轻质骨料。合适的胶凝材料及其他多元复合外加剂，按一定的比例经一定的工艺制成的抹灰类保温材料，可以直接涂抹于墙体表面。它较普通抹灰砂浆有质量轻、保温隔热等优点。

玻化微珠保温砂浆是一种新型的无机保温砂浆，采用玻化微珠为轻骨料的一种单组分无机保温砂浆。该砂浆具有优良的保温隔热性能和抗老化、耐候及防火性能，强度高，黏结性能好，无空鼓开裂现象。现场施工加水搅拌即可使用，可直接施工于墙体上。它克服了传统的无机保温砂浆吸水率大、易粉化、料浆搅拌过程中体积收缩率大、易造成产品后期保温性能降低和空鼓开裂等不足之处。

2 原材料及试验方法

2.1 原材料

选择以水泥：粉煤灰：重质碳酸钙＝35：10：4（质量比）混合作为胶凝材料。用52.5级硅酸盐水泥，Ⅱ级粉煤灰，细度为400目堆积密度为1080kg/m³的重钙。玻化微珠物理性能见表1。

表1 玻化微珠物理性能

粒度/mm	容重/(kg/m³)	成球率/%	导热系数/[W/(m·K)]	真空吸水率/%
0.5～1.5	95～150	90～95	0.0284～0.054	20～50

石英砂用30～50目和50～100目按1：1混合。

纤维：长度为6mm聚丙乙烯纤维。

保水剂HPMC：黏度为75000MPa·s的羟丙基甲基纤维素醚。

再分散乳胶粉：美国汉森可再分散乳胶粉PAV29。

防水剂：南京斯泰宝贸易有限公司的多元共聚防水粉。

2.2 试验方法

2.2.1 干表观密度测试

参照《建筑保温砂浆》(GB/T 20473—2006)要求进行。将搅拌好的保温砂浆拌合物一次注满试模，并略高于其上表面，考虑到骨料易碎的特点，用捣棒均匀地从外向内按螺旋方向轻轻插捣25次，插捣时用力不应过大，尽量不要破坏骨料。为防止可能留下的孔洞，允许用油灰刀沿模插捣数次或者用橡皮锤轻敲打试模的四周，直至捣棒留下的孔洞消失，最后将高出部分的拌合物沿试模顶面削去抹平。试件规格为70.7mm×70.7mm×70.7mm，试件制作后用聚乙烯薄膜覆盖，在(20±5)℃温度环境下，静定(48±4)h，然后编号拆模，拆模后应立即在(20±3)℃，相对湿度在60%～80%的条件下养护至28d。养护结束后将试件从养护室取出并在(105±5)℃的温度下烘干至恒重，放入干燥器中备用。恒重的判断依据为恒温3h的两次称量试件的质量变化率小于0.2%。

试件的干表观密度按下式计算，精确至1kg/m³：

$$\rho = G/V$$

式中 ρ ——试件的密度，kg/m³；

G ——试件烘干后的质量，kg；

V——试件的体积,m^3。

2.2.2 抗压强度测试

抗压强度的测试是参照《建筑保温砂浆》(GB/T 20473—2006)要求进行。将2.2.1所测试下来的试件,作为抗压强度测试的试件。采用液压式全自动数显压力试验机加压,测试保温砂浆的抗压强度。加载速度约为10mm/min对试件加荷,直至试件破坏。

每个试件的抗压强度按下式计算,精确至0.01MPa:

$$\sigma = P/S$$

式中 σ——试件的抗压强度,MPa;
P——试件的破坏荷载,N;
S——试件的受压面积,mm^2。

2.2.3 压剪黏结强度测试

参照《硅酸盐复合绝热涂料》(GB/T 17371—1998)进行。采用100mm×100mm的瓷砖,浆料厚度9~10mm,每组成型3个试件,试件成型后用聚乙烯薄膜覆盖,在实验室温度下养护7d后去掉覆盖物,在实验室标准条件下继续养护21d后,放入(105±5)℃的烘箱中烘24h,冷却至室温,测试压剪黏结强度。每个试件的压剪黏结强度按下式来计算,精确至0.01MPa:

$$R_n = P/A$$

式中 R_n——压剪黏结强度,MPa;
P——试件破坏时的荷载,N;
A——黏结面积,mm^2。

2.2.4 吸水率

参照《轻集料混凝土技术规程》(JGJ 51—90)进行,试件规格70.7mm×70.7mm×70.7mm按照要求搅拌、养护、烘干、确定试件的平均质量(m_0),然后将试件放入水中(水温为20%±5%)浸泡48h完毕后,将试块取出、擦干、称重、确定其平均质量(m_n)保温砂浆是吸水率按下式进行计算:

$$w = (m_n - m_0)/m_0$$

式中 W——饱和吸水率;
m_0——砂浆烘干后的质量,g;
m_n——砂浆经48h吸湿后的质量,g。

3 试验方案

本次试验采用了正交试验L9-3-3的方法(见表2、表3),取水泥用量为100(质量),粉煤灰28,重质碳酸钙12,纤维和MC分别为0.8,防水剂1.6固定,石英砂量取200,250,300三个水平,玻化微珠用量取20,25,30三个水平,胶粉用量1.0,1.2,1.4,水100,110,120。

表2 正交试验因素水平表

因素	水平			因素	水平		
	1	2	3		1	2	3
A	200	250	300	C	1.0	1.2	1.4
B	20	25	30	D	100	110	120

注:A—石英砂相对用量;B—玻化微珠相对用量;C—胶粉相对用量;D—水相对用量。

表 3 试验配合比

实验序号	A	B	C	D
1	1	1	1	1
2	1	2	2	2
3	1	3	3	3
4	2	1	2	3
5	2	2	3	1
6	2	3	1	2
7	3	1	3	2
8	3	2	1	3
9	3	3	2	1

4 结果与讨论

根据方案,本次试验中,测定了砂浆制品的干密度、抗折强度、抗压强度等性能,实验结果如表 4 所示。

表 4 试验数据

序号	干密度/(g/cm³)	抗压强度/MPa	抗折强度/MPa	压折比	抗拉强度/MPa	吸水率/%
1	1.10	20.2	3.2	6.42	0.488	0.19
2	1.02	16.7	2.3	7.26	0.372	0.22
3	0.99	13.6	2.4	5.81	0.462	0.26
4	1.03	12.6	2.2	5.73	0.374	0.27
5	1.20	23.0	3.7	6.22	0.316	0.16
6	1.13	20.6	3.2	6.44	0.512	0.18
7	1.16	14.4	2.4	6.13	0.273	0.20
8	1.07	13.1	2.1	6.24	0.297	0.22
9	1.25	27.0	4.3	6.35	0.436	0.14

根据表 4 数据,分别计算出干密度极差 R_1、抗压强度极差 R_2、抗折强度极差 R_3,压折比极差 R_4,抗拉强度极差 R_5,吸水率极差 R_6,结果见表 5。

表 5 极差分析结果

序号	石英砂相对用量	玻化微珠相对用量	胶粉相对用量	水相对用量
R_1	0.12	0.02	0.02	0.15
R_2	1.80	4.75	2.00	10.03
R_3	0.40	0.63	0.05	1.41
R_4	0.37	0.68	0.40	0.68
R_5	0.11	0.15	0.08	0.03
R_6	0.04	0.03	0.01	0.07

由表 5 可以看出、水料比是干密度、抗压强度、抗折强度、抗裂强度,以及吸水率的最大影响因素,其次是玻化微珠。而抗拉强度的最大影响因素是玻珠的用量,水料比则是影响抗拉强度最小的因素。

5 结 论

(1) 干密度越大,抗压强度和抗折强度也越大,这是因为干密度越大,则试块越密实,气孔率越小，胶凝材料与骨料间结合更紧密，因而抗压强度以及抗折强度提高。

（2）玻化微珠和石英砂作为骨料，对抗拉强度影响最大，这可能是因为玻化微珠是中空的，在抗拉过程中，玻化微珠与周围的包裹材料统一性不好，导致应力集中，纤维的加入可以增韧，但对抗拉强度作用不大。另外，玻化微珠与石英砂的级配对实验也有影响，玻化微珠粒径较大，而石英砂粒径较小，所以石英砂可以很好地填充于玻化微珠之间，因而，抗拉强度可以大幅提高。

（3）随着石英砂用量的增加抗折和抗压强度都上升，并且吸水率下降，但是材料的干密度变大。

（4）玻化微珠用量取与水泥质量比为30∶100的时候，材料的各性能都是最佳，并且对抗拉强度的影响很大。

参考文献

[1] 周广德．外墙外保温系统的保温材料与技术工艺研究［J］．中国建材科技，2007（1）：17-19．
[2] 李珠，张巍，穆启华．玻化微珠保温砂浆性能分析［J］．建筑技术与应用，2007（3）：18-19，26．

低密度无机保温砂浆与防护层的黏结强度

李杰　王培铭　张国防

(同济大学先进土木工程材料教育部重点实验室，上海，201804)

摘要：研究了乳胶粉、纤维素醚、淀粉醚和引气剂的掺量对玻化微珠无机保温砂浆的干体积密度及其分别与防护砂浆、装饰砂浆两种防护层材料黏结强度的影响规律。结果表明，保温砂浆密度控制在较低范围内时，乳胶粉和纤维素醚均可提高保温砂浆与防护层的黏结强度，乳胶粉的效果较纤维素醚更显著；引气剂会明显降低保温砂浆与防护层的黏结强度；淀粉醚对保温砂浆与防护层黏结强度的影响不明显。仅就黏结强度而言，装饰砂浆可代替防护砂浆用作保温砂浆的防护层。

关键词：低密度无机保温砂浆；防护砂浆；装饰砂浆；黏结强度

Bonding strength of low density inorganic thermal insulation mortar and shielding materials

Li Jie　Wang Peiming　Zhang Guofang

(Key Laboratory of Advanced Civil Engineering Materials, Ministry of Education, Tongji University, Shanghai, 201804)

Abstract: Effects of latex powder, cellulose ether, starch ether and air entraining agent with different dosage on the volume density of vitrified micro bubbles thermal insulation mortar, the bonding strength of thermal insulation mortar and protection mortar, the bonding strength of thermal insulation mortar and decoration mortar were studied. The results show that all the four kinds of polymer powders have different influences on the bonding strength of inorganic thermal insulation mortar and shielding materials, when the volume density range of thermal insulation mortar is low. Latex powder and cellulose ether improve the bonding strength, and latex powder plays a more dominated role than cellulose ether. Air entraining agent decreases the bonding strength. Starch ether has no obvious effects on the bonding strength. Just from the aspect of bonding strength, decoration mortar can be used as the shielding material of thermal insulation mortar, which would be a replacement of protection mortar.

Keywords: low density inorganic thermal insulation mortar; protection mortar; decoration mortar; bonding strength

1　前　言

无机保温砂浆施工便捷、绿色环保，具有良好的整体性和经济性，但由于黏结性较差，保温砂浆与基层墙体的剥离或保温砂浆防护层的脱落都会导致保温体系的破坏，限制保温砂浆的推广应用。近几年的研究表明无机保温砂浆的材料组成、搅拌方式等因素均能不同程度地影响其黏结强度，但以往研究都针对的是保温砂浆与基层材料的黏结强度，关于保温砂浆

基金资助："十二五"国家科技支撑计划（2012BAJ20B02）、中央高校基本科研业务费专项资金资助项目（0500219164）。

作者简介：王培铭（1952—），男，山东肥城人，博士，教授，博导，Email：tjwpm@126.com。

与防护层的黏结强度却尚无报道,因此很有必要开展无机保温砂浆与防护层黏结强度的研究。因为保温砂浆的导热系数与其密度有很好的相关性,为保证保温砂浆具有良好的保温性能,其密度需控制在较低范围内。本文中所制备的无机保温砂浆干体积密度均控制在350kg/m³ 以内(简称低密度无机保温砂浆),并且为了研究装饰砂浆是否能直接代替防护砂浆用于保温砂浆的防护,防护层材料分别采用了防护砂浆和装饰砂浆。

2 试 验

2.1 原材料

(1) 水泥(简称PC):安徽海螺牌P·Ⅱ 52.5R硅酸盐水泥,其基本物理性能如表1所示。

表 1 水泥的基本物理性能

密度/(g/cm³)	比表面积/(m²/kg)	凝结时间/min		抗压强度/MPa		抗折强度/MPa	
		初凝	终凝	3d	28d	3d	28d
3.20	380	100	155	32.4	58.2	7.1	9.2

(2) 玻化微珠(简称Z):无机玻璃质矿物材料,呈不规则球状颗粒,内部呈多孔空腔结构,表面玻化封闭、平滑、有光泽。其技术性能指标如表2所示。

表 2 玻化微珠技术性能

堆积密度/(kg/m³)	筒压强度/kPa	导热系数/[W/(m·K)]	体积吸水率/%	表面闭孔率/%
110	150	0.048	45	80

(3) 矿物填料:粉煤灰(简称F),上海华能电厂生产的Ⅱ级粉煤灰;氢氧化钙(简称CH),上海江沪钛白有限公司生产;矿渣粉(简称S),S95矿渣粉;双飞粉(简称H),325目重质碳酸钙;脱硫石膏(简称G),由电厂烟气脱硫石膏经60℃烘干、180℃煅烧制得。

(4) 白水泥(简称WPC):52.5硅酸盐白水泥,阿尔博公司生产。

(5) 石英砂:40~70目石英砂(简称S1),70~100目石英砂(简称S2)。

(6) 纤维素醚(简称M):羟乙基甲基纤维素(HEMC),黏度为75000mPa·s,固体粉末。

(7) 乳胶粉(简称V):乙烯基共聚物,德国瓦克公司生产,型号为5010N,其最低成膜温度为4℃,玻璃化温度为16℃,固体粉末。

(8) 引气剂(简称L):Berolan(奥地利)公司生产,LP50,固体粉末。

(9) 淀粉醚(简称D):Ashland(中国)有限公司生产,固体粉末。

(10) 其他:聚丙烯纤维(简称P),长度为6mm;耐碱玻璃纤维网格布;氧化铁红颜料。

(11) 拌合水:自来水。

2.2 试验配合比

试验中玻化微珠无机保温砂浆(以下简称保温砂浆)的基准配合比(质量比)如表3所示。V、M、D、L中某种聚合物的掺量从0%开始增加时,另外三种聚合物的掺量保持为基准配合比中的掺量,如表4所示。试验所用防护砂浆和装饰砂浆的配合比如表5和表6所示。

表 3 保温砂浆基准配合比   单位：g

PC	F	CH	V	M	D	L	P	Z	水料比
415	150	100	10	5	0.95	0.25	1.3	600	0.8

表 4 保温砂浆特种聚合物的掺量   单位：%

组分 X \ 编号	X0	X1	X2	X3	X4
V	0	0.5	1.0	1.5	2.0
M	0	0.25	0.50	0.75	0.90
D	0	0.05	0.10	0.15	0.20
L	0	0.012	0.024	0.036	0.048

表 5 防护砂浆配合比   单位：g

PC	S	F	G	H	S2	M	V	D	水料比
168	40	24	8	100	502.5	1.5	30	0.2	0.18

表 6 装饰砂浆配合比   单位：g

WPC	H	S1	S2	M	V	D	P	颜料	水料比
200	100	403	268	0.8	20	0.2	2	4	0.18

2.3 试验方法

（1）参照《建筑保温砂浆》(GB/T 20473—2006)将原材料混合均匀并拌制玻化微珠保温砂浆。参照《建筑砂浆基本性能试验方法》(JGJ 70—2009)测试新拌砂浆体积密度和稠度，并在70.7mm×70.7mm×70.7mm的模具中成型。3d后拆模并将试样置于温度（20±3）℃，相对湿度60%～80%的条件下养护至28d后取出烘干至恒重，称量烘干后的质量并测量试块的尺寸，参照《建筑保温砂浆》(GB/T 20473—2006)计算试块的干体积密度。

（2）将拌好的保温砂浆装入40cm×40cm×40cm木模内抹平，置于温度（20±3）℃，相对湿度60%～80%的条件下养护3d后取出，将外框尺寸40cm×40cm、（16个）内框尺寸4cm×4cm、厚度5mm的模具放在保温砂浆板的成型面上。参照《建筑保温砂浆》(GB/T 20473—2006)拌制装饰砂浆和防护砂浆，然后各倒入模具的8个内框，即成型8个装饰砂浆试样和8个防护砂浆试样（防护砂浆内放置网格布），并置于温度（20±3）℃，相对湿度60%～80%的条件下养护27d，参照《建筑砂浆基本性能试验方法》(JGJ 70—2009)用环氧树脂将夹具粘在试样上，继续养护1d后用拉拔试验机分别测试保温砂浆与装饰砂浆、防护砂浆的黏结强度。

3 结果与讨论

3.1 聚合物对保温砂浆干体积密度的影响

图 1 为保温砂浆干体积密度与乳胶粉掺量的关系。由图 1 可见，增加乳胶粉的掺量使保温砂浆的干体积密度先增大后减小。当掺量从0%增至1.5%时，其干体积密度从280kg/m³增至310kg/m³；之后，掺量继续增至2.0%时，其干体积密度又降至280kg/m³。

图 2 为保温砂浆干体积密度与纤维素醚掺量的关系。由图 2 可见,增加纤维素醚的掺量使保温砂浆的干体积密度逐渐减小。不掺纤维素醚时,其干体积密度不满足《上海市无机保温砂浆系统应用技术规程》(DG/TJ 08-2088—2011)中对Ⅰ型保温砂浆干体积密度的要求(不大于 350kg/m³);掺入纤维素醚后,其干体积密度明显减小,当掺量从 0% 增至 1.00% 时,其干体积密度从 390kg/m³ 降至 290kg/m³。

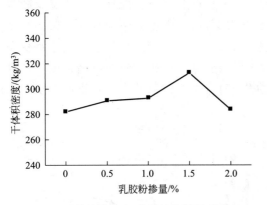

图 1　干体积密度与乳胶粉掺量的关系

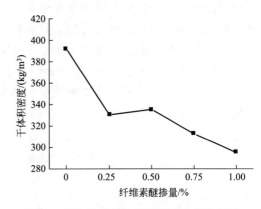

图 2　干体积密度与纤维素醚掺量的关系

图 3 为保温砂浆干体积密度与淀粉醚掺量的关系。由图 3 可见,掺入淀粉醚可增大保温砂浆的干体积密度,淀粉醚掺量继续增加使其干体积密度先减小后增大。不掺淀粉醚时,保温砂浆的干体积密度最小;掺入淀粉醚后,其干体积密度有所增大,淀粉醚掺量继续增加使其干体积密度略有减小,当掺量从 0.05% 增至 0.15% 时,其干体积密度从 340kg/m³ 降至 310kg/m³;之后淀粉醚掺量继续增至 0.20%,其干体积密度又增至 320kg/m³。

图 4 为保温砂浆干体积密度与引气剂掺量的关系。由图 4 可见,增加引气剂的掺量使保温砂浆的干体积密度逐渐减小。不掺引气剂时,保温砂浆干体积密度不满足Ⅰ型保温砂浆的要求;掺入引气剂后,保温砂浆的干体积密度明显减小,当掺量从 0% 增至 0.048% 时,其干体积密度从 370kg/m³ 降至 290kg/m³。

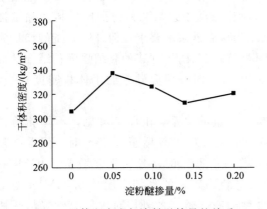

图 3　干体积密度与淀粉醚掺量的关系

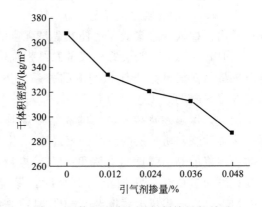

图 4　干体积密度与引气剂掺量的关系

综上所述,掺入乳胶粉、纤维素醚、淀粉醚和引气剂后,保温砂浆的干体积密度均小于 350kg/m³,保持在低密度范围内。上述四种聚合物对保温砂浆干体积密度的影响程度从大到小依次为引气剂、纤维素醚、乳胶粉、淀粉醚。

3.2 聚合物对保温砂浆与防护层黏结强度的影响

图 5 为保温砂浆和防护层的黏结强度与乳胶粉掺量的关系。由图 5 可见，掺入乳胶粉后，保温砂浆与两种防护层材料的黏结强度均增大；之后，掺量从 0.5% 增至 1.5% 时，保温砂浆和防护砂浆的黏结强度从 0.09MPa 降至 0.07MPa，但仍大于不掺乳胶粉时的黏结强度，掺量继续增至 2.0% 时，黏结强度又增至 0.08MPa；当乳胶粉掺量从 0.5% 增至 2.0% 时，保温砂浆与装饰砂浆间的黏结强度从 0.08MPa 增至 0.11MPa。此外，对比保温砂浆与两种防护层材料的黏结强度可看出，乳胶粉掺量为 2.0% 时，保温砂浆与装饰砂浆的黏结强度满足《上海市无机保温砂浆系统应用技术规程》(DG/TJ 08-2088—2011) 中对 I 型保温砂浆黏结强度的要求（不小于 0.10MPa），并且大于保温砂浆与防护砂浆的黏结强度；结合乳胶粉掺量与保温砂浆干体积密度的关系，掺量为 2% 时，保温砂浆的干体积密度较小，因此乳胶粉的最优掺量为 2.0%。

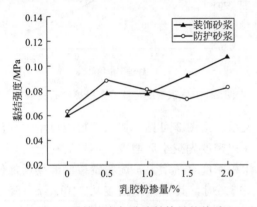

图 5　黏结强度与乳胶粉掺量的关系　　图 6　黏结强度与纤维素醚掺量的关系

图 6 为保温砂浆和防护层的黏结强度与纤维素醚掺量的关系。由图 6 可见，当纤维素醚掺量从 0% 增至 0.50% 时，保温砂浆与防护砂浆的黏结强度从 0.05MPa 增至 0.08MPa，之后，掺量继续增至 1.00% 时，黏结强度又降至 0.06MPa；当纤维素醚掺量从 0% 增至 0.75% 时，保温砂浆与装饰砂浆的黏结强度从 0.05MPa 增至 0.09MPa，之后，掺量继续增至 1.00% 时，黏结强度又降至 0.08MPa。此外，对比保温砂浆与两种防护层材料的黏结强度可看出，掺入纤维素醚无法使其黏结强度满足 I 型保温砂浆的要求，但纤维素醚的掺量为 0.75% 时，保温砂浆与装饰砂浆的黏结强度大于保温砂浆与防护砂浆的黏结强度；结合纤维素醚掺量与保温砂浆干体积密度的关系，掺量为 0.75% 时，保温砂浆的干体积密度较小，因此纤维素醚的最优掺量为 0.75%。

图 7 为保温砂浆和防护层的黏结强度与淀粉醚掺量的关系。由图 7 可见，不掺淀粉醚时，保温砂浆与防护层的黏结强度最大；当淀粉醚掺量从 0.05% 增至 0.15% 时，保温砂浆与防护砂浆的黏结强度略有降低，之后掺量继续增至 0.20% 时，黏结强度增至 0.07MPa；当淀粉醚掺量从 0.05% 增至 0.15% 时，保温砂浆与装饰砂浆的黏结强度从 0.06MPa 增至 0.09MPa，之后掺量继续增至 0.20% 时，黏结强度略有降低。此外，对比保温砂浆与两种防护层材料的黏结强度可看出，掺入淀粉醚无法使其黏结强度满足 I 型保温砂浆的要求，但淀粉醚的掺量为 0.15% 时，保温砂浆与装饰砂浆的黏结强度大于保温砂浆与防护砂浆的黏结强度；结合淀粉醚掺量与保温砂浆干体积密度的关系，掺量为 0.15% 时，保温砂浆的干体积密度较小，因此淀粉醚的最优掺量为 0.15%。

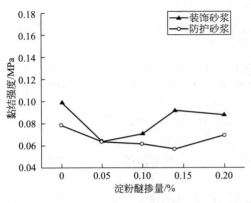

图 7 黏结强度与淀粉醚掺量的关系

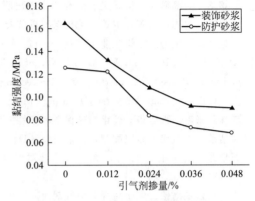

图 8 黏结强度与引气剂掺量的关系

图 8 为保温砂浆和防护层的黏结强度与引气剂掺量的关系。由图 8 可见，不掺引气剂时，保温砂浆与防护层的黏结强度最大；掺入引气剂后，保温砂浆与防护层的黏结强度明显减小；当引气剂掺量从 0% 增至 0.048% 时，保温砂浆与防护砂浆的黏结强度从 0.13MPa 降至 0.07MPa，保温砂浆与装饰砂浆的黏结强度从 0.17MPa 降至 0.09MPa。此外，对比保温砂浆与两种防护层材料的黏结强度可看出，引气剂的掺量为 0.024% 时，保温砂浆与装饰砂浆的黏结强度满足 I 型保温砂浆的要求，且大于保温砂浆与防护砂浆的黏结强度；结合引气剂掺量与保温砂浆干体积密度的关系，掺量为 0.024% 时，保温砂浆的干体积密度中等，因此引气剂的最优掺量为 0.024%。

综上所述，对于低密度无机保温砂浆，乳胶粉和纤维素醚均可增大保温砂浆与防护层的黏结强度，乳胶粉的作用较纤维素醚更显著；淀粉醚对保温砂浆与防护层的黏结强度影响不大；引气剂会显著降低保温砂浆与防护层的黏结强度。上述四种聚合物对保温砂浆和防护层黏结强度的影响程度从大到小依次为引气剂、乳胶粉、纤维素醚、淀粉醚。此外，仅就保温砂浆与防护层的黏结强度而言，在聚合物的最优掺量下，保温砂浆与装饰砂浆的黏结强度满足 I 型保温砂浆的要求，且大于保温砂浆与防护砂浆的黏结强度，装饰砂浆可直接代替防护砂浆用于保温砂浆的防护层。

4 结 论

（1）聚合物对保温砂浆干体积密度的影响程度从大到小依次为引气剂、纤维素醚、乳胶粉、淀粉醚；聚合物对保温砂浆和防护层黏结强度的影响程度从大到小依次为引气剂、乳胶粉、纤维素醚、淀粉醚。

（2）乳胶粉和纤维素醚可增大保温砂浆与防护层的黏结强度，有利于改善其黏结性能；引气剂会明显降低保温砂浆与防护层的黏结强度，不利于改善其黏结性能；淀粉醚对保温砂浆与防护层黏结强度的影响不明显。

（3）乳胶粉掺量为 2.0%，纤维素醚掺量为 0.75%，淀粉醚掺量为 0.15%，引气剂掺量为 0.024% 时，保温砂浆与装饰砂浆的黏结强度满足 I 型保温砂浆的要求，且大于保温砂浆与防护砂浆的黏结强度。因此仅就保温砂浆与防护层的黏结强度而言，上述各聚合物的掺量为最优掺量，且在这种情况下，装饰砂浆可代替防护砂浆用于保温砂浆的防护层。

参考文献

[1] 王培铭. 商品砂浆 [M]. 北京：化学工业出版社，2007：181-182.

[2] 马保国，赵志广，蹇守卫等. 无机保温砂浆及研究进展 [A]. 王培铭. 第四届全国商品砂浆学术交流会论文集. 上海：化学工业出版社，2011：13-18.

[3] XIAO H J，LIU W D，ZHANG X W，et al. Experimental research on the properties of polymer-modified thermal insulation mortar [A]. Proceedingsof the 6th Asian Symposium on Polymers in Concrete [C]. China：Tongji University Printing House，2009：59-64.

[4] 李珠，张巍，穆启华. 玻化微珠保温砂浆性能分析 [J]. 建材技术与应用，2007，28（3）：18-19.

[5] 黄浩楠. 无机保温砂浆配制及性能研究 [D]. 长沙：湖南大学，2008.

[6] 石培龙，高京林，刘兴亚. 聚合物乳液对外墙保温砂浆拉伸黏结性能的影响 [J]. 施工技术，2004，33（8）：31-33.

[7] 岳兴国，王培铭，朱永超等. 引气剂对不同集灰比玻化微珠保温砂浆性能的影响 [J]. 新型建筑材料，2009，36（11）：8-10.

[8] 江飞飞. 玻化微珠无机保温砂浆及其保温系统的研究 [D]. 重庆：重庆大学，2010.

[9] 王伟鉴. 无机轻集料聚合物保温砂浆配合比设计及试验方法研究 [D]. 杭州：浙江大学，2008.

[10] 王培铭，朱永超，岳兴国. 搅拌方式对无机保温砂浆性能的影响 [A]. 马保国. 第三届全国商品砂浆学术交流会论文集. 武汉：化学工业出版社，2009：198-201.

[11] 方明晖，朱蓬莱，黄珍珍等. 无机轻集料保温砂浆材料组成对性能影响的研究 [J]. 化学建材，2008，24（6）：21-23.

玻化微珠的颗粒级配对无机保温砂浆性能的影响

成燕燕[1,2]　王培铭[1]　张国防[1]

(1. 同济大学 先进土木工程材料教育部重点实验室，上海，201804；
2. 安唛杰节能建材科技有限公司，上海，201804)

摘要：研究了玻化微珠的颗粒级配对无机保温砂浆性能的影响。结果表明，随着三种粒径的玻化微珠掺量比例的变化，无机保温砂浆的性能包括稠度、堆积密度及新拌体积密度、软化系数、干体积密度、含气量、抗压强度、体积吸水率和线性收缩率等均呈现出有规律的变化趋势，而拉伸黏结强度和耐水拉伸黏结强度则呈现不规则的变化。且在大粒径掺量为20%、中粒径掺量为60%、小粒径掺量为20%时，无机保温砂浆获得最低体积吸水率。

关键词：无机保温砂浆；颗粒级配；玻化微珠；吸水率

Influence of Particle Size Distributions of Vitrified Microsphere on the Properties of Inorganic Thermal Insulation Mortar

Cheng Yanyan[1,2]　Wang Peiming[1]　Zhang Guofang[1]

(1. Key Laboratory of Advanced Civil Engineering Materials of Ministry of Education,
Tongji University, Shanghai, 201804, China;
2. AMJ Energy-Saving Technology Co., Ltd., Shanghai, 201804, China)

Abstract: The influence on properties of inorganic insulation mortar vitrified microsphere with different particle size of vitrified microsphere. Tests shows that with the content of three kinds of particle size change, inorganic insulation mortar consistency, bulk density, the new mix bulk density, softening coefficient, dry density, air content, compressive strength, water absorption volume and linear shrinkage ratio showed a trend of regular change, while the tensile bond strength and water resistant tensile bond strength shows irregular change, and 20% dosage in thick grain size, 60% dosage in middle grain size, 20% in thin grain size, when the dosage was 60%, the water absorption volume of inorganic thermal insulation mortar is lowest.

Keywords: Inorganic thermal insulation mortar; Particle size distribution; Vitrified microsphere; water absorption

　　玻化微珠无机保温砂浆，是以玻化微珠为轻骨料，水泥等无机胶凝材料为主要胶结料，并掺入高分子聚合物及其他功能性添加剂制成的建筑保温砂浆。它除了具有与水泥基材料相容性好、材料间黏结力高的特点外，还具有相对较高的抗压强度、良好的耐候性、防火性和透气性等优点，且施工方便，是一种综合性能好、绿色环保的新型建筑保温材料。

　　由于玻化微珠本身和胶结料内存在较多孔隙，吸水性较强，当保温砂浆外保护层出现裂

基金资助：国家"十二五"科技支撑计划（2012BAJ20B02），中央高校基本科研业务费专项资金资助项目（0500219164）。
作者简介：成燕燕，女，工程硕士研究生，技术工程师，从事无机保温砂浆开发，joycecheng@amj-tec.com。

缝或破损的情况时,保温砂浆会因为含水率增加而导致其保温隔热功能急剧下降、强度稳定性变差。因此本文从改善玻化微珠无机保温砂浆自身的憎水性着眼,探索玻化微珠颗粒级配对无机保温砂浆的性能尤其是吸水性的影响。

1 试验

1.1 原材料

水泥:P·O42.5,安徽海螺水泥厂生产。

粉煤灰:Ⅱ级灰,其性能如表1所示。

表1 粉煤灰的性能指标

45μm方孔筛筛余/%	需水量比/%	烧失量/%	含水率/%	三氧化硫/%
16	98	7	0.7	2.1

聚合物干粉:Wacker公司生产的可再分散乳胶粉,主要成分为乙烯基共聚物,最低成膜温度0℃,玻璃化温度(T_g)−7℃;Ashland公司生产的羟乙基甲基纤维素醚等。

玻化微珠:将同一种玻化微珠进行40目、60目、80目筛分,得到下列三种粒径范围的轻集料:

大粒径:0.425~0.710mm;堆积密度:101kg/m³;

中等粒径:0.250~0.425mm;堆积密度:135kg/m³;

小粒径:0.180~0.250mm;堆积密度:180kg/m³。

1.2 试验方案

通过试拌,综合考虑施工工作性和体积密度等因素,确定了基准配合比。玻化微珠掺量如表2所示。

表2 无机保温砂浆中不同颗粒级配的玻化微珠掺量

颗粒级配编号	X1	X2	X3	X4	X5	X6
大粒径/%	0	10	20	30	40	50
中等粒径/%	100	80	60	40	20	0
小粒径/%	0	10	20	30	40	50

1.3 保温砂浆性能测试

试验环境条件为:温度(23±2)℃,湿度(50±10)%。

1.3.1 搅拌方式

按《建筑保温砂浆》(GB/T 20473—2006)规定进行,水料比为1:1。

1.3.2 堆积密度

按《建筑保温砂浆》(GB/T 20473—2006)附录A的规定进行。

1.3.3 稠度

按《建筑砂浆基本性能试验方法》(JGJ 70—2009)中第三章的规定进行。

1.3.4 干密度、抗压强度、软化系数、拉伸黏结强度

按《无机轻集料砂浆保温系统技术规程》(JGJ 253—2011)中附录B.4进行试件成型和测试。

1.3.5 体积吸水率

按《无机保温砂浆系统应用技术规程》(DG/TJ08-2088—2011)中附录 B 进行试件成型和测试。

1.3.6 耐水拉伸黏结强度

按《无机轻集料砂浆保温系统技术规程》(JGJ 253—2011)附录 B.4 进行成型和养护，按照《膨胀聚苯板薄抹灰外墙外保温系统》(JG 149—2003)中第 6 章的方法进行测试。

2 结果与讨论

根据表 2 配置不同颗粒级配玻化微珠，并与胶凝材料、矿物掺合料及功能添加剂混合得到六种无机保温砂浆，其堆积密度及新拌性能如表 3 所示，硬化后性能如表 4 所示。

表 3 无机保温砂浆性能

颗粒级配编号	堆积密度/(kg/m³)	稠度/mm	新拌体积密度/(kg/m³)	含气量/%
X1	247	92	425	50
X2	249	92	422	50
X3	250	93.5	432	50
X4	256	93	431	50
X5	254	94	428	52
X6	259	94	439	51

表 4 无机保温砂浆硬化后性能

颗粒级配编号	干密度/(kg/m³)	抗压强度/MPa	体积吸水率/%	线性收缩(56d)/%	软化系数	拉伸黏结强度/MPa	耐水拉伸黏结强度/MPa
X1	313	0.54	28	0.13	0.50	0.14	0.10
X2	288	0.34	26	0.13	0.97	0.11	0.08
X3	269	0.32	22	0.13	1.22	0.12	0.09
X4	270	0.34	29	0.10	0.59	0.10	0.07
X5	278	0.34	29	0.13	0.83	0.11	0.07
X6	290	0.37	35	0.12	0.47	0.11	0.08

2.1 玻化微珠颗粒级配对无机保温砂浆拌水前后砂浆性能的影响

图 1 为无机保温砂浆稠度随玻化微珠颗粒级配的变化趋势。从图中可看出：从 X1~X6，随着玻化微珠大粒径和小粒径掺量逐渐增大，以及中等粒径掺量的减小，新拌砂浆的稠度无明显变化。大、小粒径掺量从 0 增加到 50%，新拌砂浆的稠度从 92mm 升至 94mm。

图 2 为新拌砂浆含气量随玻化微珠颗粒级配的变化趋势。从图中可以看出：当大粒径掺量为 40%、中等粒径掺量为 20%、小粒径掺量为 40% 时，无机保温砂浆含气量达到最高 52%，而在其他玻化微珠颗粒级配变化下，无机保温砂浆的含气量值相近。

从图 3 可以看出：无机保温砂浆堆积密度呈现缓慢增大趋势，但不明显；而新拌体积密度在大粒径掺量为玻化微珠掺量的 10%、中等粒径为 80%、小粒径为 10% 时达到最小值 422kg/m³，此时三种颗粒级配的玻化微珠结合最密实。

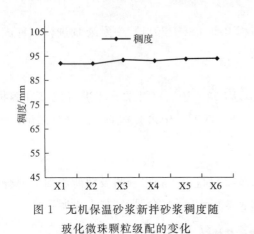

图1 无机保温砂浆新拌砂浆稠度随玻化微珠颗粒级配的变化

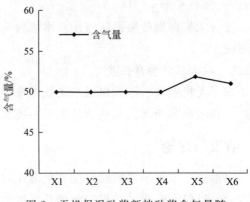

图2 无机保温砂浆新拌砂浆含气量随玻化微珠颗粒级配的变化

2.2 玻化微珠颗粒级配对硬化后无机保温砂浆各性能的影响

图3中还可看出：无机保温砂浆干密度随玻化微珠颗粒级配的变化呈现先减小后增大的趋势，且在大粒径掺量为玻化微珠掺量的20%、中等粒径为60%、小粒径为20%时，干密度达到最小值267kg/m³。

图4为无机保温砂浆抗压强度随玻化微珠颗粒级配变化趋势。从图中可以看出：随着玻化微珠大粒径、小粒径掺量的增大，无机保温砂浆抗压强度先减小后增大，中等粒径掺量为100%时抗压强度最大，为0.54MPa；而大、小粒径样掺量为玻化微珠掺量的20%，中等粒径掺量为60%时抗压强度值最小为0.32MPa，进一步说明了干密度与抗压强度具有正相关性。分析原因，可能是由于3种粒径的玻化微珠在此掺量配比时筒压强度较高，在浆体的搅拌过程中玻化微珠封闭的空腔结构破碎较少，制备的无机保温砂浆干密度和抗压强度较其他粒径掺量的玻化微珠低。

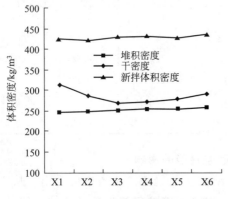
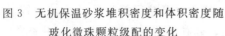

图3 无机保温砂浆堆积密度和体积密度随玻化微珠颗粒级配的变化

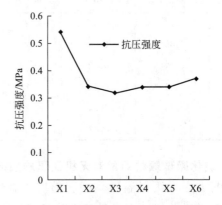

图4 无机保温砂浆抗压强度随玻化微珠颗粒级配的变化

图5为无机保温砂浆体积吸水率随玻化微珠颗粒级配的变化趋势。从图中可以看出：无机保温砂浆的体积吸水率随着玻化微珠颗粒级配的变化呈现先减小后增大的趋势，当玻化微珠大粒径掺量为玻化微珠掺量的20%、中等粒径掺量为60%、小粒径掺量为20%时体积吸水率值最小，为22%；当中等粒径掺量为0时体积吸水率值最大为35%。这是因为中等粒径掺量为0时，玻化微珠在搅拌过程中破碎较多，硬化浆体中玻化微珠与胶凝材料间界面较多，使吸水率增大。

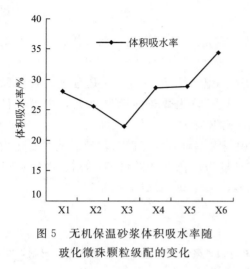

图5 无机保温砂浆体积吸水率随玻化微珠颗粒级配的变化

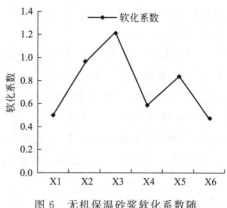

图6 无机保温砂浆软化系数随玻化微珠颗粒级配的变化

图6为无机保温砂浆软化系数随玻化微珠颗粒级配变化趋势。从图中可以看出：无机玻化微珠保温砂浆的软化系数总体呈先增大后减小趋势，当玻化微珠大粒径掺量为玻化微珠掺量的20%、中等粒径掺量为60%、小粒径掺量为20%时软化系数值最大，达1.22。

图7为无机保温砂浆线性收缩率随玻化微珠颗粒级配的变化趋势。从图中可以看出：随玻化微珠颗粒级配的变化无机保温砂浆线性收缩率无明显变化，但在大粒径掺量为玻化微珠总体掺量的30%、中等粒径掺量为40%、小粒径掺量为30%时线性收缩率值最小为0.10%。

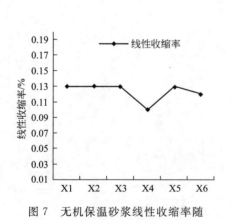

图7 无机保温砂浆线性收缩率随玻化微珠颗粒级配的变化

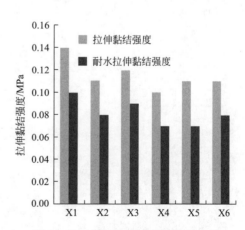

图8 无机保温砂浆拉伸黏结强度随玻化微珠颗粒级配的变化

图8为无机保温砂浆拉伸黏结强度随玻化微珠颗粒级配的变化趋势。从图中可以看出：在玻化微珠大粒径、小粒径掺量为0、中等粒径掺量为100%时，无机保温砂浆拉伸黏结原强度与耐水拉伸黏结强度均达到最大，分别为0.14MPa、0.10MPa。在大粒径掺量为玻化微珠总掺量的30%、中等粒径掺量为40%、小粒径掺量为30%时，无机保温砂浆拉伸黏结原强度与耐水拉伸黏结强度均达到最小值，为0.10MPa、0.07MPa。

3 结论

(1) 玻化微珠颗粒级配的变化对无机保温砂浆的稠度、堆积密度、新拌体积密度及线性收缩率均无明显影响。

(2) 中等粒径的玻化微珠掺量为100%时，无机保温砂浆干密度、抗压强度、拉伸黏结强度及耐水拉伸黏结强度均达最大，当大粒径及小粒径玻化微珠掺量为20%，中等粒径玻化微珠掺量为60%时无机保温砂浆体积吸水率最小和软化系数最大。

(3) 无机保温砂浆的干密度、抗压强度及体积吸水率对着玻化微珠颗粒级配的变化均呈现先减小后缓慢增大的趋势。且三者均在大粒径掺量为玻化微珠总量的20%、中等粒径为60%、小粒径为20%时达到最小值，分别为：269kg/m^3、0.32MPa、22%。

参考文献

[1] 方明晖，毛金萍，朱蓬莱等. 玻化微珠对无机轻集料保温砂浆性能的影响 [J]. 新型建筑材料，2010，37 (2)：24-28.

[2] 赵磊，叶蓓红. 玻化微珠保温砂浆憎水性改善研究 [J]. 化学建材，2009，25 (5)：34-37.

[3] 刘宾，王培铭，康明等. 膨胀珍珠岩颗粒级配对保温砂浆性能的影响 [A]. 第二届全国商品砂浆学术交流会论文集，北京：机械工业出版社，2007：262-266.

[4] 刘宾，王培铭，张国防. 聚合物干粉对新拌膨胀珍珠岩保温砂浆性能的影响 [J]. 新型建筑材料，2007，34 (2)：38-42.

[5] 朱海霞，张琳，孙顺杰等. 有机硅憎水剂在保温砂浆中的应用研究 [J]. 新型建筑材料，2009，36 (7)：15-17.

[6] 李青. 无机聚合保温砂浆憎水性能研究 [J]. 新型建筑材料，2008，35 (7)：57-59.

[7] 马玲，雷贤庆，李渠江. 膨胀蛭石与玻化微珠复合无机保温砂浆应用研究 [J]. 中国西部科技，2012，11 (2)：55-57.

羟乙基甲基纤维素对无机保温砂浆干燥收缩和质量损失的影响

范树景[1,2]　王培铭[1]

（1. 同济大学材料科学与工程学院，上海，201804；
2. 佳木斯大学材料科学与工程学院，佳木斯，154007）

摘要：研究了羟乙基甲基纤维素不同掺量（0.6%、1.2%、1.8%、2.4%和3.0%）对无机保温砂浆干燥收缩和质量损失的影响，探讨了干燥收缩与质量损失、孔径分布的关系。结果表明，随着水化龄期的延长，砂浆的干燥收缩和质量损失不断增加，但前者止于56 d，后者止于7 d；随着纤维素醚掺量的增加，砂浆的干燥收缩和质量损失呈现先减小后增加的趋势，掺量为3.0%时，达到最大；纤维素醚掺量增加使无机保温砂浆孔径分布发生变化，出现多个峰值，分别处于小于5nm和10nm左右，小于10nm的孔径先减少后增多，当掺量为3.0%时，小于10nm的孔径数量高于其他掺量的无机保温砂浆的孔径数量，无机保温砂浆的最可几孔半径越小，干燥收缩越大。

关键词：无机保温砂浆；羟乙基甲基纤维素；干燥收缩；质量损失

The effect of hydroxyethylmethl cellulose on drying shrinkage and weight loss of the inorganic thermal insulation mortar

Fan Shujing[1,2]　Wang Peiming[1]

（1. School of Material Science and Engineering，Tongji University，Shanghai，201804，China；
2. School of Material Science and Engineering，Jiamusi University，Jiamusi，154007，China）

Abstract：Influence of hydroxyethylmethl cellulose with different dosages （0.6%/1.2%/1.8%/2.4% and 3.0% are used） on drying shrinkage and weight loss of the inorganic thermal insulation mortar are discussed, the relation of drying shrinkage to weight loss and pore size distribution is researched in this paper. The results show that the inorganic thermal insulation mortar drying shrinkage and weight loss increase with the hydration of cement, but the former changes slightly after 56 days and the latter changes slightly after 7 days. Drying shrinkage and weight loss of the inorganic thermal insulation mortar firstly decrease and then increase with the addition of cellulose ether dosages, the value is the highest with the cellulose ether dosage of 3.0% of cement. The pore size distribution of the inorganic thermal insulation mortar changes with cellulose ether, the mortar has multi-peak values at the pore radius less than 5nm and 10nm. The pore radius distribution less than 10nm firstly decreases and then increases with the addition cellulose ether dosage, the amount of the pore radius less than 10nm of insulation thermal mortar with the dosage of 3.0% is higher than that with other dosages, The smaller the most probably pore radius of thermal insulation mortar is, the larger drying shrinkage value is.

Keywords：hydroxyethylmethl cellulose；inorganic thermal insulation mortar；drying shrinkage；weight loss

---

基金资助：国家"十二五"科技支撑计划（2012BAJ20B02），中央高校基本科研业务费专项资金资助项目（0500219164）。

作者简介：范树景（1980—），女，河北定州人，博士生，讲师，主要研究方向为保温砂浆的收缩开裂，E-mail：liuluorenjiantree@163.com

1 前言

特种干混砂浆的组分比较复杂,随着外加剂的种类增多,其性能变得扑朔迷离,干燥收缩更是一个长期复杂的过程。笔者之一研究了纤维素醚这类最常用的保水增稠材料其种类和掺量对干混砂浆塑性收缩的影响,发现塑性收缩随着羟乙基甲基纤维素掺量的增加而减小,随着羟丙基甲基纤维素的增加而增大。另有学者发现羟丙基甲基纤维素能有效抑制特细砂水泥砂浆塑性裂缝的形成,降低塑性开裂指数。张彦敏研究了黏度为40000mPa·s的羟乙基甲基纤维素对硬化水泥石干缩性能的影响,发现这种纤维素醚的掺量对硬化水泥石干缩变形的影响不明确,但对干燥失水率有较大影响。上述研究结果是否适于无机保温砂浆尚未见报道。由于水泥浆体在水化的过程中伴随着质量变化,同时引起砂浆内部结构中孔径分布变化,孔径分布影响干燥收缩,干燥收缩又与质量损失有着密切关联,故本文研究了羟乙基甲基纤维素掺入到无机保温砂浆中,探讨了其掺量对无机保温砂浆干燥收缩和质量损失的影响。

2 原材料和试验方法

2.1 原材料

水泥:安徽海螺牌P·O 42.5普通硅酸盐水泥,化学组成如表1所示。

粉煤灰:上海石洞口发电厂生产的Ⅱ级灰。

玻化微珠:取自于上海复旦安佳信功能材料公司,无机玻璃质矿物材料,成不规则球形颗粒,内部为多孔空腔结构,表面玻化,封闭,有光泽。

$Ca(OH)_2$:上海江沪钛白有限公司生产。

乳胶粉:乙烯基共聚物,德国Wacker公司生产,型号为5010N,其最低成膜温度为4℃,玻璃化温度为16℃,固体粉末。

羟乙基甲基纤维素:赫克力士天普化工有限公司生产,简写成HEMC,黏度为75000mPa·s,固体粉末。

淀粉醚:Ashland(中国)有限公司生产,固体粉末。

引气剂:Berolan(奥地利)引气剂公司生产,LP50,固体粉末。

聚丙烯纤维:上海博宁工程材料有限公司生产,长度为6mm。

表1 水泥的化学组成 单位:%

CaO	SiO_2	Al_2O_3	Fe_2O_3	MgO	SO_3	K_2O	TiO_2	MnO	ZnO	SrO	P_2O_5	LOS
64.7	20.6	5.10	3.25	1.31	2.02	0.57	0.29	0.06	0.05	0.13	—	1.92

试验中,采用固定集灰比(1.06),通过调整无机保温砂浆的用水量控制砂浆的稠度值在80mm左右,在基准保温砂浆配比(见表2)的基础上改变羟乙基甲基纤维素的掺量,分别为水泥质量的0.6%、1.2%、1.8%、2.4%、3.0%。

表2 无机保温砂浆基准配合比 单位:%

水泥	粉煤灰	氢氧化钙	乳胶粉	淀粉醚	引气剂	聚丙烯纤维
415	150	100	10	1	0.25	1.3

2.2 试验方法

用 30L 的砂浆搅拌机对砂浆进行搅拌，用 40mm×40mm×160mm 模具成型，依据《建筑砂浆基本性能试验方法》(JG/J 70—2009) 测试其干燥收缩，每个试样成型两组三联模，在模具两端尾部预埋两个铜制测头以便测量长度，成型 3d 后脱模，试块用塑料薄膜覆盖减少与空气接触，测试初始长度和质量，然后放置在养护温度（20±2）℃，相对湿度为（60±5）% 下养护至相应的龄期（0, 1d, 3d, 7d, 14d, 21d, 28d, 56d, 84d, 112d, 140d, 168d），测试其长度和质量并记录。

质量损失用失水率来表征，其计算公式如下：

$$失水率 = \frac{m_0 - m_t}{m_0} \times 100\%$$

式中　m_0——初始质量即试件最初脱模时的质量 g；

m_t——养护至 t 天时试件的质量 g。

采用氮气吸附法测试孔径分布，利用美国康塔公司的 Nova 2200e 孔径及比表面积测试仪测试孔径吸附/脱附曲线，然后通过 BJH 方法计算砂浆的孔径分布。

3 试验结果与讨论

3.1 无机保温砂浆的干燥收缩

图 1 显示了在不同龄期时无机保温砂浆的干燥收缩。从图 1 中可知，14d 前，无机保温砂浆的干燥收缩急剧增加，14~56d 逐渐变缓，56d 后基本达到稳定状态。图 2 显示了纤维素醚掺量不同无机保温砂浆 168d 时的干燥收缩。从图 2 中可知，水化 168d 后，随着纤维素醚掺量的增加，砂浆干燥收缩值呈现先减小后增大的趋势。纤维素醚掺量为 2.4% 时，砂浆的干燥收缩值为最小；纤维素醚的掺量为 3.0% 时，砂浆的干燥收缩值反而升高，两者相差 23%。

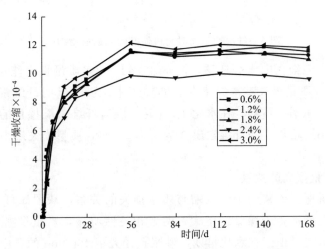

图 1　随龄期不同时无机保温砂浆的干燥收缩

3.2 无机保温砂浆的质量损失

图 3 显示了随龄期不同时无机保温砂浆的质量损失。从图 3 中可知，3d 前砂浆质量损失基本小于 20%，可能由于纤维素醚的保水作用，阻止了水分过早蒸发，随着水分不断流失，3d 时砂浆质量损失越来越大，随着龄期的延长，7d 前砂浆失水较多，首先是砂浆表面

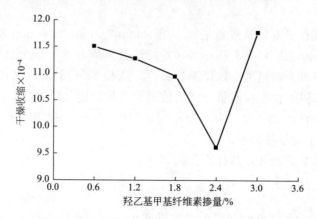

图2　168d时羟乙基甲基纤维素掺量不同无机保温砂浆的干燥收缩

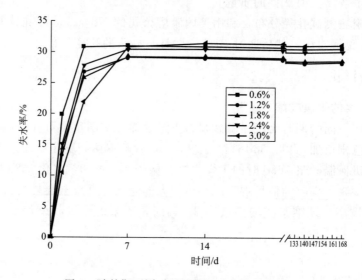

图3　随龄期不同时无机保温砂浆的质量损失

的水分蒸发和内部大毛细孔中水分迁移，基本在7d时砂浆质量损失能达到整体98％以上，7d后基本变化不大，质量损失基本保持稳定状态。图4为168d时纤维素醚不同掺量的无机保温砂浆质量损失。从图4可知，在水化168d时，随着纤维素醚掺量的增加，无机保温砂浆的质量损失先减小后增加，当纤维素醚掺量为1.2％时，质量损失最小，当掺量为3.0％，砂浆的质量损失最高。

3.3　干燥收缩与质量损失的关系

图5显示了无机保温砂浆的干燥收缩与质量损失的关系，从图5可知，7d前随着无机保温砂浆质量损失的增加，干燥收缩增大，两者相关性明显，当质量损失为10％时，基本不产生干燥收缩，可能是由于在水化早期，砂浆孔径大于1000nm的孔中的自由水迁移和蒸发引起质量损失，其不以任何物理或化学键附属于水化产物的结构，故失去自由水并不伴有收缩。

从图5（a）可知7d前质量损失比较快，大体上质量损失小于30％，相应产生的干燥收缩比较小，可能是当孔径大于1000nm的孔中的自由水蒸发完毕，小于1000nm的粗毛细孔中的水逐渐散失，随后中毛细孔水的散失，当中毛细孔中的水完全蒸发后，细毛细孔中的水

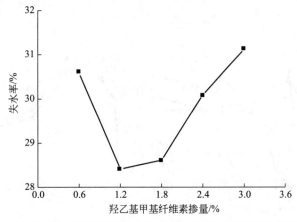

图4 168d时羟乙基甲基纤维素掺量不同无机保温砂浆的质量损失

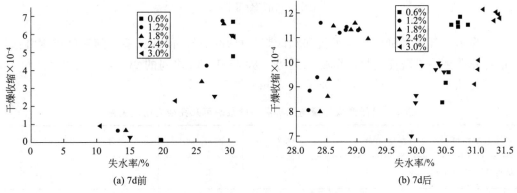

图5 无机保温砂浆的干燥收缩与质量损失

不断散失,逐渐产生干燥收缩;而7d后质量损失进一步增加,达到30%左右时,此时质量变化率在0.5%~1%之间,但产生很大的干燥收缩,这一点可能与孔结构有关系,由于细毛细管中的水产生静水张力,失去细毛细管水容易在其孔壁产生应力,同时留下相应的孔洞,从而引起干燥收缩进一步增加;随着凝胶体粒子的吸附水开始散失,但其绝对值比较小,但干燥收缩逐渐增大,总之质量损失和干燥收缩两者不具相关性。

3.4 孔径分布与干燥收缩的关系

图6显示了无机保温砂浆56d的孔径分布与干燥收缩的关系。图6(a)显示了小于5nm的孔径分布,图6(b)显示了大于5nm的孔径。从图6中可以看出,无机保温砂浆的孔径分布出现多个峰值,在大于5nm区间却只有一个峰值在10nm左右。从图6(a)可知,随着纤维素醚掺量的增加,小于5nm的孔径逐渐增多,Silva等人通过采用压汞法研究羟乙基纤维素和乙烯基醋酸/乙烯基共聚物改性水泥浆体中对孔径分布的影响,亦发现在4nm左右出现峰值,与本文无机保温砂浆中孔径分布略有不同。从图6(b)可知,随着纤维素醚掺量的增加,小于10nm的孔径呈现先减少后增加的趋势,改变了无机保温砂浆中小于10nm的孔径分布;当掺入3.0%的纤维素醚时,小于10nm的孔径明显增多,相应失水引起的干燥收缩增大,与图1和图2相符;而Juenger和Jennings研究水泥浆体时,发现水泥浆体中只有小于15nm的孔径增加,才会使得干缩值增大。在无机保温砂浆中掺1.8%和2.4%的纤维素醚时,两者孔径分布相差无几,小于10nm的孔径均少于其他掺量的无机保温砂浆,与图1和图2干燥收缩结果相对应。

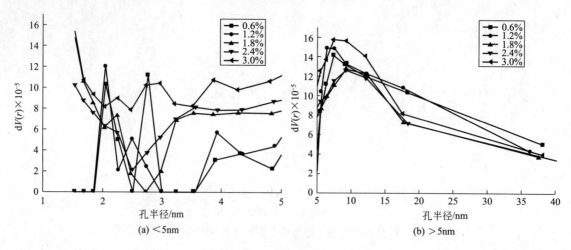

图 6 孔径分布曲线

表 3 显示了纤维素醚掺量与无机保温砂浆最可几孔径之间的关系。随着纤维素醚掺量增加，最可几孔半径呈现先增加后降低的趋势，从 7～10nm 之间的变化，在掺 2.4% 和 3.0% 时，最可几孔半径最大和最小，分别为 9.24nm 和 7.43nm。

表 3 纤维素醚掺量与无机保温砂浆最可几孔径之间的关系

纤维素醚掺量/%	0.6	1.2	1.8	2.4	3.0
最可几孔半径/nm	7.44	7.53	9.23	9.24	7.43

图 7 显示了最可几孔径不同时的干燥收缩。图 7（a）反应的是在 28～56d 区间的阶段干燥收缩，图 7（b）对应的是 56d 总的干燥收缩量，发现最可几孔径与 56d 总的干缩量并不一一对应，却与 28～56d 区间产生的阶段干燥收缩量对应。对应图 7（a）和表 3 可知，最可几孔径的不同，相应产生的干燥收缩不同，最可几孔径半径越小，相应产生的干燥收缩值越大，反之亦然。最可几孔径半径越大，相应引起的干燥收缩越小，这与图 1 和图 2 显示的关系相对应，收缩值的大小与羟乙基甲基纤维素掺量之间满足下面的关系：3.0%＞0.6% ＞1.2%＞1.8%＞2.4%。

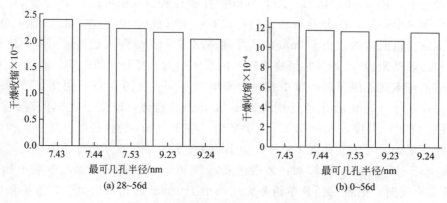

图 7 最可几孔径不同时的干燥收缩

4 结论

随着水化龄期的延长，无机保温砂浆的干燥收缩不断增加。羟乙基甲基纤维素的掺入对干燥收缩有一定的影响，干燥收缩随着其掺量增加呈现先减小后增大的趋势，掺量为2.4%和3%时，分别达到最小值和最大值。

无机保温砂浆质量损失与干燥收缩有相同的趋势，随着纤维素醚掺量的增加，先减小后增大，掺量为3.0%时，质量损失最大；质量损失增加，干燥收缩增加，两者不具相关性。

羟乙基甲基纤维素的加入改善了孔径分布，孔径在小于5nm和10nm出现多个峰值，使小于10nm的孔径随着纤维素醚掺量增加呈现先减小后增加的趋势，当掺量为3.0%时，小于10nm的孔径高于其他掺量的无机保温砂浆的孔径，无机保温砂浆孔径越小，小于10nm的孔径数量越多，干燥收缩越大。随着纤维素醚掺量增加，最可几孔径先增加后减小，最可几孔径半径小，相应产生的干燥收缩值大，反之亦然。

参考文献

[1] 桂苗苗，王培铭，刘斯凤等．聚合物对水泥砂浆塑性自由收缩量的影响 [A]．王培铭，商品砂浆的科学与技术．北京：化学工业出版社，2011：108-111.

[2] 张建新，彭家惠，李青等．羟丙基甲基纤维素醚对特细砂水泥砂浆性能的影响 [J]．混凝土与水泥制品，2009，36 (1)：7-9.

[3] 张彦敏．乳胶粉与纤维素醚对硬化水泥石干缩性能影响的研究 [D]．开封：河南大学，2012：37-43.

[4] D. A. Silva, V. M. John, J. L. D. Ribeiro, et al. Pore size distribution of hydrated cement pastes modified with polymers [J]. Cement and Conrete Research, 2001, 31 (8)：1177-1184.

[5] Maria C. Garci Juenger, Hamlin M. Jennings. Examining the relationship between the microstructure of calcium silicate hydrate and drying shrinkage of cement pastes [J]. Cement and Concrete Research, 2002, 32 (2)：289-296.

脱硫石膏基EPS保温砂浆的试验研究

张涛 王培铭 张国防

(同济大学先进土木工程材料教育部重点实验室，上海，201804)

摘要：研究了集灰比对脱硫石膏基EPS保温砂浆各项性能的影响。结果表明，随着集灰比的增大，脱硫石膏基EPS保温砂浆的体积密度随之降低。通过试验发现砂浆抗压强度与新拌体积密度存在线性正相关性。脱硫石膏基EPS保温砂浆的导热系数可以达到0.06 W/(m·K)以下。

关键词：脱硫石膏基保温砂浆；EPS颗粒；集灰比；线性相关

Research on flue gas desulphurization gypsum based EPS thermal insulating mortar

Zhang Tao Wang Peiming Zhang Guofang

(Key Laboratory of Advanced Civil Engineering Materials of Ministry of Education, Tongji University, Shanghai, 201804, China)

Abstract: The effect of aggregate-cement ratio on the properties of desulphurization gypsum based EPS thermal insulating mortar were studied. The results show that the volume density of the mortar decreases with increase of aggregate-cement ratio. A positive correlation was found between compression strength and fresh bulk density. The coefficient of thermal conductivity of FGD gypsum based thermal insulating mortar can reach below 0.06 W/(m·K).

Keywords: flue gas desulphurization (FGD) gypsum based thermal insulating mortar; EPS granules; aggregate-cement ratio; linear correlation

1 前言

在我国，节能建筑的推广方兴未艾，实现节能建筑的主要途径是提高建筑围护结构的保温性能。其中墙体部位通常采用承重材料与高效保温材料组成的复合体系。高效保温材料又有很多种，其中水泥基保温砂浆具有可机械化施工，对基底平整度要求不高等特点，在建筑保温系统中已得到广泛的应用。近年来，随着国家对脱硫石膏资源化利用的倡导，以脱硫石膏为主要胶凝材料配制保温砂浆，能够在实现建筑保温的同时有效利用固体废弃物，可谓一举两得，具有良好的社会效益和环境效益。以脱硫石膏为主要胶凝材料，玻化微珠为轻骨料，辅以乳胶粉、纤维素醚、缓凝剂等添加剂配制无机保温砂浆，具有容重低、收缩小、体积稳定性好等特点，同时具有突出的防火性能和湿度调节性能，适用于外墙内保温和内墙保温系统。国内许多学者都在这方面进行了研究。彭家惠等的研究结果可使脱硫石膏基保温砂

基金资助：国家"十二五"科技支撑计划（2012BAJ20B02），中央高校基本科研业务费专项资金资助项目（0500219164）。

作者简介：张涛，男，同济大学研究生，主要研究石膏基保温砂浆。Email：sahammixing@163.com，电话：13636659960。

浆的干密度达到Ⅱ型建筑保温砂浆标准要求，且随着玻化微珠掺量的增大，砂浆体积密度可进一步减小。孙振平等以未经煅烧的脱硫二水石膏为基料配制的无机保温砂浆，其各项性能指标均达到相关标准的要求。来勇研究了脱硫石膏基玻化微珠保温砂浆主要性能之间的相关性。然而，由于玻化微珠的性质所限，脱硫石膏基保温砂浆的体积密度不能进一步降低，即不能达到Ⅰ型保温砂浆的导热要求。

在以往的研究中，已体现出 EPS 颗粒具有低容重、低传热、表面憎水的特点。有关水泥基 EPS 保温砂浆的研究开发，国内已有大量的研究成。预期使用 EPS 颗粒替代玻化微珠作为脱硫石膏基保温砂浆的轻集料，能明显改善保温砂浆的导热性能、耐水性能。本文就 EPS 颗粒掺量对脱硫石膏基保温砂浆性能的影响规律进行研究。

2 试验

2.1 原材料

（1）脱硫石膏（简称 HH）：由电厂烟气脱硫石膏经 60℃烘干、180℃煅烧制得，其化学组成如表 1 所示，物理性能如表 2 所示，颗粒粒径分布主要集中在 20～60μm（图 1），XRD 图谱如图 2 所示，从图 2 中可见，脱硫石膏主要以 $CaSO_4 \cdot 0.5H_2O$ 和 $CaSO_4 \cdot 0.62H_2O$ 为主。

表 1 脱硫建筑石膏化学组成（质量分数） 单位：%

CaO	SO_3	SiO_2	MgO	Fe_2O_3	Al_2O_3	TiO_2	K_2O	SrO	MnO	烧失量
38.5	50.0	3.59	0.23	0.44	1.22	0.06	0.08	0.06	0.02	5.8

表 2 脱硫建筑石膏物理性能

标准需水量/%	凝结时间/min		2h 强度/MPa		绝干强度/MP	
	初凝	终凝	抗折	抗压	抗折	抗压
61.8	7	13	4.0	6.9	5.6	17.3

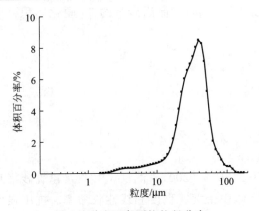

图 1 脱硫石膏颗粒粒径分布

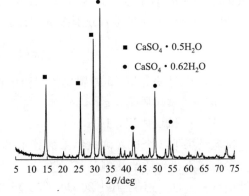

图 2 脱硫石膏 XRD 图谱

（2）EPS 颗粒（简称 E）：粒度≤3mm，堆积密度 10～13kg/m³。

（3）水泥（简称 C）：P·Ⅱ52.5R 型水泥，安徽海螺水泥有限公司生产。

（4）矿渣（简称 S）：S95 级细矿渣粉，山西闻喜电厂生产。

（5）纤维素醚（简称 M）：主要成分为羟乙基甲基纤维素，黏度 75000mPa·s。

（6）乳胶粉（简称 V）：主要成分乙烯基共聚物，其最低成膜温度为 4℃，玻璃化温度（T_g）为 16℃。

(7) 引气剂（简称 H）：主要成分为羧甲基丙醇。
(8) 淀粉醚（简称 D）：主要成分为硫酸月桂醇钠。
(9) 缓凝剂（简称 PE）：脂肪酸和蛋白质衍生物类高效缓凝剂。
(10) 聚丙烯纤维（简称 PP）：白色纤维状，长度为 6mm。
(11) 拌合水：自来水。

2.2 试验方案

2.2.1 试验配合比

本文研究的脱硫石膏基 EPS 保温砂浆基准配合比（质量比）如表3所示。在基准配合比的基础上，改变 EPS 颗粒的用量，EPS 颗粒与胶凝材料总和的质量比（集灰比）范围为 0.03~0.08，稠度控制在 (110±5)mm。具体配合比（质量比）如表4所示。

表3 试验基准配合比（脱硫石膏基 EPS 保温砂浆）（质量分数）　　单位：%

HH	C	S	E	M	H	V	D	PE	PP	水料比
70	10	20	3	0.4	0.04	1.8	0.1	0.1	0.2	0.75

表4 试验配合比（质量分数）　　单位：%

编号	集灰比[E/(HH+C+S)]	水料比	编号	集灰比[E/(HH+C+S)]	水料比
E3	0.03	0.75	E6	0.06	1.0
E4	0.04	0.8	E7	0.07	1.2
E5	0.05	1.0	E8	0.08	1.2

2.2.2 砂浆的制备和测试

先将水泥、矿渣粉、外加剂、脱硫石膏和水均匀混合，然后再加入称量好的轻集料混合均匀，最后参照《建筑保温砂浆》（GB/T 20473—2006）搅拌 2min。将制备好的保温砂浆成型于 7.07cm×7.07cm×7.07cm 和 4cm×4cm×16cm 的模具中。养护 3d 后脱模，称量试块质量，记作 m_1；继续养护至 28d，称量试块质量记作 m_2。保温砂浆的 3d 硬化体积密度 ρ_{3d} 和 28d 硬化体积密度 ρ_{28d} 分别按下式计算：

$$\rho_{3d}=\frac{m_1}{V};\rho_{28d}=\frac{m_2}{V}$$

式中　ρ_{3d}——试块养护 3d 的硬化体积密度，kg/m³；
　　　m——试块质量，g；
　　　V——试块体积，L。

试验结果取 6 个试块测试结果的算术平均值。

参照《无机硬质绝热制品试验方法》（GB/T 5486.3—2001）测试。参照《建筑砂浆基本性能试验方法》（JGJ 70—2009）测试新拌砂浆体积密度、稠度和线性收缩率。抗压强度参照《无机硬质绝热制品试验方法》（GB/T 5486.2—2001）测试。

3 结果与讨论

3.1 集灰比对砂浆新拌体积密度的影响

图3为砂浆新拌体积密度与集灰比的关系。由图可见，随着集灰比的增大，砂浆的新拌体积密度明显减小，当集灰比从 0.03 增至 008 时，砂浆的新拌体积密度从 530kg/m³ 降至 300kg/m³。

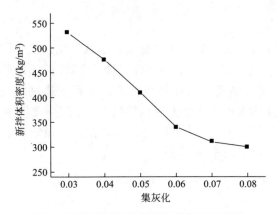

图3 砂浆新拌体积密度与集灰比的关系

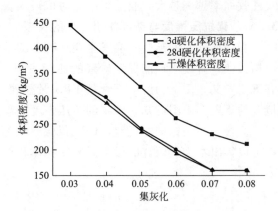

图4 砂浆硬化后体积密度与集灰比的关系

3.2 集灰比对砂浆硬化体积密度和干燥体积密度的影响

图4为砂浆硬化后体积密度与集灰比关系。由图可见，随着集灰比的增大，保温砂浆硬化后的体积密度均减小。其中，当集灰比从0.03增至0.07时，保温砂浆的3d硬化体积密度从440kg/m³降至220kg/m³，28d硬化体积密度从350kg/m³降至160kg/m³，将龄期28d的砂浆试块在40℃的恒温干燥箱中烘干至恒重，发现干燥后的体积密度与28d硬化体积密度相比几乎没有发生变化。

3.3 集灰比对砂浆抗压强度的影响

图5为保温砂浆抗压强度与集灰比的关系，由图可见，随着集灰比的增大，保温砂浆的抗压强度明显减小，当集灰比从0.03增至0.07时，保温砂浆的抗压强度从0.61MPa降至0.10MPa，而当集灰比从0.07增至0.08时，抗压强度变化不大。这可能是因为轻集料掺量较少时，保温砂浆的灰料能够完全包裹集料并填充EPS颗粒之间空隙，抗压强度大小与灰料的多少有关系，而当集灰比进一步增大后，灰料已不能完全包裹集料，无法形成骨架结构，保温砂浆的最薄弱处位于EPS颗粒与灰料之间的界面处，因而EPS颗粒的掺量继续增大并不能明显改变保温砂浆的抗压强度。

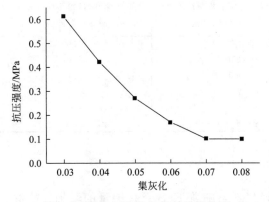

图5 砂浆抗压强度与集灰比的关系

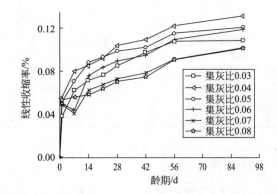

图6 不同集灰比砂浆线性收缩率与龄期关系

3.4 集灰比对砂浆线性收缩率的影响

图6为不同集灰比下保温砂浆线性收缩率与养护龄期的关系。由图可见，保温砂浆的线性收缩率随着集灰比增大没有明显变化规律。总体来说，随着养护龄期的延长，保温砂浆的

线性收缩率越来越大,收缩率的绝对值最大仅为0.13%左右。

3.5 砂浆抗压强度与新拌体积密度的关系

当保温砂浆的某一性能发生变化时,其他性能有规律地也随之变化。了解各项性能之间的相关性,有助于预测保温砂浆的性能表现,对进一步研究开发脱硫石膏基EPS保温砂浆有重要意义。图7为脱硫石膏基EPS保温砂浆抗压强度与新拌体积密度的关系。通过线性拟合的手段,由图可知,砂浆的抗压强度随新拌体积密度的增大而线性增大。相关系数可达0.97。根据相关标准的规定,EPS保温砂浆的抗压强度应不低于0.2MPa,由图中给出的关系可以得出本文所研究的保温砂浆新拌体积密度应不低于360kg/m³。

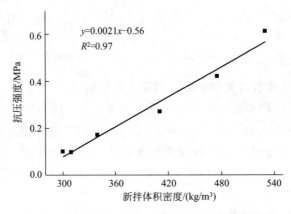

图7 砂浆抗压强度与新拌体积密度的关系

3.6 试验制得的保温砂浆性能数据与标准对比

根据上述研究结果,选择集灰比为0.05的脱硫石膏基EPS保温砂浆的实测数据与EPS保温砂浆的主要指标《胶粉聚苯颗粒外墙外保温系统—胶粉聚苯颗粒保温浆料》(JG 158—2004)进行对比,可以看出,基于本试验所得数据,有望制得满足标准要求的EPS保温砂浆,见表5。

表5 试验样品与保温砂浆标准性能指标对比

项目	单位	指标(JG158—2004 胶粉聚苯颗粒外墙外保温系统—胶粉聚苯颗粒保温浆料)	实测(本试验脱硫石膏EPS保温砂浆)
新拌体积密度	kg/m³	≤420	400
28d硬化体积密度	kg/m³	180~250	240
导热系数	W/(m·K)	≤0.060	0.057
抗压强度	MPa	≥0.20	0.27
线性收缩率	%	≤0.3	0.12
难燃性	—	B1级	无法点燃(自测)

4 结 论

(1) EPS颗粒作为脱硫石膏基保温砂浆的轻集料,随着EPS颗粒掺量的增加,能够有效降低脱硫石膏基保温砂浆的体积密度,使导热系数可以达到0.06 W/(m·K)以下。有望用脱硫石膏和EPS颗粒配制出满足标准要求的高效保温砂浆。

(2) 在保持稠度不变的情况下,脱硫石膏基EPS保温砂浆的抗压强度与新拌体积密度存在线性关系。通过测定脱硫石膏基EPS保温砂浆的新拌体积密度,可以预测保温砂浆的抗压强度。

参考文献

［1］ 王培铭，张国防．建筑保温砂浆的研究进展［C］．商品砂浆的研究进展．北京：机械工业出版社，2008：12-22．

［2］ 江飞飞，彭家惠，毛靖波．脱硫石膏基无机保温砂浆的配制研究［J］．墙体革新与建筑节能，2009，(11)：53-55．

［3］ 吴彻平，彭家惠，瞿金东等．新型脱硫石膏基保温砂浆的配制及性能研究［J］．材料导报，2011，(20)：121-124．

［4］ 孙振平，郑金飚，蒋正武等．以脱硫石膏为复合胶凝材料基料配制无机保温砂浆［J］．新型建筑材料，2011，(6)：1-4．

［5］ 来勇．脱硫石膏基保温砂浆改性研究［D］．上海：同济大学，2012．

［6］ 陈兵，刘宁，邓初晴．EPS保温砂浆性能试验研究［J］．哈尔滨工程大学学报，2012 (6)：671-676．

［7］ 梁至柔，王培铭，张国防．聚合物干粉改性EPS保温砂浆及实用性研究［J］．新型建筑材料，2004 (10)：48-51．

［8］ 彭家惠，韩舜，张建新等．聚合物纤维对聚苯乙烯颗粒保温砂浆性能的影响［J］．重庆建筑大学学报，2008 (02)：135-137．

［9］ 王鹃，王培铭，张国防．外加剂掺量对EPS保温砂浆性能的影响［J］．新型建筑材料，2005 (11)：53-55．

加气块专用砂浆的研制

徐红英 万建东 刘丽娟 王彦梅
(江苏省一夫新材料科技有限公司,南京,211178)

摘要:加气块作为一种新型的墙体材料,具有轻质、保温隔热性能好等优点。但同时其吸水率较大,而且吸水较慢,干燥速度亦慢,用传统的砂浆施工后,易产生砌体之间黏结差、墙面空鼓开裂,甚至大面积脱落等问题,造成质量问题。本试验首先研究了不同的胶砂比条件下砂浆的强度特性及粉煤灰、保水剂、膨胀剂等外加剂对砂浆性能的影响。在砂浆的变形性能研究过程中,引入了塑形变形的概念,提出用超细的球形铝粉这种发泡剂,掺入砂浆中来补偿砂浆的塑性收缩,从而减少砂浆的变形。在此基础上,确定了适合加气块抹灰和砌筑的专用砂浆的配合比,旨在解决该材料在使用过程中出现的空鼓、开裂和黏结力差等问题。

关键词:砂浆;加气块;保水率;变形

Research on the Special Mortar for Aerated Block

Xu Hongying Wan Jiandong Liu Lijuan Wang Yanmei
(Jiangsu efful new material science and technology co., ltd, Nanjing, 211178)

Abstract: Aerated block as a new building material had the advantages of Lightweight, good insulation properties and so on. But at the same time, its water absorption was high, water absorption and drying speed was slow. If the traditional mortar for building was used, it had the weak adhesion strength between two blocks, cracking, or even large area off, causing the quality problems. The test was firstly studied the different ratio of mortar strength characteristics of fly ash mortar, and under the condition of water retaining agent, effect of expansive agent on performance of mortar. In the study on the deformation properties of mortar began in the process (introducing the concept of the plastic deformation of spherical aluminum powder), put forward the foaming agent, ultra-fine, incorporation of plastic shrinkage compensating in the mortar, thereby reducing the deformation. On this basis, the special mortar for plastering aerated block and masonry than, aimed at resolving the cracking and adhesive force of the material in the process of using the problems of the poor.

Keywords: mortar; Aerated block; water retention rate; deformation

1 前言

加气块,全称"蒸压加气混凝土砌块",是用钙质材料(如水泥、石灰)和硅质材料(如砂子、粉煤灰、矿渣)的配料中加入铝粉作加气剂,经加水搅拌、浇注成型、发气膨胀、预养切割,再经高压蒸汽养护而成的多孔硅酸盐砌块,可分为蒸压灰砂加气混凝土和蒸压粉煤灰加气混凝土等。加气块作为一种新型的墙体材料,具有质轻、保温隔热性能好等优点。但同时因其具有封闭的微孔结构,从而导致其吸水率较大,而且吸水较慢,干燥速度亦慢。试验表明,一般上墙时砌块中心含水率还有25%以上,干燥收缩值仅完成50%左右,体积很不稳定,抹灰后墙体继续干燥收缩,导致梁底、柱侧开裂,墙面空鼓开裂,甚至大面积脱落。

作者简介:徐红英(1983—),女,工程师,主要从事干粉砂浆的性能研究联系,Emile: 153551402@qq.com。

由于加气块吸水率大,抹面砂浆的水分被吸走,使水泥砂浆的水泥无法正常水化,严重降低了砂浆的强度。为了满足常规砂浆的硬化条件,传统的做法是在砌筑或抹面前,都要对加气块进行充分浇水湿润。实际上,这种做法会使加气块吸水膨胀,待抹面后,墙体材料逐渐干燥,引起收缩,与加气块上墙时尚未完成的残余收缩叠加在一起,更加大了墙体材料与抹面层收缩应力,也就加大了空鼓和开裂的可能性,这是吃力不讨好的做法。根本的解决办法是用保水率比较强的专用砂浆。

要解决砌体的黏结强度、空鼓、开裂,除砌块自身提高质量外,主要还是靠砌筑砂浆和抹面砂浆的性能改进来适应加气砼砌块的特性。那就是新拌砂浆要有较好的流动性和保水性能,不向加气块表面浇水也能方便施工,而且阻止砂浆的水分不要过多的被加气块吸走,有利于砂浆中水泥充分水化;新拌砂浆要有较好的黏附性、触变性,砌筑时易自动流淌使灰缝饱满,砌好后(特别是竖向灰缝)又不能流淌,减少材料浪费。对于硬化后的砂浆要有适当的抗压强度、较高的抗拉强度和黏结强度,保证砌体的整体性和较好抗剪强度。硬化后砂浆不仅要有较小的干缩形变,更要有一定的柔韧性,适应砌体变形,防止墙体开裂和渗漏。

2 原材料与实验方法

2.1 原材料

2.1.1 胶凝材料

本实验采用安徽海螺水泥股份有限公司生产的P·O 42.5普通硅酸盐水泥,化学组成和力学性能指标见表1和表2。

表1 P·O 42.5水泥的化学组成　　　　　　　　　单位:%

SiO_2	CaO	Al_2O_3	Fe_2O_3	f-CaO	MgO	SO_3
23.58	64.50	5.76	4.51	0.23	1.40	—

表2 P·O 42.5水泥的力学性能　　　　　　　　　单位:MPa

强度等级	抗折强度			抗压强度		
	3d	7d	28d	3d	7d	28d
42.5	6.1	7.3	8.1	23.4	33.5	47.8

2.1.2 骨料

普通河沙:过2.5mm筛,砂子级配符合《建筑用砂》(GB/T 14684—2001)Ⅱ区颗粒级配的要求,细度模数$M_x=2.4$。

2.1.3 矿物掺合料

本实验矿物掺合料采用南京下关电厂的Ⅱ级粉煤灰,细度为13.8%(45μm方孔筛筛余),需水量比为98.6%,其化学成分见表3。

表3 Ⅱ级粉煤灰的化学成分　　　　　　　　　单位:%

SiO_2	Al_2O_3	Fe_2O_3	CaO	MgO	SO_3	K_2O	NaO	loss
49.88	30.54	5.82	3.94	1.25	2.08	1.52	0.18	4.79

2.1.4 外加剂

(1)纤维素醚　试验选取了国内具有代表性的五家厂家的甲基羟丙基纤维素醚

(HPMC),具体见表4。

表4 HPMC厂家名称及黏度

厂家名称	黏度/(mPa·s)	厂家名称	黏度/(mPa·s)
湖州展望天明药业有限公司	40000~80000	山东一腾集团化工有限公司	40000~70000
山东赫达股份有限公司	50000~80000	河南天盛化学有限公司	40000~80000
浙江科泓化工有限公司	20000~100000		

(2)铝粉 选取的铝粉为远洋铝业生产的细度为 $20\sim70\mu m$ 的球形铝粉,如图1所示。

图1 铝粉电镜照片

(3)膨胀剂 选取补偿收缩砂浆的膨胀剂为南京特建建材销售有限公司生产的U型低碱膨胀剂,简称UEA。化学成分和碱含量见表5。

表5 UEA的化学成分和碱含量　　　　　　　　　　　　　单位:%

Loss	SiO_2	Al_2O_3	SO_3	CaO	MgO	Fe_2O_3	K_2O	Na_2O	Cl^-
2.37	25.75	14.5	29.78	24.10	1.90	0.90	0.49	0.10	0.01

注:碱含量:$R_2O=Na_2O+0.658K_2O=0.42\%$。

2.2 实验方案和方法

2.2.1 试验研究方案

(1)探索性试验:根据文献资料,按照标准《砌筑砂浆配合比设计规程》(JGJ 98—2000)设计可能的配合比试拌砂浆,综合《蒸压加气混凝土用砌筑砂浆和抹面砂浆》(JC 890—2001)和江苏省标准《预拌砂浆生产与应用技术规程》(DGJ32/J13—2005)的要求,采用实际使用的原材料和功能性外加剂(保水剂、增稠剂、膨胀剂、分散剂等),探索在砂浆要求的标准稠度下,能提高砂浆各方面技术性能指标要求(保水率、凝结时间、干燥收缩值、抗压强度、黏结强度、抗渗性等)的干粉砂浆基准配合比。

(2)在上述探索性试验的基础上,对砂浆外加剂各组分对砌筑砂浆性能的影响进行研究,从而确定砂浆外加剂配方。

(3)进一步试验,找出适合实际施工使用的砂浆的最优配合比,试生产后推广使用。

2.2.2 试验研究方法

砂浆的稠度、凝结时间和强度均采用《建筑砂浆基本性能试验方法标准》(JGJ/T 70—2009)规定的方法测试;保水率试验按照江苏省标准《预拌砂浆生产与应用技术规程》(DGJ32/J13—2005)中的砂浆保水率试验方法进行;按照江苏省标准《预拌砂浆生产与应用技术规程》(DGJ32/J13—2005)中规定的砂浆黏结强度试验方法用拉拔法测量砂浆的28d黏结强度。

收缩和膨胀：（1）早期阶段的塑性膨胀：它是用竖向膨胀率表示，实质是体积膨胀百分数，测定方法用《混凝土外加剂应用技术规范》（GB 50119—2003）中附录 C 检验方法。（2）后期的收缩：收缩试验按照《建筑砂浆基本性能试验方法标准》（JGJ/T 70—2009）规定的收缩试验方法进行。

3 砂浆的主要性能和影响因素

3.1 砂浆强度影响因素分析

3.1.1 胶砂比对砂浆强度的影响

水泥用量是影响砂浆强度的主要因素，选定胶砂比为 1∶2、1∶3、1∶4、1∶5，控制稠度为 90~100mm，测定其 28d 强度，试验结果如图 2 所示。

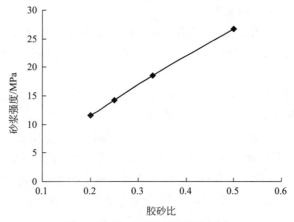

图 2　胶砂比对砂浆强度的影响

由图 2 可以看出随着胶砂比的减小，砂浆的强度逐渐减小。水泥砂浆加水搅拌后，其中的胶凝材料水泥和水反应生成 CSH 凝胶、钙矾石、氢氧化钙等一系列物质，从而产生一定强度。因此，水泥砂浆硬化后的强度主要取决于砂浆中的水泥的含量，即砂浆的胶砂比。砂浆的胶砂比越大，水泥在砂浆中的含量越高，砂浆的强度就越高。在表中的反映为：随着胶砂比的减小，砂浆的 28d 强度逐渐减小。

3.1.2 粉煤灰掺量对砂浆强度的影响

由图 3 可知，粉煤灰等量取代掺入法配制砂浆，7d、28d 龄期的强度均达不到基准砂浆的强度，且 7d 强度降低更多。比较得出，掺入粉煤灰 10% 时，7d 强度降低了 30.7%，28d

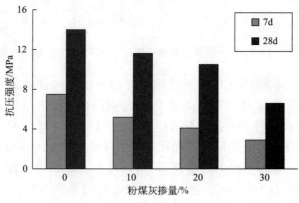

图 3　粉煤灰掺量对砂浆强度的影响

强度降低了 17.1%，当掺量增加时，7d 强度的降低值亦比 28d 强度的降低值要多。

掺入水泥砂浆中的粉煤灰对砂浆强度的作用主要体现在其火山灰活性上，但这种活性在常温下是非常低的，表现为：砂浆中掺入粉煤灰取代水泥后其早期强度会降低，且随着取代量的增加，强度的降低量也会增加。因此，在图 3 中表现为粉煤灰等量取代掺入法配制砂浆，7d、28d 龄期的强度均达不到基准砂浆的强度，且 7d 强度降低更多。虽然砂浆中用粉煤灰取代一部分水泥后，砂浆的早期强度会降低，但根据相关资料，其后期的强度跟基础砂浆相比降低不多，有的甚至还会有所增加。粉煤灰是一种工业废渣，价格低廉，因此从成本和保护环境节约资源方面，在水泥砂浆中用适量的粉煤灰取代水泥是可取的。且粉煤灰跟水的反应速率非常缓慢，反应的持续时间很长，水泥砂浆中掺入一部分粉煤灰替代水泥后，可以减少砂浆水化反应初期的反应热，从而降低砂浆中的热应力，减轻砂浆早期因热应力而产生开裂的风险。

3.2 HPMC 对砂浆保水性能的影响

砂浆能在实际的工程中使用，除了满足相关标准中规定的强度要求，还需要有良好的施工性，即和易性。本试验采用羟丙基甲基纤维素醚来改善砂浆的和易性，使其具有良好的施工性能。

从图 4 可以看出，随着掺量的增加，每个厂家的 HPMC 对砂浆的保水率增加的趋势是一致的。整个保水率的曲线可分为两段：掺量从 0～3‰，曲线的斜率比较大，表现为曲线比较陡，即在这一区间，砂浆的保水率对 HPMC 的掺量的变化比较敏感。HPMC 的掺量为 3‰～5‰，曲线的斜率比较小，表现为曲线变平缓了，即在这一区间，砂浆的保水率对 HPMC 的掺量的变化影响不大。不同的厂家，在 HPMC 的掺量比较小时，砂浆的保水效果不太相同，但当其掺量超过 0.33‰时，砂浆的保水率却基本相同。

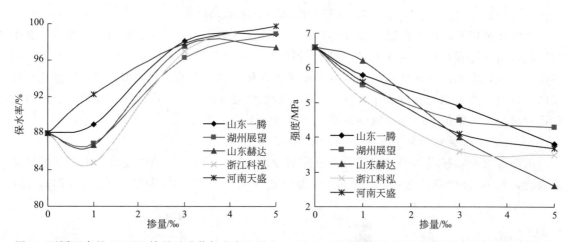

图 4　不同厂家的 HPMC 掺量对砂浆保水率的影响　　图 5　不同厂家的 HPMC 掺量对砂浆强度的影响

从图 5 可以看出，随着 HPMC 掺量的增加，砂浆的 28d 强度是降低的。其中山东赫达和山东一腾的曲线基本没有拐点，趋势是一直急剧向下。当 HPMC 的掺量为 5‰时，掺山东赫达 HPMC 的砂浆的 28d 强度只有空白的不到 40%，降低的幅度超过了 60%；掺山东一腾的下降了 35%。其余的厂家的曲线在 3‰时明显有一个拐点，强度下降的趋势变缓了。HPMC 由于分子间的作用力（范德华力），具有良好的保水能力，可以保证胶凝材料水化作用的均匀性和完全性，因为它与水有大致相同的蒸发热和毛细管扩散作用。同时，HPMC 加入到水泥砂浆中后，会形成许多微气泡，这些气泡起着如滚珠轴承般的作用，使新拌砂浆和易性得以改善。但纤维素醚会增加砂浆的气孔率，使砂浆密度降低，强度性能有所下降。

3.3 砂浆的塑性收缩和干燥收缩

水泥砂浆凝结硬化后，由于失去水分和本身水化反应的进行，产生收缩。砂浆的收缩主要分为硬化之前由于水分散失引起的前期塑性收缩和砂浆硬化后随着水化反应的进行和水分散失而引起的后期的干燥收缩。砂浆一旦收缩极易引起开裂，收缩越大，开裂的危险也更大。为了解决干缩率过大，可以掺入一定量的膨胀剂，本实验中采用掺入一定细度为 $20\mu m$ 的球形铝粉和硫铝酸盐类 UEA 膨胀剂来减少砂浆收缩，从而减低砂浆开裂的风险。同时减少砂浆整个水化过程中水分在空气中的散失，不仅可以减小砂浆的收缩，还可以保证砂浆在水化的过程中有足够的水分。而硫铝酸盐类 UEA 膨胀剂的反应也离不开水。因此，在砂浆中加入一定量的高吸水率的玻化微珠来增加砂浆的含水率，使砂浆具有内养护的特点。

3.3.1 铝粉的掺量对砂浆塑性膨胀性能的影响

塑性膨胀是指干粉砂浆加水搅拌成浆体后到砂浆终凝前的塑性阶段，具有一定的膨胀率（一般要求竖向膨胀率 1%～3%）。砂浆上墙后，由于基材吸水，水泥水化和向空气中蒸发三方面失去砂浆的自由水，体积收缩较大。对砌筑砂浆的竖缝一定开裂，黏结强度下降；抹面砂浆如收缩过大亦会出现塑性开裂。为了抵消这部分塑性收缩，新拌砂浆应具有一定膨胀才能保障砌筑竖缝的饱满。由于铝粉颗粒细小而分散，在砂浆（或加气混凝土）中形成大量细小而均匀的气泡，使塑性状态的砂浆体积产生膨胀。影响砂浆塑性膨胀效果的因素包括铝粉掺量、颗粒细度及使用时的温度。试验中考察了铝粉不同掺量 0.05%、0.1%、0.2% 对砂浆塑性膨胀性能的影响，结果如图 6 所示。

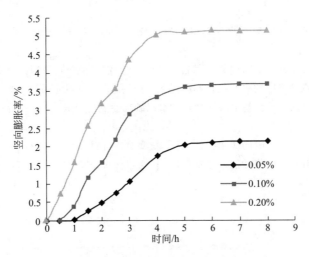

图 6　铝粉掺量对砂浆塑性膨胀性能的影响

从图 6 可以看出，铝粉掺量越多膨胀率越大。当掺量为 0.2% 时膨胀率为 5.15%，对砂浆的竖向膨胀率要求在 1%～3%，膨胀率过大，会引起开裂，因此铝粉的掺量在 0.01～0.05% 为宜。

3.3.2 不同养护条件下硫铝酸盐类 UEA 膨胀剂对砂浆后期收缩性能的影响

从图 7 中分析可知，没有膨胀剂时其干缩率是相当大，有膨胀剂时，即使不保湿，干燥收缩值也减小不少，如能保湿养护效果就更好了。

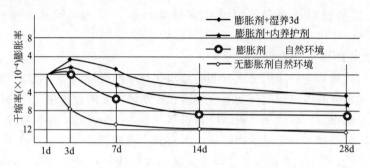

图7 砂浆在不同养护条件下的干燥收缩值

4 结 论

（1）水泥砂浆的强度和施工性能由配合比中水泥、粉煤灰、砂子的比例和各种外加剂的掺量决定。砂浆中水泥的含量越高，其强度越高；粉煤灰取代水泥的比率越大，砂浆的早期强度越低。

（2）砂浆中保水剂的掺量越高，砂浆的保水性能越好。

（3）掺入球形铝粉后，可以显著降低砂浆塑形阶段的变形。

（4）选择合适的胶砂比后，掺入适量的粉煤灰、保水剂、膨胀剂等外加剂制成的加气块专用砂浆，具有保水性好，易于施工，砂浆凝结硬化后黏结强度高，变形小，上墙后与墙体黏结牢固，不易空鼓、开裂等特点。在推广应用过程中取得了良好的社会和经济效益。

参考文献

[1] 尹维新，刘红宇，洪彩霞. 利用煤矸石电厂粉煤灰生产加气混凝土砌块［J］. 新型建筑材料，2008（4）：12-14.

[2] 刘江平，孙振平，蒋正武. 干粉砂浆的研制及机理［J］. 混凝土与水泥制品，2003（04）：14-17.

[3] 徐红. 粉煤灰在建筑砂浆中的水化机理和粉煤灰效应［J］. 电力环境保护，2000，16.

[4] 王培铭，许绮，李纹纹. 羟乙基甲基纤维素对水泥砂浆性能的影响［J］. 建筑材料学报. 2000，3（4）：305-309.

[5] 许志钢. 水泥制品中纤维素醚的应用特性［J］. 新型建筑材料，2001（7）：13-15.

[6] 黄连根. 纤维素醚对水泥砂浆性能的影响［J］. 江西建材，1995（3）：14-17.

第五部分

应 用

以装饰砂浆为外饰面的外墙外保温系统的耐候性研究

段瑜芳　李永鑫　康犟

[瓦克化学（中国）有限公司，上海市漕河泾开发区虹梅路1535号3号楼，上海，200233]

摘要：本文主要针对以装饰砂浆为外饰面的EPS外墙外保温系统的耐候性进行了实验研究。相应的采用了三种不同配方的抹面进行了对比性实验。实验结果表明，添加VINNAPAS® 5048H胶粉的抹面砂浆具有优良的憎水性和柔韧性，其耐候性能也表现得最好。添加VINNAPAS® 7031H胶粉的装饰砂浆经过整个耐候性实验，也没有出现泛碱、开裂、起鼓等现象。

关键词：材料实验；憎水性；柔韧性；耐候性

Study on the Weather ablity of EIFS wiht Decorative Plaster

Duan Yufang　Li Yongxin　Kang Wei

[Wacker Chemicals（China）Co．，Ltd．，Bldg. 3，1535 Hongmei Road，Caohejing Hi-Tech Park，Shanghai，200233]

Abstract：The weatherablility of EIFS with decorative plaster is studied in this paper. Three different basecoat with different formulation are tested in this experiment. The exterior facing is decorative palster with VINNAPAS H grade powder. The test result shows the base coat with WINNAPAS 5048H has the excellent hydrophobic ability and flexibility. The weather ability of it is the best in three materials. The decorative plaster with VINNAPAS 7031H has very good weather ability. There are no efflorescence, cracking and bulking on the surface of it.

Keywords：Material experiment；Hydrophobic ability；Flexibility；Weather ability

1　前言

外墙外保温系统在中国的发展已将近20年，时至今日其外饰面却仍然是以涂料为主。随着大家对外墙美观性能的诉求与日俱增，以及外墙贴砖系统安全性问题也一直没有统一的定论，越来越多的外墙饰面材料，例如真石漆、质感涂料、装饰砂浆、复层彩色腻子等逐渐在市场上有了一席之地。

装饰砂浆产品和技术来源于欧洲，在德国、西班牙、法国、意大利等国家有着广泛的应用。其装饰特点为颜色淡雅、表面凹凸均匀，具有立体质感，给人以自然清新、质朴大方的感觉和效果。装饰砂浆一直受欢迎的原因是它的涂层相对较厚，且可加工成各种风格的纹理表面，这使建筑设计师有很大的选择余地。当阳光和影子照在有纹理的涂层表面时，还会产生一种平面涂层无法比拟的、悦目的效果。同时，使用水泥作为主要黏结剂，使装饰砂浆的价格在大宗用途的材料中极具竞争力。装饰砂浆作为

作者简介：段瑜芳，Tina．Duan@wacker.com。

建筑物的外表不仅要赋予建筑物丰富的外观特征，还要形成一道屏障，保护建筑物免受环境侵害。这两方面的诉求要求了装饰砂浆不仅需要具备改善外观功能，而且还必须具备一些物理功能，如防止涂层吸潮或吸水等。本文主要对添加德国 Wacker® 公司生产的具有憎水性功能的可再分散乳胶粉的外墙装饰砂浆及抹面砂浆的耐候性进行了讨论。

2 实 验

2.1 原材料

水泥：盾石牌 425O.P.C 冀东水泥股份有限公司生产。

砂子：石英砂。

可再分散乳胶粉：VINNAPAS® 7031H，VINNAPAS® 5048H。

纤维素醚：国产，黏度 6 万。

颜料：氧化铁红和氧化铁黄。

其他有机添加剂。

2.2 实验设备及条件

EOTA 耐候试验箱。耐候循环制度如下。

（1）热-雨循环 80 次

热-雨循环条件如下：

① 加热 3h，在 1h 内将试样表面温度升至 70℃，并恒温在（70±5）℃，试验箱内空气相对湿度保持在 10%～20%范围内；

② 喷淋水 1h，水温（15±5）℃，喷水量 1.0～1.5L/(m²·min)；

③ 静置 2h。

试样完成热雨循环后，在空气温度 10～30℃、相对湿度不低于 50%条件下放置 2d，然后进行热-冻循环。

（2）热-冻循环 5 次

热-冻循环条件如下：

① 加热 8h，在 1h 内将试样表面温度升至 50℃，并恒温在（50±5）℃，试验箱内空气相对湿度保持在 10%～20%范围内；

② 制冷 16h，在 2h 内将试样表面温度降至－20℃，并恒温在（－20±5）℃。

试样完成热冷循环后，在空气温度 10～30℃、相对湿度不低于 50%条件下放置 7d，然后进行外观检查与一些物理性能测定。

黄色仿砖装饰砂浆中 VINNAPAS® 7031H 的掺加量为 5%，以（苯丙乳液＋有机硅憎水剂）为罩面。红色仿砖装饰砂浆中 VINNAPAS® 7031H 的掺加量为 3.5%，以（苯丙乳液＋有机硅憎水剂）为罩面。1# 普通抹面市场通用胶粉的掺加量为 2%，2# 普通抹面市场通用胶粉的掺加量为 3.5%，3# 憎水型抹面 VINNAPAS® 5048H 掺加量为 3%。实验墙施工完成后，放在室内 28d 后进行耐候循环测试。

2.3 耐候实验墙面布局

整个系统构成：混凝土墙面＋黏结砂浆＋EPS 板＋抹面砂浆＋装饰砂浆布局示意图见图 1。

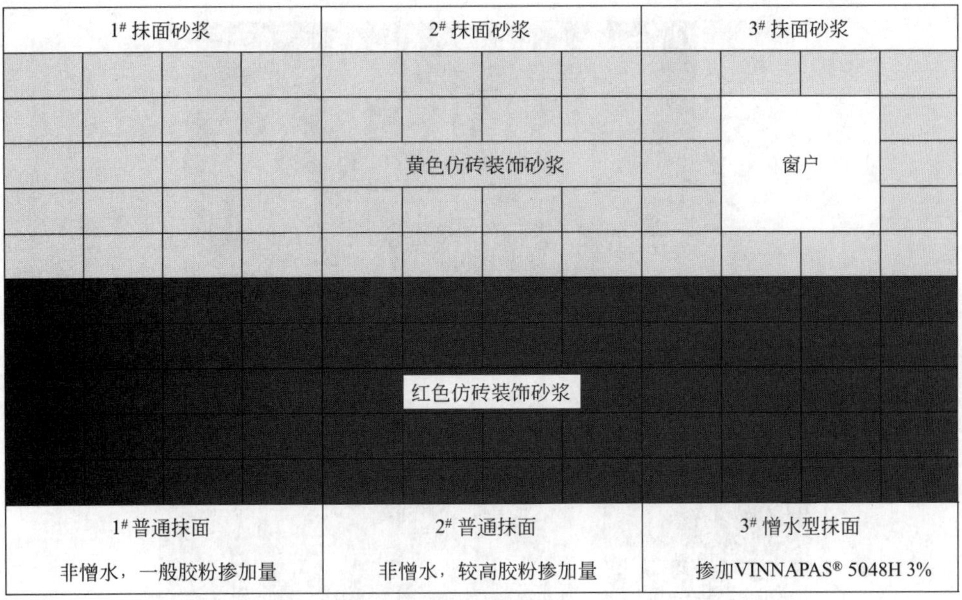

1# 抹面砂浆	2# 抹面砂浆	3# 抹面砂浆
黄色仿砖装饰砂浆		窗户
红色仿砖装饰砂浆		
1# 普通抹面	2# 普通抹面	3# 憎水型抹面
非憎水，一般胶粉掺加量	非憎水，较高胶粉掺加量	掺加VINNAPAS® 5048H 3%

图 1　耐候实验墙布局示意图

2.4　实验墙

真实墙体效果图见图 2。

图 2　真实墙体效果图

3　结果与讨论

3.1　耐候实验过程监控

33 次热/雨循环后，装饰砂浆表面没有什么明显的变化，如图 3 所示。1# 抹面砂浆出现了少量的没有断开的裂纹。2# 抹面砂浆出现极少的没有断开的裂纹。3# 抹面砂浆无任何裂纹产生。

53 次热/雨循环后，装饰砂浆表面没有什么明显的变化，如图 4 所示。1# 抹面砂浆出现了较多的没有断开的裂纹。2# 抹面砂浆出现少量的没有断开的裂纹。3# 抹面砂浆无任何裂纹产生。

耐候循环测试（80 次热/雨＋5 次热/冻）完成后，整个装饰砂浆的表面没有出现开裂、泛碱、起鼓等现象。1# 抹面层出现了少量断开性的裂纹。2# 抹面有少量的没有断开的裂纹出现。3# 憎水性抹面层表现最好，只出现了极少量细微的非断开性裂纹，如图 5 所示。

图 3　33 次热/雨循环后的墙面

图 4　53 次热/雨循环后的墙面

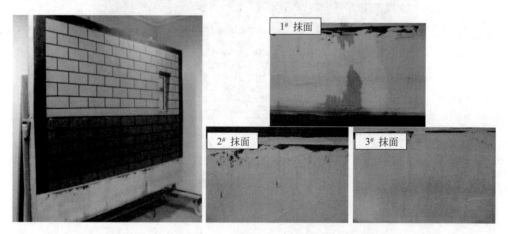

图 5　（80 次热/雨＋5 次热/冻）循环后的墙面及抹面层

3.2　耐候实验后性能检测

3.2.1　装饰砂浆及抹面砂浆的拉伸黏结强度

无论在何种情况下，装饰砂浆都必须与基层之间有足够的黏结力；否则，会导致砂浆面层空鼓、产生裂缝甚至剥落。从表 1 可以看出，黄色仿砖装饰砂浆与抹面层之间有很好的黏结强度，拉伸黏结强度达到了 0.27MPa，均在抹面层内部破坏。红色仿砖装饰砂浆的拉伸黏结强度为 0.18MPa，破坏模式有产生在装饰砂浆内部的。说明其装饰砂浆的内聚力要低于黄色仿砖装饰砂浆。3 种抹面砂浆的拉伸黏结强度也都符合标准《膨胀聚苯板薄层外墙保温系统》（JG/T 149—2003）的要求。抹面砂浆拉伸黏结强度测试结果见表 2。

表 1　装饰砂浆拉伸黏结强度测试结果

性　　能	黄色仿砖装饰砂浆	红色仿砖装饰砂浆
拉伸黏结强度/MPa	0.27	0.18
破坏模式	耐碱网格布处破坏	装饰砂浆内部破坏和耐碱网格布处破坏

注：测试时，装饰砂浆没有切割。

表 2　抹面砂浆拉伸黏结强度测试结果

性　　能	1#抹面砂浆	2#抹面砂浆	3#憎水型抹面砂浆
拉伸黏结强度/MPa	0.16	0.22	0.19
破坏模式	破坏在苯板内部	破坏在苯板内部	破坏在苯板内部

注：将抹面砂浆切割至苯板。

3.2.2　吸水量与抗冲击强度

硬化后的砂浆通过其毛细系统吸收水分。吸水会造成室内潮湿，霉菌滋生。可溶性的腐蚀性盐（如氯化物）吸入建筑，或可溶性物迁移至建筑表面，出现难看的白色斑点，影响其装饰效果，为此需要装饰砂浆和抹面砂浆都应具有低吸水性，强憎水性。添加憎水型VINNAPAS®7031H和VINNAPAS®5048H可再分散胶粉的干混砂浆，在建筑工地加水搅拌，能够快速分散。随着聚合物膜的形成，砂浆憎水性能得到充分发展。含有憎水组分的黏结剂会积聚在气孔中，从而使毛细孔吸水率降到最低。需要强调的是，加入粉状的VINNAPAS®H系列胶粉的干混砂浆与加入憎水剂的传统砂浆不同，它很容易与水快速润湿而不会降低调和性与施工性。VINNAPAS®H系列改性砂浆所具有的优良憎水性能不会因为时间的推移而降低。用卡斯通管对装饰砂浆和抹面砂浆进行吸水量的测试。吸水量测试结果表明，添加VINNAPAS®5048H胶粉的抹面砂浆，具有很好的憎水型，6h没有任何水分进入到抹面砂浆。其抗冲击强度达到了标准《膨胀聚苯板薄层外墙保温系统》（JG/T 149—2003）的要求，说明添加VINNAPAS®5048H胶粉的抹面砂浆具有很好的柔韧性和憎水性，为外墙外保温系统的耐候性提供了良好的保证。抹面砂浆卡斯通管吸水量测试结果见图6。抹面砂浆抗冲击强度测试结果见表3。

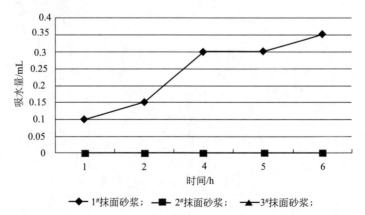

图 6　抹面砂浆卡斯通管吸水量测试结果

表 3　抹面砂浆抗冲击强度测试结果

性　　能	1#抹面砂浆	2#抹面砂浆	3#憎水型抹面砂浆
抗冲击强度/J	0.5	1	3

4 结 论

德国 Fraunhofer 建筑物理所（IBP）的 Hartwig M. Kunzel 多年研究表明，当温差变化达到 28K 时，会产生 0.3mm/m 的变形及内应力，而当相对湿度从 98％下降到 33％时，会导致 0.6mm/m 的变形及内应力，如果因湿热产生的热应力超过了加有玻纤网增强的抹灰层的强度，系统就会出现开裂，湿热负荷是影响外墙外保温系统老化及寿命最重要的因素。所以就要求外墙外保温所使用的防护层及饰面层材料具有很好的憎水及柔韧性。这次针对以装饰砂浆为外饰面的外墙外保温系统的耐候性实验表明，添加 VINNAPAS® 5048H 的抹面砂浆和 VINNAPAS® 7031H 的装饰砂浆具有很好的憎水性、柔韧性、与基材有优良的黏结力，从而保证了整个系统的耐候性。

参考文献

[1] 饶武. 新型憎水型装饰砂浆 [J]. 广东建材，2007（12）：112-114.
[2] 张杰. 可再分散胶粉改性的憎水型装饰砂浆 [J]. 涂料工业，2003（4）：53-55.
[3] Hartwig M. Kunzel. 外墙外保温湿热负荷及寿命 [J]. 建筑物理，2006（3）：152-163.

水泥基超早强聚合物快速修补砂浆研制及应用

张伟男　周华新　洪锦祥

（江苏博特新材料有限公司，南京，210008）

摘要：以快硬低碱度铝酸盐水泥作为主要胶凝材料，通过调控水泥水化抑制剂和水化硬化剂的措施，结合高性能减水剂、聚合物改性及纤维抗裂等技术，研制出水泥基超快硬聚合物快速修补砂浆材料，该材料具有快硬而不速凝及高承载的特性，初凝时间大于40min，3h抗压强度可达到28.5MPa，7d正拉黏结强度为2.89MPa，具有良好的体积稳定性，其线膨胀系数与普通混凝土材料线膨胀系数基本一致，适合用于普通混凝土表面缺陷的快速修补。

关键词：超早强修补砂浆；黏结强度；黏结耐久性；线膨胀性能

Development and Application of ultra high early strength polymer rapid repair mortar

Zhang Weinan　Zhou Huaxin　Hong Jingxiang

(Jiangsu Bote New materials Co., Ltd, Nanjing, 210008, China)

Abstract: A ultra high early strength polymer rapid repair mortar was prepared by using the low alkalinity sulphoaluminate cement as main cementing material, through the regulation of cement hydration inhibitor and hydration hardening agent measures, and high performance water-reducing agent, polymer modification and anti-crack fiber technology. The experimental results showed that this rapid repair mortar with quick hardening without rapid setting and high load bearing characteristics, compressive strength of 3h can reach to 28.5MPa and tensile bonding strength of 7d up to 2.89MPa. The bond durability coefficient of super early strength rapid repair mortar can be up to above 95% and bonding strength can still be maintained above 2.5MPa after 200cycles of freezing and thawing. Super early strength polymer rapid repair mortar material has good volume stability, and compared with ordinary concrete materials the linear expansion coefficient of Super early strength polymer rapid repair mortar remained at the same level. Therefore, Super early strength polymer rapid repair mortar can be used for the rapid repair of ordinary concrete surface defects.

Keywords: Ultra high early strength repair mortar; bond strength; bond durability; properties of linear expansion

1 引言

当前中国的经济建设以前所未有的高速度迅猛发展，基础设施建设以波澜壮阔的态势向前发展，因此对提高基建工程的使用寿命提出了较高要求，航空机场道面、高等级混凝土公路、桥梁道面及工业建筑物的表面多为混凝土材料，尤其是高速铁路和铁路客运专线大型箱

作者简介：张伟男，男，助理工程师，主要从事高性能混凝土与应用技术研究；周华新，男，硕士，高级工程师，主要从事高性能混凝土与耐久性提升技术研究。

梁对梁面平整度要求极高，在预制、运输及安装过程中存在一定的缺陷，其表面在使用过程中都需要维修和养护，比如对断裂缝或破损处进行修补，而大多数情况下是对其表面进行薄层、超薄层修补，为保证交通的快速畅通，其修补或修复都需要快速硬化并承载。

混凝土修补失败的原因，绝大多数是因为新旧混凝土（砂浆）在界面脱落而导致修补失败。新混凝土或砂浆的 $100\sim200\ \mu m$ 过渡层是黏结界面最薄弱层，该层富含气孔、裂缝、水膜及钙矾石和氢氧化钙粗大晶体，而此晶体强度较差，是修补失效的一大关键因素。弹性模量相对低的材料变形更大，在另一相的约束下必然引起过渡区应力集中，如果过渡区没有足够的强度，不管修补材料的弹性模量或高或低都会在变形累积到一定程度时脱落。对于修补材料的力学性能，一般要求不得低于甚至高于基材的抗压、抗折、抗拉强度；与基材有足够的黏结抗折和黏结抗剪强度；且弹性模量和线膨胀系数与基材接近。因此，本文从修补材料的快硬而不速凝、承载性能、黏结耐久、变形等几个关键性能要求出发，研制了一种水泥基超早强聚合物快速修补砂浆。

2 拟解决的关键技术问题

2.1 超早强修补砂浆材料快硬而不速凝及高承载特性

为满足快速交通路面及梁面精准调平对超早强快速修补的需求，进一步缩短高速公路、机场跑道修复时的交通封闭时间，因此，超早强聚合物快速修补砂浆材料必须具有快硬而不速凝及高承载的特性，即有良好的施工和易性和保持性能，同时有快速凝结硬化及超早强的功能。

2.2 超早强修补砂浆材料和旧混凝土界面相容性

研究显示，混凝土修补失败的原因，绝大多数是因为新旧混凝土（砂浆）在界面脱落而导致修补失败。新混凝土或砂浆的 $100\sim200\ \mu m$ 过渡层是黏结界面最薄弱层，该层富含气孔、裂缝、水膜及钙矾石和氢氧化钙粗大晶体，而此晶体强度较差，是修补失效的一大关键因素。

2.3 超早强修补砂浆材料必须具有良好的抗开裂性

修补砂浆所形成的修补层是被置于混凝土的表面，因此其抗开裂性能直接影响着修补效果。Cusson 和 Mailvaganam 论述了修补效果不好主要表现为表层修补材料的散列、开裂、脱落和强度损失。因此，用于修补的砂浆材料必须具有良好的抗开裂能力。

2.4 超早强修补砂浆材料的黏结耐久性

在冻融循环条件下，修补材料与旧混凝土界面是否能保持良好的黏结直接决定着修补效果。研究显示聚合物能增强水泥基材料界面黏结性能，但对于超早强型砂浆材料在几个小时之内水化产物已经基本充分水化，如何保证聚合物分子能在水泥石结构中发挥增黏的作用非常困难，必须从硫铝酸盐水泥和硅酸盐水泥矿物的水化产物晶体特征，建立聚合物交联技术，调整超早强修补砂浆材料与普通混凝土线膨胀系数相统一，从而实现硫酸盐水泥基材料与硅酸盐水泥混凝土界面的高黏结和黏结耐久。

3 水泥基超早强聚合物快速修补砂浆研制技术

水泥基超早强聚合物快速修补砂浆研制主要是结合实际工程修补技术要求，采用循环研究技术路线，如图1所示。

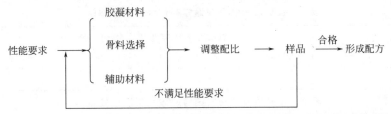

图 1　水泥基超早强聚合物快速修补砂浆研制主要技术路线

3.1　胶材体系优选

由交通工程快速修补改造工程要求可知，超早强聚合物快速修补砂浆必须具有快硬而不速凝的特点，小时强度高，因此研究过程中通过低碱硫铝酸盐水泥水化获得较高的小时强度，并依靠硅酸盐水泥的继续水化保证后期强度的增长，利用硅灰等掺合料起填充效应、增强效应、增缩效应，通过氧化钙类膨胀剂与聚合物胶粉协同作用调控修补砂浆线膨胀系数及黏结耐久性能，优选方案如图 2 所示。

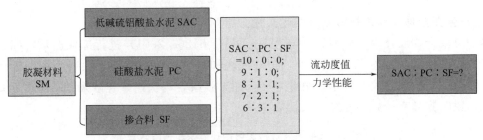

图 2　超早强聚合物修补砂浆用胶凝材料体系优选方案

3.2　调控技术

通过调控水泥水化抑制剂（控制快硬超早强修补砂浆凝结硬化时间，以满足工程施工要求）和水泥水化硬化剂（使超早强修补砂浆快速凝结硬化）的措施，解决了硫铝酸盐水泥水化硬化过程既要缓凝又要快硬早强的对立矛盾，实现了缓凝与超早强的和谐统一。通过高效减水剂、抗裂纤维、增稠保水组分等优化超早强修补砂浆材料的施工和易性及抗裂性能。

3.3　性能提升技术

针对硫铝酸盐水泥（低碱性环境，pH 值为 10～11），实现两种不同水泥基材料体系的高黏结，不是通过简单的添加聚合物胶粉就能解决。此外，对于超早强型砂浆材料在几个小时之内水化产物已经基本充分水化，如何保证聚合物分子能在水泥石结构中发挥增黏的作用非常困难，研究过程中从硫铝酸盐水泥和硅酸盐水泥矿物的水化产物晶体特征，选用改性聚氧化乙烯胶粉和新型氧化钙类膨胀剂，调整超早强修补砂浆材料与普通混凝土线膨胀系数相统一，从而实现硫酸盐水泥基材料与普通混凝土界面的高黏结和黏结耐久。

4　超早强快速修补砂浆基础配比及主要性能试验结果

根据以上超早强聚合物快速修补砂浆研制主要研制思路，配制的超早强聚合物快速修补砂浆材料基础配比如表 1，常规性能测试结果如表 2 所示。

表 1 超早强聚合物快速修补砂浆材料基本配方

灰砂比	辅助性功能材料(掺量按胶凝材料计)/%				
	减水剂	水化抑制剂	水化硬化剂	改性聚氧化乙烯胶粉	聚丙烯纤维(长6mm)
1.25:1	2.5	0.25	0.03	3.0	0.02

表 2 超早强聚合物快速修补砂浆材料主要性能

凝结时间/min		抗压强度/MPa			抗折强度/MPa		拉伸黏结强度/MPa		标养膨胀率/%
初凝	终凝	3h	1d	28d	1d	28d	1d	28d	28d
45	60	28.5	60.2	70.8	13.4	14.5	2.35	3.45	0.04

由表 1 试验结果可得出，研制的超早强聚合物快速修补砂浆材料具有较好的超早强性能，且小时承载力高，黏结性能较好，适合于混凝土工程表面缺陷的快速修补施工。

5 水泥基超早强快速修补砂浆服役耐久性分析

5.1 超早强聚合物快速修补砂浆黏结耐久性分析

按照《聚合物改性水泥砂浆试验规程》(DL/T 5126—2001)进行冻融循环，冻融循环结束后取出试件放在试验室中静置 2h，把基底块和黏结块周边的环氧涂料磨掉，进行黏结强度测试，试验结果如表 3 所示。由此可知，超早强聚合物快速修补砂浆黏结耐久性系数为 95.4%，说明其具有较好的黏结耐久性能。

表 3 超早强聚合物快速修补砂浆黏结耐久性

基准试件		冻融试件		黏结耐久性系数/%
黏结强度/MPa	破坏形式	黏结强度/MPa	破坏形式	
3.27	黏结面破坏	3.12	黏结面破坏	95.4

5.2 超早强聚合物快速修补砂抗冻融性能分析

按《水运工程混凝土试验规程混凝土抗冻性试验（快冻法）》(JTJ 270—98)进行冻融，试验试件龄期为 90d，冻融次数分别为 0 次、50 次、100 次、150 次、200 次、250 次，冻融结束后基底块和黏结块周边的环氧涂料磨掉，进行黏结强度测试，试验结果如表 4 所示。从此可知，按 JTJ 270—98 水运工程混凝土试验规程混凝土抗冻性试验（快冻法）进行，超早强修补砂浆经过 200 次冻融循环后黏结强度仍能保持在 2.5MPa 以上，200 次冻融以后黏结强度下降非常明显。

表 4 冻融循环次数对黏结耐久性能的影响

测试性能	基准试件			冻融试件		
	0 次	50 次	100 次	150 次	200 次	250 次
黏结强度/MPa	4.06	3.72	3.49	3.09	2.83	1.14
黏结耐久性系数/%	100	91.6	85.9	76.1	69.7	28.1

5.3 超早强聚合物快速修补砂浆线膨胀性能分析

在工程中计算热变形时，通常采用平均线膨胀系数 α 表示，其定义为在温度 t_1 和 t_2 ($t_1 < t_2$) 之间，当温度变化 1℃时试件轴向长度的相对变化的均值。

$$\alpha = \frac{L_2 - L_1}{L_0(t_2 - t_1)} = \frac{\Delta L}{L_0 \Delta t}$$

式中，α 为 t_1 和 t_2 温度间的平均线膨胀系数；L_1、L_2 分别为 t_1 和 t_2 温度时试样的长度；L_0 为标准温度 t_0 时的样件长度，t_0 常取 0 或 20℃。

超早强快速修补砂浆试件成型试验在温度（20±3）℃下进行，试件尺寸为 40mm×40mm×280mm，在标准养护箱中养护 1d 后拆模，放入（20±3）℃静水中养护至待测龄期。试验过程中研究了在升温和降温条件下超早强聚合物快速修补砂浆线膨胀系数，并与普通砂浆及混凝土线膨胀系数进行了对比试验，快硬混凝土是采用超早强聚合物快速修补砂浆配制的快硬混凝土，试验结果如表5所示。结果表明，超早强聚合物快速修补砂浆升温和降温阶段线膨胀系数为 $(8\sim 9)\times 10^{-6}/℃$，升温阶段线膨胀系数略高于降温阶段，且超早强聚合物快速修补砂浆线膨胀系数基本接近于普通砂浆线膨胀系数。此外研究证实，工程上混凝土、砂浆的线膨胀系数在 $(8\sim 10)\times 10^{-6}/℃$，因此可得出超早强聚合物快速修补砂浆材料线膨胀系数与普通混凝土材料线膨胀系数一致，适合用于普通混凝土表面缺陷的快速修补。

表5 超早强快速修补砂浆线膨胀系数测定结果

试件类型	普通混凝土	快硬混凝土	普通砂浆	超早强修补砂浆
升温线膨胀系数/($\times 10^{-6}/℃$)	8.24	9.23	9.42	9.68
降温线膨胀系数/($\times 10^{-6}/℃$)	6.94	7.02	8.83	9.08

6 聚合物快速修补砂浆应用技术及工程应用

6.1 快速修补施工前准备

混凝土构件、梁体（面）及道路混凝土结构需要修补的表面进行处理。混凝土基面应当粗糙、干净，以便提高修补砂浆与混凝土基面的黏结力，主要包括以下几个工序：①测量：根据修补要求，进行测量，将需要切割的部位标识出来；②切割：根据改造需要对需要修补的位置进行切割，切割时应使切面向内倾斜以确保修补砂浆与混凝土黏结性能和打磨后的美观性；③凿毛：对切割的位置进行凿毛，凿毛深度建议大于 10mm；④清理：凿毛后用钢丝刷刷洗或高压水枪冲洗等方法对混凝土基面进行清理，保证混凝土表面没有反碱、尘土、各种涂料、薄膜、油污等；⑤润湿：对比较干燥的凿毛表面应洒水进行润湿处理，待表面无可见水膜层时即可用修补砂浆修补。

6.2 修补砂浆的使用及搅拌

超早强聚合物修补砂浆以每袋 25kg 包装，现场直接加水搅拌即可，水与干料的推荐比例为 0.125～0.135，应用时根据初始状态通过试验确定。拌和用水应尽量采用饮用水，使用其他水源时，应符合《混凝土用水标准》（JGJ 63—2006）。建议采用调速搅拌设备，如高速搅拌枪、快速砂浆搅拌机等。在无调速搅拌机的情况下，也可采用立式强制式混凝土搅拌机进行搅拌，搅拌时间不宜少于 4min。若采用人工搅拌必须符合 DL/T 5126 要求，并适当延长搅拌时间。

6.3 快速修补施工

待需要修补表面已清理干净后，将搅拌好的修补砂浆置于需要修补的位置，用抹刀迅速修整表面。一次性混料不宜过多，要保证在 20min 内用完，混合物变稠时要频繁搅动，中间不能加水加料；对局部小面积区域的修补，尽量一次一层抹平；对于大面积区域或需要修补较厚的区域也建议采用一次一层抹平,如果确实需要采用多次多层修补,则需要等前面一层硬化后再抹下一层,以增强超早强聚合物修补砂浆层间黏结力使两层形成牢固的整体。

6.4 养护措施

施工环境气温在+5℃以上时用湿布盖住修补砂浆裸露面,进行 3~7d 定期浇水的阴湿养护措施;施工环境气温在+5℃以下时则用塑料布覆盖修补砂浆裸露面,并按冬季施工方法进行养护。

6.5 工程应用

超早强聚合修补砂浆在高速铁路预制梁体、机场跑道、交通混凝土路面及民用建筑等工程中得到了大量应用,如图 3 所示。

(a) 高铁工程

(b) 机场跑道

(c) 交通路面
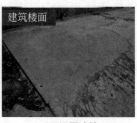
(d) 民用建筑

图 3 超早强聚合物快速修补砂浆工程应用实例

应用过程中超早强聚合物修补砂浆主要有性能特点:①施工性能好:施工和易性好,易快速流平或抹面修补;②快硬而不速凝:砂浆浆体达到初凝后能快速硬化,达到较高强度;③黏结性能好:与新老混凝土界面黏结力强,黏结强度大于 2.5MPa;④承载力高,后期强度继续增长;⑤具有良好的抗开裂能力,体积稳定性好;⑥具有良好的防水、抗渗、抗冻等耐久性能。

参考文献

[1] 李华, 缪昌文, 金志强. 水泥混凝土路面修补技术 [M]. 北京, 人民交通出版社. 1999, 23.

[2] 张重禄, 肖秋明. 水泥混凝土路面快速修复技术展望 [J]. 国外公路, 2000, 21 (1): 18-21.

[3] 朱炳喜. 高性能修补砂浆的研制与应用 [J]. 新型建筑材料, 2004, 31 (4): 13-15.

[4] M. M. Al-Zahrani, M. Maslehuddin, S. U.. Al-Dulaijan, M. Ibrahim. Mechanical Properties and durability characteristics of polymer-and cement-based repair materials [J]. Cement and Concrete Composites, 2003, 25 (4): 527-537.

[5] Emmons P H, Vaysburd A M. Seleeting durable repair materials: Performance criteria [J]. Concrete International, 2000, 22 (3): 38-45.

[6] 周华新, 刘加平, 刘建忠. 低碱硫铝酸盐水泥水化硬化历程调控及其微结构分析 [J]. 新型建筑材料, 2012, (1): 4-8.

[7] 周华新, 刘加平, 刘建忠. 低碱硫铝酸盐水泥水化硬化过程的温度敏感性及其对策 [J]. 混凝土, 2011, 33 (12): 9-11.

[8] 周世华, 董芸, 杨华全. 不同胶凝体系水泥浆体线膨胀系数的研究 [J]. 长江科学院院报, 2008, 25 (2): 70-73.

[9] 丁士卫, 钱春香, 陈德鹏. 水泥石热变形性能试验 [J]. 东南大学学报 (自然科学版), 2006, 52 (1): 113-117.

聚丙烯短切纤维在超早强快速修补砂浆中的应用

吴海林 周华新 阳知乾

(江苏博特新材料有限公司,南京,210008)

摘要:本文主要研究了聚丙烯短切纤维对超早强快速修补砂浆抗裂、抗拉及抗干燥收缩性能的影响。试验结果表明:聚丙烯短切纤维不会延长超早强修补砂浆开裂时间,但可明显提高超早强修补砂浆抗开裂能力,当掺量达到 0.9kg/t 时可有效抑制超早强修补砂浆开裂;在控制聚丙烯短切纤维不增加修补砂浆新拌浆体含气量的前提下,聚丙烯短切纤维可有效提高超早强修补砂浆的抗拉强度,有利于提高超早强快速修补砂浆的修补服役性能;聚丙烯短切纤维可降低超早强修补砂浆的干燥收缩率,有利于提高超早强修补砂浆抗收缩开裂能力。

关键词:聚丙烯纤维;超早强修补砂浆;抗裂性能;拉伸性能;干燥收缩性

Application of Short polypropylene fiber in Ultra high early strength repair mortar

Wu Hailin Zhou Huaxin Yang Zhiqian

(Jiangsu Bote New materials Co., Ltd., Nan jing, 210008, China)

Abstract: This paper focuses on the influence of polypropylene fiber on ultra high early strength repair mortar crack resistance and tensile properties and drying shrinkage. The test results show that polypropylene fiber does not extend ultra high early strength repair mortar cracking time, but can significantly improve the early strength of repair mortar anti cracking ability, when the dosage of 0.9kg/t can effectively inhibit the cracking. Under the control of polypropylene fiber without increasing the air content of ultra high early strength repair mortar, polypropylene fiber can improve the tensile strength of ultra high early strength repair mortar and can help to improve the performance of repair service. Polypropylene fiber can reduce the drying shrinkage of ultra high early strength repair mortar and can improve ultra high early strength repair mortar anti-cracking ability.

Keywords: polypropylene fiber; ultra high early strength repair mortar; crack resistance; uniaxial tensile test; drying shrinkage

1 引言

传统修补砂浆同混凝土一样是脆性材料,存在着拉压比低,干缩变形大,抗渗性,抗裂性差等缺点。近年来,随着混凝土砌块和各类墙板的大量应用,以及对外墙抗裂、抗渗要求的提高,对修补砂浆性能特别是黏结强度和抗裂性能均提出了更高的要求。修补砂浆所形成的修补层是被置于混凝土的表面,因此其抗开裂性能直接影响着修补效果。Cusson 和 Mail-

---

作者简介:吴海林,男,助理工程师,主要从事高性能混凝土与应用技术研究;**通讯作者**:周华新,男,硕士,高级工程师,主要从事高性能混凝土与耐久性提升技术研究。

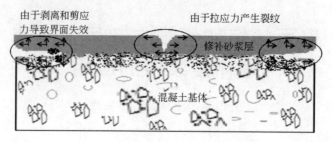

图1 箱梁梁面混凝土修补失效模型

vaganam论述了修补效果不好主要表现为表层修补材料的散列、开裂、脱落和强度损失，在混凝土表面修补失效模型如图1所示。

由以上模型可得出以下三种失效：① 因拉应力而导致在混凝土表面的修补层开裂；② 由于剪应力使修补层和基体混凝土界面散列；③ 由于横向拉应力使修补层和基体混凝土界面剥离。因此，要保证高速铁路桥面改造质量，提供有效地修补，用于修补的砂浆材料必须具有良好的抗开裂能力。本文基于超早强快速修补砂浆的修补服役特性，研究了聚丙烯短切纤维对超早强快速修补砂浆抗裂、拉伸及干缩性能的影响。

2 试验原材料

（1）超早强快速修补砂浆　试验过程中采用的超早强快速修补砂浆基本性能如表1所示。

表1 超早强快速修补砂浆材料主要性能测试结果

凝结时间/min		抗压强度/MPa			抗折强度/MPa		正拉黏结强度/MPa		标养膨胀率/%
初凝	终凝	3h	1d	28d	1d	28d	1d	28d	28d
45	60	28.5	60.2	70.8	13.4	14.5	2.35	3.45	0.04

注：水料比为0.13，所有测试均在标准试验条件下进行。

（2）聚丙烯短切纤维　试验用聚丙烯短切纤维长度为6mm，其性能指标如表2所示。

表2 试验用聚丙烯短切纤维性能

测试项目	性能指标	测试项目	性能指标
纤维类型	束状单丝	断裂强度/MPa	501
纤维直径/μm	32	弹性模量/GPa	4.2
长度/mm	6	断裂伸长率/%	28
密度/(g/cm^3)	0.91	耐碱性/%	98.0
熔点/℃	169	抗老化性	优良

3 试验结果及分析

3.1 聚丙烯短切纤维对修补砂浆抗开裂性能的影响

关于特种砂浆，尤其是硬化速度较快的早强砂浆国内还没有统一的抗开裂测试方法，研究过程中结合超早强快速砂浆在实际工程应用特性，采用模拟试验方法进行抗开裂试验评价。模拟方法借鉴Soroushian和Kraai分别提出的关于砂浆及混凝土早期塑性收缩裂缝的测试方法及国家建材行业标准《水泥砂浆抗裂性能试验方法》，设计了砂浆用小型约束平板试模（80mm×60mm×10mm）如图2所示，试验温度为（20±2）℃，相对湿度为（60±5）%，试件表面中心正上方100mm处的风速为（5±0.5）m/s，并使风向平行于裂缝诱导器。

聚丙烯短切纤维对超早强修补砂浆抗裂性能影响试验结果如图3和表3所示。由此可见，超早强快速修补砂浆凝结时间在40min左右，加入聚丙烯短切纤维后不会影响修补砂浆的凝结时间，在超早强快速修补砂浆体系中，由于凝结时间较快，因此聚丙烯短切纤维不能延长开裂时间。此外，聚丙烯短切纤维虽然对修补砂浆的工作性能有一定的影响，但可明显提高超早强修补砂浆的抗开裂能力，尤其是掺量达到0.9kg/t时，聚丙烯短切纤维可抑制超早强修补砂浆开裂。

图2 小型约束平板试模

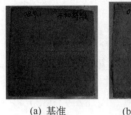   

(a) 基准　　　　(b) 纤维0.3kg/t　　　　(c) 纤维0.6kg/t　　　　(d) 纤维0.9kg/t

图3 聚丙烯短切纤维对超早强修补砂浆抗裂性能的影响图

表3 聚丙烯短切纤维对超早强修补砂浆抗裂性能的影响试验结果

纤维掺量/(kg/t)	开裂时间/min	最大裂缝宽度/mm	平均裂缝宽度/mm	开裂面积/mm²
0	42	0.525	0.365	21.9
0.3	42	0.235	0.205	12.3
0.6	43	0.195	0.175	10.5
0.9	没有开裂	没有开裂	没有开裂	没有开裂

3.2 聚丙烯短切纤维对修补砂浆抗拉性能的影响

研究过程中研究了聚丙烯短切纤维对超早强修补砂浆抗拉强度的影响，单轴拉伸试验设计借鉴，采用新三思生产的微机电子控制万能试验机，加载采用位移控制模式，速度为0.005mm/s。对拉伸测试用试块进行两端加固，即贴钢板或内埋一定长度的钢纤维，避免因应力集中引起的两端断裂的情况发生；测试试模及装置见图4，试验结果如图5所示。

根据研究显示：若能提升水泥基材料的抗拉性能则在一定程度上可有效提高其抗开裂性能，因此针对超早强修补砂浆材料，若能提高其拉压比，即提高其抗拉强度，则有利于提高

 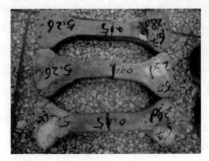

图4 修补砂浆拉伸测试图及试件破坏形式

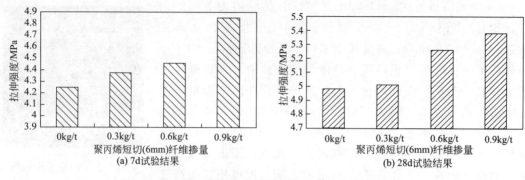

图 5 聚丙烯短切纤维对超早强快速修补砂浆拉伸强度

超早强修补砂浆修补服役性能。试验结果显示，在控制聚丙烯短切纤维不增加修补砂浆新拌浆体含气量的前提下，聚丙烯短切纤维可有效提高超早强修补砂浆的抗拉强度，有利于提高超早强快速修补砂浆的修补服役性能。

3.3 聚丙烯短切纤维对修补砂浆收缩性能的影响

为了研究聚丙烯短切纤维对超早强修补砂浆抗收缩开裂性能的影响，成型了40mm×40mm×160mm的砂浆棱柱体试件，测试纤维对修补砂浆干缩性能的性能，试验过程中试件养护参照《普通混凝土长期变形性能和耐久性能试验方法》（GBJ 82—1985）中相关方法进行，采用自行研制的自动变形量测系统进行数据采集和跟踪。聚丙烯短切纤维对超早强快速修补砂浆干缩性能的影响试验结果如图6所示。

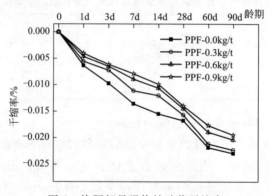

图 6 快硬超早强修补砂浆干缩率

从试验结果可得出，超早强修补砂浆在干燥条件下的90d收缩率为0.023%，虽然满足快速修补施工提出的小于0.1%的要求，但是在非常恶劣的干燥、高温、高风速条件下，超早强快速修补砂浆还是容易出现干缩开裂的现象；加入聚丙烯短切纤维后，可提高超早强修补砂浆的抗收缩性能，掺量为0.3kg/t时90d干燥收缩率为0.022%，掺量为0.6kg/t时90d干燥收缩性率为0.020%，掺量达到0.9kg/t时90d干燥收缩率为0.019%；虽然提高纤维掺量可有效降低超早强修补砂浆干燥收缩率，但并不是纤维掺量越高越好，当掺量达到1.2kg/t不仅会影响超早强修补砂浆的工作性能，而且会影响力学性能，降低干燥收缩率有限。

4 纤维增强砂浆抗裂性能机理分析

超早强快速修补砂浆成型后处于塑性状态，在恶劣环境下，表层水分蒸发，如果水分蒸发速率高于砂浆内部水分迁移到表面的速率，毛细管就会失水产生塑性收缩应力。因为新拌砂浆的早期抗拉强度非常低，当拉应力大于抗拉强度时，就会造成微裂纹，并且随着水泥水化硬化的进一步进行，裂纹逐渐扩展，产生塑性收缩开裂。纤维掺入超早强快速修补砂浆后，一方面，纤维的联锁网络会阻碍大颗粒的沉降，降低泌水量，提高黏聚性和保水性；另一方面，由于纤维与水泥基体的黏结，新拌砂浆的抗拉强度有所提高。此外，微裂纹在发展过程中，往往会碰到乱向分布的纤维，阻止或阻碍裂纹的发展，使已经出现的裂缝扩展速度降低。掺入的纤维还可以缓解砂浆内部的应力集中现象，减少裂缝源的数量，在一定程度上提高了超早强快速修补砂浆的抗塑性开裂的性能。

$$S = 13.8d(1/V_f)^{1/2}$$

从纤维间距理论考虑，如上式，理论上随着纤维体积掺量的增加，纤维间距降低，抗裂性能增强。当纤维掺量较少时，对砂浆起不到增强作用；但纤维过多将使拌合困难，纤维不能均匀分布，同时每根纤维周围的水泥浆体少，砂浆混凝土就会因纤维与基体间黏结不足而过早被破坏，增强效果不明显。只有在适当的纤维掺量范围内，纤维的抗裂性能才会更加明显。

5 结论

（1）聚丙烯短切纤维的掺入不会影响超早强修补砂浆的凝结时间，不能延长开裂试验，但能明显提高超早强快速修补砂浆的抗开裂能力，当掺量达到 0.9kg/t 时可抑制超早强修补砂浆开裂。

（2）在控制聚丙烯短切纤维不增加修补砂浆新拌浆体含气量的前提下，聚丙烯短切纤维可有效提高超早强修补砂浆的抗拉强度，有利于提高超早强快速修补砂浆的修补服役性能。

（3）聚丙烯短切纤维可降低超早强修补砂浆的干燥收缩率，有利于提高超早强修补砂浆抗收缩开裂能力。

参考文献

[1] 朱炳喜．高性能修补砂浆的研制与应用［J］．新型建筑材料，2004，31（4）：13-15.
[2] M. M. Al-Zahrani, M. Maslehuddin, S. U. Al-Dulaijan, et al. Mechanical Properties and durability characteristics of polymer and cement-based repair materials [J]. Cement and Concrete Composites，2003，25（4）：527-537.
[3] Kraai, P. Proposed test to determine the cracking potential due to drying shrinkage of concrete [J]. Concrete Construction，1985，30（9）：775-780.
[4] Parviz, Soroushian, Siavosh, Ravanbakhsh. Control of plastic shrinkage cracking with specialty cellulose fibers [J]. ACI Materials Journal，1998，79（4）：429-435.
[5] Swaddiwudhipong, S., Lu, H. R., Wee, T. H.. Direct tension test and tensile strain capacity of concrete at early age [J]. Cement and Concrete Research，2003，33（12）：2077-2084.
[6] 徐世烺，李贺东．超高韧性水泥基复合材料直接拉伸试验研究［J］．土木工程学报，2009，42（1）：32-41.
[7] 邓宗才，薛会青，李朋远等．纤维素纤维增强高韧性水泥基复合材料的拉伸力学性能［J］．北京工业大学学报，2009，39（8）：1069-1073.
[8] Y. Ma, M. Tan, K. Wu. Effect of different geometric polypropylene fibers on plastic shrinkage cracking of cement mortars [J]. Materials and Structures，2002，35（2）：165-169.

水泥基自流平砂浆的研究及应用

张树鹏　伊海赫　费爱艳　李东旭

(南京工业大学材料科学与工程学院，南京，210009)

摘要：介绍了水泥基自流平砂浆的配方组成，研究了各组分的特性、作用机理及对砂浆性能的影响。对砂浆的胶凝体系、骨料级配及外加剂匹配等关键技术做了调整。实验表明产品的强度、流动度以及收缩性能有很大改善，SC系水泥基自流平砂浆在0.20水灰比条件下保持大于150mm的流动度，28d收缩率小于0.05%。另外利用细水泥、UEA膨胀剂以及其他化学添加剂的复配，制备了一种水泥基自流平砂浆，在0.20水灰比条件下同样保持大于150mm的流动度，材料各项性能满足标准要求。

关键词：自流平砂浆；流动度；力学性能；收缩性能；钙矾石

Research and application of cement-based self-leveling mortar

Zhang Shupeng　Yi Haihe　Fei Aiyan　Li Dongxu

(College of Materials Science and Engineering, Nanjing University of technology, Nanjing, 210009, China)

Abstract：Formula composition of self-leveling cement-based mortar was described, the characteristics of each component, mechanism of action and the impact on the mortar were studied in this paper. Experiments show that the product strength, fluidity and contraction performance has greatly improved, SC-based self-leveling cement-based mortar cement ratio of 0.20 under the conditions of maintaining fluidity greater than 150mm, 28 days shrinkage of less than 0.05%. In addition the use of fine cement, UEA expanders and other chemical additives compound, prepared a self-leveling cement-based mortar, cement ratio of 0.20 under the conditions remain the same fluidity greater than 150mm, which meets the performance standard requirements.

Keywords：self-leveling mortar; fluidity; mechanical properties; shrinkage; ettringite

1　引　言

　　传统的地面施工方法是将普通水泥砂浆拌制好以后，采用人工摊铺、刮平、抹面，在砂浆终凝前还必须完成三遍压光等工序。这种分多层施工的方法，生产效率很低，材料浪费很大。最主要的是其质量也不易得到保证，施工后的地面常出现起砂、起皮、空鼓、开裂等质量问题，严重影响住宅等的观感和使用效果，成为普通水泥砂浆地面的质量通病，并且未得到有效根治。地面作为建筑的一个重要组成部分，其质量也越来越引起人们的关注。

　　水泥基自流平砂浆就是针对上述问题发展起来的。它是一种以水泥为主要胶凝材料，加入骨料如石英砂和粉状填料，并使用各种化学添加剂进行改性，通过生产工艺混合均匀成为一种粉状产品。目前，国内生产的水泥基自流平材料仍存在早期强度低、表面粉化等问题，为满足水泥基自流平砂浆的早强、低收缩的特殊要求，国内外配置的水泥基自流平砂浆所用

基金项目：江苏省新型环保重点实验室开放课题（AE201007）。

作者简介：张树鹏（1989—），男，硕士研究生，主要从事自流平材料的制备及性能研究。E-mail：supom008@163.com

通讯作者：李东旭，男，博士生导师，主要从事环境协调性胶凝材料等方面的研究。E-mail：dongxuli@njut.edu.cn

的胶凝体系主要有以下两种：①以普通硅酸盐水泥为主，辅以铝酸盐水泥和石膏；②以铝酸盐水泥为主，辅以硅酸盐水泥和石膏。

本文通过对水泥基自流平材料配方体系的深入研究及多种材料的选择和试配，制备出了性能稳定、性价比高的水泥基自流平砂浆，对打破外企的行业垄断地位和促进民族企业及国内砂浆行业的发展有着积极的意义。

2 原材料与试验方法

2.1 原材料

P·O 42.5R 普通硅酸盐水泥；磨细至 $600m^2/kg$ 的硅酸盐水泥；低碱度硫铝酸盐水泥；二水石膏；水洗石英砂，50～70 目和 70～120 目；重钙粉，325 目；聚羧酸系高效减水剂；SM 减水剂；可再分散乳胶粉 FL3210、5044N；纤维素醚；消泡剂。

2.2 配方组成及样品制备

实验所制备的水泥基自流平砂浆的组成及配比见表1，添加剂按胶凝材料、骨料及填料总量的质量百分比添加，拌合水按干粉砂浆成品的总重添加。在涂刷好界面剂的硅钙板（15cm×15cm）表面摊铺 3～5mm 厚的砂浆作为样品，以观察其流平性能和硬化后的表面性状。其他试样的制备和性能测试，见试验方法。

表1 水泥基自流平砂浆配方组成

配方组成	原材料	PC 系自流平(W/%)	SC 系自流平(W/%)
混合胶凝材料系统	硅酸盐水泥	24	16
	细水泥	8～10	—
	硫铝酸盐水泥	—	16
	二水石膏	—	5
骨料	粗砂	30	30
	细砂	20	20
矿物填料	重钙粉	15	15
增强剂	可再分散乳胶粉	0.6～0.8	0.6～0.8
流动改性剂	超塑化剂	0.2～0.4	0.2～0.4
	保水剂	0.01～0.02	0.01～0.02
	消泡剂	0.1	0.1
膨胀剂	UEA	0～6	0～6
拌合水	水	18～21	18～21

2.3 配方组成及样品制备

试验按照《地面用水泥基自流平砂浆》（JC/T 98—2005）行业标准规定执行。自流平砂浆时间成型、强度测试参照标准《水泥胶砂强度试验方法》（GB/T 17671）。

3 结果与讨论

3.1 胶凝体系对自流平砂浆强度和收缩性的影响

自流平砂浆要求快干、早强、低收缩，这些性能是通过其复杂的胶凝体系得以实现的。根据所用胶凝基料的不同，水泥基自流平砂浆又可分为以硅酸盐水泥为主的 PC 系和以硫铝酸盐水泥为主的 SC 系。前者的干燥收缩往往较难控制，后者成本较高，但凝结硬化快，早期强度非常高，施工后几个小时即可上人行走。自流平砂浆在大面积施工应用中，保证其体积稳定性至关重要,通过添加适当种类、掺量的石膏可以有效调节砂浆的体积变化率,对其干燥收缩进行控制。固定其他因素不变,对不同胶凝体系的自流平砂浆强度和收缩性能进行研究,结果见表2和图1。

表2 不同胶凝体系对自流平砂浆强度的影响

组别		胶凝材料用量/%				抗折强度/MPa		抗压强度/MPa	
		硅酸盐水泥	细水泥	硫铝酸盐水泥	二水石膏	1d	28d	1d	28d
PC系	P1	40	—	—	—	4.0	9.8	12.7	45.0
	P2	30	10	—	—	6.4	10.5	24.5	52.0
	P3	20	20	—	—	5.7	9.5	20.4	49.2
SC系	S1	9	—	29	2	7.4	6.2	32.6	30.7
	S2	19	—	19	2	5.9	5.2	21.3	37.2
	S3	9	—	9	2	3.6	9.4	10.7	39.5

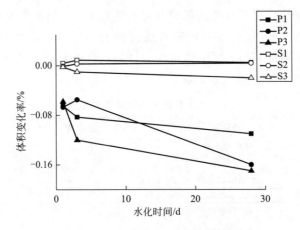

图1 不同胶凝体系自流平砂浆的体积变化率

由表2可知,以硫铝酸盐水泥为主的SC系砂浆凝结硬化速度较快,1d抗压强度可达20MPa以上。随着龄期的增加,SC系自流平砂浆的强度随之降低,这是因为硫铝酸盐水泥的水化进程和硅酸盐水泥的水化进程不一致,两者相互制约破坏而导致其强度下降。另外在PC系砂浆中,适量细水泥的掺加可以有效提高砂浆的凝结硬化速度,从而提高其早期力学性能,1d抗压强度同样可以达到20MPa以上。但是当细水泥掺量在10%之后,自流平材料的1d抗折和抗压强度随着细水泥掺量的增加而降低,这是因为水泥磨细后,比表面增大,使得水泥颗粒参与水化反应所需的用水量会相应增加。当在同一水料比的条件下,随着细水泥颗粒的增加导致部分水泥颗粒与水不能完全接触,水泥早期水化产物生成较慢从而产生早期强度略显下降的趋势。

图1为不同胶凝体系自流平砂浆的体积变化率,由图可知水泥基自流平砂浆在水化过程中存在不同程度的缩胀。对比图1中的收缩率值可以看出SC系材料体积变化率波动较小且控制在0.05%以内,体积稳定性好于PC系。这是因为当掺入硫铝酸盐水泥后,砂浆中复合水泥水化加快,结合水量又快又多,水分蒸发量相对减少,早期强度发展快,收缩小。另外,水化过程中形成的膨胀性水化产物(钙矾石)也补偿了一部分收缩:当两种水泥的水化进程一致时,形成的水化产物相互搭接,膨胀性产物(钙矾石)堆积量多,强度高,收缩小。

3.2 骨料级配对自流平砂浆流动度、强度的影响

骨料的质量及颗粒级配是制备自流平材料过程中一项非常重要的因素，它对材料的流动度、强度有显著影响。根据流变学原理自流平砂浆要求有很低的屈服极限和塑性黏度，而使砂浆在自重应力作用下能够自动找平，影响因素主要有骨料和浆体的相对含量、骨料的粒度和形状及浆体的黏度。该实验固定骨料总量在50%，水灰比为0.2，其他因素不变，研究颗粒级配对自流平砂浆流动度、强度的影响，结果见表3、图2。

表3 颗粒级配对自流平材料强度的影响

组别	粗砂/%	细砂/%	1d抗折强度/MPa	28d抗折强度/MPa	1d抗压强度/MPa	28d抗压强度/MPa
1	25	25	5.1	6.7	20.6	33.8
2	30	20	5.9	7.9	21.6	41.1
3	35	15	5.8	7.3	19.6	36.7
4	40	10	5.7	7.5	21.2	39.6
5	45	5	5.3	7.4	20.7	40.0

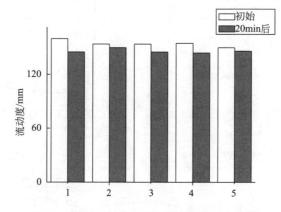

图2 颗粒级配对自流平材料流动度的影响

由表3可以看出，随着50～70目粗砂在骨料中比例的提高，1d强度呈先增后减的趋势。一定量的砂浆拌合物中，骨料越细，颗粒越多，则有较多的固体质点发生相互作用，阻力大，黏度也大；另外，骨料粒径越小，比表面积越大，包裹颗粒的浆体层就越薄，颗粒相互作用的几率增加，塑性黏度提高。骨料太细，包裹颗粒的水泥石相对较少，强度就低，粗骨料太多时，孔结构较差，强度同样不好。

由图2可知，当粗砂掺量为30%和细砂掺量为20%时，自流平材料流动度损失较小。同时强度方面也较为理想，1d抗压达到21.6MPa。

3.3 化学外加剂对自流平砂浆性能的影响

自流平砂浆的配方是一个非常复杂的系统，通常多达10种以上的组分，各类化学外加剂是自流平砂浆获得理想的综合性能的关键所在，其性能包括：(1) 初期新拌状态下的自找平性和一定的可操作时间；(2) 快速凝结从而尽早开放交通；(3) 发挥高质量的最终性能，特别是获得均匀、光滑和坚硬的表面。自流平砂浆的复合胶凝系统对水泥的质量、外加剂的掺量及时效作用非常敏感，各组分间如何相互匹配及能否同时满足上述性能是产品开发的一大挑战。

在超塑化剂发面，实验选用SM减水剂和聚羧酸减水剂两种产品，对材料的流平性、耐磨性进行研究结果见图3。由图可知，在提高自流平材料流动度方面，聚羧酸高效减水剂要

比SM减水剂优异，掺量在0.3即可使材料获得较好的流平性能。

由图4与图5可知，掺加0.2%~0.4%的可再分散乳胶粉对自流平砂浆的力学性能方面有显著地改善，可满足标准规定的1d抗折强度≥2MPa，1d抗压强度≥6MPa。聚合物在砂浆浆体内分散再成膜，填补浆体孔隙，与水泥水化产物相互交结形成三维网状结构从而使得砂浆结构更为致密。柔韧的聚合物膜有助于缓解砂浆内应力，使应力集中降低，减少了微裂缝的产生，并且这种聚合物薄膜既起到疏水的作用，又不会堵塞毛细管，使材料具有良好的疏水性和透气性。同时由于聚合物薄膜造成的密封效应，也大大提高了材料对水分的抗渗性、抗化学性和抗冻融耐久性，改善了砂浆的抗弯强度、抗裂性、附着强度、弹性和韧性，最终可以避免砂浆收缩开裂。可再分散性胶粉是自流平产品中极为重要的添加剂，在水泥自流平中加入可再分散性胶粉不仅可以提高砂浆的柔韧性，提高抗折强度和耐磨性能，而且对于材料的耐久性能也有着极为重要的意义。

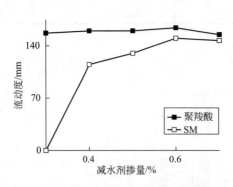

图3　减水剂对自流平材料流动度的影响

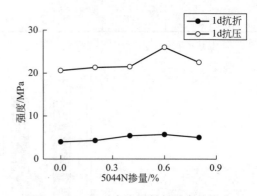

图4　5044N对自流平材料强度的影响

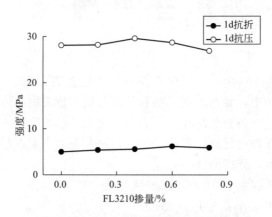

图5　FL3210对自流平材料强度的影响

由于PC系自流平材料的收缩性能较差，所以掺加了一定量的UEA混凝土膨胀剂来补偿其收缩。本次试验配合比和测试结果如表4所示。UEA膨胀剂以内掺的方式加入到自流平砂浆里，固定其他因素不变（30%粗砂骨料、20%细砂骨料、15%重钙粉填料、0.7%可再分散乳胶粉、0.3%超塑化剂及0.2的水料比）。从表4可以看出：随着UEA膨胀剂的水泥替代量的增加，自流平砂浆的初始流动度变化不大，20min流动度与初始流动度相比，流动度经时损失有增大的趋势，在掺量为5.5%时最为明显。这是由于UEA膨胀剂消耗了水泥水化产物Ca(OH)$_2$，加速了水泥的水化反应，从而引起自流平浆体黏度增加所至。在自流平材料力学性能方面，UEA膨胀剂对其并没有什么影响。

表4 掺UEA自流平材料的配比和试验结果

组别	硅酸盐水泥/%	细水泥/%	UEA/%	流动度/mm	20min流动度/mm	1d抗折强度/MPa	1d抗压强度/MPa	28d抗折强度/MPa	28d抗压强度/MPa
U1	30	10	0	150	150	6.4	24.5	10.5	52.0
U2	28	9	3	150	150	6.3	24.4	11.6	51.2
U3	27.3	9.1	3.6	150	145	6.1	23.6	11.0	51.0
U4	26.8	8.9	4.3	150	140	6.2	23.9	11.3	52.2
U5	26.3	8.8	4.9	150	135	6.1	22.5	10.6	51.8
U6	25.9	8.6	5.5	145	130	6.0	24.5	10.9	54.8

图6为自流平砂浆在1d、3d及28d的收缩率,由图可知水泥基自流平砂浆在水化过程中存在不同程度的体积收缩,没有内掺UEA的水泥基自流平砂浆则表现得尤为明显。对比图5中的收缩率值可以看出内掺了UEA膨胀剂自流平砂浆的收缩得到了明显改善,自流平材料的收缩率控制在-0.05%～0.05%之内。从流动度、强度及收缩性能来看,表4中掺量为3%的自流平材料配比较为合理。

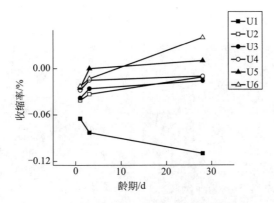

图6 膨胀剂对自流平砂浆收缩率的影响

UEA膨胀剂里的硅铝酸盐熟料主要由高岭石、伊利石、蒙脱石、方解石等组成,其中高岭石($Al_2O_3 \cdot 2SiO_2 \cdot 2H_2O$)是有一层硅氧四面体和一层铝氧八面体层构成的1:1型的层状硅铝酸盐矿物,经高温煅烧后,脱出羟基,原子间发生较大的错位,形成结晶度很差的偏高岭石及无定形的活性Al_2O_3和SiO_2。在CaO、$CaSO_4$和水的条件下,这些活性组分与它们发生反应,生成膨胀性水化产物。

$$Al_2O_3 + 3CaO + 3CaSO_4 + 32H_2O \longrightarrow 3CaO \cdot Al_2O_3 \cdot 3CaSO_4 \cdot 32H_2O$$
$$Al_2O_3 + 4CaO + 13H_2O \longrightarrow 4CaO \cdot Al_2O_3 \cdot 13H_2O$$
$$xSiO_2 + CaO + yH_2O \longrightarrow CaO \cdot xSiO_2 \cdot yH_2O$$

水泥浆体水化过程中,活性Al_2O_3水化生成大量钙矾石,产生体积膨胀,活性SiO_2在石膏的激发下可与$Ca(OH)_2$进行水化反应,生成水化硅酸钙,提供强度保障。而UEA膨胀剂内的明矾石多在碱和硫酸盐激发下,按下式反应:

$$2KAl_3(SO_4)_3(OH)_6 + 13Ca(OH)_2 + 5CaSO_4 + 78H_2O \longrightarrow 3(C_3A \cdot 3CaSO_4 \cdot 32H_2O) + 2KOH$$

所以钙矾石和C-S-H凝胶的形成是互相促进的,使得水泥强度和收缩性能能够协调发展。对于水化产物的分析从微观上揭示了表4和图6的试验结果。

3.4 自流平砂浆XRD和SEM分析

为了更深入地了解材料的内部反应机理,选取了表2中S1和表4中的U2,对它们水化

3d时的水化产物和微观结构进行分析，结果见图7和图8。从图7中可以看到，复合胶凝材料在早期水化过程中形成了大量膨胀性的钙矾石（AFt），早期大量AFt及其他水化产物的形成可使得砂浆水化3d即可发挥最终强度的60%，并且能够很好地补偿了材料在主要硬化阶段的干燥和化学收缩。从微观上揭示了材料抗收缩性能较好的原因。

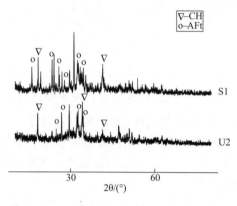

图7 复合胶凝体系XRD图谱

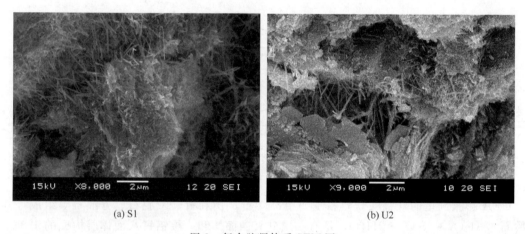

图8 复合胶凝体系SEM图

图8中（a）、（b）分别为配比S1和U2胶凝材料水化3d的SEM图，从图中可以观察到大量细小针状AFt晶体，以及板状、凝胶状水化产物，由于这些大量的AFt晶体和凝胶的包裹、填充使得自流平材料结构变得非常致密，减少了细小裂纹的产生。

4 结 论

（1）SC系水泥基自流平砂浆具有早强、低收缩的特点，可用作地坪材料。其胶凝材料组成为9%硅酸盐水泥、29%硫铝酸盐水泥和2%二水石膏。PC系复合10%细水泥对早期强度和水化速度有明显改善作用。

（2）自流平砂浆宜选用颗粒圆润不含泥土的水洗石英砂作为骨料，细度在50～120目；流动增强剂聚羧酸高效减水剂可替代其他超塑化剂，是砂浆在0.2的低水灰比下保持大于150mm的流动度。可再分散乳胶粉对改善砂浆收缩性能，提高砂浆的柔韧性、力学性能方面效果显著，是砂浆获得优良耐久性的关键。通过掺加适量的UEA膨胀剂可以有效改善PC系自流平材料的收缩性能。

(3) 由水化产物和微观结构的分析结果可知,引入 UEA 膨胀剂以及二水石膏可以生成膨胀性水化产物钙矾石,能有效补偿水泥基自流平砂浆的干燥和化学收缩。

参考文献

[1] 田少宁. 地面用水泥基自流平砂浆的发展现状 [J]. 福建建材,2010,29 (2):5-51.

[2] Amathieu L,Valdelièvre B. Calcium Aluminate Cement:a versatile binder for various applications in the dry mortar industry [A]. Proceedings of the 2004 China International Dry Mortar Pro-duction & Application Techniques Seminar [C],Beijing,China,2004:63-70.

[3] 李迁. 硫铝酸盐与硅酸盐复合水泥研究 [J]. 辽宁大学学报(自然科学版),2007,33 (6):158-162.

[4] A. De Gasparo,M. Herwegh,R. Zurbriggen. 自流平地面砂浆的应用、机理和性能 [J]. 新型建筑材料,2006,33 (1):4-7.

[5] 吕明军,臧同昌,闫继强. 高性能混凝土膨胀剂可调控性生产试验研究 [J]. 膨胀剂与膨胀混凝土,2010,7 (3):9-11.

[6] 游宝坤,吴万春,韩立林,等. U 型混凝土膨胀剂 [J]. 硅酸盐学报,1990,34 (2):110-115.

水泥基耐磨地坪材料在地坪修复加固工程中的应用

孙振平[1] 董耀武[1] 李奇[1] 陈明[1] 张丽华[1] 谢慧东[2]

(1. 同济大学先进土木工程材料教育部重点实验室,上海,201804;
2. 山东华森混凝土有限公司,济南,250101)

摘要:仓储场地、工厂车间和大型停车场的地坪会因超载、严重开裂、磨损、撞击等原因,每隔5年左右需进行一次全面修复加固。本文介绍作者采用水泥基耐磨地坪材料对车间旧地坪和停车场地面进行修复加固时的材料选择、施工工艺和施工效果,总结了几个关键技术问题,包括凿出破损部位、加固、基层处理、撒布地坪材料干粉时机的把握、耐磨层的抛光和养护等,希望对类似工程有一定的参考作用。

关键词:水泥基耐磨地坪材料;修复加固;车间地坪;物流停车场;抗折剂;施工

Repair and Strengthening of Damaged Old Concrete Floor Using Abrasion-resistance Floor Materials

Sun Zhenping[1] Dong Yaowu[1] Li Qi[1] Chen Ming[1] Zhang Lihua[1] Xie Huidong[2]

(1. Key Laboratory of Advanced Civil Engineering Materials, Ministry of Education, Tongji University, Shanghai, 201804; 2. Shandong Huasen Concrete Co., Ltd., Jinan, 250101)

Abstract: Storage field, factory workshop and parking lot floor need to be repaired or/and reinforced about every 5 years, due to overload, severe cracking, abrasion and impact etc. In this paper, the authors share the materials selection, construction technology and construction effect and even several key technical problems when using the cement-based abrasion-resistance floor materials (dry mixed) to repair the old floor and the ground parking lot.

Keywords: Cement-based abrasion-resistance floor materials; Repair and reinforcement; Workshop floor; Logistics park; Flexural strength-enhancing admixture; Construction

  全面改革开放政策的实施,极大地推动了我国工业化进程。一时间,超大型工厂车间、大型物流、仓储、停车场、商场、超市的建设如火如荼。建设初期,地坪主要采用素混凝土(或钢筋混凝土),或在混凝土表面施作水磨石、粘贴地砖、大理石、花岗岩等,极少采用专用的耐磨地坪处理材料。

  20世纪末,瑞士西卡(Sika)、英国富斯乐(Fosroc)和美国格雷斯(Grace)等公司将国外生产的耐磨地坪材料推广进入中国市场,开启了国内应用耐磨地坪材料的序幕,而国内建筑材料届也开始利用自己的原材料,开发研制性能可靠的系列耐磨地坪材料。由同济大学材料科学与工程学院、国家建材标准化研究所等负责编写的中国建材行业标准《混凝土地面用水泥基耐磨材料》(JC/T 906—2002)于2003年3月1日正式实施,规范了水泥基耐磨地坪材料的生产和检验,尤其是提出了材料耐磨性的检验方法和控制指标。

基金项目:"十二五"国家科技支撑计划项目(2012BAJ20B02);国家自然科学基金项目(51178339)。

作者简介:孙振平,男,1969年4月生,新疆奇台人,同济大学教授,博士,博导。E-mail:szhp@tongji.edu.cn。

水泥基耐磨地坪材料是应现代化工业厂房的建设对地坪耐磨性、硬度、美观性、洁净性和施工进度的新要求而研制开发成功的一种新型地坪处理材料，又称为"地面硬化剂"。

耐磨地坪材料由超耐磨高强细集料、胶结材料、外加剂、颜料、光亮剂、保色剂和其他特殊添加剂等组分复合而成，是一种单组分包装的干粉粒状材料。这里所谓的"超耐磨高强细集料"，可以采用级配石英砂、钢砂、钛合金砂等。耐磨地坪也可以做成普通、抗滑、高耐磨、防火花耐磨等系列形式。

将耐磨地坪材料按规定的用量和规定的方法撒布在即将初凝的混凝土基层之上，通过机械或手工压抹，并进行良好养护，便可以得到3～4mm厚，耐磨性好、抗冲击强度高、不起砂、不开裂、防水能力强、耐久性优异、易清洁的色泽各异的地坪。

耐磨地坪材料特别适合于电厂、工厂车间、仓库、大型超市、商场、停车场和其他车流、人流繁忙场所地坪的处理。这些场所的地坪若仅采用普通混凝土或普通砂浆处理，通常存在易磨损、易开裂、易起灰、色调单一、使用寿命短等缺点；而铺设陶瓷地砖、大理石、花岗岩等，则易产生松动现象，且受冲击时易折裂，所需的维修费用和更换费用相当大。如果采用耐磨地坪材料，则不仅施工较方便，而且由于其使用寿命长，可减少频繁的维修、翻新所增加的费用和各种麻烦。

近年来，旧的混凝土地坪损坏严重，急需修复，而既有耐磨地坪也因超负荷运载而出现局部破碎现象，需要进行加固、修复。

本文介绍作者采用水泥基耐磨地坪材料对江苏某电厂车间和某大型物流停车场已损坏地坪进行翻修加固和修复的施工工艺、材料选择、效果和成功经验，并讨论几个关键性技术问题。

1 江苏某电厂车间修复工程

1.1 工程背景

江苏省某电厂建于20世纪80年代，车间使用面积4200m²，是传统的混凝土地坪，长期以来损坏非常严重，表面出现了大量凹坑和局部疏松（如图1），不仅影响美观，影响人行和生产安全，而且损坏程度还在进一步加深。为了有效地进行修复和改善作业环境，通过仔细比较，拟采用基层修复加固及与表面耐磨层施做的综合工艺，将修复加固层与耐磨层有机地结合在一起。

考虑到某些部位仅为严重磨损，本次地坪修复层采用了细石混凝土，耐磨加固层则采用石英砂水泥基耐磨地坪材料。目的在于使修复加固后的地坪不仅耐磨性好、强度高、耐化学介质侵蚀、美观，而且防裂、防潮，具有优异的耐久性和理想的使用寿命。

图1 混凝土地坪严重损坏

1.2 耐磨地坪材料的选择

本工程所选用的耐磨地坪材料的性能指标见表1。可见，其不仅抗压强度高，硬度大，具有优异的耐磨性能，而且抗渗性优异，能避免车间有害介质侵入对耐磨层产生化学腐蚀，是一种理想的地坪处理材料。

表1 石英砂水泥基耐磨地坪材料的性能指标

项目	抗压强度/MPa		莫氏硬度	耐磨度之比①	抗渗压力/MPa
	3d	28d			
标准	/	≥80	/	≥300	/
实测值	62.8	108.4	8	350	2.3

① 耐磨度之比是指用该高性能耐磨地坪材料制作的地坪的耐磨度与基准砂浆（水泥：标准砂：水＝1：3.5：0.5）的耐磨度之比。

1.3 施工方法

由于该电厂车间原为水泥混凝土地坪，出现了严重的坑洼和松动，必须对旧混凝土地坪进行精心处理，确保除去松动部分混凝土块和有塌陷的部分，并对旧混凝土表面进行凿毛，涂刷界面处理剂后现浇C30细石混凝土，再用耐磨地坪材料施作耐磨层。

1.3.1 基层处理

对旧地坪基层处理包括以下几个步骤。

（1）对于磨损严重而没有出现断板的混凝土基层，用手凿方法将原混凝土层凿毛，凿毛深度为0.5～1.5cm，毛面要分布均匀，相距2～3cm。对于原混凝土层强度低、龟裂严重且有塌陷的部位，则将此处混凝土全部挖出，夯实地基并填铺石子后才浇注混凝土料。

（2）用钢丝刷将凿毛处理后的基层上的灰尘清理干净，并洒水润湿表面。清理灰尘的目的是为了不影响基层与新浇细石混凝土之间的黏结质量。

（3）在处理过的旧混凝土基层上涂抹一层界面处理剂，并上铺设钢筋网片。要求钢筋网片的布设高度为距新浇细石混凝土表面50mm。

1.3.2 细石混凝土的浇注和耐磨层施工

（1）浇注细石混凝土。细石混凝土的强度等级为C35，坍落度为5～7cm。浇注细石混凝土前，考虑在距细石混凝土上表面50mm位置铺设钢筋网片，要求钢筋网片的钢筋直径为10mm，网格间距150mm。

（2）撒布第一层耐磨材料。在细石混凝土地坪表面泌水去除并达初凝状态时，将耐磨地坪材料均匀撒布一层于其上。

（3）第一次抹压。待第一层撒布料从混凝土基层吸收一部分水分后，用专用的馒抹机械圆盘或金属馒刀对第一层撒布料进行抹压，使其密实平整（如图2）。

（4）撒布第二层耐磨材料。当第一层撒布材料硬化一定阶段后，开始撒布第二层耐磨材料。

（5）第二次馒抹。待第二层撒布材料从基层吸收一定水分后，再次进行抹压（用专用的馒抹机械圆盘或金属馒刀），并注意压实、抹平、抹光。

（6）喷涂养护剂。第二次馒抹和抹光作业完成后1～6h内，在耐磨层表面喷涂一层养护剂，以避免水分过分蒸发，影响地坪的强度和耐磨性。

1.4 材料用量

进行耐磨地坪施工时，耐磨地坪材料的用量一般为4～6kg/m²。第一层撒布量占总用量的1/2～2/3，第二层撒布量占总用量的1/2～1/3。若确保新浇混凝土表面平整，则可以节

图 2 打磨地坪

省耐磨材料。

1.5 施工结构细部图

本工程施工结构细部图如图 3 所示。

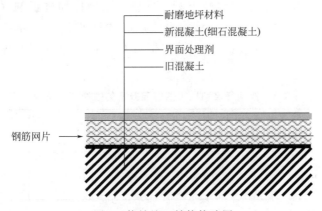

图 3 修补施工结构构造图

1.6 施工注意事项

耐磨地坪材料施工方便，施工技术容易掌握，但为保证质量，施工时尤其应注意以下几点：

（1）新浇混凝土基层的强度等级要求 C30 以上，坍落度控制在 5～7cm。

（2）新浇混凝土基层应振捣密实，表面应该镘抹平整，否则会形成局部水坑和导致撒布材料用量增加。

（3）在新浇混凝土基层上撒布耐磨材料，要等表面泌水除去后方可进行，切勿将耐磨材料撒在积水上，否则会影响地坪的强度和耐磨性。

（4）为防止耐磨层开裂，每隔 5m 应设置一条伸缩缝（在铺设钢筋网片的情况下，伸缩缝间隔允许适当加大）。

（5）由于过分失水会导致耐磨层收缩开裂，而且会影响强度发展，所以抹镘后的湿养护非常重要，最好采用喷洒养护剂的措施。

（6）为保证耐磨层的性能和施工质量，耐磨层施工 7d 后方可上人行走或进行其他作业。

1.7 现场检测结果

经现场取样检测，本次工程中所浇注的细石混凝土 28d 抗压强度达 41.2MPa，抗折强度达

4.3MPa，而所制作的耐磨层表面莫氏硬度>8，耐磨度高达7.2，其抗渗、抗化学介质侵蚀性均远远优于普通混凝土或砂浆，色泽均匀、美观，达到了设计要求的效果。该工程交付使用至今已有四年多时间，地坪仍完好如初，未发现明显磨损和裂纹，也未出现泛碱或褪色现象。

2 江苏某停车场修复加固工程

2.1 工程背景

江苏省某大型停车场占地面积2万多平方米，是一专业物流公司的周转停车场，物流十分繁忙。该停车场建于20世纪90年代末，基层采用C30钢筋混凝土，面层采用水泥基耐磨地坪材料（绿色）进行处理。因服役超过10年，部分区域混凝土板出现断裂、错层、挤泥现象，而大部分区域位于车辆轮胎频繁接触的部位，已因刹车等因素磨出深坑，严重影响行车安全。

为有效地进行加固和修复，并满足日益严重的车辆超载需求，采用掺加钢纤微和抗折剂的C35混凝土整体浇筑加固层后，再在其上施做金刚砂水泥基耐磨地坪材料的方案。

2.2 加固层混凝土和耐磨地坪材料的性能

为进一步防止重载货车引起的混凝土断板问题，采用掺加抗折剂（掺量为水泥用量的1.5%）的C35混凝土进行整体浇筑，该混凝土同时掺有60kg/m³钢纤维，钢纤维长径比20，长度3cm。表2为普通C35混凝土、掺抗折剂C35混凝土和同时掺有钢纤维和抗折剂的C35混凝土的性能对比。

表2 掺钢纤维和抗折剂的混凝土的性能测试结果

混凝土种类	坍落度/cm	抗压强度/MPa		抗折强度/MPa		莫氏硬度
		3d	28d	3d	28d	
普通混凝土	5.0	24.5	43.2	3.4	4.2	6
掺抗折剂混凝土	4.5	28.0	45.4	4.7	5.5	6
掺钢纤维和抗折剂混凝土	4.0	26.4	42.1	6.1	8.5	6

从表2可见，在普通混凝土配合比基础上，掺加抗折剂，可以使混凝土的3d和28d抗压强度分别提高14.3%和5.1%，使3d、28d抗折强度分别提高38.2%和31.0%，表现出良好的早强作用和改善抗折强度效果。在掺抗折剂措施的前提下，复合掺加钢纤维，则混凝土抗折强度进一步提高，28d可达8.5MPa。不管掺抗折剂还是同时掺钢纤维，都没有改变混凝土的耐磨性，而实际上，作为加固层的混凝土的耐磨性并不重要，重要的应是承受压应力和拉应力的能力。

本工程所选用的耐磨地坪材料为金刚砂水泥基耐磨地坪材料，表3所反映的性能测试结果均比石英砂水泥基耐磨地坪材料胜出一筹，更能抵抗大型停车场重载车辆的压磨破坏作用。

表3 金刚砂水泥基耐磨地坪材料的性能指标

项目	抗压强度/MPa		抗折强度/MPa		莫氏硬度	耐磨度之比[①]
	3d	28d	3d	28d		
标准	/	≥90	/	11.5	/	≥300
实测值	71.4	113.0	9.6	15.3	8	380

① 耐磨度之比是指用该高性能耐磨地坪材料制作的地坪的耐磨度与基准砂浆（水泥∶标准砂∶水=1∶3.5∶0.5）的耐磨度之比。

2.3 施工方法

由于该大型物流停车场面层本来就是耐磨地坪，只是部分区域损坏深度延伸至混凝土基层，甚至出现断板、错位、挤泥现象，其他大部分是耐磨层损坏严重。为此，对该部位切除全部混凝土，填满夯实基础，而对于耐磨层严重损坏的，则凿除耐磨层，及至基层混凝土表面以下 2～3cm，其他未损坏部位仍保留原样，只是涂刷一层界面处理剂。

基层处理好后，整体浇筑 10cm 厚掺钢纤维和抗折剂的混凝土，并把握合适时机采用与 1.3.2 相同的方法撒铺金刚砂耐磨地坪材料，利用磨光机压实、磨光，喷洒养护剂进行养护。

2.4 施工结构细部图

本工程施工结构细部如图 4 所示。

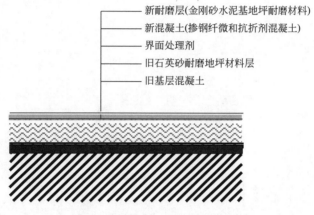

图 4　停车场加固施工结构构造图

物流公司大型停车场地坪与电场车间地坪的抗压、抗折和耐磨要求不同，应根据具体的修补加固要求，施作性能合适的修补加固层混凝土和耐磨地坪材料，这样才能获得事半功倍的效果。

3　结　语

水泥基耐磨地坪材料作为一种高性能的地坪处理材料，其品种多样，根据采用的集料，有石英砂型、金刚砂型、不锈钢钢砂型和钛合金型等，根据受撞击后是否起火又有普通型和不起火型之分。这些材料的应用前景十分广阔，但不论是应用于新浇筑地坪，还是用于对既有受损地坪的修复加固和耐磨性改善处理，构造的合理设计、材料的精确选择和严格的施工养护非常关键。希望本文内容可作为类似工程有益的参考资料。

第六部分

标　　准

建筑用砌筑砂浆技术指标探讨

肖群芳[1] 高连玉[2] 苟洪珊[1] 夏旺[1]

(1. 北京建筑材料科学研究总院有限公司,北京,100000;
2. 中国建筑东北设计院,沈阳,110006)

摘要:针对砌筑砂浆产品标准忽视砌体力学性能这一与结构领域脱节的普遍现象,本文从砌筑砂浆在墙片受震时的破坏形态与受力分析出发,对承重墙和非承重墙配套砌筑砂浆分别提出砌体通缝抗剪强度和拉伸黏结强度要求。另外,本文进一步研究了砌体通缝抗剪强度与砌筑砂浆抗压强度、拉伸黏结强度(按照 JGJ/T 70 标准规定测试)之间的相关性,发现砌体通缝抗剪强度与这两者的相关性不强,因此不能在砌筑砂浆产品标准中用这两项指标简单地代替砌体通缝抗剪强度。

关键词:砌筑砂浆;砌体通缝抗剪强度;拉伸黏结强度;抗压强度;相关性

1 砌筑砂浆技术指标现状

砌筑砂浆作为各种墙体材料的连接材料,无论是在承重墙体,还是在自承重墙体中,都起着至关重要的作用,砌筑砂浆的质量及其与墙材性能的匹配性在一定程度上直接决定了墙片各性能的优劣。从结构领域出发,对于承重墙体,在《砌体结构设计规范》(GB 50003)中规定了砌筑砂浆的沿齿缝轴心抗拉强度、沿齿缝(通缝)弯曲抗拉强度和通缝抗剪强度,并给出了不同强度等级砂浆用于不同种类墙材时的各强度设计值,这些设计值是砌体结构抗震验算时的关键指标。对于自承重墙体,结构领域未对砌筑砂浆性能指标做具体要求。

从预拌砂浆材料领域出发,与砌筑砂浆相关的标准目前已不少于十项。将砌筑砂浆现行国家或行业产品标准要求的技术指标汇总见表 1。从表中可以看出,砌筑砂浆产品标准的主编单位有建筑材料领域单位,也有结构领域相关单位,来自不同领域的标准在产品技术指标上差异也较大。

表 1 砌筑砂浆现行标准汇总

标准名称	主编单位	砌筑砂浆技术指标
《预拌砂浆》(GB/T 25181)	中国建筑科学研究院	保水率、凝结时间、2h 稠度损失率、抗压强度、抗冻性
《建筑用商品抹灰砌筑砂浆》(JG/T 291)	北京建筑材料科学研究总院	流动度、湿密度、细度、保水率、抗压强度、拉伸黏结强度、收缩率、抗冻性
《蒸压加气混凝土用砌筑砂浆与抹灰砂浆》(JC/T 890)	中国加气混凝土协会	干密度、分层度、凝结时间、导热系数、抗折强度、抗压强度、拉伸黏结强度、抗冻性、收缩率
《混凝土小型空心砌块和混凝土砖砌筑砂浆》(JC/T 860)	全国建筑砌块协会	抗压强度、稠度、保水性、凝结时间、密度、砌体通缝抗剪强度、抗冻性
《非烧结块材砌体专用砂浆技术规程》(CECS 311:2012)	中国建筑东北设计研究院	细度、凝结时间、抗压强度、收缩率、砌体通缝抗剪强度、2h 稠度损失率、保水率、抗冻性

GB/T 25181 和 JG/T 291 的主编单位都属于材料领域,GB/T 25181 对砌筑砂浆的要求是在"砌筑砂浆的砌体力学性能应符合 GB 50003 的规定"的前提下,对"抗压强度、凝结

时间、保水性能"提出了要求。但在砂浆的出厂检验、型式检验和交货检验等质量控制环节中，GB 50003 中提出的砌筑砂浆相关砌体力学性能要求全部不做要求。在 JG/T 291 中，编制组考虑到"砌筑砂浆的砌体力学性能应符合 GB 50003 的规定"这句话并未对砌筑砂浆质量形成实质性控制，因此未再涉及 GB 50003 中要求的技术指标，而是将三种砌体力学性能指标均转化为砌筑砂浆的拉伸黏结强度，并将该指标作为出厂检验、型式检验的必检指标。

JC/T 860 和 JC/T 890 是从事结构设计的相关单位编制的材料标准，这两个标准的老版本分别是 2000 年和 2001 年编制的。2000 年时，GB 50003 标准未出台，因此 JC/T 860 标准并未提及砌筑砂浆与砌体相关的力学性能指标；而 GB 50003 标准中唯独未包括蒸压加气混凝土砌块的砌体力学性能指标，因此 JC/T 890 标准中也未设计砌体力学性能指标。但在 JC/T 860 的最新修订版中，砌体通缝抗剪强度已经被列入必检指标，正在修订中的 JC/T 890 也已将砌体通缝看见强度作为砌筑砂浆的技术指标。CECS 311：2012 行业标准也将砌体通缝抗剪强度作为砌体结构专用砌筑砂浆的必检指标。

2 砌筑砂浆在墙片中受力分析

对于砌体结构，根据中国建筑西北设计院对我国近四十年来历次大地震震害总结表明：多层砌体结构在地震中均会遭到不同程度的破坏，除因少数是丧失整体性等构造原因造成的破坏外，主要是砌体强度不足造成的破坏。

对于多层砌体结构而言，在确定其地震振型及地震荷载沿房屋高度的分布时，应采取整体剪弯变形。但在 GB 50011 和 GB 50003 中对砌体结构的高宽比、横墙间距、构造柱的设置、配筋率及配筋要求都做了详细规定，因此在地震作用下的侧移曲线中，整体弯曲变形所占的比例很少（基本不超过 10%），可以认为地震时房屋的各层楼盖仅作平移运动而不做回转运动，墙片出平面的弯曲变形也忽略不计。

中国建筑科学研究院工程抗震所、北京设计研究院曾对素墙片、带构造柱墙片、配筋墙片分别进行了抗震试验：各种墙片的开裂形态都是裂缝首先出现在墙体中下部位，继而发展为接近墙体对角线的 X 形裂缝（根据墙片构造不同，裂缝以一条主裂缝还是多条分散裂缝的表现型式存在区别）。这说明，墙片是以剪切变形为主，墙体开裂是受到主拉应力控制（见图 1）。图 2 中给出的震区房屋破坏照片也证实了墙片主要是受到剪切破坏。

砌体结构建筑物的高度一般在 20m 以下，风荷载较小，对墙片造成的沿通缝和齿缝的抗弯破坏也可忽略不计。因此，在 GB 50003 中规定的三种砌体力学指标中，砌体通缝抗剪强度对于用于承重墙体的砌筑砂浆而言，至关重要，应与抗压强度等指标一起列入砌筑砂浆产品标准中，并作为各环节质量控制的关键指标。

对于框架结构建筑物，在抗震破坏中，墙片与柱相比，抗侧移刚度高，承担的水平地震剪力大，很快就破坏，退出作用，地震剪力由柱承担。因此，对于用于自承重墙体的砌筑砂

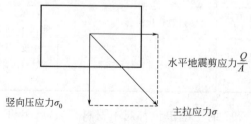

图 1 墙片单元主拉应力分析

图 2 震区房屋破坏照片

浆而言，砌体通缝抗剪强度可不作为关键指标要求。对于高度超过 50m 的框架结构建筑物，风荷载已不可忽略，因此对于用于外维护墙的砌筑砂浆还应考虑沿通缝的弯曲抗拉强度。

由于用于填充墙的墙体材料多以蒸压养护的产品为主，而该类墙材在出釜后，若养护龄期未到即上墙，因干燥收缩造成的拉应力将较大，容易形成竖向裂缝（见图 3），如果砂浆与墙材的黏结不良，黏结力达不到要求，竖缝开裂在所难免。对此，认为对用于填充墙的砌筑砂浆，应该将拉伸黏结强度作为其关键力学指标。

图 3 块材干燥收缩形成的竖向裂缝

通过上述分析，认为砌体通缝抗剪强度是承重砌体配套砌筑砂浆不可或缺的指标，必须写入砌筑砂浆的产品标准中。建筑材料领域编制的产品标准之所以回避砌体通缝抗剪强度，主要有以下三大原因：一是砌体通缝抗剪强度试验方法比较复杂（原 GBJ 129，现 GB/T 50129），在试件的制作、养护与测试过程中占地面积大、费人费工；二是试验数据离散性较大，有效数据取舍困难；三是检测费用高，给砂浆生产企业造成负担。面对该局面，有必要对建材与建工脱节、各行其是的做法进行整合，通过研究砌筑砂浆性能与砌体通缝抗剪强度的相关性，看能否用砌筑砂浆的某项性能替代砌体通缝抗剪强度，如果找不到替代指标，应该简化砌体通缝抗剪强度试验方法，使其兼顾合理性、可行性、灵便性和经济性，在能够为结构领域所接受的前提下列入砌筑砂浆的产品标准中。

3 砌体通缝抗剪强度与砌筑砂浆性能相关性研究

在第 2 节内容中，我们已经通过分析认为，用于承重墙体的砌筑砂浆，必须将砌体通缝抗剪强度列入其产品标准中。但砌体通缝抗剪强度如果按照《砌体基本力学性能试验方法标准》（GB/T 50129）中的九块砖试验进行时，难度大，难以实现。在 GB/T 25181 标准编制过程中，编制组虽然意识到该指标非常重要，但不能将其作为砂浆必检指标列入表格。在砂浆型式检验、交货检验都不可能检测的砌体通缝抗剪强度，在工地试验室，就更不可能作为控制指标，而且在砌筑砂浆诸多验收标准中，验收的力学性能指标也只有抗压强度，并未提到砌体通缝抗剪强度。

对此，对砌体通缝抗剪强度与砌筑砂浆的力学性能间进行相关性研究，看能否用后者表征前者，从而代替前者作为产品标准的必检指标。在编制 GB 50003 时，编制组通过大量试验找到了砌体通缝抗剪强度与砂浆轴心抗压强度之间的相关性，并有经验公式 $f_{v,m}=k_5\sqrt{f_2}$，但随着各种增稠保水剂、胶粉等改性剂的加入，专用砂浆与普通砂浆的力学性能相比：拉伸黏结强度明显提高，抗压强度会下降，因此砌体通缝抗剪强度与抗压强度之间的经验公式是否仍然存在，有待研究。如果不存在，会否与专用砂浆的拉伸黏结强度之间存在相关性。

在薛鹏飞、齐宏伟等人的研究中，通过对砌体通缝抗剪强度与砌筑砂浆的抗压强度和拉伸黏结强度之间的相关性进行单因子试验，发现在抗压强度相同（或相近）时，砌体通缝抗剪强度随着砌筑砂浆拉伸黏结强度的提高而提高；在砌筑砂浆的拉伸黏结强度相同（或相近）时，砌体通缝抗剪强度随着砌筑砂浆抗压强度的提高而提高，但提高幅度不如前者明显。

由于拉伸黏结强度与抗压强度之间并不存在必然联系，本文从市面上分别选择与蒸压硅酸盐标砖、烧结实心砖和烧结多孔砖配套的砌筑砂浆各九种，强度等级覆盖了 M5、M7.5、M10、M15、M20（专用砂浆、普通砂浆皆有）。严格按照 GB/T 50129 和 JGJ/T 70 测试了砌体通缝抗剪强度和拉伸黏结强度。结果见表2、表3。

表2 蒸压粉煤灰砖砌筑砂浆测试结果

砂浆编号	抗压强度/MPa	拉伸黏结强度/MPa	砌体通缝抗剪强度	
			实测值/MPa	变异系数/%
S-1	6.0	0.291	0.26	13.26
S-2	9.0	0.438	0.32	14.48
S-3	10.2	0.204	0.38	19.34
S-4	12.5	0.255	0.4	15.71
S-5	17.2	0.408	0.27	14.1
S-6	20.5	0.255	0.33	21.5
S-7	26.2	0.238	0.31	14.43
S-8	30.3	0.161	0.26	14.71
S-9	36.8	0.135	0.33	13.09

表3 烧结砖砌筑砂浆测试结果

砂浆编号	抗压强度/MPa	拉伸黏结强度/MPa	通缝抗剪强度（标砖）		通缝抗剪强度（多孔砖）	
			实测值/MPa	变异系数/%	实测值/MPa	变异系数/%
J-1	6.3	0.319	0.289	17.52	0.256	12.5
J-2	8.5	0.241	0.305	10.02	0.392	17.29
J-3	9.3	0.3	0.301	15.95	0.271	16.44
J-4	11.2	0.301	0.268	15.2	0.365	11.39
J-5	12.5	0.281	0.584	15.61	0.401	7.73
J-6	13.2	0.311	0.222	9.03	0.384	11.08
J-7	18.8	0.321	0.41	20.79	0.414	11.86
J-8	21.2	0.198	0.235	19.21	0.295	12.02
J-9	26.8	0.169	0.554	16.32	0.256	12.5

从图4中不同砖的砌体通缝抗剪强度与其配套砂浆抗压强度之间的相关性可以看出，随着增稠保水剂、胶粉、减水剂等外加剂在砌筑砂浆中的应用，$f_{v,m}=k_5\sqrt{f_2}$适用于1:2、1:3等水泥砂浆的经验公式已经不存在，砌体通缝抗剪强度、抗压强度之间的相关性已经不强。

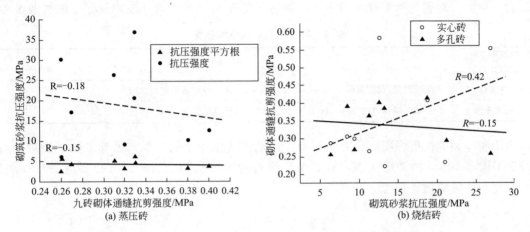

图4 砌体通缝抗剪强度与砌筑砂浆抗压强度之间相关性回归

随着干混砂浆种类的日益增加，拉伸黏结强度几乎成了各种砂浆的必检指标，但在试验基材和试件尺寸上存在区别。对于普通砂浆而言，目前产品标准都是按照JGJ/T 70的规定执行，测试基材为标准混凝土板，试件的大小为40mm×40mm×6mm。拉伸黏结强度的作用机制与破坏机理与砌体通缝抗剪强度存在较大区别，前者是正应力破坏，后者是剪应力破坏，但从不同方面反映了砂浆与基层之间的结合情况。从图5可以看出，砌体通缝抗剪强度与拉伸黏结强度之间的相关性也不强，这可能是由于砌体通缝抗剪强度在砌筑完成后，上面压了四皮砖，压重有助于改善砖与砂浆之间的结合情况。

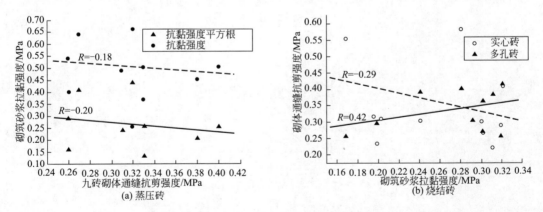

图5 砌体通缝抗剪强度与砌筑砂浆拉伸黏结强度之间相关性回归

拉伸黏结强度的破坏状态有砂浆本体破坏、界面破坏、介于两者之间三种情况；砌体通缝抗剪强度若只考虑单面的破坏状态，有界面破坏、砂浆破坏或介于之间（砖破坏时也会出现上述破坏状态），测试数据与砂浆与砖的结合情况有关，也与砂浆本体的抗剪强度相关。因此，虽然砌体通缝抗剪强度在其他因子保持不变的情况下，与砂浆的抗压强度或拉伸黏结强度之间存在相关性，但两者都变化时，砌体通缝抗剪强度与它们的相关性很难界定。

4 结语

结合上述理论分析与试验结果，我们认为按照 JGJ/T 70 标准执行的砂浆抗压强度或拉伸黏结强度与砌体通缝抗剪强度的相关性并不强，在砂浆产品标准中，不能用前两个强度代替后者。对此，对砌筑砂浆技术指标做出调整（见表4），供砌筑砂浆相关标准编制做参考。

表4 砌筑砂浆建议技术指标

砌筑砂浆适用墙片种类	技术指标
承重墙	凝结时间、稠度损失率、保水率、抗压强度、砌体通缝抗剪强度、抗冻性
自承重墙	凝结时间、稠度损失率、保水率、抗压强度、拉伸黏结强度、抗冻性

由于砌体通缝抗剪强度试验方法复杂，如果将其作为砌筑砂浆产品标准的必检指标后，如按照 GB/T 50129 的规定实施，势必给砂浆行业增加负担。因此，有必要进一步开展研究，简化砌体通缝抗剪强度测试方法。

参考文献

[1] 薛鹏飞. 聚合物改性砂浆砌体抗剪性能的试验研究 [D]. 郑州：郑州大学结构工程学院，2005：36-38.
[2] 齐宏伟, 杨颖. 关于砌体结构抗剪强度几个问题的讨论 [J]. 煤炭工程，2011 (6).

浅谈水泥砂浆防冻剂建材行业标准

王谦　鲁统卫

（山东省建筑科学研究院，山东，济南，250031）

摘要：中华人民共和国建材行业标准《水泥砂浆防冻剂》（JC/T 2031—2010）于 2011 年 3 月 1 日起实施，本标准系国内首次制定。本文根据多年来对水泥砂浆防冻剂的研究和应用，并结合对该标准的学习，对标准中制定的受检水泥砂浆的技术指标进行了探讨。

关键词：砂浆防冻剂；行业标准；定温度；受检砂浆

Discussing the industry standard-Anti-freezing admixture for cement mortar

Wang Qian　Lu Tongwei

(Shandong Provincial Academy of Building Research，Shandong，Jinan，250031，China)

Abstract：The industry standard Anti-freezing admixture for cement mortar (JC/T 2031—2010) has been implemented on March 1, 2011. This standard was formulated for the first time in China. This paper is based on the research and application of Anti-freezing admixture for years. According to the study of the standard and experimental study, we put forward several views about the technical indicators in this standard.

Keywords：Anti-freezing admixture for cement mortar；the industry standard；stated temperature；tested cement mortar

1　前　言

水泥砂浆防冻剂广泛应用于我国北方地区的冬季施工中，它的研究和应用已经有几十年的历史，其产品和机理的研究已日臻完善。但在 2011 年以前，一直没有统一的标准对水泥砂浆防冻剂产品进行检验，砂浆防冻剂的检验主要参照《混凝土防冻剂》（JC 475）的方法和技术指标。中华人民共和国建材行业标准《水泥砂浆防冻剂》（JC/T 2031—2010）于 2010 年 11 月 22 日发布，于 2011 年 3 月 1 日起实施。

《水泥砂浆防冻剂》行业标准的颁布实施，为砂浆防冻剂产品的生产、检验提供了依据，对提高砂浆防冻剂产品的质量，合理准确地评价砂浆防冻剂的性能，使其更好地应用于工程中，确保工程质量，具有重要的意义。

2　试验验证

由于本标准系国内首次制定，为了验证标准中制定的砂浆防冻剂的性能指标是否合理，并检验新标准实施后砂浆防冻剂产品的质量情况，选用了 4 个厂家的砂浆防冻剂产品，按照《水泥砂浆防冻剂》规定的配合比（胶砂比为 1∶3，水泥砂浆稠度为 70～80mm），采用标

作者简介：王谦，女，工学硕士，高级工程师，主要从事高性能混凝土和混凝土外加剂的研究与应用，Email：wangqian1066@sina.com。

准规定的测试方法，进行了验证性试验。

2.1 泌水率比

泌水率是全部泌出的水占砂浆试样中所含水的比例，可以体现砂浆拌合物的保水性和黏聚性。泌水率比是指受检砂浆与基准砂浆在稠度相近的条件下，砂浆拌合物和易性的变化情况。《水泥砂浆防冻剂》标准规定的技术指标为：Ⅰ型≤100%，Ⅱ型≤70%。4个砂浆防冻剂样品全部达到Ⅰ型的要求，合格率100%，达到Ⅱ型要求的有1个样品，占25%。

2.2 分层度

分层度是砂浆拌合物初始稠度与静停30min后的拌合物的稠度之差。反映了砂浆拌合物在运输和静停时和易性的变化。《水泥砂浆防冻剂》标准规定的技术指标为：分层度≤30mm，4个砂浆防冻剂样品中，符合要求的有2个，合格率50%。

2.3 凝结时间差

凝结时间差是指受检砂浆与基准砂浆在稠度相近的条件下，凝结时间的变化。凝结时间对砂浆早期强度影响很大。凝结时间差体现了砂浆防冻剂对水泥水化速度的影响，过大或过小都会对砂浆性能造成不良影响。《水泥砂浆防冻剂》标准规定的技术指标为：-150～+90。4个砂浆防冻剂样品全部达到要求，合格率100%。

2.4 含气量

砂浆的含气量对砂浆的和易性、抗压强度、抗冻性能和耐久性能都有影响。在砂浆中引入一定的含气量对砂浆的抗冻害性能非常有利，同时可以改善砂浆的和易性并降低砂浆的泌水率，但砂浆的含气量过高会影响砂浆的强度，砂浆的含气量最好不要太高。《水泥砂浆防冻剂》标准规定的技术指标为：含气量≥3.0%。4个砂浆防冻剂样品的含气量都大于3.0%，含气量较高的到10%左右，含气量指标合格率100%。

2.5 收缩率比

水泥水化过程中会产生塑性收缩、硬化后，由于水化反应及水分的丧失，也会造成砂浆的收缩。砂浆防冻剂因为掺入早强组分及防冻组分会对硬化砂浆的收缩产生不利的影响，收缩率大于基准砂浆。如果收缩率过大，极易使抹面砂浆产生开裂。《水泥砂浆防冻剂》标准规定的技术指标为：收缩率比≤125%。4个砂浆防冻剂样品的收缩率比在100%～125%之间，合格率100%。

2.6 抗冻性（25次冻融循环）

砂浆的抗冻性是体现砂浆耐久性能的重要指标。抗冻性是模拟冬季自然环境下砂浆的耐久性能。《水泥砂浆防冻剂》标准规定的技术指标为：抗压强度损失率比≤85%，质量损失率比≤70%。4个砂浆防冻剂样品中有3个样品的抗压强度损失率比和质量损失率比能同时达到标准的要求，合格率75%。

2.7 抗压强度比

2.7.1 28d（标准养护）抗压强度比

防冻剂掺入砂浆中，一方面可以促进早期水泥的水化反应，提高砂浆的早期强度，另一方面有可能对砂浆的后期强度产生不利影响。砂浆防冻剂是否对砂浆后期强度有不利影响，可以通过28d标准养护条件下的抗压强度比来表示。《水泥砂浆防冻剂》标准规定的技术指标为：规定温度-5℃，Ⅰ型≥100%，Ⅱ型≥100%；规定温度-10℃，Ⅰ型≥95%，Ⅱ型≥100%。4个砂浆防冻剂样品中，掺量3%时（-5℃推荐掺量），有三个样品能达到Ⅰ型和Ⅱ型的要求，合格率75%；掺量为4%（-10℃推荐掺量）时，有2个样品能达到Ⅰ型和Ⅱ

型的要求，合格率50％。

2.7.2 -7d、-7+28d抗压强度比

建材行业标准《水泥砂浆防冻剂》（JC/T 2031—2010）规定，水泥砂浆防冻剂按防冻剂最低使用温度分为-5℃和-10℃两类。受检砂浆试件在20℃±3℃环境温度下预养2h后移入冰箱（或冰室）内并用塑料布覆盖试件，其环境温度应于3~4h内均匀地降至规定温度，养护7d（从成型加水时间算起）脱模，放置在20℃±3℃环境温度下解冻5h。解冻后分别进行抗压强度试验和转标准养护。《水泥砂浆防冻剂》标准规定的技术指标为：（1）规定温度-5℃，Ⅰ型$R_{-7} \geq 10\%$，$R_{-7+28} \geq 90\%$，Ⅱ型$R_{-7} \geq 15\%$，$R_{-7+28} \geq 100\%$；（2）规定温度-10℃，Ⅰ型$R_{-7} \geq 9\%$，$R_{-7+28} \geq 85\%$，Ⅱ型$R_{-7} \geq 12\%$，$R_{-7+28} \geq 90\%$。经过多次试验发现，4个砂浆防冻剂样品中竟然没有一个样品能同时达到-7d、-7+28d抗压强度比的要求，合格率为0。

在《混凝土防冻剂》（JC 475—2004）中，防冻剂的规定温度为-5℃时预养时间为6h，规定温度为-10℃时预养时间为5h。《混凝土防冻泵送剂》（JC/T 377—2012）中，规定温度为-5℃和-10℃时预养时间都为6h。

为了考察预养时间对砂浆防冻剂在负温养护条件下抗压强度的影响，按照《水泥砂浆防冻剂》规定的配合比（胶砂比为1:3，水泥砂浆稠度为70~80mm），用这4个砂浆防冻剂产品进行了试验。试验结果见表1和表2。

表1 不同预养时间对砂浆受冻性能（抗压强度比）的影响（-5℃）

序号	外加剂编号	掺量/％	稠度/mm	标养 R_{28}	预养2h R_{-7}	预养2h R_{-7+28}	预养4h R_{-7}	预养4h R_{-7+28}	预养6h R_{-7}	预养6h R_{-7+28}
1	基准	—	70	100	—	—	—	—	—	—
2	A1	3	75	112	4.1	60.0	10.5	90.1	36.2	108.3
3	A2	3	75	89.8	7.0	44.8	17.1	75.2	39.4	93
4	A3	3	72	114	10.1	47.6	12.4	79.6	38.1	94.3
5	A4	3	70	117	7.9	61.0	23.7	98.4	45.7	98.7

表2 不同预养时间对砂浆受冻性能（抗压强度比）的影响（-10℃）

序号	外加剂编号	掺量/％	稠度/mm	标养 R_{28}	预养2h R_{-7}	预养2h R_{-7+28}	预养4h R_{-7}	预养4h R_{-7+28}	预养6h R_{-7}	预养6h R_{-7+28}
1	基准	—	73	100	—	—	—	—	—	—
2	A1	4	70	74.7	4.0	45.2	6.5	62.9	12.0	76.9
3	A2	4	75	72.9	4.1	41.7	7.9	47.5	20.9	60.0
4	A3	4	72	101	7.7	68.4	14.2	88.8	16.9	100.9
5	A4	4	73	104	4.2	72.9	14.6	85.8	26.8	97.5

由表1和表2可见，预养时间对负温砂浆的强度发展影响很大。

（1）砂浆防冻剂的规定温度为-5℃，预养时间为2h时，4个样品中没有一个样品能达到《水泥砂浆防冻剂》中Ⅰ型的要求，合格率为0；预养时间为4h时，4个样品中有2个样品能达到Ⅰ型的要求，合格率50％；预养时间为6h时，4个样品都达到了Ⅱ型的性能指标，

合格率100%。

（2）砂浆防冻剂的规定温度为-10℃，预养时间为2h时，4个样品中没有一个样品能达到《水泥砂浆防冻剂》中Ⅰ型的要求，合格率为0；预养时间为4h时，4个样品中有2个样品能达到Ⅰ型的要求，合格率50%；预养时间为6h时，4个样品中有2个达到了Ⅱ型的性能指标，合格率50%。

（3）不同的水泥砂浆防冻剂，预养时间对负温砂浆的强度发展影响程度不同。

为了检验掺加水泥砂浆防冻剂的砂浆在室外自然气温条件下的强度发展以及抗冻害的能力，在2012~2013年冬季济南地区的低温期，我们考察了砂浆在室外的强度发展规律。试件按照《水泥砂浆防冻剂》的规定制备多批试件，成型后立即放到室外无日照处，表面覆盖一层塑料布，在自然气温条件下进行养护，与同时成型但在标准条件下养护及负温（规定温度-5℃）养护条件下养护的试件进行对比，试验结果见表3。试件在室外自然养护期间的温度变化见图1。

表3 砂浆防冻剂冬期室外自然养护抗冻害性能

序号	外加剂		稠度/mm	抗压强度比/%				
	编号	掺量/%		标养	预养2h		室外自然养护	
				R_{28}	R_{-7}	R_{-7+28}	R_7	R_{28}
1	基准	—	74	100	—	—	—	—
2	A1	3	73	105	4.0	61.2	62.0	94.8
3	A4	3	77	104	6.1	66.6	67.2	98.2

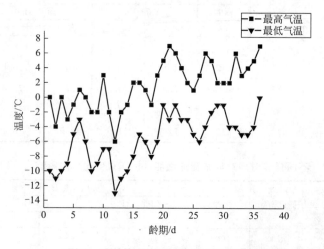

图1 室外自然养护期间的温度变化

从图1可以看出，在室外试件自然养护期间，日最低气温在-13~-1℃之间，日最高气温在-6~7℃之间，是济南冬季气温最低的一段时期；而且在成型的最初一周，气温是比较低的，日最低气温在-11~-3℃之间，日最高气温在-4~1℃。

由表3可知，掺两种水泥砂浆防冻剂的砂浆，在室外正负温交变的自然气温条件下，抗压强度发展良好，7d抗压强度比分别为62.0%和67.2%，28d抗压强度比分别为94.8%和98.2%。但是按照《水泥砂浆防冻剂》标准进行检验，这两个样品的-7d和-7+28d抗压强度比都达不到标准要求。

3 结语

中华人民共和国建材行业标准《水泥砂浆防冻剂》(JC/T 2031—2010)的实施，有效地指导了砂浆防冻剂企业的生产，杜绝了假冒伪劣产品的存在，满足了我国北方地区冬季施工中对砂浆防冻剂的需求。

通过试验验证，《水泥砂浆防冻剂》标准中规定的大部分技术指标是合理的。预养时间对受检砂浆在负温养护条件下的强度发展影响很大，标准规定受检砂浆预养时间为2h的要求过于苛刻，不符合实际情况。

本次行业标准的制定系国内首次制定，在标准的实施过程中要不断总结经验，发现不足之处，并在适当的时候进行修正和完善，使标准能更好地指导水泥砂浆防冻剂的生产和应用。

水泥基干粉砂浆工作性能调控技术

基于液相增稠理论,采用有机–无机多元复合锁水技术,形成了快分散、高保水、高稳定水泥砂浆工作性调控技术。该技术使高水胶比(≥0.8)的普通水泥砂浆保水率达94%以上;优化界面处水泥水化程度,黏结力高,无空鼓开裂。主要形成三大系列产品:

◎ 水泥基抹灰砂浆增塑剂
◎ 水泥基砌筑砂浆增塑剂
◎ 喷涂施工水泥砂浆专用增塑剂

水泥基干粉砂浆材料超早强技术

基于硅酸盐水泥和硫铝酸盐水泥水化动力学特性,采用多元复合技术,形成了"快硬而不速凝"的水泥基材料超早强技术,可实现2~24h之内快速灌浆承载、快速修补及修复通车要求,主要形成三大系列产品:

◎ 混凝土快速修补剂(授权专利:ZL200610040058.4)
◎ 超早强修补砂浆(授权专利:ZL201010183541.4)
◎ 粉状聚羧酸高性能减水剂

超早强聚合物快速修补砂浆工程应用

水泥基干粉砂浆材料抗收缩、开裂技术

基于水泥基材料收缩开裂的机理,运用微结构工程学的基本理念,研建立了补偿收缩、纤维阻裂、聚合增韧的关键技术,并形成三大系列产品:

◎ 新型多元复合膨胀剂(授权专利:ZL201010101520.3)
◎ 短切合成纤维(授权专利:ZL200810021644.3;201110309018.6)
◎ 可再分散乳胶粉

水泥基干粉砂浆材料防水、抗渗技术

基于渗透结晶理论,开发了水泥基材料内掺防水剂和外表涂刷防水材料,可用于显著提高水泥基材料的防水、抗渗性能。

◎ 渗透结晶防水材料(外涂,专利授权号:CN 101891432 B)
◎ 渗透结晶防水剂(内掺,专利授权号:CN 102432222 B)

★高新能土木工程材料国家重点实验室　★国家认定企业技术中心　★博士后科研工作站　★江苏省企业院士工作站
★住建部化学建材产业化基地　★江苏省水性高分子建筑材料工程技术研究中心

地址:江苏省南京市江宁区醴泉路118号　邮编:211103　电话:+86-25-83278608　传真:+86-25-86630885
网站:www.cnjsjk.cn　邮箱:info@cnjsjk.cn

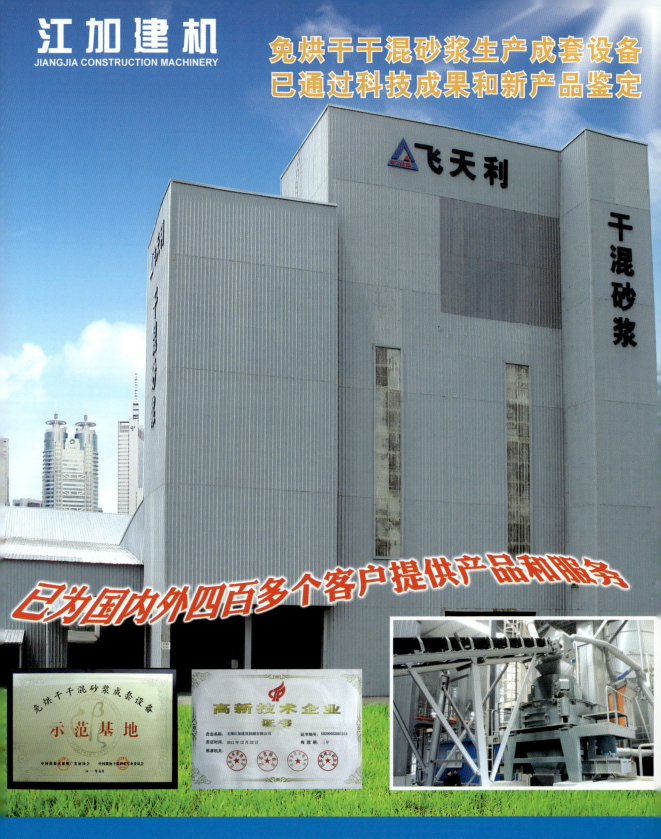

专业承接预拌砂浆成套设备设计、制造

山东圆友重工

顺鑫干混砂浆

公司宗旨：
科技节能
创新发展

山东圆友集团有限公司
SHANDONG YUANYOU GROUP CO.,LTD
Http://www.yuanyou.cn   Email-ljy852310@163.com

📞 800-860-3068 全国统一免费服务电话

公司地址：山东省潍坊市寒亭区幸福路567号
销售电话：0536－7262886   7271519
技术咨询：0536－7275650   传真：0536－7280777

山东方达康工业纤维素有限公司
SHANDONG FANGDAKANG INDUSTY CELLULOSE CO.,LTD

可再分散性乳胶粉

羟丙基甲基纤维素

优质产品

追求卓越

我们愿意和国内外客商密切合作，双赢双惠，共创辉煌。
欢迎大家来公司参观指导！

营销中心：济南市花园路168号融基大厦2504室	地址：山东省邹平县九户工业园
电话：0531-88020546　传真：0531-81900082	电话：0543-4717698　传真：0543-4717697
手机：15964025038　沈阳办事处：18904051886	手机：13583151466　网址：www.fangdakang.com.cn

EXPERTS 值得信赖的节能环保专家

石膏基干拌砂浆保温系统：D+W1+K1/D+M

粉刷石膏砂浆：SGF-D　　粉刷石膏保温砂浆：SGF-W1　　粉刷石膏防裂砂浆：SGF-K1　　粉刷石膏面层砂浆：SGF-M

系统特点：
1. 导热系数只有 0.07w/(m·K) 保温砂浆系统保温隔热效果，性能更优。
2. 系统应用时可根据实际情况省去抹灰层，以石膏保温层直接代替，不占室内空间，降低了材料和人工造价。
3. 建筑材料中唯一的石膏硬化体独有特征。有利于保温层自身干燥，使多孔墙体在施工后内部含水率减少，有利于墙体长期稳定，同时可调节室内温度，防火无毒的作用。
4. 石膏硬化体中结晶水的含量占整个分子量的 20%，防火性能优越。

特种水泥基干拌砂浆：

W2+K2　　水泥基内保温砂浆：SGF-W2　　水泥基防裂抗渗砂浆：SGF-K2

系统特点：保温性能好，导热系数低，适用于各类墙体，不开裂、不空鼓，有效防渗。可用于厨房、卫生间等处的内墙粉刷。

普通水泥基干拌砂浆：

干拌砌筑砂浆：SGF-DMM　　干拌抹灰砂浆：SGF-DPM　　干拌地面砂浆：SGF-DSM

特点：良好的抗渗性，保水性，耐碱性，抗冻性。更加适用于加气混凝土、砌块等材料的施工，提高黏结强度，可以有效解决开裂、空鼓、渗透等质量缺陷。

特种砂浆：

CHR-I 渗透型混凝土快速修补砂浆：适用于桥梁、涵洞、隧道、下水道、工业厂房的柱、梁、设备基础或平台、仓库或堆场、等各类民用建筑混凝土结构的修复、补强。

CA 砂浆（高速铁路 CA 乳化沥青砂浆）主要用于配制高速铁路轨道路基和道床的板式无碴轨道用 CA 砂浆的建筑材料。

设备系列：

干混砂浆设备；β型脱硫石膏煅烧设备；α型脱硫及其他工业附产石膏制造设备；工业附产硫酸钙、亚硫酸钙分解再利用装置等。

以燃煤电厂以及冶金行业等用煤大户脱硫、脱硝所产生的固体废弃物为主，如：脱硫石膏、亚硫酸钙粉料、脱硝渣等，同时对磷肥厂、柠檬酸厂、钛白粉厂等化工企业所产生的磷石膏、柠檬酸石膏、钛石膏等化学石膏以及其他各类型废料进行针对性处理。

　　江苏省一夫新材料科技有限公司成立于1999年，主要从事以新型工业固体废料资源再生利用为主的节能、环保、新材料产业。公司长期立足于节能环保、循环利用等基本国策，注重科技进步，不断强化研发能力，先后被认定为"江苏省建设领域新技术产业化示范基地"、"南京市循环经济示范单位"、"江苏省民营科技企业"、"高新技术企业"、"江苏省化学建材诚信企业"、"全国石膏应用协会副理事长单位"、"江苏省化学及废弃石膏应用工程化研究中心主办单位"、"江苏省文明单位"等殊荣。"一夫"商标被评为江苏省著名商标，主产品获"江苏省名牌产品"称号。2008年公司被南京市委、南京市政府评为"建设新南京有功单位"。2011年荣获全国石膏行业最具价值品牌企业和优秀企业。　2012年获国家工信部批准挂牌"中国工业副产石膏研究与应用示范基地"。

厂址：南京市江宁滨江经济开发区弘利路56号　　电话：（025）83172408　84955283　　传真：（025）84955287　　网址：www.jsyifu.com

企业简介

江苏尼高科技有限公司于2003年9月成立，企业注册资金6000万元，现座落在常州市武进区邹区镇，占地面积66700平方米，是集节能保温、预拌砂浆、装饰建材等产品研究开发、技术咨询、推广应用、生产销售于一体的高新技术企业，也是常州市建筑科学研究院的全资子公司。公司每年在科研开发上的投入不少于产值5%，已获国家授权发明专利8项，实用新型专利27项，申报受理专利40项。公司目前的产品分为三大类：功能砂浆系列（结构加固类、高铁新材料、特种砂浆、家装材料）、功能添加剂系列（混凝土外加剂、干粉砂浆外加剂）、节能保温体系系列（防火等级A级节能保温体系、防火等级B1级节能保温体系、保温装饰一体化板）等。

企业主要荣誉

- ◆ 江苏省高新技术企业
- ◆ 预拌砂浆与墙体保温十大民族品牌
- ◆ 中国建筑业协会节能委员会会员
- ◆ 江苏省企业研究生工作站设站企业
- ◆ 国家火炬计划项目承担企业
- ◆ 江苏省著名商标
- ◆ 江苏省企业技术中心
- ◆ 江苏省六大人才高峰资助项目

……

中心简介

为建设创新型国家，教育部、财政部自2012年起实施高等学校创新能力提升计划(简称"2011计划")，鼓励各类高校组织开展多种形式的协同创新，充分发挥高等教育作为科技第一生产力和人才第一资源结合点的独特作用，为区域经济发展提供强有力的科教支撑。由江苏省经信委、南京市政府主导，南京工业大学牵头，联合清华大学、浙江大学、中科院过程所和微电子所等单位组建了"先进生物与化学制造协同创新中心"。

高性能胶凝材料制造与应用协同创新分中心作为"先进生物与化学制造协同创新中心"的四大组成部分之一（以下简称中心），中心紧紧围绕国家战略新兴产业和江苏化工转型升级的重大需求，依托材料科学与工程优势学科以及材料化学工程国家重点实验、江苏省无机及其复合新材料重点实验室等重大平台，重点研究高性能胶凝材料绿色制造及应用关键技术，服务行业和国家重点工程。通过国家"973"计划等重大项目的实施，牵头单位南京工业大学与中国建材院、上硅所等优势单位强强联合、优势互补，形成了一支以院士、973首席为领军人才的创新能力强、学术水平高、国内一流的优秀学术团队。

中心现有28名教授、41名副教授、43名兼职教授及校外硕导；承担国家"973"计划、国家"863"计划、国家科技支撑计划、国家自然科学基金、江苏省成果转化基金及省部级以上科研项目50余项；获国家自然科学二等奖1项、国家科技进步二等奖2项、省部级科技进步一等奖2项；获授权发明专利22项，发表高水平论文500余篇，获江苏省重大成果项目转化5项，取得令人瞩目的成就。